KB266467

계급욕망의 유전자

직립에서 정장까지,
건축으로 읽은 문화의 계보

일러두기

1 이미지

별도의 출처 표기가 없는 모든 사진은 저자가 찍은 것이다.
본문에 삽입된 유물이나 미술 작품은 소장처를 기입했다.

2 꺾쇠

책, 에세이, 논문, 작품 등은 별도 기호로 구분하는 게 일반적이지만,
이 책은 인류 문명 전체를 아우르므로 그 구분이 모호할 때가 많다.
저자가 강조하는 제도, 법안, 작품, 문서, 책은 통칭하여 〈〉로 구분했다.
ex) 〈건축십서〉, 〈도성도〉, 〈달력령 1750〉

3 숫자

시간을 나타낼 때, 사람의 수를 나타낼 때, 문맥상 저자가 말하고자 하는 바가 강조된 경우,
아라비아숫자 표기를 원칙으로 삼았다. 그외의 경우 한글로 숫자를 표기했다.
ex) 3,000명, 1,000년, 네 매, 천 배, 〈40인역〉

4 인명과 지명

인명, 지명의 경우 원어식 표기를 우선하나 일부 영어식 표기를 사용하기도 했다.
ex) 에콜 데 보자르, 비엔나, 꼬마 페펭

5 시대의 띄어쓰기

원고 전체에 시대라는 단어가 자주 등장한다.
복합 명사의 경우 일반적으로 띄지만, 인류 문명사에서 그 구분이 분명한 경우,
혹은 특정 국가를 지칭할 때는 그 의미를 강조하기 위해 붙여 썼다.
ex) 신철기시대, 로마시대, 조선시대, 르네상스 시대, 왕조 시대

직립에서 정장까지, 건축으로 읽은 문화의 계보

계급욕망의 유전자

효형출판

서 현

목차

1 질문
지도 009 · 자유 013
분배 017 · 신념 020

2 계급
직립 028 · 이동 036 · 잉여 040
계급 048 · 청동 054

3 문자
권력 070 · 피라미드 080 · 도시 095
빛 104 · 문자 114 · 노예 122
귀족 130 · 세습 137

4 소명
부활 146 · 칙령 156 · 바실리카 163
황금 170 · 인쇄 179 · 논제 186
성서 192 · 예정 200
프로테스탄트 205 · 대립 211

5 문화

계급 222 · 문화 232 · 예술 240
자유 246 · 대학 253 · 학교 264
직업 269 · 음악 274 · 발레 279
피아노 286 · 정장 296 · 경찰 305
유니폼 312 · 해방 318

6 건축

지붕 324 · 열망 330 · 건축 338 · 공장 351
오페라하우스 358 · 콘서트홀 366
미술관 373 · 도서관 381 · 공원 390
파리 402 · 도시 408 · 미국 414
장식 421 · 모더니즘 427 · 좌표 437

7 한국

신화 446 · 물길 456 · 노비 463 · 아침 470
번역 476 · 공원 485 · 성탄 493 · 대학 501
교육 508 · 교회 514 · 문화 521 · 왕조 529
봉황 536 · 자동차 542 · 주택 550
아파트 556 · 예식 563 · 장례 571

8 신념

자유 579 · 문자 584

미주 588
참고문헌 600

인간이 농사를 시작했다.

정착 농경은 구조적, 주기적 잉여를 낳았다.

그 잉여를 분배하는 과정에서 계급이,

교환하는 과정에서 도시가 발생했다.

각 계급은 서로 다른 자유도를 갖게 되었다.

높은 자유도의 계급은
자신의 계급을 과시하고, 욕망했다.
그 과시와 욕망은 시각적으로 표현되어 왔다.
은밀히, 혹은 노골적으로.
이 책은 그 목격담이다.

사진: 생 피에르 성당

1
질문

지도 자유 분배 신념

지도

사랑은 파란색 Love is blue

하지만 우울하다는 뜻도 있다. 그래서 사랑은 우울해. 폴 모리아 악단Paul Mauriat Orchestra의 대표곡 제목이다. 지금은 가물가물한 시대를 풍미하던 음악이다. 음악회에 가본 것은 이 악단의 내한 공연 때가 처음이었다.

그런데 그들의 음악은 전혀 우울하지 않았다. 오히려 봄꽃처럼 화사하고 솜사탕처럼 감미로웠다. 세종문화회관의 무대도 모두 화사하게 반짝였다. 단원들은 모두 상아색 정장을 입고 있었다. 사랑은 우울해도 결국 인생은 살 만할 거라고 음악은 속삭였다. 악단 주인공 폴 모리아는 지휘 중간에 피아노를 직접 연주하기도 했다. 그건 새카만 물체였다. 객석의 내가 입은 고등학교 교복 같은 색이었다. 피아노는 반짝이기는 했으나 장례식장에 갖다 놓아도 어울릴 것 같았다. 이후 음악회에서 만난 모든 피아노가 검은색이었다. 사랑이 아니고 이게 우울한 색이었다. 왜 피아노만 우울하게 검은색일까.

다른 음악회도 있었다. 베토벤의 교향곡 9번 〈합창〉의 가사는 환희에 넘치라고 요구한다. 그런데 그 음악은 기쁘다고 하기 어렵다. 고민스럽게 연주 시간도 길다. 연주장에는 지휘자, 독창자, 합창단, 오케스트라가 다 등장한다. 독창자 네 명은 서로 잡아먹을 듯 소리를 내지른다. 저건 노래라고 하기 어렵다. 독일어 가사를 모르면 이게 환희에

어떤 음악회가 막 끝난 풍경. 이상하게 두 여가수만 복장이 자유롭다.

넘치는 내용이라고 믿기 어렵다. 이번에는 연주자들이 나의 교복처럼 검은 옷을 입었다. 지휘자, 연주자, 합창단이 모두 검은 옷이다. 그런데 유독 소프라노와 알토 가수는 복장이 다르다. 이들은 원하는 대로 입고 나왔다. 빨갛고 노란 드레스에 레이스를 달기도 했다. 가슴이 확 파여 보기 민망한 드레스도 종종 등장했다. 등이 허리까지 파여 보기 아슬아슬한 드레스를 입고 나오는 중국 여자 피아니스트도 있다. 그런데 모든 남자는 여전히 검은색 정장을 입는다. 도대체 저 복장 모순의 이유는 뭘까.

내내 교복을 입어야 했던 고등학교 시기가 마무리되었다. 그 종결 선언의 의미로 어머니는 옷 한 벌을 사주셨다. 당시 대학 신입생들이 대개 비슷한 경험을 했을 것이다. 그 옷은 '가다마이'라고 불렀다. 일본 냄새가 확연한 단어다. 요즘 단어로는 양복, 혹은 정장이겠다. 그 옷깃은 밖으로 접혔다. 이건 '애리'라고 불렀다. '가다마이'인데 상·하의 재질이 다르면 '콤비'라고도 불렀다. 이건 영어식 어휘가 한국식으

질문

로 바뀐 명칭이었을 것이다. 캐주얼 정장이라고 하면 될 것이다. 단어는 그 문물이 어디에서 왔는지 증언하는 화석이다. 이런 옷을 입는 것은 착용자가 사회인이 된다는 시각적 표시이고 선언이었다. 또 질문이 생겼다. 왜 남자들은 양복에 넥타이를 매면 정장이라고 인정이 되는 걸까. 대비되는 질문이 있었다. 왜 여자들에게는 이렇게 통일된 정장 규범이 없는 걸까.

두서없는 질문들이었다. 서로 아무 연관 없고, 시도 때도 없이 머릿속을 들락거린 질문들이었다. 박물관의 저 뿌연 구리거울은 도대체 뭘 비춰보려고 만들었을까. 왜 승용차에는 저렇게 필사적으로 '선팅'을 하는 걸까. 그날 대통령은 왜 노란 유니폼을 입고 나왔을까. 왜 냉장고에는 저런 자석을 붙이는 걸까. 궁금할 수도 있고 궁금하지 않을 수도 있었다. 그래도 궁금했다.

어쩌면 질문 자체가 이상하기도 했다. 내게 묻는 사람들도 있었다. 그게 왜 궁금하냐고. 궁금해도 굳이 답을 찾을 이유는 없었고, 거기 답이란 게 있는지도 알 길이 없었다. 이런 부류의, 서로 아무 관련 없는 다른 질문들은 머릿속에 잡초처럼 들어섰다가 시절이 되면 사라졌다.

그 고등학생이 이런저런 책을 읽고, 나이도 먹고, 건축을 직업으로 선택하여 생각도 좀 많아졌다. 잡다한 질문들을 관통하는 답이 있을 것 같다는 생각이 들었다. 현상은 복잡해도 답은 간단할 것이다. 간단할수록 그것이 답일 가능성은 크다. 이 책은 그런 질문들에 대해 내가 내린 가장 간단한 답이다.

여기에는 직업적 속성이 관여하고 있다. 건축은 번잡한 관심과 지식을 요구한다. 도서관을 설계하려면 책을 알아야 하고 교회당을 설계하려면 종교를 알아야 한다. 테마파크를 설계하려면 놀이기구를 타봐야 하고 주변 도시 상황을 분석해야 한다. 돈을 쓰는 인간 심리를 알아야 하고 자본주의의 작동원리를 이해해야 한다. 이렇게 깊이 없이 폭만 넓은 것이 건축이 요구하는 지식의 속성이다. 말하자면 무엇 하나 제대로 아는 것이 없이 주워들은 내용만 많은 상태를 지칭한다. 이 경우의 일반적 문제는 인용 과다와 지적 혼돈이다. 나는 이 문제를 최대한 배제하며 설명을 이어갈 것이다.

혼돈 극복의 방법으로 관점 이동이 있다. 관점 이동의 장점은 존재하는 것들을 다양한 방식으로 꿰맞춰 볼 수 있다는 것이다. 높이 올라가서 조망하면 나무 대신 숲이 보이며 숲길의 혼돈이 정리되어 보일 수 있다. 더 위로 올라가 보면 세상이 지도로 보인다. 숲이 뭍의 부분으로 보인다. 지도 구성의 명료한 이분법은 표면을 물과 뭍으로 나누는 것이다. 그 구분선에는 아무런 원칙이 없어 보인다. 그래서 기하학적인 질서로는 그 모습을 표현할 길이 없다. 그런데 그건 눈에 보이는 현상일 따름이고 물은 간단명료한 원칙을 따른다. 물은 물질이다. 그래서 무게를 갖는다. 관점 이동은 거리를 바꾸는 것 외에 관찰 각도를 바꾸는 것을 포함한다. 그래서 각도를 수직으로 세워 다시 보면 물은 가장 낮은 곳으로 흐른다. 가시적 현상은 복잡해도 힘은 단 하나, 지도의 현상에 직각으로 작용하는 힘, 중력이다. 명료하다.

잡다한 질문들도 꾸러미를 꾸려서 묶다 보니 일단 한 가지는 분명했다. 그건 사람들이 모여서 이루는 일들이라는 점이었다. 해안선을 이루는 배경의 힘이 중력이라면 저 집단적 현상을 만들어 온 동력은 무엇일까.

 질문

자유

아이스크림

이것은 음식인가 음료인가. 고체인가 액체인가. 답이 뭐든, 규정과 표현이 어떻든 듣기만 해도 한여름이 행복해지는 느낌이다. 인간의 추구 가치가 행복이라고 주장한 철학자가 있었다. 옳은 이야기일 것이다.

그런데 지구상에서 자신들이 가장 행복하다고 대놓고 주장하는 국가는 부탄과 북한이다. 당황스럽다. 부탄은 국가 행복지수Gross National Happiness, GNH를 자신들이 개발하고 제정했다. 그 기준으로 자신들의 지수가 높다고 설명한다. 이해는 되는데 막상 경제적 상황을 보면 동의는 어렵다. 부탄의 인당 GDP는 한국의 10분의 1 수준이다. 물질적 풍요가 행복을 보장하지 않지만 절대 결핍의 상태에서 행복은 얻기 어렵다. 북한도 자신들이 사회주의 인민 낙원을 이루었고 거기 사는 자신들이 가장 행복한 인민이라고 내세운다. 그런데 거기 이주해서 살고 싶은 생각은 들지 않는다. 행복은 주관적 판단의 가치다. 게다가 행복은 곧 무뎌지고 적응된다.

그렇다면 보편성이 더 높은 다른 기준은 없을까. 중요한 건 아이스크림을 먹는 순간의 행복보다 원하는 때 먹을 수 있는 선택의 자유다. 강물의 이동을 규정하는 중력에 해당하는 그 단어로 내가 얻은 결론은 자유다. 행복뿐 아니라 자유도 절대 계량화는 어렵다. 그래도 상

행복지수가 가장 높은 나라 부탄의 버스 정류장.
무질서로 인해 혼란도가 높고 예측 곤란에 의해 자유도가 낮은 풍경이다.

대적 비교는 가능하다.

심지어 과학의 여러 분야에서도 자유도라는 단어를 사용한다. 과학적 자유도는 엔트로피가 높은 상태이므로 혼란도와 유사한 개념이기는 하다. 여기서 이야기하려는 자유는 예측 가능한 질서를 전제로 하므로 근본 의미가 다르다. 오히려 자유는 질서에 기반한 것으로 혼란도의 반대 개념에 가깝다. 즉 질서 속의 선택 가능성을 지칭한다고 보는 것이 옳겠다.

그래서 이때 자유도는 계량의 대상이다. 사람을 주어로 해도 상대적으로 더 자유롭다는 문장이 충분히 동의를 얻을 수 있다. 현대 직장인이 고대 수렵인들보다 더 행복한지는 알 수 없으나 더 자유로운지는 판단할 수 있다. 대개 현대인들은 시간 이용에서 덜 자유롭겠고 공간 이동에서는 더 자유롭다.

아이스크림은 생존 유지에 필요한 식품이 아니다. 안 먹는다고

질문

죽을 걱정을 하지 않아도 되는 잉여재다. 역사적으로 보면 평생 한 번도 먹어보지 못하고 죽은 사람이 더 많다. 진시황도 시저도 먹어보지 못했다. 고종 황제도 커피는 맛보았으나 아이스크림을 먹어봤다는 기록은 없다. 그러나 지금은 동네 꼬마도 아무렇지도 않게 사 먹을 수 있다. 많이 먹어서 오히려 유지방 과다 섭취로 비만을 걱정해야 한다. 진시황에게는 유지방 과다 섭취 고민의 기회가 없었다. 그런데 우리는 선택할 수 있다. 심지어 바닐라, 초콜릿, 아몬드, 박하 맛 중에 선택도 할 수 있다. 조선의 임금들은 누구도 한반도를 벗어난 경험이 없다. 그런데 요즘은 유치원 꼬마들도 여름이면 여권을 들고 한반도를 벗어날 수 있다. 이들에게 여행의 자유가 있다. 즉 더 자유롭다. 자유도가 높다고 표현할 수도 있다.

후대의 우리가 전대의 황제에게도 허용되지 않았던 자유를 누리게 된 이유는 무엇인가. 답은 명확하다. 아이스크림이 동네 냉장고에 오기 위해 복잡한 사회, 과학 장치가 작동해야 한다. 아이스크림이 만들어지기 위해 우유가 남아돌아야 한다. 그걸 이상한 방식으로 휘저어 거품을 발생시켜 가공한다. 최고맛의 아이스크림이 만들어지려면 엄정한 배합비가 화학 공정처럼 정밀하게 유지되어야 한다. 먹고 문제가 생기지 않으려면 생산 공정의 위생 상태가 최상의 수준으로 유지되어야 한다. 그리고 생산부터 소비까지 냉동 상태가 유지되어야 한다. 그래서 바퀴 달린 냉장고라고 해야 할 냉장차가 도시를 질주해야 한다. 도로도 정비되어 있어야 한다. 콜드체인이라고 부른다. 테크놀로지에 의해 생산력이 이전 사회보다 훨씬 높아졌다. 사회가 더 많은 잉여를 갖게 되었다. 아이스크림이나 해외여행과 같은 잉여 식품 소비, 경험이 가능해졌다. 선택 가능성에 근거한 자유도의 총합이 증가하였다고 표현하자.

자유는 시대에 따른 총량이 다르다. 그 자유의 총량은 생산력 증가가 큰 변수다. 생산력 증가를 이루게 해주는 것이 테크놀로지다. 테크놀로지는 지속해서 변화해 왔다. 새로운 것을 가능하게 해주는 능력을 전환적 테크놀로지, 이전과 동일한 자원으로 더 많은 것을 얻게 해주는 능력을 진화적 테크놀로지라고 부를 것이다. 테크놀로지는 기술이라는 한자어로 번역되기도 한다. 그러나 의미가 약간 다르다. 기술이라는 단어에는 테크놀로지가 지닌 사회적 의미가 훨씬 적다. 즉 기술에는 테크닉이라는 단어가 갖는 개인적 귀속 의미가 다소 남아 있다. 테크놀로지에는 개인적 의미가 전혀 없고 문자 전승이 가능하다. 그래서 여기서는 기술이 아니라 테크놀로지라는 단어를 굳이 그냥 쓸 것이다.

인류사를 서술할 때 등장하는 석기, 청동기, 철기의 구분점도 바로 전환적 테크놀로지에 근거한 것이다. 지금 살고 있는 시기를 플라스틱시대라고 부르지 않는다면 우리는 여전히 철기시대에 살고 있다. 이 철로 새로운 노동력을 만들어낸 시기를 산업혁명이라고 부른다. 철과 석탄으로 이루어진 비인격적 노예가 등장했다. 나는 이 시기를 신석기시대의 구분을 원용하여 신철기시대라고 호칭한다. 다음 문제는 그 증가한 자유의 분배 방식이다.

 질문

분배

스크루지

그는 아이스크림 한 컵 사 먹기도 주저했을 것이다. 그래서 우리에게는 수전노守錢奴라는 단어로 치환되는 이름이다. 돈을 지키는 노예라는 단어다. 이건 역설적 단어다. 돈을 갖고 있으면 자유로워야 하는데 그는 노예가 되었다. 그가 아이스크림을 먹을 수 있는 방법은 어떤 것이 있을까.

아이스크림은 저절로 내 입으로 들어오지 않는다. 아이스크림은 빛이나 공기와 달라 공짜가 아니다. 그렇다면 어떻게 아이스크림을 먹을 수 있을까. 개인이 추구하는 가치를 일반적으로 돈, 권력, 명예의 세 요소로 정리한다. 돈은 원래 교환의 도구였는데 그 이상의 가치를 얻었다. 상업도 교환의 현상이었는데 그 매개 방법 자체가 별도의 업역이 되었다. 우리가 살고 있는 이 사회에서는 구매가 압도적인 아이스크림 취득 방법이다. 돈과 아이스크림의 교환이다. 돈은 교환을 통해 우리의 자유도를 증가시켜 주는 매개체다. 그런데 내 돈의 지불없이 아이스크림을 내 입에 넣을 수 있는 방법이 있을까.

권력은 타인의 의지에 반하여 시행을 강요할 수 있다. 즉 나의 자유를 타인의 자유보다 우위에 두고 강제할 수 있는 힘이다. 내가 원하는 방식으로 자유를 분배할 수 있는 힘을 권력이라고 호칭한다. 권력은 기본적으로 비대칭의 폭력을 배경에 깔고 있다. 돈을 가진 사람에게 아이스크림을 사 오라고 강요할 수 있는 것도 권력이다. 중학교 뒷골목의 일진과 앵벌이라는 단어가 생각난다.

명예는 자발적으로 타인의 동의를 얻게 한다. 이 명예는 권위라고 해도 되겠다. 권력과 비교하면 폭력적 강제성이 없다는 점이 다르다. 신뢰나 신용에 근거한 동의를 근거로 하는 간접 가치다. 명예는 다음에 갚는 걸로 하고 외상거래를 가능하게 할 수 있다. 어쩌면 가게 주인이 얼굴을 알아보고 텔레비전에서 본 그분이냐며 아이스크림을 선물할 수도 있다. 화폐가 지위를 얻기 이전에는 폭력과 명예, 달리 표현하면 권력과 권위가 의사 관철의 두 축이었다.

생산 참여자가 다수가 되는 순간 분배의 문제가 발생한다. 그 수가 많아지면 분쟁의 쟁점이 커진다. 수확 결과물을 많이 얻을수록 자유도가 높아진다. 테크놀로지를 통해 자유는 통시적으로 증가해 왔다. 그러나 특정 시대의 자유 총량은 유한하다. 그 자유는 등분포되어 있지 않다. 더 많은 자유를 갖기 위해 인간은 치열하게 싸워왔다. 누군가 더 많은 자유를 얻게 되면 그 자유를 뺏긴 사람이 생길 수밖에 없다. 자유를 얻은 사람은 노동 열외가 되고 그 자유를 유지하려고 한다. 심지어 세습으로 유지하려고 한다. 자유를 빼앗은 이들은 귀족이, 빼앗긴 이들은 노예가 되었다. 자유의 비대칭 소유자들이 집단으로 구획되면 이 구분선을 계급class 이라고 불렀다. 자신의 능력으로 그 구분선 사이의 이동이 가능하면 계층stratum 이라고 불러도 될 것이다.

문제는 자유의 분포 편차다. 많이 가진 계급과 적게 가진 계급의 자유도 차이를 일컫는다. 역사책을 들여다보면 단언할 수 있다. 현재는 대체로 이전 시대보다 더 많은 사람이, 더 많은 자유를, 비교적 더 공평하게 누리며 살고 있다. 분배 방식 변화에 의해 자유의 분포 편차

 질문

가 줄어든 상황을 우리는 다시 진보라는 단어로 표현할 수 있다. 그래서 진보를 측정하는 두 지표는 생산력의 향상, 생산의 사회적 분배가 될 것이다.

그럼에도 자유가 완전 등분포된 사회는 존재하지 않는다. 그런 사회를 꿈꾼 혁명은 다 실패했다는 것이 20세기의 체험과 결론이다. 자유도가 높은 계급은 기존 질서를 유지하려고 한다. 그러나 당연히 누려야 할 자유도보다 덜 누린다고 생각하는 계급은 질서 수정을 요구한다. 이들의 힘은 수적 우위에 있다. 구성원이 많다는 것이다. 이 수적 우위를 믿고 질서 전복을 이루고자 할 때 반란이라고 하고 이를 이루었을 때 혁명이라고 표현한다. 역사는 반란과 혁명에 의한 질서 전복과 회복의 회고담이다.

행복의 가치를 강조한 철학자와 동시대의 어떤 철학자는 악법도 법이라고 주장했다고 한다. 자신을 죽일 독배를 마시면서 그는 왜 그런 주장을 했을까. 악법보다 무법이 더 문제라고 판단했기 때문일 것이다. 악법과 무법의 차이는 질서의 존재 여부다. 악법은 공정한 분배를 보장하지는 않지만 최소한의 질서는 보장하는 힘이다. 그는 무법으로 표현되는 사회 질서 붕괴 상태보다는 악법에 의한 질서 유지가 더 합리적이라고 판단했을 것이다. 독배를 마신 철학자는 그렇게 눈을 감았다.

신념

불로초

진시황이 애타게 구하려 했다는 묘약이다. 그런데 그는 왜 맛있는 아이스크림 아닌 이런 약초가 필요했을까. 그는 무엇이 두렵고 아쉬웠을까. 그는 당대 최고의 자유도를 갖고 있었다. 갈등은 비교에서 출발한다. 자유가 적거나 없는 사람들도 있었다. 눈앞에 보이는 다른 계급 구성원들과 비교하면 자유도 차이는 확연했겠다. 그는 이 인생이 끝나는 것이 두렵고 아쉬웠겠다. 현생을 유지하고 싶었을 것이다. 죽음이 없는 세상, 영생을 꿈꿨다.

〈길가메시 서사〉는 문자로 남은 가장 오래된 문학작품이다. 그 전문을 한 줄로 요약하면 이렇다. 모두 죽는다. 길가메시는 인간이며 신이었다. 그도 불멸을 꿈꾸었으나 결국 죽었다고 기록되어 있다. 경험해 보니 주변의 모든 사람이 결국 다 죽는다. 나도 죽을 것이다. 그렇다면 죽은 다음에 어떻게 되는 것일까. 이 질문에 대한 대답이 가능하지 않은 것은 대답해 줄 경험이 누구에게도 없기 때문이다. 죽었다가 다시 살아온 자는 없더라. 그리고 죽은 자들은 아무 말도 하지 않더라. 죽음의 질문은 내내 던져졌고 여전히 진행형이다.

죽은 자에게 확실한 것이 하나 있다. 모두 몸은 남겨두고 갔다. 죽은 것은 무언가 달라진 것이다. 몸은 눈앞에 남아있으니 보이지 않는 뭔가 빠져나갔다고 상상했을 것이다. 빠져나간 그게 무엇인지는 알 길이 없다. 보이지 않고 무게도 없다. 영혼이나 이와 유사한 단어로 부르는 것이 가장 일반적이었다. 그 영혼이 실제로 있는 건지는 역시 증명할 길이 없다. 그러나 있다고 믿으면 죽음이 설명된다. 그렇다면 죽은 뒤 영혼이 어떻게 되는지 설명해야 한다.

두 가지 가능성이 있다. 그 몸을 찾아 다시 돌아오거나 영원히 떠나가는 것이다. 영혼이 찾아 돌아온 경우가 부활이다. 돌아온 영혼과 몸이 함께 저승으로 가기 위해 고대 이집트에서 미이라를 만들었다. 그런데 아직 영혼과 재결합한 미이라는 영화적 상상 밖의 현실에서는 발견된 것이 없다. 대개 영혼은 떠나갔다. 돌아오지 않는 영혼은 어디로 간 것일까. 아무도 모른다. 여전히 상상이 필요하다. 당연히 좋은 곳으로 갔을 것이다. 그건 아주 먼, 그래서 돌아오지 않는 여행이라고 해야 할 것이다. 그의 몸을 처리하는 건 남은 자의 몫이다. 그래서 죽은 자들의 그 먼 여행에 필요한 물건들을 함께 챙겨줬다. 우리는 부장품이라고 부른다.

진시황도, 길가메시도 아닌 범부필녀들의 인생은 고단했을 것이다. 그들에게도 영원히 답을 알 수 없는 주제는 사후세계다. 일반적 종교 설명에 따르면 이들에게는 죽은 이후에 더 좋은 생활이 기다리고 있다. 자유도가 낮은 계급은 옮겨 간 거기서의 영생을 꿈꾼다. 영원히 죽지 않고 산다는 건 죽음의 공포로부터 자유로워진다는 것이다. 그게 구원이다. 죽은 다음에 다른 세상으로 옮겨 간다면 그건 극락이거나 천당이어야 할 것이다. 죽은 다음 이 세상에 다시 오면 환생이겠다. 뭐든 이후의 그곳은 지금보다 더 좋은 곳이어야 한다. 그런데 돌아오건, 옮아가건 다음의 세상은 이 세상보다 어떤 점에서 좋은 것일까. 극락, 천국의 가치는 거기서 맛있는 것을 먹고 사는 것이 아니고 자유로운 것이다. 지옥불에 떨어진 사람이 고통스러운 것은 한 번 묶여 떨어진 후 헤어나올 자유가 없기 때문이다.

인간은 설명할 수 없는 것들은 초인적 방식으로 설명하고 믿었다. 죽음의 설명을 위해 대개는 신적 존재가 필요했다. 죽음을 관장하는 신은 당연히 인간을 뛰어넘는 능력을 갖춘 존재임이 마땅하다. 그런데 그 신은 죽음을 관장하면서 인간 세계에 관여한다. 그 초인적인 존재가 초월적 힘을 얻게 된 이유에 대한 서사가 필요하다. 기본이 되는 것은 하늘과 땅에 대한 서사였다. 그것은 무엇이며 그것을 움직이는 힘은 무엇인가.

인간은 사건의 이유를 알고 싶어 했다. 세상에 대한 설명이 필요했다. 경험의 인과관계가 논리로 규명되면 지식이 된다. 우리의 과학 교과서는 빅뱅이 세상의 시작이라고 가르친다. 인간의 시작도 설명한다. 처음에 생명체가 열대열수공에서 발생해 나왔고 그게 변이를 일으키다 사람에 이르렀다는 설명이다. 호모 사피엔스는 침팬지와 분기했다는 이야기다. 그 근거는 화석과 유전자다. 충분한 방증 자료로 인과관계를 설명할 수 있다. 지식은 농사와 유사하여 그 습득을 위해 꽤 근면하게 공부를 해야 한다.

논리적으로 설명할 수 없는 것들에 대한 설명도 필요했다. 믿는다는 것의 전제는 모른다는 것이다. 믿음 중에서 좀 더 강력한 것을 신념이라고 한다. 그래서 경험이 상상과 조합되면 신념이 된다. 여러 사람이 공유하는 신념이라면 집단 신념이라고 표현하는 것이 옳겠다. 그 집단 신념 중 어떤 것은 다른 것보다 더 많은 사람이 공유했다. 사후세계의 집단 신념 체계는 종교가 되고 그 신념이 내적 권력을 얻으면 이를 우리는 신앙이라고 부를 것이다. 종교는 누구나 가질 수 있고 그래서 지식보다 훨씬 막강했고 여전히 막강하다. 지식은 얻기 위해 많은 에너지가 소모되지만, 신념과 신앙은 그럴 필요가 없다. 신이 세상을 창조하셨고 내세를 마련해 놓았다고 믿으면 된다. 혹은 이전 생애에서 다시 태어났다고 믿어도 된다.

죽음 이후를 설명하는 방식 차이에 의해 종교가 구분되었다. 그 세계는 여기와 분리되어 있으나 여기의 기억으로 연결되는 것이 일반적이다. 그래서 이승의 행동이 저승의 보상과 연결된다는 것이다. 그 연결방식은 종교마다 설명이 달랐다. 그 관계를 계속 이어나가는 방법은 다시 태어나는 것도 있다. 그 환생의 결과도 여기의 업보에 달려있다. 천국에 가기 위해서 이곳에서 어떤 조건을 만족시키는 방식으로 살아야 했다. 그건 고단한 이곳 질서의 전복이 아니고 순응이다. 다음 생에 대한 믿음이 있다면 지금 생을 참고 살아야 한다.

종교의 힘은 여전히 막강하다. 그 신념, 혹은 종교로 역사상 가장 큰 영향을 미친 것은 기원 전후 서아시아에서 등장했다. 어떤 젊은이가 죽은 지 사흘 만에 부활했다는 믿음에 근거했다. 그는 죽어서도 죽지 않았다. 그의 부활을 믿으면 너희들도 내세의 구원을 얻는다. 그리스도교의 등장이다. 그리고 또 시간이 지났다.

테크놀로지가 전복적으로 자유도를 증가시킨 사건에 산업혁명이 있다. 이 높아진 자유도가 분배되는 방식도 중요하다. 이 자유의 분배에서 산업혁명에 해당하는 사건을 나는 그리스도교의 종교개혁이라고 생각한다. 이후 사회구성원들이 자유를 자의로 헌납했다. 그들이 반납한 자유의 양은 재투자되어 훨씬 더 큰 자유를 만들어내고 재분배되었다. 프로테스탄티즘이 자본주의의 힘이고 프로테스탄티즘이 자본가를 만들었다는 것은 사회학의 정설이다. 과연 자유는 자본과 유사한 속성을 지녔다. 새로운 테크놀로지에 기반한 새로운 질서를 계속 만들어내기 때문이다.

유럽에서 등장한 이 사고 체계가 전 세계로 퍼졌다. 프로테스탄티즘이 종교적으로 특이한 것은 사제라는 신적 중재자 계급의 필요성을 부인했기 때문이다. 문자가 그 자리를 대체했다. 혁신적이었다. 사제와 이해를 공유하는 왕과 귀족의 존립 기반에 균열이 생기기 시작했다. 결국 노예도 사라져야 했다. 계급 체계가 바뀌었다. 단언하건대 프로테스탄티즘은 이전의 다른 어떤 종교와도 다른 체계를 갖고 출발하였다. 그 종교의 막강한 영향력이 세상을 바꿔나갔고 그 내용은 여전히 진행 중이다.

이 책은 역사적 변화 이야기를 담고 있다. 그럼에도 역사서는 아니다. 역사서는 평생 공부를 업으로 삼는 학자가 엄정한 고증을 거쳐 이뤄내는 영역이다. 이 책은 그 역사서에 이미 가득한 염주알들을 필요한 색깔별로 추려 의도한 방식으로 꿴 것이다. 따라서 심증은 굳건한데 고증은 빈약하다. 그 심증의 근거를 대라면 맥락적 이해라고 대답할 수밖에 없다. 다른 말로 하면 상식적 논리가 되겠다. 이때 동의가 가능한 정도의 상식적 논리냐는 것이 중요하다.

인간의 무성생식과 죽은 생명의 부활이란 것을 전혀 믿지 않는 무신론자가 이 책에서 특정 종교의 영향을 강조하는 것이 좀 이상할 수는 있다. 그러나 그것은 종교적 신념의 진위 문제는 아니고 역사적 영향력의 판단에 따른 결론일 따름이다. 이런 이야기는 저자가 무신론자이기 때문에 오히려 객관적으로 풀어낼 수 있으리라고 믿는다. 이것도 어떤 신념이기는 하겠다.

이제 내용을 개관해 보자. 자유롭다는 것은 선택의 여지가 많다는 것을 의미한다. 많다는 것은 정량적 개념이니 비교가 가능하다. 그렇다면 자유는 증감과 분배를 추정할 수 있다. 인간의 역사가 진보했느냐고 묻는다면 나는 그렇다고 답한다. 자유를 증가시키는 것은 테크놀로지였고 자유를 분배하는 능력을 권력이라고 불렀다. 자유가 증가하고 분배가 이전보다 상대적으로 공평해졌을 때 우리는 사회가 진보했다고 표현한다.

그 과정이 일목요연할 수는 없었다. 거듭 강조하거니와 그건 물이 중력을 따라 아래로 흘러내리면서 강이 굽이치는 모습을 보이는 것과 같다. 이 책에서는 중력이라는 방향을 잃지 않으면서 굽이치는 물길을 따라가려고 한다. 그 과정에서 계급, 테크놀로지, 종교와 같은 단어들이 등장할 것이다. 그 결과물로 피아노도, '가다마이'도 등장할 것이다. 그리고 결국 이야기는 건축에 이를 것이다.

2

계급

직립　　　이동　　　잉여　　　계급　　　청동

　　인간은 직립하여 생각을 하게 되었고 이후 정착했다. 그리고 생산의 잉여로 계급을 만들고 그 계급을 유지해 나갔다. 이제 이야기는 이 문장 순서를 따를 것이다. 역사는 연속적이므로 그 구분이 모호하다. 지역 문화권도 겹치고 시간대별 구분도 일정하지 않다. 그러므로 이를 표현하는 단어를 영어로 옮기면 스펙트럼이 옳겠다. 역사적 사실들도 스펙트럼을 이루면서 중첩이 된다. 스펙트럼에서 색상 사이 구분선 지정은 모호할 수는 있으나 결국 구분은 가능하다.

　　산업 사회 이전에 지구상에 가장 널리 퍼져 있는 계급 체계는 3단계였다. 최상층에 왕, 귀족, 사제가 한 묶음을 이뤘다. 그 아래 가장 많은 구성원으로 이루어진 것이 평민이었다. 이들은 생산과 납세의 주체였다. 그리고 그 아래 강제 노동해야 하는 노예들이 있었다. 이 구분이 계급이다.

　　이 책의 의도는 명확한 구분선 지정이 아니다. 모호하지만 우리가 스펙트럼의 어디에 존재하는지 찾는 것이다. 그것은 바다 위에서 자신의 개략적 좌표를 얻는 것과 유사할 것이다. 그 좌표를 얻게 된다면 우리의 존재 가치는 훨씬 명확하고 가치 있을 것이다. 그리고 우리는 지금 왜 이렇게 살고 있는지, 주변의 현상들은 어디서 연유한 것인지 이해할 수 있을 것이다.

직립

빨래 걷어라

할머니들의 일기예보였다. 마당에 널어놓은 빨래가 문제였다. 비가 올 것 같기 때문이다. 판단의 근거는 일기예보용 슈퍼컴퓨터 연산 결과가 아니었다. 할머니의 무릎이 아파졌기 때문이다. 이건 축적된 경험이 알려주는 이야기다. 직립의 결과 무릎 연골의 작동 방식이 바뀌었다. 비가 오기 전에는 무릎이 아프더라는 경험이 축적되었다. 그러니 비가 곧 올 것이고 널어놓은 빨래는 걷어야 한다. 논리적 근거는 없다. 경험이 그렇다.

인간은 예측 능력을 지녔다. 예측에는 경험, 해석, 상상이 필요하다. 경험 축적을 위해 시간이 필요하다. 나이를 먹어야 한다는 이야기다. 그 시간을 줄이는 방법은 경험 전수다. 언어와 기록 전승이 그 시간을 단축해 준다. 할머니는 이야기도 듣고 걸음도 걷고 빨래도 걷어 봤다. 걷으라고 할 때 걷지 않으면 빨래를 다시 해야 한다. 낭패 상황을 맞지 않으려면 할머니의 무릎 진단을 존중해야 한다. 할머니가 존경받아야 한다.

비가 오지 않는 이집트에서는 빨래보다 훨씬 더 중요한 사안이 있었다. 고대의 그들은 여명의 동쪽 하늘에 시리우스가 떠오르면 나일강의 범람을 예측했다. 지구의 강 중 가장 독특한 강은 나일강이라고 해야 하겠다. 길이만 해도 무려 6,700킬로미터에 이른다. 하늘에서

 계급

리비아 사막, 나일강, 홍해, 아라비아 사막.
남쪽 녹색 지역에 계절성 호우가 내리면 두 달 정도 후 나일강 하류 삼각주가 범람한다. ⓒgoogle

보면 사막을 가로지르는 뱀이라고 표현해야 할 것이다. 그래서 유역은 독특하게 얇은 선형 녹지대를 이룬다. 그런데 고대 역사책에 빠지지 않고 등장하는 사건이 나일강의 범람이다.

강이 범람했다는 건 비가 많이 왔다는 것이다. 그런데 이집트에는 비가 거의 한 방울도 내리지 않는다. 나일강 주변을 제외하면 사막이라고 보면 된다. 그런 나일강이 범람하는 건 상류의 호우 때문이다. 에티오피아 유역에 주기적 호우가 발생한다. 그로부터 약 두 달 후면 내린 그 물이 흘러 마침내 이집트 나일강 삼각주인 멤피스 지역에 도착한다. 그게 시리우스가 새벽 동쪽에 뜨는 때였다는 이야기다. 두 사건이 지구 공전에 따른 주기적 현상이라고 설명하면 지식이다.

　　나일강 범람 이유는 이집트 사람들도 궁금했을 것이다. 최초의 역사 서술자 헤로도토스기원전 484?~기원전 425?는 보고 확인한 것만 글로 쓴다는 신념의 주인공이었다. 그는 그리스에서 출발하여 이집트를 방문했다. 헤로도토스는 자신이 들었던 범람 이유 추측을 다 기록했다. 강력한 계절풍에 막혀 나일강이 흘러가지 못한다는 설, 눈 녹은 물이 갑자기 흘러든다는 설이다. 그러나 그는 모두 의심쩍다고 반박했다. 그의 추측은 태양이 물기를 담고 있다가 한 번에 쏟아내는 것이었다.[001]

　　헤로도토스 시대에 나일강 발원지까지 탐사한 이집트인은 없었던 것 같다. 있었다고 해도 적어도 문서 기록을 남긴 사람은 없었다. 문자가 중요하다. 헤로도토스도 지금의 이집트와 수단 국경 근방인 엘레판티네섬까지 가보았다고 서술했다. 그는 아마 돛배를 타고 나일강을 거슬러 올랐을 것이다. 그 상류는 급류지라서 바람에 의존한 항해가 어려웠다.

　　나일강 상류의 청나일강을 더욱 거슬러 오르면 우리는 주기적 호우가 내리는 그곳을 만난다. 이곳은 나일강의 시원이면서 호미니드의 고향으로도 알려져 있다. 다윈은 합리적 상상만으로 인류의 출발이 아프리카일 것으로 추측했다. 과연 고인류학에서는 거기서 가장 오래된 인간의 유골들을 만날 수 있다고 서술한다. 그 유골이 증언하는 공통점을 이해하기 위해 수수께끼를 풀어 맞춰보자.

　　아침에는 네 발, 점심에는 두 발, 저녁에는 세 발로 걷는 동물은 무엇이냐. 답을 맞히지 못하면 스핑크스에 희생되어야 했다. 그런데 우리의 주인공 오이디푸스가 사람이라고 답을 맞혔다. 스핑크스는 스스로 목숨을 끊었다. 어릴 때는 네 발로 걷다가 커지면 두 발로 걷고 나이가 들면 지팡이를 짚게 된다는 그 이야기. 인류의 처음은 아직 증거보다 추론으로 메워야 할 영역이 넓다. 문자로 명시된 시대에 이르기 전에 추론으로 이야기를 조립해 가보자.

직립보행의 동물군이 호미니드다. 영장류 중 침팬지, 오랑우탄, 고릴라 그리고 인간이 포함된다. 도대체 호미니드가 왜 두 발로 서게 되었는지는 알 길이 없다. 다만 나일강의 발원지인 케냐와 에티오피아 근처에서 벌어진 사건이라는 점에는 학자들의 이견이 없다. 좋은 디자인은 단순하다. 하나의 대안으로 여러 복잡한 문제를 해결한다. 그래서 좋은 디자인은 우아하다고 표현한다. 디자인의 범주에 포함시킬 수 있는지 모르겠으나 넓게 생각하면 이족보행은 동물사 최고의 디자인이었다. 아니면 최고의 선택이거나 적응이었다.

호미닌은 호미니드 중에서 인류를 지칭한다. 여기에는 호모 사피엔스 외에 오스트랄로피테쿠스, 네안데르탈인, 호모 하빌리스, 호모 에렉투스와 같은 멸종된 종이 포함된다. 호미닌의 특성을 추려보자. 그건 결국 이족보행bipedalism과 뇌 용적 증가로 수렴된다. 도구를 다루는 능력은 두 손을 쓰게 되면서 얻게 된 것이다. 손은 직립 이족보행 덕분에 할 일이 없어진 신체 부위다. 도구 사용은 이족보행의 종속변수였다. 그건 불을 다루는 능력도 마찬가지다. 직립의 결과 후두 구조도 바뀌었다. 다양한 소리를 낼 수 있게 되었다. 언어가 탄생하게 되었다.

호미닌은 다른 동물보다 상대적으로 머리가 크다. 물론 뇌 용적 증가와 비례해 지적 능력이 좋아진다는 증거는 없다. 생물학 책을 펴봐도 뇌 용적과 동물의 총명도가 비례하지는 않는다고 쓰여 있다. 그러나 비례하지는 않아도 상관관계를 무시할 수도 없다. 언어 구사는 뇌 용적과도 밀접하게 연결된 사연임이 틀림없다. 출생 시 산도 통과의 난관을 무릅쓰고도 뇌가 커져야 했던 사연이 있을 것이다. 질문은 직립과 뇌 용적 증가 중 어느 것이 원인이고 다른 것을 가능하게 했느냐는 것이다. 일어섰기 때문에 뇌가 커진 것인지, 뇌가 커지다 보니 일어서자고 작심을 했는지. 혹은 시기 차이만 있고 인과관계는 없는 독립사건인지.

유골 연대기로 보면 일어선 다음 뇌가 커진 건 명확하다는 게 고인류학의 이야기다. 학자들은 두 발로 걷는 존재는 지금부터 700만 년 정도 전에 등장했다고 설명한다. 그리고 200만 년 전 호모 에렉투스Homo erectus가 등장한 이후 뇌용량이 적어도 두 배 증가한 것으로 본다. 그다음에 지금의 머리 크기를 가진 호모 사피엔스Homo sapiens가 등장했다는 것이다. 인과관계가 궁금해진다. 왜 두 발로 걷게 된 다음 머리가 커지게 된 것일까. 왜 머리가 커진 후에 일어설 생각을 한 게 아닐까. 즉 왜 일어서야겠다고 큰 머리를 써서 고민, 작심한 후 행동에 옮긴 것이 아닐까. 직립은 어떻게 뇌 용량 증가를 허용하거나 촉진했을까.

그 인과를 설명하는 데 의외로 건축학과에서 공부하는 역학이 도움이 된다. 네 발로 걷는 포유류의 뼈대 구조를 관찰해 보자. 머리는 목뼈에 의해 몸통에 수평으로 연결되어 있다. 이때 목뼈가 머리를 지탱하려면 휨모멘트라는 힘을 받아내야 한다. 사람이 팔을 앞으로 내밀었을 때 팔뚝이 받는 힘이라고 보면 된다. 직립하면 머리가 몸통 위에 얹힌다. 목뼈는 압축력을 받는 것으로 바뀐다. 즉 머리가 위에서 누르는 힘을 받게 된다. 이건 휨모멘트를 받는 상황보다 훨씬 부재 합리

　　　　계급

성이 높다. 물론 목뼈, 등뼈, 무릎관절이 눌리면서 디스크 질환, 관절염이라는 병을 만들기는 했다. 그러나 머리가 커질 수 있는 데는 더할 나위 없이 합리적인 방식이었다.

사례로 쉽게 설명해 보자. 역도 선수는 그 무거운 바벨을 머리 위로 번쩍 들고 버틴다. 그런데 손을 앞으로 뻗어 같은 무게의 바벨을 들고 있는 건 불가능하다. 이전 시대 사진에 물동이를 머리 위에 이고 가는 아낙들의 풍경이 있다. 그런데 그 물동이를, 손을 앞으로 뻗어 들고 가는 건 어렵거나 불가능하다. 물동이 무게를 휨모멘트로는 버텨낼 수 없다는 이야기다.

간단히 계산해 볼 수도 있다. 인간 뼈대의 복잡한 구조를 걷어두고 비슷한 크기와 규모의 구조체를 상정해 계산하면 값이 나온다. 동일한 목뼈로 지탱할 수 있는 무게의 비교 값이다. 답은 20이다. 머리의 무게와 목의 길이를 바꿔 계산해도 이 상댓값은 크게 변하지 않는다. 엄청난 차이이다. 직립하면 무려 스무 배나 무거운 머리를 받칠 수 있다는 이야기다. 머리가 마음대로 커질 수 있다.

사족보행으로는 머리가 커질 수 없다. 동물은 머리와 꼬리가 몸통 밖에 매달려 있다. 그런데 거의 모든 동물의 꼬리가 머리보다 길다. 이유는 꼬리 끝에 머리와 같은 하중이 가해지지 않기 때문이다. 꼬리 끝에 무거운 것이 달려 있으려면 그 꼬리도 짧아져야 한다. 멸종한 공룡과 그에서 진화했다는 조류들이 대체로 목이 길다. 이들은 모조리 머리가 작다. 먹이를 먹거나 물을 마시는 특이한 상황이 아니면 모두 고개를 들고 다녀야 한다. 그런 자세가 목의 휨모멘트를 줄이기 때문이다. 머리 크기에 비해 기린의 목은 엄청나게 두껍다. 다 구조적 진실을 증명하는 모습이다. 기린은 머리까지 피를 보내기 위해 심장도 엄

다양한 자세의 기린들.
목이 굵지만, 머리가 더 커질 수 없는 역학적 구조를 갖고 있다.

청나게 크다고 한다.

펭귄을 두루미나 홍학과 비교하면 머리 크기 차이가 확연하다. 그런데 펭귄이 왜 직립했고 손 대신 날개를 유지했는지는 알 수 없다. 펭귄 날개도 나중에 뭔가를 잡을 수 있는 손으로 수렴 진화할지는 알 수 없다. 답을 알기 위해서는 우리 나이가 적어도 수만 살이 되도록 살아 관찰해야 한다. 이건 곧 등장할 길가메시나 진시황의 꿈이었다. 여전히 현대에도 많은 사람이 꾸는 꿈이기도 하다. 그게 종교의 구원과 내세다.

넷이 하던 일을 둘이 하게 되면 부하가 엄청나게 커진다. 결국 두 다리로 서 있으려면 땅을 딛는 발의 역할이 중요해진다. 그래서 머리가 커진 것처럼 발도 커졌다. 다른 동물들과 비교하면 호미닌의 발은 엄청나게 크다. 인간의 신체가 다 그렇기는 한데 발도 역학적으로 참으로 신기한 구조체다. 아니 역학적으로는 해설이 어려울 정도의 놀

계급

라운 구조체다. 그 작은 발로 인간이 서 있게 만드는 건 엄청난 묘기가 아닐 수 없다. 너무 흔해서 지나칠 뿐이다.

　　다윈도 직립 이유가 궁금했던 모양이다. 하지만 그도 이 질문에 대해서는 특별한 설명이 없다. 그의 관심은 걸음보다는 자유로워진 손이었다.[002] 이족보행에 관해서 우리에게는 논리적 추론만 가능하다. 엄청나게 오랜 시간에 걸쳐 일어난 일이다. 단언컨대 답은 자유다. 즉 더 자유로워졌기 때문일 것이다. 두 손이 더 자유롭기 위해 그 오랜 시간이 필요했을 것이다.

이동

10미터

건물로 치면 기둥 한 칸 정도의 거리다. 그래서 건축적 치수라고 할 수 있다. 걸으면 스무 발짝이 채 안 된다. 책상 위의 지구본에서는 점으로도 드러나지 않는 크기다. 지구본에 바늘로 점 하나를 콕 찍으면 적어도 저 길이의 천 배는 된다. 그런데 점을 모으면 선이 된다. 저 점을 계속 이어 붙이면 언젠가는 지구본의 대륙을 가로지르는 선이 될 수도 있다. 엄청나게 많은 점이 필요할 따름이다.

지구본도 세상을 육지와 바다의 이분법으로 표기한다. 중력, 관성, 기압차 그리고 모세관현상, 자연 상태에서 물을 이동시키는 힘은 이렇게 딱 네 가지다. 폭풍우가 친다는 건 물방울에 기압, 중력과 관성이 강력하게 작동한다는 것이다. 식물이 뿌리에서 잎으로 수분을 공급하는 데 기압 차와 모세관 현상이 작동한다. 그런데 물 이동에 작동하는 가장 큰 힘은 중력이다. 물도 무게를 지녔으니 그 무게만큼 중력의 방향 따라 아래로 내려가려고 한다. 나일강을 흐르게 만든 그 힘이다. 그리고 해안선을 규정한다.

물은 가장 낮은 곳에 고여있거나 낮은 곳을 찾아 흐른다. 이걸 마시기 위해서는 입이 그 낮은 곳으로 향해야 한다. 물 먹는 기린의 엉거주춤한 자세를 생각하면 된다. 조류도, 파충류도 꼿꼿이 선 상태로 물을 마실 수 없다. 그런데 인간은 손으로 물을 떠서 입으로 가져갈 수

두 다리로 서서 물을 마시려고 하는 꼬마.
물을 마시는 데 상수도라는 테크놀로지와
자유로운 두 손의 조합이 필요하다.

있다. 원하는 자세대로 물을 마신다. 그리고 그 손으로 토기를 만들어 물을 떴다. 직립으로 여러 변화가 생겼다. 자유로워진 손으로 물을 마시고 도구를 만들고 불을 피웠다. 다양한 음성을 내고 언어를 만들 수 있었다. 언어를 사용하니 씨족 이외의 구성원들과 교류할 수 있게 되어 사회가 커졌다. 모두 하나의 사건에 의해 가능해진 일들이었다. 두 발로 일어섰다.

직립이 만든 다른 특징은 신체 무게중심의 변화다. 네 발로 걷는 것에 비해 무게중심이 높아졌다. 네 발로 걷는다면 이동을 위한 동력이 거의 다리 근육뿐이다. 그런데 무게중심이 높아지니 무게중심을 옮겨가면서 이동할 수 있게 되었다. 즉 건들건들하면서 걸을 수 있게 된 것이다.

인간이 걸을 때 두 발이 동시에 땅에 닿는 순간은 아주 짧다. 뛸 때는 그 순간이 없다. 인간은 걸을 때 발을 바꿔가며 무게를 양발로 옮겨 싣는다. 다리 근육의 힘만으로 이동하는 사족보행에 비해 에너지

효율이 훨씬 높다. 그래서 오래 걷거나 달릴 수 있다. 두 손으로 물을 운반할 수 있으면 수원지에서 먼 곳에 살 수도 있다. 활동의 공간적 자유도가 증가했다. 이동 속도가 높지 않을 수 있으나 효율은 대단히 높다. 즉 끔찍하게 멀리 이동할 수 있게 된 것이다. 그렇게 대륙을 가로질러 걸었다. 자유로운 두 손과 함께.

그들은 인도네시아나 중국 북부에도 이르렀다. 그 호모 에렉투스들을 교과서에서 부르는 이름이 자바원인과 베이징원인이다. 발견된 유골의 주인이 거기 살던 호모 에렉투스들의 초기 도착자들인지 말기 도착자들인지 알 길은 없다. 다만 100만 년에 걸쳐 벌어졌던 일이라고 가늠한다. 사실 요즘이면 비행기로 반나절이면 이를 거리다. 그런데 100만 년이면 1,000년이 천 번인 시간이다. 엄청난 시간이다. 계산해 보면 에티오피아에서 출발하여 북동아시아 끝단에 도착하려면 1년에 평균 10미터 정도 이동으로 충분하다. 대를 이어 걸어야 했으니 가족 단위로 이동했다고 보는 것이 합리적이다.

이동해야 한다면 가족은 최소 규모로 유지되는 것이 당연했다. 영아 사망률이 높았으리라는 건 상식적 추측이며 학자들의 공통 의견이다. 임신을 반복하는 여자들은 가임기에 지속적 활동 제약이 생긴다. 식량을 구해오는 남자의 권력이 커지는 것도 당연했을 것이다. 여자에게는 육아 책임에 따라 행동반경이 제한된 작업이 배당되었을 것이다. 가임기가 지난 여자는 입장이 다를 수 있었으나 작업의 성별 구분은 유지되었을 것이다.

그런데 이들은 왜 계속 이동했을까. 학자들이 추정하고 동의하는 이유는 간단하다. 먹고살기 위해서였다. 즉 식량의 구득을 위해 이동해야 했다. 학자들이 추정하는 이동 압력은 기후변화다. 지구가 이상하게 기울었는지, 해류 이동이 바뀌었는지, 화산이 폭발했는지, 외계의 뭐가 와서 부딪혔는지, 이유에 대한 추측은 많다. 어찌 되었건 기후는 지속적으로 변했고, 그에 따라 식생이 변했고, 그에 따라 이를 먹이로 삼는 자들의 서식처도 바뀌었다. 인간은 먹고사는 방법이 거처를 규정한다. 현대인의 거처도 대개 직장이 규정한다. 21세기의 호모 사피엔스는 손에 스마트폰을 움켜쥐고 출근길에 오른다. 호모 에렉투스는 손에 아슐리안 돌칼을 들고 식량을 찾아 나섰다.

고인류에 대한 설명은 하루가 다르게 변하고 있다. 땅속에 있던 증거들이 계속 새로 발견되기 때문이다. 어떤 것은 그들의 뼈와 이빨이고, 어떤 것은 그들이 깨 놓은 돌 도구들이다. 그 유골들에 새로운 이름들이 차곡차곡 붙여지면서 비전공자를 헷갈리게 한다. 이제 가장 막판에 등장한 호미닌을 보자. 호모 사피엔스, 바로 우리 이야기다. 고인류학자들은 인간의 뇌가 전반적으로 커지지 않았다고 판단한다. 파충류와 다름없는 본능적 뇌를 흥미롭게 구뇌라고 부른다. 크기가 별로 달라지지 않은 구뇌에 비해 추상적 사고를 할 수 있는 부분이 비약적으로 더 커졌다고 한다. 커진 그 두뇌로 우리는 무엇을 하게 되었을까. 그게 생각이다. 이 책도 그런 생각의 결과물이다. 그 생각이 집단행동으로 옮겨져 사건으로 변하고 그 사건의 퇴적을 문자로 표현한 것이 역사다. 두뇌와 언어와 두 손을 연결하면 문자가 나온다.

잉여

　. . . . . .

문자의 첫 표기는 이런 수준이었다. 모두 수를 나타낸다. 수는 놀라운 추상화다. 콩 세 알과 세 번의 밤과 세 뼘의 길이가 갖는 공통점을 추론해 낸 것이다. 그리고 이를 시각적 방법으로 표기했다. 수와 신은 자연 현상의 이해에 관해서는 같은 추상화 능력의 결과일 것이다.

농경이 시작되었다. 인간의 정착 생활도 경험을 통한 생각의 결과일 것이다. 씨가 땅바닥에 떨어져서 시간이 지나면 싹이 나고 자라 열매를 먹을 수 있더라는 경험. 그다음에는 상상이 등장해야 한다. 저 씨를 잘 모아 뿌려두면 나중에 그걸 걷어 먹을 수 있으리라는 상상. 뿌려 놓은 그것들이 나를 따라나서지 않는데 이곳을 떠나면 곤란하다. 인간이 땅에 종속되기 시작했다.

물이 있어야 곡물이 자랐다. 그 물은 중력 따라 비로 내리거나 강으로 흘렀다. 물은 곡물뿐 아니고 인간에게도 필요했으니 강변의 정착 생활이 시작되었다. 여기서 중요한 것은 곡물이다. 수확, 저장, 섭취가 가능한 식물이다. 학자들은 정착이 농경에 앞서 이루어졌다고 증언한다. 논리적으로 보면 당연해 보인다. 정착이 이루어지지 않은 상태에서 파종과 수확이 이루어질 수 없기 때문이다. 다시 말하면 정착은 농경의 필요조건이었다. 그런데 왜 인간의 정착 생활이 시작되었는지에 대해서는 이견이 분분하다.

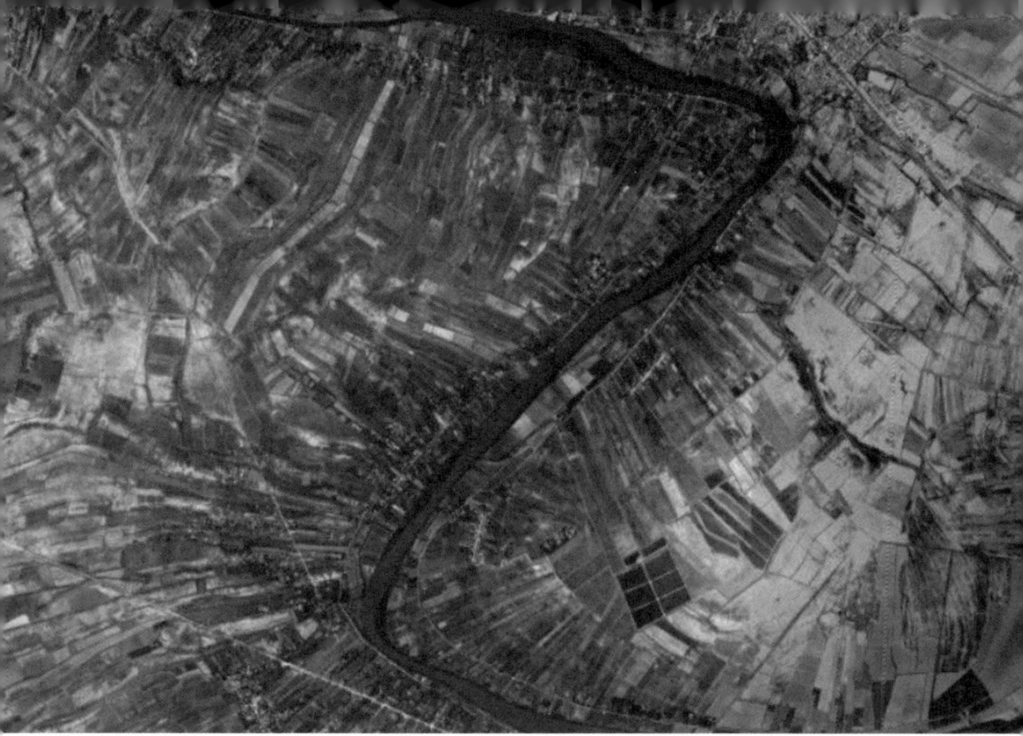

가장 오래되었다는 메소포타미아 문명은 인간이 관개시설을 개척한 결과라고 한다.
지금도 티그리스강과 유프라테스강에는 그런 관개의 모습이 보인다.
강과 직교한 수로를 파서 최대한 물을 끌어들인 것이다. ⓒgoogle

　정착이라는 단어는 오해의 소지가 있다. 태생부터 죽음까지 한 장소에 머문다는 인상을 주기 때문이다. 그런데 인간은 한 장소에 살기 어렵다. 더 좋은 환경을 따라 계속 이주해야 한다. 여전히 그렇다. 정착은 한순간에 이루어진 것이 아니고 지속적인 것도 아니었다. 땅이 마음에 드는 소출을 안겨주지 않으면 더 좋은 어딘가로 이주했을 것이다. 이것은 알려진 모든 유적 증거가 설명하는 내용이다. 그럼에도 곡물 성장기에 정착은 했을 것이다.

　수렵채집의 시기에도 그들이 굶주려 살았다는 증거는 없다. 그들이 깨어있는 모든 시간을 먹이 마련에만 투입했다는 증거도 없다. 그렇다면 그들은 왜 특별히 더 풍요로울 것도 없는 농경을 시작했을까. 수렵채집은 성공 여부의 불확실성이 높다. 농경 시기보다 넓은 공간을 돌아다녀야 했다. 이동은 자유가 아니고 생존을 위한 억압 조건이었다. 자신에게 영향을 미치는 변수인데 그를 자신이 통제하지 못할 때 느끼는 걸 스트레스라고 부른다. 너무 많은 개방 변수는 혼란도가 높고 자유도가 낮게 만든다. 그에 비해 농경은 대체로 뿌린 만큼 거둔다는 통제된 성과를 알려준다. 농경은 투입 노동량에 근거한 대략의 수확량을 예측할 수 있다.

그렇다면 인간이 높은 예측 가능성을 선택한 이유는 무엇일까. 자유로운 시간이 많아졌기 때문일 것이다. 생산에 투자하는 시간 외의 잉여 자유시간을 예측할 수 있다. 농경으로 공간에 종속되었다고 볼 수 있으나 시간의 종속에서는 자유로울 수 있다. 두 발로 서서 행동의 자유도를 높인 인간은 농경을 통해 더 시간의 자유도가 높은 생활을 찾았을 것이다.

수렵채집 시기에는 사냥감을 찾는 공간 이해가 중요했다. 그러나 농경이 시작되면서 시간에 대한 이해, 시간이 주는 경험이 중요해졌다. 그리고 저 주기적 변화의 배후에 작동하는 힘을 이해해야 했다. 정착은 곧 자연 주기의 정교한 관찰을 의미했다. 동일 장소에서 관측하며 천체의 움직임을 확인하고 날씨 변화를 이해했다. 시리우스와 범람의 관계를 깨달으려면 한 장소에서 오래 관찰해야 했다. 그 축적된 경험의 결과, 시리우스가 떠오르면 범람이 되리라고 예측하게 되었다. 상상은 추상화와 미래 예측을 의미한다. 추상화로 가장 중요한 것은 수였을 것이다. 추정하면 인류의 첫 문자는 수에 관한 것이다. 실제 고고학적 유물들도 이를 증언한다. 날, 달, 연도가 한 단위가 되었다. 그런 일관성이 유지되는 이유도 궁금해졌을 것이다. 그런 규칙을

 계급

주재하는 것은 신일 수밖에 없었다.

　농경은 지속적인 노동과 수확을 의미하지 않았다. 씨뿌리고 걷을 때는 매우 바쁘다. 그런데 옆에서 추임새를 넣고 응원한다고 식물이 더 빨리 자라지는 않는다. 기다려야 한다. 농경은 절기의 순환에 따라 규정되므로 하늘의 뜻을 헤아려야 했다. 그래서 농경은 경험과 상상을 요구하는 일이었다. 절기에 대한 지식과 예측 능력이 우대받는다. 그래서 신의 뜻을 이해하거나 파악하는 것이 중요해졌다.

　농경은 필연적으로 주기적 잉여를 낳는다. 수확이 일시적으로 벌어지기 때문이다. 추수가 이루어지면 당장 먹고도 남을 양이 생겼다. 한 해를 버틸 양이 될지는 모른다. 그 잉여를 담기 위해 토기와 창고가 필요해졌다. 어느 고대 문화권에서나 출토 유물로 가장 많은 것은 토기다. 가장 흔한 재료인 흙으로 만들었기에 대개는 깨진 조각으로 출토된다. 그 토기는 대개 정착 생활을 의미한다.

　박물관에 쌓여있는 토기를 잘 보면 이야기를 끼워 맞출 수 있다. 연질 지반에서 사용하던 토기는 밑이 뾰족하다. 우리의 빗살무늬토기는 강물 안의 모래나 진흙에 꽂아놓고 사용했을 것이다. 거기 잡은 물고기를 담았을 것이고 물고기의 생체 보관을 위해 통수가 필요해서 구멍을 뚫어 놓았을 것이다.[003] 다른 문명권에서도 연질 지반에 꽂아놓고 사용한 사례는 많다. 토기 밑바닥이 평평해진 것은 인간이 강으로부터 떨어진 경질 지반의 생활을 시작했다는 의미다.

　토기에 물을 담아 옮기면 그 물을 결국 다른 토기로 옮겨 담아야 한다. 물 운반 토기는 위의 마구리가 밖으로 벌어져야 했다. 물은 다량 수송을 해야 하므로 이런 토기들은 덩치들이 크다. 즉 두 손으로 간신히 옮길 수 있을 최대한의 부피가 설정된다. 토기는 물이 아니고 수확

박물관에서 흔히 만나는 고대 토기.
바닥이 평평하니 경질 지반에서 사용했을 것인데 왼쪽 토기는 곡물을, 오른쪽 토기는 물을 담았을 것이다.
국립중앙박물관 소장.

곡물을 담기도 했다. 액체를 담지 않는 경우 토기의 마구리는 밖으로 말릴 필요가 없다.

강으로부터 멀어진 생활에서는 가축이 필수적이었을 것이다. 물고기를 대체하는 단백질 공급원이 필요했기 때문이다. 가장 중요한 단서는 아마 돼지일 것이다. 이 동물은 가축이라고는 하지만 고기 외에는 노동력, 우유, 가죽 등의 부수 가치가 없다. 심지어 끌고 다니기도 어렵다. 말하자면 오로지 단백질 공급원으로서의 존재 의미만 있는 가축이다. 추측해 보면 돼지는 정착 농경이 확실하게 이루어진 후에 사육되기 시작했을 것이다.

농경의 승리자가 인간이 아니라 곡물이라고 진단하는 학자들도 있다. 유전자가 종 유지의 주체라는 입장에서 보면 인간을 매개로 쌀과 밀이 세계를 평정했기 때문이다. 이때 인간은 곡물의 이기적 유전

계급

자를 퍼뜨리는 데 동원되는 도구일 뿐이다. 매력적인 설명이다.

식물로 번역된 가축은 과일일 것이다. 과일을 가둬 기르는 곳이 과수원이다. 과수원에서 재배하는 사과, 포도, 배와 같은 작물은 놀라운 공생 구도를 보여준다. 이들은 직립한 인간이 수확할 수 있는 높이에서 열매를 맺도록 관리된다. 이걸 인간 선택압의 결과라고 표현하기도 하겠다. 재배 과일도 인간을 매개로 이기적 유전자의 지구적 확산에 성공했다고 볼 수도 있겠다.

농경은 집단 협력 노동이 합리적이었다. 그것은 가족 단위를 넘는 사회조직을 만들었다. 채집 시 이동에 귀찮은 존재였던 아이들도 이제는 노동력의 한 부분으로 인정받기 시작했다. 노동력을 확대해주는 다산이 중요한 가치가 되었다. 아이가 많고 가족 구성원이 많으면 그 증원량을 초과하는 소출을 얻을 수 있었다. 가족이 연합하면 더 많은 소출을 경험했을 것이다. 이미 소박하지만, 규모의 경제가 인식되기 시작했을 것이다.

수렵 채집 시기에는 이동에 적정한 인구 규모가 있었다. 그때는 부엌을 공유하는 규모가 공동체의 단위였다. 그러나 농경이 시작되면서 창고를 공유하는 것이 공동체 단위가 되었다. 결국 가족의 연합체였던 사회적 규모가 점점 커졌다. 그것이 씨족과 부족이라는 크기가 되고 나중에는 국가가 되었을 것이다. 그러나 크기도 연속체여서 그 단위의 구분선을 명시하기는 어렵다. 어찌 되었든 노동력 규모가 중요한 경쟁력이 되었다.

가족과 부족은 부족장이라 부를 수 있는 정치적 존재의 유무로 구분할 수 있겠다. 가족에게는 혈연 증명의 조상이 중요했을 것이다. 부족으로 커지면 거기는 상상의 조상이 필요했을 것이다. 그 존재가 공동체의 신념을 유지하는 구심점이 된다. 부족장은 그와 대화하거나 거래하는 주체여야 한다.

수확한 곡물은 하루에 다 먹을 수 없으므로 일단 잉여다. 이제 구성원들 사이에 분배해야 한다. 권력은 잉여의 분배를 강제할 수 있는 힘에서 시작되었다. 분배 질서를 만드는 힘이라고 표현해도 된다. 아이스크림을 나눠주는 힘이다. 분배 제어를 강요하는 자나 집단은 생산활동에서 열외의 특권을 가질 수 있다. 즉 생산활동으로부터 자유로운 존재가 된다.

이들은 노동에 직접 참여하지 않으면서 잉여 분배 방식 규정이라는 권력을 행사하게 된다. 이를 위해서는 강제자의 무력이나 권위에 기반한 피강제자의 동의가 필요하다. 두 가지 방법이 모두 사용된다. 분배의 최상위 지배자는 나중에 왕으로 변모하는 씨족장이다. 그는 처음에는 경험을 통한 예측 능력으로 권위를 얻었을 것이다. 그 경험이 소출을 결정하는 것이니 당연히 중요한 변수였겠다.

권력자는 자신의 명예로운 권력 정당성을 권위로 설명해야 한다. 가장 일반적 방법은 하늘의 임명에 의한 것이다. 그는 그 접신을 증명해야 한다. 과시적 치장이 필요하고 결국 과시적 사업에 이르게 된다. 세상을 시각적으로 이분하면 하늘과 땅이다. 그런데 땅은 모든 문제가 등장하는 번잡한 곳이다. 그에 비하면 하늘은 간단명료하다. 설명할 수 없는 초월적 사건이 벌어지는 배경이니 신이 있다면 그는 당연히 거기 있어야 한다.

배후의 신적 존재를 설명하지 않는 고대 권력은 역사상 사례를 찾기 어렵다. 그들은 세계를 지배하는 질서를 설명했다. 수확과 잉여가 노동의 소산이 아니고 제사의 결과라고 믿게 해야 했다. 접신이 허

 계급

용된 자가 하늘에 제물을 바치면 신은 농경에 필요한 기후를 제공하는 것이 일반적 설명 구도다. 계급이 등장하는 순간이다. 계급은 불평등한 분배를 의미한다.

수렵채집 시대도 평등한 사회였다고 보기 어렵다. 고고학자들은 이미 무덤의 부장품을 통해 그 흔적을 확인해 준다. 특히 어린아이의 무덤에 껴묻은 화려한 부장품은 태생적 불평등, 즉 세습의 흔적이라고 강조한다. 사회적 불평등은 개미에서 사자에 이르는 사회적 동물 전반에서 확연하다. 그러나 부인할 수 없는 사회 구조로 계급이 정착된 것은 농경시대임이 틀림없다. 잉여의 분배는 계급을 낳았고 잉여의 교환은 도시를 만들었다.

잉여는 비축과 교환을 촉발한다. 비축을 위해서 토기와 창고가, 교환을 위해서 길이 필요하다. 이게 모인 것이 도시다. 길을 통해 교환이 빠르고 많을수록 부가가치가 증가하고 경제 규모도 커진다. 도시도 더 커진다. 교환 대상도 많아지기 시작한다. 교환 매개로 화폐가 등장했다. 화폐는 교환을 위해 등장했지만, 대상의 가치를 측정하는 도구가 되기도 했다. 교환을 위해서는 계량도 필요했다. 수는 숫자가 되어야 한다.

시장의 증가는 다시 생산과 소비 증가를 요구하는 상승 작용을 한다. 서로 다른 것을 수확했으므로 그 잉여를 교환해야 했다. 교환을 위해서는 가축도 더욱 요긴했을 것이다. 남은 것을 먹여 키워 잡아먹고 타고 다니기도 했다. 그리고 교환 자체가 직업이 되기도 했다. 우리는 이걸 상업이라고 부른다. 그런데 농업에 비해 상업은 생산 결과물이 존재하지 않는다. 그래서 자본주의 시대 이전까지 상업 종사자가 농업 종사자보다 대접받지 못하는 것은 당연했을 것이다.

계급

콩 반쪽

이것도 나눠 먹는 것이 도덕 교과서의 선행이다. 그러나 역사 교과서의 서술은 전혀 다르다. 저걸 내가 다 먹지 않으면 나는 죽는다. 그렇다면 먹고 남을 만큼 콩이 생기면 어떨까. 역사서는 남은 콩을 다 차지하기 위한 경쟁의 설명으로 가득하다.

인간이 만든 가장 거대한 인공 구조물, 그건 중국의 만리장성이다. 달에서도 보인다는 허풍도 있었다. 끔찍하게 긴 구조물인 것은 틀림없으나 달에서 보일 수는 없다. 실제로 달에서 그걸 보았다는 사람도 없다. 요즘은 구글맵으로만 봐도 이해가 된다. 그런데 엄청난 구조물인 건 맞다. 이걸 만든 구도를 생각해 보자. 흉노족 같은 북쪽의 침입자들을 막기 위해 한족이 만들었다고 기록되어 있다. 유목민의 침입을 막기 위해 정착민이 만든 것이다. 기록을 읽으면 유목민이 정착민을 침입하는 것이지 정착민이 유목민을 괴롭히는 것이 아니라는 입장이다.

유목민은 왜 굳이 정착촌을 침입하여 괴롭혔을까. 거기 약탈할 잉여가 있기 때문이다. 유목민은 왜 굳이 위험을 감수하고 약탈에 나섰을까. 자기들도 농사를 지으면 될 일을. 약탈이 경제적이었기 때문이다. 비옥하지 않은 땅에서 궁핍한 소출을 기대하는 것보다 남의 수확을 빼앗는 것이 경제적이다. 그런데 이건 정착민의 입장인데 유목

중국 베이징 부근의 만리장성. 왼쪽이 정착민, 오른쪽이 유목민 영역이라고 성벽의 형상이 설명하고 있다.

민 이야기도 들어보아야 한다.

유목민들은 먹고살기 위해 여기저기 돌아다니던 집단이다. 그런데 갑자기 자기들이 거기 씨를 뿌렸다고 주장하는 자들이 등장했다. 그래서 자신들이 만들지도 않은 땅을 점거하겠다는 자들이다. 농작은 현대에도 발견되는 토지 점거의 근원이다. 이건 정착민의 유목민 생활 방식 침해다. 유목민들은 원래의 생활양식과 영역을 고수하려 했을 것이다. 생존이 걸린 괘씸한 문제다.

어느 도시나 가장 큰 위협은 침략에 의한 약탈이다. 정착민이 약탈에 순순히 응할 리 없다. 농경사회도 무력으로 무장해야 한다. 농경민의 방어 성벽이 필요해진다. 만리장성의 길이는 합산하면 에티오피아에 닿을 길이다. 엄청난 재원 요구의 토목 사업이다. 진시황을 비롯한 정착민 통치자들은 그 사업 선택이 합리적이라고 판단했을 것이다. 이제 약탈자는 자신의 부상과 사망 위험을 감수해야 한다. 그럼에도 약탈이 합리적인 것은 그 편익이 더 높기 때문이다.

약탈자가 굳이 유목민일 필요도 없다. 정주 농경 집단도 입장은 다를 것이 없었다. 역사책은 기근 기록으로 가득하다. 신의 노여움이 그 이유였을 것이다. 자비로우신 신은 곧 곡물을 내려줄 생각이 없으니 내년까지 기다려야 한다. 그 기근의 굶주림에서 벗어나기 위한 유력한 대안은 역시 약탈이다. 콩 반쪽도 빼앗아 먹어야 한다. 게다가 내 내 땅에 붙어 일하면서 수확하는 것 외에 옆 집단의 것을 빼앗으면 잉여가 늘어난다. 상호 약탈은 수확이 부족하기 마련인 생산 시대에서 피할 수 없는 선택이다. 농경민도 무력행사의 가능성을 열어두어야 한다. 문제는 옆의 부족도 동일한 카드를 갖고 있다는 점이다. 그래서 주변에 유목민이 없는 농경민도 공격과 방어의 무장이 필요하다. 원시적 군비경쟁은 자연발생적이다. 굳이 설명하자면 인간은, 혹은 인간들은 선하게 태어나지 않는다.

거듭 말하거니와 농경 수확보다 약탈은 훨씬 경제적인 생존 방식이었다. 그것은 부족 간 폭력적 재분배 방식이라고 해도 될 것이다. 무력에는 무기가 필요했다. 청동기는 석기에 비해 압도적인 살상 무기다. 소재가 희귀하다는 게 문제였다. 아무나 청동기를 가질 수 없었다. 무력 구사 집단이 필요하다. 이들은 약탈 과정을 통해 등장했다.

무력을 구사하여 침략과 방어를 책임지는 전문적 집단이 생산이나 노동의 감면을 요구하는 것이 당연했을 것이다. 심지어 농경 주체들에게 보호의 반대급부를 요구했을 것이다. 납세가 등장하는 시점이다. 이들은 결국 특정한 계급을 형성하게 되는데 우리는 이를 묶어 귀족이라고 부른다. 성을 쌓으면 귀족은 성 내부에서 무기고를 지배

　계급

했다. 귀족들에게는 주기적 약탈이 필요했다. 그를 통해 사회적 지위가 확인되었기 때문이다. 이들은 자신들이 지켜주는 토지의 크기로 권력을 확인했다.

먹을 것이 부족하면 더 적극적으로 침략해서 약탈해야 한다. 약탈 성공 가능성은 집단 크기에 비례한다. 집단이 커져야 한다. 귀족 중 누군가가 전체 세력을 아우르는 지배자가 된다. 고고학자들은 이집트의 왕이 등장한 때가 나일강 주변이 스텝 기후대에서 사막화가 진행된 시점이라고 짚는다. 먹을 것이 부족해지면 강력한 무력에 기반한 약탈과 재분배가 필요해진다. 그 왕보다 영향력을 행사하는 공간이 더 커지면 황제를 자처한다. 귀족, 왕, 황제의 구분은 단지 인구수 차이만 의미하지는 않는다. 양의 질적 변화 법칙이 여기서도 옳다. 규모와 관계없이 일관된 특징은 모두 영토를 전제로 하고 있고 세습한다는 것이다.

통치하려면 통치 대상이 통일되어야 한다. 집단을 유지하는 힘은 교환 가능성을 담보하는 통일성에서 나온다. 하드웨어라면 화폐나 도량형이겠고 소프트웨어라면 언어, 문자, 신념, 종교와 같은 것들이다. 소프트웨어 공유의 가치는 신뢰다. 가족이나 친족 이외의 누군가와 거래하려면 신뢰가 필요하다. 신뢰는 같은 신념을 갖고 있어야 형성될 수 있다. 화폐와 문자의 발명을 통해 익명의 다수와 소통이 가능해졌다. 그러려면 유통의 신뢰가 전제되어야 했다. 공동체 의식이 필요해졌다.

공동체는 신념의 공유 집단이다. 알지 못하는 상황과 현상을 동일한 방식으로 설명하고 함께 믿는 집단을 말한다. 그래서 고대 도시는 신적 서사구조를 공유했다. 같은 신들을 믿었다는 것이다. 그리고 이 믿음에 따라 신을 만나는 공간이 필요해졌다. 신이 공동체의 핵심이면 이 신전이 도시의 중심 공간이 되어야 했다. 그리고 신에 의한 신뢰를 공유하게 만드는 주체, 사제들이 계급의 상부에 군림하는 것은 당연했다.

집단이 커지면 의사 전달의 시간적, 공간적 확장이 필요해진다. 비대면 언어 전달, 기록 매체가 필요해지니 과연 문자가 등장했다. 최초의 문자는 교환의 증거며 기억이었다. 문자는 경험 전승에도 가장 좋은 도구다. 유목민들은 농경사회보다 사회 구조가 간단할 수밖에 없었다. 이들에게는 문자와 관료가 필요 없었다. 그래서 흉노, 몽골로 대변되는 유목민들은 여전히 그 존재 정체성을 찾는데 학자들이 곤혹스러워한다. 그들을 설명하는 문헌 증거들이 확연히 부족하기 때문이다.

신의 뜻을 해석해 주는 존재가 필요하다. 전문화된 그들은 사제다. 문자는 신의 뜻을 옮겨 적는 도구가 되기도 한다. 구전되던 신의 이야기가 문자로 옮겨지면서 해독의 권력을 쥔 직업적 사제가 등장했다. 그들의 권력은 영적 권한이었다. 그것은 신과 대화할 수 있는 능력을 의미했다. 평민들이 접근할 수 없는 신비로운 입문과 훈련 과정을 거쳤다. 귀족과 사제는 평상시에도 자신들이 평민들과 다른 존재임을 과시해야 했다.

집단이 커지고 분배 구조가 복잡해지면 이를 정리하는 직업도 필요해진다. 이들은 당연히 숫자를 정리하고 글자를 읽을 수 있어야 한다. 집단이 작으면 귀족이 그 역할을 수행할 수 있다. 그러나 규모가 커지면 전문화가 필요하다. 이들은 결국 관료가 된다. 한자 문화권에서는 사土라고 부르는 집단이 그런 관료거나 관료 준비 집단이다.

농업의 잉여가 생기자 농사 이외의 필수품을 만드는 분업 장인들이 생겼다. 직업이 파생되기 시작했다. 이들이 직업을 갖게 되는 이유는 무엇인가. 그것은 여전히 먹고살기 위해서다. 특정 직업 선택의 가장 전통적인 방법은 아버지로부터 물려받는 것이었다. 직업 교육이 제도화되기 이전에 직업을 갖게 되는 방법은 대개 같았다. 직업은 계급처럼 세습되었다. 그러나 여전히 직업이 필요하다는 사실은 변하지 않았다. 호모 에렉투스가 이동해야 했던 것처럼 먹고살기 위한 것이었다.

도시와 국가에서 계급은 다양한 방식으로 등장했다. 그 모습을 모두 나열할 필요는 없다. 그러나 사회적 차이를 관통하는 공통적 모습들이 발견된다. 흥미로운 것은 귀족이라는 계급 분화를 태동시켜준 물질이다. 그것은 약탈을 일상화시킬 수 있는 도구여야 했다. 인류 문명의 시작이라는 고대 메소포타미아 시대부터 검증된 이야기다. 무력이 구조화된 것은 이족보행으로 자유로워진 손에 전문화된 대인 살상 무기를 쥐게 되었기 때문이다. 재료는 청동이다.

청동

화염검

이 검이 쓰인 것은 과일 하나 따먹은 죄가 대단히 컸기 때문이다. 그게 추방령에 이르렀다. 그리고 추방된 자들의 후손들은 현대에 이르도록 원죄의 죄책감에 시달려야 한다. 정확히 말하면 시달리라고 요구되어 왔다. 요즘 개념으로는 연좌제다. 그 죄를 용서받는 방법에 따라 수많은 종교 파벌이 생겨났다. 이 검이 등장하는 책, 성서의 문장을 보자.

하나님이 그 사람을 쫓아내시고
에덴동산 동편에 그룹들과 두루 도는 화염검을 두어
생명나무의 길을 지키게 하시니라 _ 창세기 3:24 (개역한글)

화염검의 원문 단어는 '불의 칼lahat ha chereb'이다. 불꽃은 재료고 도구가 칼이다. 비유로 생각하여 불태워버렸다고 해석하면 이해가 쉽다. 칼은 청동기시대 전면에 등장한 물건이다. 불꽃의 고온으로 금속을 제련하여 칼을 만들던 시대다. 〈창세기〉는 적어도 청동기시대 이후에 기록으로 옮겨진 문서라는 이야기일 것이다.

경이로운 물질이다. 이걸 처음 발견한 순간이 테크놀로지의 시작이라고 해야 할 것이다. 청동은 구리와 주석의 합금 결과물이다. 그런데 두 물질은 아무 데서나 생산되지 않는 희귀 광물이라는 게 문제다. 게다가 사이좋게 같은 지역에서 생산되지도 않는다. 청동기가 처음 등장했다는 메소포타미아 지역에는 이 금속 생산지가 없다. 결국 구리는 키프로스에서 수입해 와야 했다는 것이다. 키프로스Cyprus가 구리copper와 어원이 같을 정도다. 주석은 동쪽의 중앙아시아에서 가져왔을 것으로 추정한다. 교환 지역이 대단히 넓었다는 걸 의미한다. 그것도 약탈 대상이었을지 알 길은 없다.

합금 작업의 위치까지 원광석으로 운송이 되었는지, 제련된 금속으로 운송이 되었는지 모른다. 현대 물류 원칙으로 보면 아마 제련 후 운송했을 것이다. 그게 운송 효율이 높기 때문이다. 순물질 금속을 얻으려면 원광을 고온으로 제련해야 한다. 즉 고온의 불을 만들 수 있어야 한다. 그렇게 녹인 금속을 섞어 형틀에 부어 원하는 형태를 만들어낸다. 그 과정을 생각해 낸 상상력은 경이롭다.

고대 문화권의 벽 부조를 보면 전쟁 모습들이 수두룩하다. 모두 승전 기념이겠다. 기록의 주체는 모두 왕이겠고. 그런데 이 왕의 모습들은 거의 비슷하다. 한 손으로는 적의 머리를, 다른 손으로는 큰 검을 쥐고 있다. 그 검을 내리치는 순간이다. 그가 들고 있는 검의 재료는 청동이었다가 나중에 철로 바뀌었을 것이다.

청동기는 일상에 사용할 금속이 아니었다. 그러기에는 너무 희소한 재료였다. 그래서 후대의 철기와 달리 청동기는 출토 유물의 종류가 제한적이다. 무기나 제기에 집중되어 있다. 전투나 제사에 사용되는 물건들이라는 것이다. 이것은 군인과 사제의 존재를 의미한다. 여기서 군인은 일반 병사들이 아니다. 이 청동기를 들고 진격하는 계급을 의미한다.

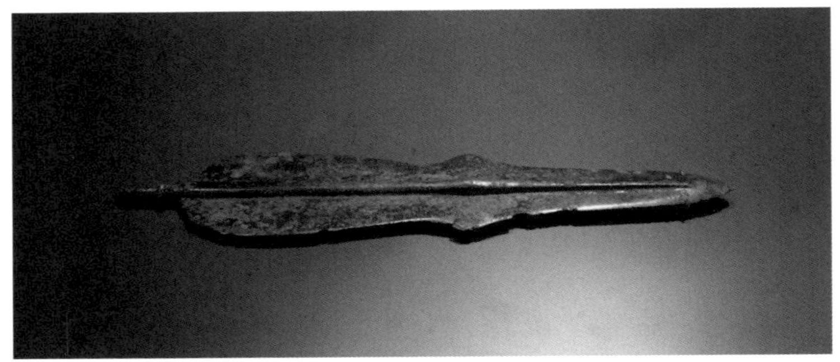

비파형 동검. 우아한 이름과 달리 저 물건은 무기이며 피를 묻혀서 존재 의미를 설명했을 것이다.
중간의 폭이 넓은 부분에 심지도 두꺼워지는 것은 구조적 합리성 때문이다.
국립중앙박물관 소장.

한반도와 요하 지방에서 발견된다는 특이한 청동검이 있다. 날 중간에 돌기 형태가 나와 있어서 비파형 동검이라고 부른다. 실제로 그런 모양의 비파가 있는지 모르나 호칭은 그렇다. 실증적 입장에서 왜 청동검이 그런 독특한 모습을 갖게 되었는지 추론해 보자. 칼의 존재 목적은 명료하다. 찌르거나 베는 무기다. 그래서 이걸로 상대를 죽일 수 있어야 한다. 위엄 과시는 유사 사건의 반복 결과 얻게 되는 부수적 가치다.

찌르는 목적만 있다면 단면이 동그랗게 될 수 있다. 그런데 동그란 단면은 재료 소모가 많다. 이건 무거워진다는 의미이므로 무기로서는 부정적 가치다. 대안은 납작하고 끝이 뾰족한 형태다. 칼과 창의 단면이 대개 그렇게 수렴된다. 그런데 얇고 납작하게만 만들면 찔렀을 때 검이 휘기 쉽다. 역학 교과서의 용어로는 좌굴挫屈, buckling 이 생긴다고 한다. 이를 막기 위해 검의 복판은 심지와 같은 모양으로 두껍게 만든다. 그러면 부재의 전체 단면이 얇되 강성은 높아질 수 있다. 이걸 역학적 표현으로 단면이차모멘트가 커진다고 한다.

계급

닥치는 대로 찌르고 휘둘러야 한다는 존재 의미를
확연히 보여주는 후대의 무기.
독일 드레스덴 즈빙거갤러리 소장.

찌르는 동작만으로는 살상 효과가 높지 않다. 전장의 아수라장
에서는 무기를 닥치는 대로 휘둘러야 한다. 검이 얇아지면 찌르는 것
외에 다른 살상 가능성을 얻게 된다. 벨 수 있다. 그런데 청동은 날카
로운 단면 유지가 어렵다. 갈아내기에는 경도가 너무 높고 날카로움
을 유지하기에는 경도가 낮다. 그렇다면 이 날도 다른 방식으로 살상
효과를 높여야 한다. 날에 뾰족한 돌기를 붙이면 이걸 휘둘렀을 때 파
괴력과 살상 효과가 훨씬 커진다. 베면서 찌르는 타격 효과가 생긴다.
돌기 부분의 면적이 넓어지면 역시 그 부분의 강성 증가가 다시 필요
해진다. 중심 심지도 딱 거기 맞춰 두꺼워져야 한다.

날을 휘두르는 회전 반경이 커지면 살상 효과는 더 높아진다. 반
경이 커지기 위해서는 자루가 길어야 한다. 자루를 굳이 청동으로 만
들어 무게를 늘리고 재료를 낭비할 필요가 없다. 비파형 동검은 자루
를 별도로 만들어 끼웠다. 그 자루는 목재였을 것이다. 아마 검과 창의
중간 정도 길이였을 것이다. 무시무시한 인마살상용 무기가 완성된
것이다. 비파형 동검이라는 나른한 단어 표현과 달리 피가 흥건하던

섬뜩한 무기였을 것이다.

화염검으로 추방된 아담과 이브가 낳았다는 두 아들이 카인과 아벨이다. 이번 갈등은 인간관계로 널리 알려져 있다. 카인은 농부였고 아벨은 양치기였다. 이유는 알 수 없으나 야훼가 육식 취향이었는지 아벨의 제물은 받았으나 카인의 제물은 받지 않았다. 역시 이유는 알 수 없으나 분개한 카인이 야훼에게 불평한 게 아니고 아벨을 죽였다. 대단히 다혈질인 사람이었던 모양이다. 당연히 유목민이 농경민을 몰아내는 구도를 연상시킨다. 그런데 성서는 굳이 카인의 후손 계보를 설명한다. 거기 투발가인이 등장하는데 그는 구리와 철을 이용해 뭔가를 만드는 자라고 되어 있다. 철기시대에 접어든 흔적이다.

말이 메소포타미아 북부 스텝 지역에서 처음 사육되었다는 것은 학자들의 정설이다. 첫 바퀴가 발생한 곳도 메소포타미아였으리라는 점을 점토판의 그림들이 확인해 준다. 말이 끄는 바퀴 달린 수레를 타고 청동 무기를 내두르는 무력의 시대가 온 것이다. 청동기시대의 대표 유물은 무기 외에 거울과 방울이 있다. 이들은 왜 필요했을까.

삼종신기三種神器. 텔레비전, 세탁기, 냉장고다. 종전 후 일본 가정에서 갖춰야 할 물건 세 가지를 지칭했다. 그런데 원래는 훨씬 유서 깊은 의미다. 일본 〈고사기古事記〉는 아마테라스가 일본 왕실에 삼종신기三種の神器를 주었다고 설명한다. 청동칼, 곡옥, 청동거울이다. 일본 천황 즉위식에 이 물건들을 담은 봉인 상자의 양위 절차가 있다. 현재의 나루히토德仁, 1960~ 천황 즉위식에서도 등장했다. 물론 상자를 열어 내부 물건을 보여주지는 않는다.

우리가 박물관에서 만나는 구리거울에는 다뉴세문경多紐細文鏡이라는 명패가 붙어있다. 기괴한 이름이다. 유럽의 다뉴브강변에서

계급

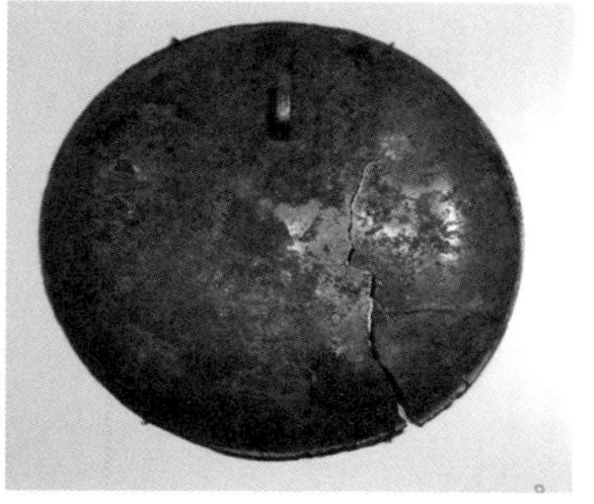

◀　다뉴세문경. 동그란 모양과 새겨진 잔줄무늬는 자신이 태양을 상징한다고 설명하고 있다.
　　국립중앙박물관 소장.

▶　박물관에서 그냥 둥근 뚜껑 모양 청동기라고만 설명된 기구.
　　이것도 빛을 반사하는 거울이었을 것이고 면이 오목해서 더 빛을 집중시킬 수 있었을 것이다.
　　국립중앙박물관 소장.

출토된 물건이 아니냐는 생각마저 든다. 설명은 고리가 여럿에 잔줄무늬가 있는 거울이다. 한자 경鏡에 이미 보이는 것처럼 거울의 시작은 유리가 아니고 금속이었을 것이다. 중국에서는 기원전 2000년경 제작으로 추정되는 구리거울도 출토되었다고 한다.[004] 구리거울 자체는 여러 문화권에서 아주 많으나 저런 문양은 많지 않다. 우리가 아는 이 다뉴세문경은 동북아시아에서만 발견된다.

　저 물건은 이름만 기이한 것이 아니다. 거울이라면 우리는 화장용품을 생각한다. 여인들이 앞에 두고 얼굴을 비추며 치장하는 도구다. 박물관의 저 물건은 설명을 보면 거울인데 전시 방법이 모두 이상하다. 거울면이 아니고 그 뒷면이 보이게 놓여 있다. 말하자면 돌아앉은 것이다. 거울이라고 하는데 뭘 어찌 반사하는 것인지 알 길이 없다. 부족장 등 고위 신분의 무덤에서 발견된다는 설명이 붙어있다. 그렇다면 그 당시에는 고위층만 구리거울을 들여다보며 꽃단장했다는 뜻일까.

이 거울은 문질러도, 닦아내도 얼굴이 보이지 않는다. 거울면이 평평한 것도 있지만 당황스럽게 볼록하거나 오목한 것이 더 많다.[005] 이건 주물의 제작 실수가 아니다. 원래 그런 의도로 제작된 것이다. 애초에 얼굴을 보려고 만든 것이 아니기 때문이다. 비춰야 할 것은 햇빛이다. 그 거울을 가진 자가 빛을 내뿜는 신성한 존재라는 사실의 과시 도구였다. 즉 그가 얼마나 존귀한 존재인지를 알려주는 장치였다. 알아야 할 자들은 백성들이었다. 과연 그럴까.

증명은 명료하다. 거울들이 모두 동그랗다. 화장을 위한 도구였다면 이들은 타원이든 직사각형이든 얼굴에 가까운 비례를 가져야 한다. 그러나 이들이 모두 이렇게 딱 정원正圓인 이유는 닮아야 할 대상이 그렇게 동그랗게 하늘에서 빛나고 있기 때문이다. 이름도 스스로 잘 설명한다. 잔줄무늬가 있는 거울. 이건 아주 얇은 선들이 새겨진 상태를 문자로 설명한 것이다. 그래서 북한에서 부르는 이름은 잔줄무늬거울이다. 이 선들은 과연 무얼 의미하는 걸까. 다음으로 이들이 배열된 상태를 주목해야 한다. 이런 극단적 세선細線의 방사선 배치가 표현하려는 것은 확연하게 빛이다. 그래서 거울면은 오목하거나 볼록해도 무방하다. 오히려 그런 면이라야 빛을 백성들에게 확연히 강조할 수 있다.

이 거울의 용도는 반대면에서 다시 알려준다. 박물관에서 우리가 만나는 그 면이다. 여기에는 이름처럼 고리가 붙어있다. 끈을 관통해 꿰어 옷에 묶거나 매달고 다녔다는 이야기다. 이건 몸의 어딘가에 매달고 외부공간에서 사용하던 물건이라는 의미다. 현재 발굴된 구리거울 중에는 직물이 붙은 채로 나온 것들도 있다.[006] 실내에서 화장용으로 썼다면 바닥 고정을 위한 장치가 붙어있어야 한다. 그런데 이

계급

모든 이야기를 부인해도 결국 거울 자체가 설명하는 예들이 있다. 뒷면에 글자가 새겨진 거울들이 있다. 그걸 읽어보면 많은 글자가 태양日을 거론한다.

햇빛을 바라보니 천하가 다 밝다
見日之光天下大明
햇빛을 바라보면 천하가 밝으니 서로 잊지 맙시다
見日之光天毋相忘[007]

이렇게 태양 관련 내용이 새겨진 거울들이 여러 점 발굴되었다. 이들은 잔줄무늬가 사라지고 문자가 등장한 후에 제작된 거울들이다. 형태상의 양식화에도 불구하고 자신의 존재 이유는 문자가 설명하고 있다.

청동기시대에 칼과 함께 이 거울이 필요했던 이유는 뭘까. 계급 정체성을 증명해야 했기 때문이다. 칼은 상대방을 처단하든, 처단하겠다고 위협하든 무력을 이행하는 도구다. 칼을 갖지 못한 자는 무릎을 꿇고 세금을 바쳐야 한다. 그러나 무릎 꿇은 자의 수가 칼을 든 자보다 많다고 역사는 증언한다. 무력만으로는 계급의 권력을 유지할 길이 없다. 무릎 꿇은 자들의 동의를 얻어야 하는데 그 방법이 명예로운 신성 권력, 즉 신적 권위의 과시다.

빛은 하늘에 존재하는 신의 증명이었다. 그 빛을 몸에 두르고 있는 자는 신의 뜻을 행할 수 있는 자다. 구리거울이 지위재였다는 사실 자체에는 모든 학자가 동의한다. 구리거울의 발굴 공통점은 모두 고위 계급의 부장품이기 때문이다. 한반도에서는 황남대총, 금령총, 분

고대 이집트의 구리거울. 저 거울면도 얼굴을 비출 정도로 매끈하지 않으며 그들의 신을 상징하는 태양 원반과 똑같은 모습이다. 국립이집트문화박물관 소장.

황사, 황룡사, 불국사, 무령왕릉이 포함되어 있다. 무덤에서도 부장 위치는 상반신 쪽도 있지만, 머리 위에 놓인 경우가 더 많다.[008] 옷에 매달고 있었을 수도 있는데 모자나 관에 부착한 때도 있었다고 그 위치가 설명해 주는 것이다. 다뉴세문경의 사용자는 화장하는 여자가 아니고 분명 칼을 든 남자였다.

구리거울은 이집트 문화권에서도 발견된다. 이집트 박물관에서도 이 거울들을 화장용이라고 설명한다. 동북아시아의 거울과 달리 이들은 손잡이일 것 같은 부재를 달고 있다. 그러나 화장용품임을 부인하는 증거들이 좀 있다. 바로 거울 손잡이의 존재 자체다. 화장은 두 손을 요구하는 작업이다. 한 손으로 거울을 들고 나면 직립으로 자유

계급

로워졌다는 손이 하나 부족하다. 화장용 거울이라면 어딘가에 기대 놓고 써야 한다.

　여기서도 주목할 점은 외곽 형태다. 이들은 화장용품이라고 보기에는 지나칠 정도로 형상이 일정하다. 이 형상이 필요한 이유가 있었기 때문일 것이다. 여기서도 그들이 따라야 할 모습은 이집트에서 표현하던 태양이다. 고대 이집트인들은 태양을 완전히 동그란 정원으로 표현하지 않았다. 거울의 모양은 그들이 표현하던 태양의 모습과 똑같다. 동그란 원이 아니다. 그렇다면 도대체 그들은 태양을 왜 저렇게 표현했을까. 이 역시 답은 간단하다. 실제로 태양이 그런 모양이기 때문이다. 열대 사막에서 중천에 뜬 태양을 맨눈으로 관찰할 길은 없다. 유일한 기회는 새벽과 저녁에 해가 뜨고 지려는 순간이다. 이때 태양을 보면 좌우로 길쭉하게 보인다. 사실 한국에서도 그렇게 보인다. 고대 이집트인들은 그들이 관찰한 모양대로 벽화와 부조에 태양을 그렸다. 그리고 그들의 거울도 태양의 모습대로 만들었다.

　이집트에서 거울을 들고 있는 신이 하토르다. 룩소르의 덴데라 신전이 바로 하토르를 위한 성소인데 이곳에서 하토르가 거울을 들고 있다. 오해가 쉬운 것은 하토르가 여신이기 때문이다. 그러나 동시에 하토르는 하늘을 의미하는 신이기도 하다. 이집트의 신들은 이마 위에 태양 원반을 얹은 모습으로 표현된다. 그리고 거울을 보는 하토르는 자신의 얼굴을 보는 것이 아니고 자신의 머리 위에 새겨진 태양을 보고 있는 모습이다. 여기서도 거울은 빛을 반사하는 도구였을 것이다. 그러나 점점 거울 자체가 빛을 상징하는 도구로 의미가 변했을 것이다. 그리고 나중에는 거울이 사람의 지위를 상징하는 지위재로 바뀌어 나갔을 것이다.

　　　　　　　　계급

이집트 덴데라 신전에 새겨진 하토르 신. 거울을 든 그는 자기 얼굴이 아니고 머리 위 태양 원반을 비춰보는 중이다.

이런 과정을 우리는 양식화stylization 라고 부른다. 양식화는 어느 문화권에서나 등장하는 현상이다. 어떤 물품이든 초기 개발자는 주어진 조건에 대한 최적의 해법을 찾는다. 그런데 시간이 지나면서 후대의 제작자들은 그 형태를 취한 이유를 전해 듣지 못한다. 역사적으로 장인들은 관료 후보들과 다른 계급이었고 이들에게는 문자 전승이 허용되지 않았다. 장인들은 문자 원칙이 아니라 전승 형태를 따라 물건을 만들었다. 그래서 우리 주변에는 엄청나게 많은 양식화의 결과물들이 존재한다.

구리거울은 고대 그리스의 것들도 있다. 이들도 모양은 거의 일정하게 동그란데 뒷면에 거의 인간상이 새겨져 있는 것이 좀 다르다. 고대 그리스의 신들은 사람들과 별로 다르지 않다. 그리고 고대 그리스는 지도자는 있었으나 초인적 왕이 군림하는 사회는 아니었다. 고대 그리스의 거울에 등장하는 이들이 신인지 사람인지 정확하지 않다. 이들의 거울은 정말 얼굴을 비치는 용도로 썼을 수도 있다. 아닐 수도 있고.

삼종신기에는 포함되지 않은 청동기 대표 유물로 방울이 있다. 구리방울은 소리를 내는 물건이다. 그런데 그 소리는 자연에 존재하지 않는다. 금속성 방울이 내는 소리는 지금 들어도 기이하다. 거울이 빛으로 자신의 초자연적인 지위를 과시했다면 방울은 소리로 그 역할을 했을 것이다. 여전히 금속 방울은 무당의 굿에서 빠지지 않는 소품이다. 이들에게는 화음이 아니라 불협화음과 기음奇音이 필요하기 때문이다. 말방울도 청동기시대의 중요한 유물이다. 무력행사의 도구인 말을 모는 계급은 그런 권위 과시가 필요했기 때문일 것이다. 청동검이 무력의 도구였다면 구리거울과 방울은 권위를 과시하는 도구

 계급

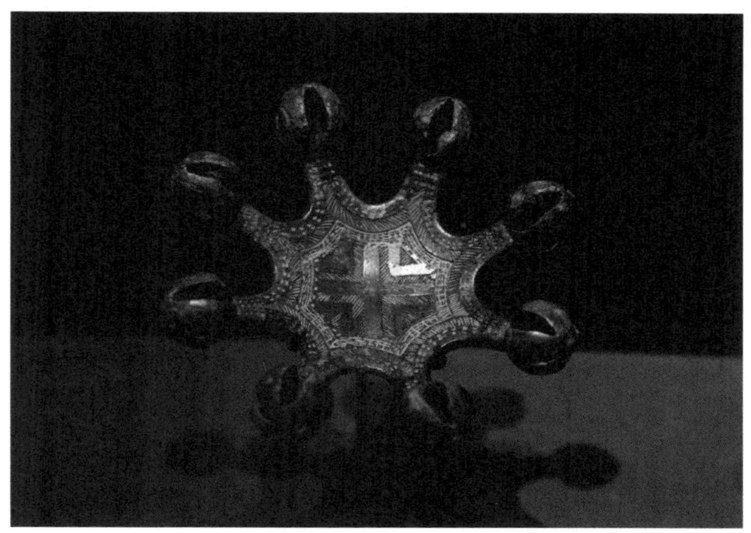

구리방울. 저 물건은 자연계에서 들을 수 없는 괴이한 소리를 내기 때문에 필요했을 것이다. 국립중앙박물관 소장.

였다. 청동검을 든 그들은 청동거울을 부착하고 청동방울 소리 울리는 말을 탄 채 두 발로 걸어 다니는 무리들 앞에 나섰을 것이다. 청동기시대에 계급이 고착되었을 것이다.

3
문자

| 권력 | 피라미드 | 도시 | 빛 |
| 문자 | 노예 | 귀족 | 세습 |

기원전 3000년 정도에 농경을 위한 관개시설이 등장했다. 물의 관리가 시작되었다는 이야기겠다. 메소포타미아 지역이다. 이외에 바퀴, 배도 출현했다고 역사책은 설명한다. 쐐기문자로 새긴 점토판이 사용되던 시대다. 거기 문자와 함께 그림도 새겨졌다.

역사학자들은 이 시대를 놀랍게 연도별로 추론한다. 장구한 시간 동안 여러 도시들이 명멸한다. 역사학자들은 메소포타미아의 그 도시들이 백 개에 이른다고 서술한다. 모두 교환을 전제로 생겨난 도시들이었을 것이다. 수메르 문명의 쐐기문자는 상업을 집중적으로 증명한다.

비슷한 시기에 이집트에서도 도시들이 등장한다. 이들은 모두 나일강 주변이라는 선형 공간에 배치되어야 했다. 교환의 효율이 제한되는 공간 구조였다. 이들은 메소포타미아보다 도시 간 교환에 크게 의존하지 않는 자족적 도시들이었을 것이다. 저 유명한 이집트 문자들은 상업이 아니고 신과 왕의 이야기들에 집중되어 있다. 이제 문자의 세계, 역사의 강으로 들어가 보자.

권력

갈대 바구니

여기 갓난아기를 담아 강에 흘려보냈다. 역청으로 감쌌다고 되어 있다. 방수가 되어야 하기 때문이다. 고대의 영아 유기 사건이 벌어졌다는 이 강은 유프라테스강일 것이다. 이 아기는 사르곤이라는 이름을 얻는다. 자라서 왕이 되는 운명이다. 그의 어머니는 이쉬타르 신전의 여사제였다고 기록되어 있다. 아버지는 기록되어 있지 않다.

메소포타미아에 살던 사람들은 개간으로 물길을 바꿔가며 농사를 지었다. 퇴적층이니 점토가 많았다. 그래서 이 재료로 벽돌을 만들고 쌓아 집과 신전을 만들었다. 또 점토판에 쐐기문자를 잔뜩 남겼다. 문자를 새긴 펜은 저 갓난아기를 담았던 바구니 재료, 갈대였다. 문자의 기록이 시작되었다. 그리고 후대의 학자들이 쐐기 모양의 저 괴상한 문자를 해독해 냈다.

발견된 가장 오래된 점토판은 기원전 3350년 무렵 쿠심의 사연을 담고 있다. 이게 사람 이름인지 직책 이름인지는 모호하다고 한다. 하여간 그가 책임지던 맥주 재료를 기록한 점토 문서다.[009] 점토판들은 왕조의 기록에서 자장가, 수업 불평, 소송 등의 이야기까지 담고 있다. 바퀴의 그림도 있으니 저 유명한 발명품의 역사 증언이기도 하다. 마지막 쐐기문자 점토판은 서기 79~80년에 기록된 천문력이라는 주장도 있다.[010] 여러 문헌을 종합하면 적어도 1세기까지 쐐기문자가 사용

문자

된 것은 확실해 보인다. 신약성서 문자 기록이 막 시작된 시기다.

쿠심의 맥주와 길가메시의 전설로 이루어진 시대를 갈대 바구니의 사르곤이 끝냈다. 기원전 2340년경에 이 지역 최초의 통일국가가 세워진 것이다. 인류 역사상 첫 왕국이라고 역사책에 소개되고는 한다. 고만고만하던 부족장들을 통합한 지배자의 등장이다. 그 과정이 평화적이었을 리가 없었다. 사르곤은 이전 권력자 루갈자게시를 살해했다. 메소포타미아 문명에서 루갈로 시작하는 이름이 쐐기문자 점토판 도처에 등장한다. 루갈은 성이나 이름이 아니고 직책명이었다. 직역하면 큰 사람이라는 의미였다. 군사적 권력자이고 대외적 분쟁을 해결하는 위치였다.

누군가를 죽였다는 사실이 중요하다. 사르곤은 무력을 통해 수메르의 왕이 되었다. 왕조는 무력으로 개창되고 대체된다. 당연히 사르곤도 족보적인 정당성이 없는 무력을 통한 자수성가의 새 지배자였다. 지위 등극은 무력으로 가능하다. 그러나 무력으로 제왕의 지위를 유지하고 세습하기는 어렵다. 창업자의 수성 고민은 동서양이 비슷했다.

말 위에서 얻었다고
말 위에서 다스릴 수 있겠는가
居馬上得之 寧可以馬上治之乎 [011]

사마천의 〈사기〉에 등장하는 문장이다. 유방이 한나라를 건국한 다음의 사연이다. 여기서 얻은 것은 나라와 왕권이었다. 얻은 방법은 당연히 무력이었다. 유방은 이제 노는 것 외에 더할 일이 없다고 생각했던 모양이다. 이때 옆에서 보던 육가陸賈가 던진 조언이다. 창업보다 수성이 어렵다는 이야기다. 창업은 무력으로 하지만 수성은 권위로 해야 한다.

비교 대상은 철권통치의 대명사 진시황이다. 그는 무력으로 하드웨어는 통일할 수 있지만, 소프트웨어를 통합하지 못했다. 그는 분서갱유焚書坑儒의 주인공이었고 당연히 그의 사망 직후 진나라는 몰락했다. 유방은 조언에 따라 유교를 받아들였다. 가르침의 요체를 정리하면 '군군신신부부자자君君臣臣父父子子'였다. 각자 자기 위치에서 맡은 일을 잘 하면 된다는 뜻이었다. 그에 따라 질서가 유지된다.

그런데 이 질서 유지를 위해 백성들을 설득해야 했다. 압도적 다수인 그들의 인정을 얻지 않으면 권력은 무의미했다. 그 인정, 동의를 위해 권력의 합리성, 정통성을 위해 설득이 필요했다. 역사적으로 가장 널리 사용된 것은 구리거울에서 보여준 것과 같은 신비화였다. 권위가 무력이 아니고 신적 존재에게서 나왔다고 설명하는 것이다. 과연 절대권력은 그 권력을 신으로부터 받았고 집권이 신의 뜻으로 이루어졌다고 상투적으로 주장해 왔다. 유서 깊고 일관된 서사 방식이다. 왕에게 권위를 부여하는 것은 최고신의 몫이니 권력의 크기가 클수록 그 신도 절대적이어야 한다. 사르곤도 자신의 정복 전쟁을 신의 뜻으로 선전했다. 그리고 자신은 이슈타르 신의 뜻에 따라 왕이 되었다고 주장했다.

이전 시대 유적지의 증거들에서도 자신을 신적 존재와 연결시킨 부족장의 유적 사례는 숱하다. 그러나 지금까지 해독된 바 문서에 명시된 최초의 왕권 신수 주장자는 사르곤이다. 권력을 신으로부터 받았다는 것은 본인이 아직 인간이라는 의미다. 그런데 본인이 바로 신

 문자

이라는 주장을 하는 왕도 등장했다. 이런 황당한 주장을 한 인물로 가장 오래된 기록의 주인공은 사르곤의 손자 나람신이다.

이어진 구티 왕조는 메소포타미아 역사서에 별 설명이 없다. 곧 제3 왕조가 등장했다. 이 왕조의 첫 왕은 우르남무인데 그는 역사상 가장 보편적 권력 과시 방법을 이용했다. 거대한 구조물, 지구라트를 건설한 것이다. 당연히 벽돌 건물인데 '우르의 왕 우르남무, 난나 신의 신전을 건설한 사람'[012]이라는 글자가 벽돌 곳곳에 찍혀있다. 난나는 달의 신이었다. 이 우르남무의 아들이자 다음 왕 슐기는 드디어 노골적으로 자신이 신이라고 주장했다. 자신이 길가메시의 동생이라는 이야기였다, 믿거나 말거나.

우르 제3 왕조 이후 이 지역의 북부는 고아시리아, 남부는 고바빌로니아가 된다. 기원전 2000년경의 일이다. 이 바빌로니아 왕국에서 메소포타미아 문명 3000년의 역사 중 우리에게 가장 유명한 왕이 등장한다. 그는 사실 특정한 업적이나 통치행위로 이름이 알려진 것은 아니다. 그러나 간단한 문장으로 충분히 이름이 떠오른다. 눈에는 눈, 이에는 이.

쐐기문자 법조문의 문장들이다. 기원전 18세기경 제작으로 추정된다는 돌기둥에 새겨져 있다. 가장 중요한 이야기는 윗부분에 그림으로 조각되어 있다. 함무라비 왕이 정의의 신 샤마쉬로부터 권력을 위임받는 모습이다. 굳이 글자 외에 그림을 추가한 이유는 형상 표현이 훨씬 직관적 설명이기 때문이다. 이 법조문의 권위를 문맹의 백성들에게 확인시키는 도구였다. 이런 형상이 불필요해지기 위해서는 모든 백성의 문자 해득이 필요했다. 그건 종교에서도 마찬가지였다. 형상이 불필요한 시대가 오려면 이후 3,000년도 넘는 시간이 필요했

돌에 새겨진 함무라비 법전. 최상단에 샤마쉬로부터 권력을 받는 함무라비의 모습이 새겨져 있다.
파리 루브르박물관 소장.

다. 형상은 지금도 중요하니 불필요한 게 아니고 덜 필요한 시대라고
해야 하겠다.

고대 메소포타미아에서는 신을 지칭하는 단어가 3,300개나 되
었다는 이야기도 있다.[013] 이건 이 지역 도시마다 독립적 종교가 생겨
났다는 걸 의미한다. 그런데 통일의 완성은 신념의 통합이 필요하다.
이 잡신들을 통폐합하여 마루둑Maeduk 을 최고신으로 정리하려고 한
사람이 함무라비다. 그는 법전 제정도 마르둑의 뜻이라고 밝히고 있
다. 자신이 그 신적 의지의 집행자인 것이다.

이 법의 제정 목적은 예측 가능성이다. 그래서 얻게 되는 것은 질
서다. 이 질서는 신이 만드는 것이므로 집행자는 신의 뜻을 받아야 했
다. 집행 거부가 허용되지 않는다는 위협이었다. 그 질서의 결과는 사
회적 안정이다. 안정된 사회라면 왕권이 위협받지 않는다. 널리 알려

진 이 법의 집행 원칙은 등가보상이다. 다만 같은 계급 내에서 적용되는 원칙이었다. 노예들에게는 전혀 다른 규칙을 적용했다. 즉 노예는 동일 범죄에 대해 치러야 할 값이 달랐다. 이건 당시 노예가 일상적 존재였다는 증언이기도 했다. 노예는 폭력적 약탈의 수확물이고 비대칭 폭력으로 유지되었다.

바빌로니아는 아시리아와 엎치락뒤치락하는 역사를 이어가다 기원전 539년 페르시아에 병합되었다. 페르시아는 하도 넓은 지역을 장악해서 인류 최초의 제국이라고도 부른다. 새로운 왕국이니 새로운 신을 모셔야 했다. 페르시아제국은 대체로 조로아스터교가 퍼져 있던 곳이다. 페르시아가 조로아스터교를 제국 내에 전파했다고 보는 것이 옳을 수도 있다.

조로아스터교는 가장 오래된 종교라고 알려져 있다. 우리에게 익숙한 사후 세계, 부활, 심판, 천국, 지옥과 같은 개념이 모두 조로아스터교에서 시작되었다는 견해도 있다.[014] 이 종교의 최고신은 아후라 마즈다다. 펼쳐진 날개로 널리 알려진 신이다. 페르시아제국을 세운 키루스는 이미 충분한 업적으로 자신을 증명했다. 그는 조로아스터교도였다. 그러나 그는 종교라는 점에서 포용적이었다. 그는 바빌로니아와 연관된 맥락에서는 그들의 신 마르둑을 끌어들였다. 마르둑이 안샨의 왕인 자신을 직접 선택했다고 기술하는 방식이다.[015]

키루스 다음 왕인 캄비세스를 이어 즉위한 다리우스는 입장이 좀 달랐다. 그는 캄비세스의 아들도 동생도 아니고 그냥 먼 친척이었을 따름이다. 즉위 정통성이 부족하다는 이야기다. 그래서 다리우스는 자신의 왕권이 신에게서 나왔음을 더 강조해야 했다. 그리고 자신이 규정하는 질서는 인간이 아니라 신에게서 나왔음을 믿게 해야 했

아후라마즈다에게서 권력을 받고 있는 모습이 새겨진 페르시아 다리우스의 무덤.
아토사 왕비도 합장되었는데 알렉산더의 침략 이후 약탈되었다고 알려져 있다.

다. 그도 아후라마즈다가 자신에게 왕권을 수여했다고 여기저기 새겨넣었다.[016]

페르시아로부터 고난을 겪던 곳 중 하나가 고대 그리스였다. 페르시아로서는 이들은 제국 질서에 순응하지 않는 자들의 묶음이었다. 그래서 다리우스는 그리스 침공에 나섰다. 유명한 마라톤전투의 승패가 달랐다면 그리스는 페르시아의 영토로 편입되었을 것이다. 아니면 식민지가 되든지. 패자가 있으므로 승자가 있다. 마라톤 경주는 인간이 끔찍한 거리를 이족보행으로 달려 승전보를 전했다는 이야기를 담는다. 페르시아 입장에서는 패전이었다. 그래서 페르시아의 후손인 이란에서 마라톤은 여전히 불쾌한 경기다.

어쨌든 그리스 폴리스들은 간신히 살아남았다. 후대에 그 폴리

문자

스 중 하나인 마케도니아의 젊은 왕이 시바의 아몬 신전을 찾아가 신탁을 구했다. 그러고는 자신이 아몬의 아들인 파라오라고 주장했다.[017] 이후 엄청난 정복 전쟁을 불사한 그의 이름은 알렉산더였다.

　　로마시대가 열렸다. 라틴어 임페리움Imperium은 군대를 통제할 수 있는 권리를 의미했다. 시저Gaius Julius Caesar, 기원전 100~기원전 44는 자신을 임페리움을 가진 사람으로 자칭했다. 그러나 신적 존재가 본인에게 권리를 주었다고 주장하지는 않았다. 그럴 필요도 없었다. 문제는 다음 즉위자였다. 옥타비아누스Gaius Octavianus, 기원전 63~기원전 14는 시저의 신격화에 들어갔다. 그는 원로원의 투표로 시저를 신성한 존재로 규정했다. 그리고 시저를 모신 신전도 세웠다. 그래서 이후 로마 황제들이 줄줄이 신적 존재가 될 수 있었다. 옥타비아누스 자신도 그렇게 되었다. 그는 시저를 이은 아우구스투스 황제가 되었다. 고대 로마의 신적 관념은 그리스를 이어받았다. 신들은 인간처럼 화내고 질투하고 배신했다. 인간과 신이 이분법적 존재도 아니었다. 여러 인격적 신들이 숱하게 존재하고 있으니 황제라면 자신이 그런 신격을 지녔다고 주장할 수 있다. 이때 신은 전지전능한 절대 존재는 아니었다. 그럼에도 신이므로 인간과 수직적 관계인 건 틀림없었다.

　　역사가 서양사가 아니고 세계사가 되려면 고대 중국을 빼놓을 수 없다. 여기서도 문자 기록이 중요하다. 기원전 11세기 상왕조가 멸망했다. 사마천은 '천명미상 유덕시친天命靡常 惟德是親'이라고 표현했다.[018] 상나라 멸망 이유는 주나라가 천명天命을 얻었기 때문이라는 것이었다. 과연 주나라 초대 무왕은 자신을 천자天子라 칭하기 시작했다. 그가 다스리는 곳은 천하天下였다. 그 하늘 밖에 있는 것들은 동서남북 사방의 오랑캐들이었다.

천자는 친족, 공신들에게 토지를 나눠주고 후候로 삼았다. 이때 공신들의 공은 대체로 승전이었다. 이들을 묶어 제후라 부른 것이다. 고등학교 시절 교복 입은 학생들을 모아 놓고 제군이라 통칭하는 것과 같은 맥락이다. 제후들은 전국시대에 왕호를 사용하기 시작했다. 그래서 그 위에 군림하는 존재는 새로운 호명 방식이 필요했다. 황제 호칭을 시작한 것은 진시황이었다. 황皇과 제帝는 모두 신성한 숭배의 대상을 의미하는 단어였다. 그는 하늘과 더 가까워졌다. 아니, 그렇게 포장하기 시작했다. 천명응수권天命膺受權, 즉 하늘이 내린 뜻을 적극적으로 받아들이는 개념이 형성되었다.

이처럼 왕권을 신으로부터 받았다는 이야기는 하도 많아서 왕권신수설이라는 단어까지 존재한다. 그럼 어떻게 신의 뜻을 알게 되었을까. 신을 만나야 하는데 그걸 설명하기가 좀 어렵다. 역사의 공통된 구도는 목격자 없는 삼인칭 서술이다. 가장 많이 이용되는 것은 꿈이라는 극단적 개인 경험이다. 즉 철저히 개인적 체험과 자각임에도 사실적 서술 방식을 선택하는 것이다. 이 자각의 사례는 이 책에서 내내 설명될 것이다.

생각은 발전한다. 단순한 것에서 시작하여 점점 복잡해진다. 여러 사람의 의견이 모이면 더 복잡해진다. 생각의 한 부분인 종교도 그렇게 시작되었을 것이다. 신도 지형의 영향을 받는다. 산지나 섬처럼 고립된 지역은 각자 신을 발달시킨다. 특히 생사존망의 사건이 일상인 섬에서는 유독 무당 잡신이 많다. 초기 도시들도 각각 다른 신 체계를 갖고 있었다. 예를 들자면 이집트 초기 왕조시대 남왕국의 수도인 엘 카브의 신은 독수리 여신 테크베트였다. 북왕국 수도 부토의 주신은 뱀의 여신 와제트, 멤피스의 신은 프타, 테베의 신은 아몬, 헬리오

폴리스의 신은 레다. 그런데 도시 간 접촉이 많아지면서 이런 신들이 섞이기 시작했다. 신들 사이에서도 역할 분담과 위계가 생겨야 한다. 그래서 생긴 상태는 다신교다.

이런 상황은 메소포타미아, 이집트나 그리스 문명에서 공통으로 발견된다. 고대 문명이 보여주는 신 체계의 복잡성은 이들이 여러 도시에서 출발하여 섞였다는 사실의 방증일 것이다. 도시는 작은 규모에서 시작하여 연합 체계를 구축하여 국가에 이른다. 그런 배경에서 보면 다신교는 종교의 자연스럽고 일반적인 속성이라고 보아야 한다. 즉 복잡한 신화는 해당 문명의 다발적 시원을 증언하는 문화적 화석일 것이다. 이들을 모신 도시나 촌락들이 적당한 수준에서 교류하며 발전했기 때문이다.

고대 도시가 체계를 잡았다는 것은 대개 물리적 테두리의 설정을 의미한다. 많은 경우 그것은 성벽을 의미할 것이다. 그 테두리가 완성된다면 권력을 설명할 신적 존재의 가시적 구조물이 필요하다. 어딘가에 신전이 조성되어야 한다. 그 신과 신전을 통해 도시 구성원들은 공동체 의식을 형성하게 된다.

이제 지배자에게는 백성들을 대상으로 한 신과의 거래 과시도 필요하다. 거래 화폐는 제물이다. 하늘의 신을 만나기 위해서 거기 가까이 가야 한다. 높은 단이 필요해진다. 신을 만나서 하는 일은 신을 영접하는 의식인데 그건 제사라고 부른다. 신이 자비롭게 땅으로 내려올 수도 있다. 그를 만나기 위해서 특별히 구획된 공간이 필요하다. 그건 신전이다. 당연히 그건 외부에서 신의 존재를 설명할 만큼 인상적이어야 하지만, 그 신비한 내부는 공개되면 안 된다.

피라미드

스핑크스

누구나 이집트를 떠올린다. 배경에 거대한 피라미드가 보이는 그림이 그려진다. 고대 이집트 시대의 연대기 규모는 상상을 뛰어넘는다. 그것도 많이. 여기서 이집트의 지리와 역사를 개관해 보자.

공간으로 보자. 나일강은 남쪽에서 발원해 북쪽으로 사막을 관통해 흐른다. 그러다 지중해 인근의 평지를 만나 그 유명한 나일강 삼각주를 이룬다. 강의 길이가 설명하듯 엄청난 규모의 곡창지대다. 그래서 나일강 상류 사막 지역을 상이집트, 하류 삼각주 지역을 하이집트라고 부른다. 지도의 남북 배치와 달라 좀 헷갈린다. 두 지역은 전혀 다른 서술을 요구한다.

이들의 역사는 나일강처럼 당황스럽게 길다. 당연히 왕조도 복잡하다. 학자들은 이집트 왕조를 크게 초기 왕조, 고왕국, 중왕국, 신왕국, 말기 왕조로 나눈다. 여기 포함되는 것은 남북 이집트가 통일된 시기들이다. 각 시대의 사이에 중간기라고 부르는 분열의 혼란기가 끼어 있다. 사실 이 연대를 다 추적해 낸 이집트학자들도 경이롭다.

가장 먼저 등장하는 이름이 메네스다. 그는 상하 이집트를 통일한 첫 인물로 기록되어 있다. 나메르라는 이름도 나오는데 동일인으로 짐작하되 각각 관직명이거나 인명 중 각각 어느 것을 지칭하는지 명확하지 않다고 한다. 무려 기원전 약 3100년 시대의 인물이다. 더

문자

나메르의 석판. 상이집트의 관을 쓴 모양인데 반대면에는 하이집트의 관을 쓴 모양이 조각되어 있다. 상하 이집트를 무력으로 통일했음을 명료하게 보여주는 5,000년 전의 기록이다. 이집트 카이로박물관 소장.

오래되었다는 이야기도 있다. 그로부터 초기 왕조가 시작된다. 초기 왕조는 기원전 2686년까지의 기간이다. 고왕국은 기원전 2181년까지 이어지는데 저 거대한 피라미드들을 세운 시기다. 중왕국 시대는 기원전 2040년부터 기원전 1782년 사이의 기간이고 좀 작은 피라미드와 함께 신전을 세우기 시작했다. 다음의 신왕국은 단어로 보면 우리와 가까워 보이는 착시가 있는데 무려 기원전 1550년에서 기원전 1070년 사이의 기간이다.

말기 왕조는 기원전 525년부터 기원전 332년 사이인데 페르시아의 점령에서 시작해서 알렉산더의 점령으로 끝난다. 이집트가 그리스어 문화권에 포함되는 순간이고 우리에게 알려진 그리스어 명칭들이 이집트문명에 등장하는 시점이다. 그 이후는 프톨레마이오스 왕가이고 저 유명한 클레오파트라 7세 시대로 끝났다. 결국 이집트는 로마의 식민지가 되어 '로마의 빵 바구니' 역할을 하게 되었다. 그래서 나일강의 범람 이상으로 삼각주에 흉년이 들면 로마에도 기근이 들 었다.

왕이 신으로부터 권력을 받았으면 그 신을 잘 모셔야 한다. 이 신들도 집이 필요하다. 거기서 왕이나 그의 대리인이 신을 만나야 한다. 그 집은 신을 모신다기보다, 신을 모시는 왕을 과시하는 장치다. 신전이라는 건축적 과시가 필요해진다. 그런데 이집트는 신전에 앞서 기이한 구조물이 세워졌다. 인류 역사 전체에서 가장 이해하기 어려운 구조물을 하나만 짚는다면 그게 이집트의 피라미드일 것이다. 나일강변의 저 거대한 돌 구조물들은 어떤 설명으로도 해석이 불충분하다. 저걸 어떤 노동력으로, 어떻게 쌓았는지 아직도 명쾌하게 밝혀지지 않았고 추측만 무성하다.

이집트의 왕은 절대 자유의 지위에 있는 존재였다. 부와 권력이 집중된 화려한 삶이었다. 왕 자신들이 그 사실을 잘 알았을 것이다. 그래서 이번 생애에 대한 집착은 농부나 노예들과 전혀 달랐을 것이다. 그런 집착은 집중된 부와 권력 과시에 적합한 구조물을 만들어냈을 것이다.

피라미드는 초기에 마스타바mastaba 라는 기단으로 출발했다. 무덤인 이 구조물은 기단을 몇 단 쌓아 올린 형태로 바뀐다. 이 기단을 통해 명확히 자신의 존재를 드러낸 첫 왕은 기원전 2670년 무렵에 즉위했다는 조세르다. 그는 저 거대한 계단형 피라미드의 주인공으로 기록되어 있다. 이 피라미드의 계획자는 임호텝Imhotep, 기원전 2650~기

 문자

임호텝이 계획한 조세르의 피라미드. 외관은 간단하지만 내부에 미로같은 공간이 정교하게 짜여 있다.

원전 2600 이다. 임호텝은 인류 역사상 최초의 건축가라고도 표현되는 사람이다. 그는 살아있을 때부터 전설이었던 듯하다. 왕족도 아닌데 이름이 알려진 대단히 희귀한 사람이다. 그의 조상彫像도 꽤 여럿 제작되어 지금까지 전해진다. 건축적으로 보아 그의 성취는 돌을 쌓았다는 것이 아니고 그 안에 엄청나게 복잡한 공간을 짜 넣었다는 점이다. 그 입체적 공간 조직은 여전히 놀랍다.

이후 피라미드 실험을 본격적으로 시작한 왕은 스네푸르였다. 그의 피라미드로 유명한 것은 경사도가 중간에 꺾인 피라미드다. 급한 경사각이 중간에 완만하게 바뀐 특이한 피라미드다. 이 피라미드의 초기 계획은 최종안보다 더 높은 높이를 지향했을 것이다. 그러다 중간에 경사각을 줄였다. 이유가 구조 안정성인지 시공 가능성인지는 모른다. 그 이후 피라미드는 굴절피라미드 상부의 완만한 경사각을 선택하게 되었다.

카이로 서편 기자 지역에 우리에게 익숙한 피라미드가 등장했다. 첫 피라미드의 주인공은 스네푸르의 아들인 쿠푸다. 이어 카프레, 멘카우레가 인접해 피라미드를 세워 우리에게 익숙한 사진의 풍경을 만들었다. 이집트 왕들 이름 곳곳에 '레'가 들어있다. 우케르세레, 메르네레, 데데프레. 여기서 레가 바로 태양신이다. 즉 이들은 자신이 태양신의 육체적 자손이라는 점을 이름으로 강조하는 중이다.

태양 숭배라고 하면 우리는 대개 고대 이집트를 연상한다. 고대 이집트인들이 태양을 숭배한 이유는 뭘까. 이집트를 체험하면 간단히 이해된다. 사막의 새벽, 태양은 강렬하게 떠오른다. 세상을 다 덮었던 저 무거운 검은 침묵을 매일 서서히 걷어낸다. 그 힘을 내뿜는 빛의 근원이 태양이다. 태양이 하늘을 가로질러 서쪽 지평선으로 넘어가면 세상이 다시 절대 암흑으로 빠져든다. 그리고 다음 날 태양은 다시 어둠을 걷어낸다. 태양이 신이 아니라고 생각할 수가 없다.

에스키모에게 눈에 관계된 형용사가 다양하듯 이집트인들은 태양도 다양하게 분화시켜 지칭했다. 태양 자체를 표현하는 레, 서쪽으로 지는 태양 아툼, 떠오르는 태양 케프리, 태양에서 나오는 빛인 아텐이 있다. 거기 지평선을 지칭하는 아케트가 끼어있다. 태양이 사라지고 나타나는 곳, 지평선도 중요한 개념이다.

피라미드는 내부에 석관이 발견되었으니 왕의 무덤이었던 것은 별 이견이 없다. 그러나 인체를 담은 석관 하나를 보관하려는 구조물이 저렇게 커야 했던 이유는 무엇일까. 필요한 것은 크기였을까, 형태였을까, 높이였을까. 어차피 피라미드에 관한 내용은 거의 추측이므로 새로운 추측을 하나 더 얹어도 큰 문제는 없을 것이다.

이집트의 박물관에 피라미드 모양의 돌들이 전시되어 있다. 피라미드의 꼭대기에 있었으니 피라미드 모양이고, 그래서 피라미디온 pyramidion 이라고 부른다. 지금까지 발견된 피라미디온은 채 열 개가 되지 않는다고 한다. 중요한 것은 바로 그 위치다. 거기 새겨진 문자들이 자신이 무엇인지, 그래서 그 아래 피라미드가 무엇인지 이해하는 단서를 제공하고 있다.

이집트 학자들은 피라미디온에 새겨진 문장들이 대개 태양신, 죽음 등의 단어로 이루어져 있다고 해독한다. 즉 죽은 왕을 태양신에게 의탁한다는 것이다. 그리고 거기 지평선이라는 단어가 곳곳에 끼어 있다. 이집트인들은 쿠푸의 피라미드를 쿠푸의 지평선akhet 이라고 불렀다.019 지평선 너머로 사라지는 태양 빛을 비록 손톱만큼이라도 더 얻기 위해서는 가장 높은 위치가 필요했을 것이다. 피라미드의 화두

는 형태나 크기보다 높이였을 것이다.

피라미드에서 높이가 중요하다는 것은 그 명칭으로도 추측할 수 있다. 피라미드라는 호칭은 이집트와 무관하게 그리스어 피라미스 πυραμίς, pyramis 에서 나온 말이다. 고대 이집트어로 이 거대한 구조물을 부르는 이름은 메르mer 였다. 이것은 '올라가는 곳', 혹은 '올라가는 장치' 정도의 의미가 있었다고 한다. 피라미드의 꼭대기는 이집트어로 벤벤ben-ben 이었다. 그게 다시 그리스어로는 피라미디온이었다. 벤벤은 피라미디온과 같은 형태인 오벨리스크 최상단 부분을 지칭하는 단어기도 했다.[020]

어찌 되었든 피라미드는 무덤이었다. 피라미드는 모두 나일강 서쪽에 세워졌다. 이집트인들에게 태양이 사라지는 서쪽은 죽음의 공간이었다. 그것은 태양이 사라진 밤의 세계였다. 그리스어로 네크로폴리스라고 불렀다. 움직이는 태양과 달리 밤에는 움직이지 않는 천체가 있다. 그건 주극성이라고 부르는데 지금은 북극성이다. 피라미드가 동서 방향에 맞춰져 있다는 문헌들도 있는데 정확한 서술은 북쪽에 맞춰져 있다는 것이다. 피라미드의 배치는 움직이지 않는 주극성을 기준으로 밤에 결정했을 것이다.

특히 피라미드를 열심히 세웠던 고왕국 시대의 석실 입구는 모두 북쪽이었다. 중왕국 시대에도 피라미드가 세워지기는 했으나 규모는 작아지고 동서 방향 석실 진입이 등장한다. 문자로 남지 않은 초기 피라미드 건설의 원리는 수백 년이 지나는 동안 잊혔을 것이다.

이제 질문은 어떤 노동력으로 어떻게 세웠느냐는 것에 이른다. 이집트의 왕이 쌓으라고 요구했다는 점에는 별 이견들이 없다. 그런데 왕은 자신의 손으로 돌을 옮기지 않았다. 누구의 손이 사용되었느냐는 것이 궁금하다. 저 구조물에 관한 서술로 가장 오래된 이름은 다시 헤로도토스다. 나일강의 선물이라고 이집트를 표현한 인물이다. 그는 저 구조물이 왕의 영광을 위해 노예들의 노동력으로 쌓은 것으로 추정했다.

문자는 힘이 세다. 그의 책은 엄청난 영향력을 행사해 왔다. 할리우드 영화는 자비심 없는 독재자의 채찍에 내몰린 노예들이 피라미드를 쌓았다고 그려냈다. 그런데 21세기에 들어서면서 등장한 고고학적 발견들은 입장이 달랐다. 노예가 아닌 임금노동자들이 쌓은 것이라고 설명하기 시작했다. 그리고 그 설명에 대한 동의가 계속 늘어가고 있다. 아이스크림을 먹는 세 방법 중 무력이나 명예 외에 돈이 등장하는 사례다.

재료가 돌이라는 건 눈앞에 명확히 드러나 있다. 기자의 대피라미드는 몸통은 석회암이고 외부 마감은 고급 석회암, 혹은 화강암이다. 석재의 강도는 충분하다. 수평력이 없다는 전제로 계산해 보면 화강석은 무려 8천 미터, 석회석은 4천 미터 정도 높이까지 자중을 버티고 쌓을 수 있다. 화강암 채석장은 멀리 떨어져 있다. 자연 상태의 암반rock 을 석재stone 로 가공해 최종 현장으로 운반해야 한다. 이 무겁고 거대한 석재의 이동 수단은 나일강일 수밖에 없다. 실제로 피라미드들은 모두 네크로폴리스의 해발고도가 30미터가 약간 넘는 위치에 가지런히 모여 있다.[021] 나일강 범람기의 수면 가까운 높이였을 것이다. 그 높이가 석재 하역 위치였다고 보면 될 것이다.

석재의 크기는 이동과 조립의 용이성에 의해 결정된다. 석재가 원하는 구조물이 되기 위해서는 조립의 과정을 거쳐야 한다. 석재에 자연 상태에 없던 새로운 질서를 부여하는 것이다. 이때 문제는 석재와 석재가 만나는 부분에서 발생한다. 쌓아서 만드는 조적식 구조의 내재적 속성이다.

동일 크기의 석재를 위로만 쌓아 수직 기둥을 만들기는 어렵다. 동전을 쌓는 데 높이 제한이 생기는 것과 같다. 아래에서 위로 올라가며 면적을 줄여야 안정성 있는 구조물을 만들 수 있다. 석재 사이를 연결하는 접착 물질이 있으면 좋겠다. 그러나 그런 시멘트가 등장하기 이전에는 그냥 차곡차곡 쌓는 수밖에 없다. 아래에서 위로 좁혀가며 쌓으면 안정적이다. 초기에는 석재가 아니고 흙벽돌로 쌓았으므로 치수 안정성도 낮았다. 적당한 각도를 찾기 위해서는 몇 번의 시행착오가 필요했겠다. 그 흔적이 굴절피라미드다.

극복해야 하는 문제는 중력이다. 저 무지막지한 크기와 무게의 돌을 중력 방향에 거슬러 올려야 한다. 고층 건물 시공에서도 재료를 중력 방향에 거슬러 들어 올리는 건 중요한 과제다. 양중揚重 이라고 표기되는 이 작업을 위해 현대 시공 현장에서 동원되는 기계는 크레

 문자

인이다. 피라미드의 돌을 어떻게 위로 올렸는지는 모른다. 여전히 모른다. 가장 보편적 추측은 경사로를 확보한 후 거기 굴대를 깔고 돌을 올렸으리라는 것이다. 사실 경사로 외에는 대안이 없었을 것이다. 그러나 논점은 그 경사로 설치 방식이다. 경사도의 모양과 배치를 놓고 여러 추측이 여전히 등장하고 있다.

엄청난 재원이 소모되는 일이다. 이런 걸 계속 지으며 자원을 탕진하는 왕조가 지속되기는 어려웠을 것이다. 과연 왕실에 혼란이 생기면서 석조 피라미드는 지어지지 않았다. 중왕국 시기에 재료가 다시 벽돌로 바뀌어 지어진 흔적들이 있다. 신왕국 후기에 다시 작은 피라미드들이 건립된다. 그러나 규모나 배치 방식에서 저 거대 피라미드와는 다른 종種이라고 봐야 한다. 벽돌은 내구성이 확연히 낮은 재료다. 그래서 건축적 유물이 없으니 왕들의 이름도 남아있지 않다.

흥미로운 건 후대에 세워지는 물체, 오벨리스크다. 오벨리스크의 꼭대기가 피라미디온과 같은 사각뿔 모양이라서 그렇다. 어떤 연관이 있는지는 모른다. 중왕국 시대의 것이 가장 오래된 것이라고 알려져 있다. 기원전 20세기의 일이다. 오벨리스크는 장제장으로 유명한 신왕국 하트셉수트 여왕 시기에 본격적으로 만들어지기 시작했다. 이것이 피라미드에서 시작하여 오벨리스크로 이어지는 역사다.

거대하고 밋밋한 피라미드만큼 유명한 형상은 그 앞에 앉아 있다. 우리는 정체를 알 수 없는 이것도 그리스어로 스핑크스라고 부른다. 학자들은 카프레 피라미드와 한 쌍을 이루고 있어서 같은 시대의 것으로 추측한다. 피라미드가 돌을 잘라 쌓아 올린 데 비해 이 스핑크스는 커다란 자연석 하나로 만든 조각이다. 질문은 스핑크스는 사람인가 짐승인가라는 것이다. 답은 둘 다 아니고 그래서 스핑크스다. 상

스핑크스와 카프레 스핑크스. 스핑크스는 나일강 건너편을 내려다보며 앉아 있다.

상의 생물체다. 그래서 관찰자는 나머지 영역을 상상으로 채워야 한다. 그 상상은 대개 경이와 공포가 되어야 의도에 맞는다. 저렇게 큰 생물이 귀엽기 위한 존재일 수는 없다.

인간의 얼굴을 하고 있다면 지적 존재고 저 큰 덩치라면 어떤 맹수일 것이다. 그것은 사족보행의 호미닌이다. 오이디푸스에게도 스핑크스는 생살여탈권을 가진 상상 속 공포의 동물이었다. 우리에게 전달되어야 하는 느낌은 공포다. 이집트의 저 괴물도 공포심을 갖기 충분한 대상이었겠다. 피라미드와 같은 신성한 물체나 공간은 누가 지켜야 한다. 그런 역할을 할 수 있는 주체가 공포스러워야 하는 것이

문자

당연하다. 스핑크스가 동쪽을 향해 앉아 있는 것은 공포를 느껴야 할 인간들의 도시가 그 방향에 있기 때문일 것이다.

피라미드가 사라지고 신전들이 지어졌다. 고대 이집트에서 본격적으로 대형 신전이 지어지기 시작한 것은 신왕국 시대다. 신왕국의 투트모세 3세는 이집트 역사상 처음으로 아시아의 유프라테스강을 넘고, 이집트 남부 누비아를 아우르는 대제국을 만든 왕이었다. 그의 아들 아멘호테프 2세는 계속 들어오는 조공과 넘치는 인적자원으로 뭔가를 해야 했을 것이다. 더 이상 영토를 넓힐 자각이나 신념은 필요 없었을 것이다. 지금의 룩소르에 거대 신전이 지어지기 시작했다. 후대의 파라오들은 선대의 건물에 새 구조물을 덧대고 헐고 붙이는 방식들을 혼용했다. 가장 널리 알려진 사례가 카르낙 신전이다. 그래서 고대 이집트 신전들을 일관된 방식으로 설명하는 것이 어렵다. 설명하려는 학자들에게도 어렵다면 이를 이해하려는 방문객들도 헷갈릴 것이다.

왕이 하늘의 뜻을 받고 받들기 위해서는 초월적 의전이 필요하다. 그것은 특별한 형식의 제사다. 그리고 그 제사를 지낼 곳은 의지와 비례하여 과시적이어야 한다. 이를 통해 신과 자신의 관계를 설명해야 한다. 절대권력은 신비화를 요구한다. 그 신비화를 유지하기에 사제가 필요하다. 권력 집중의 지배자는 스펙터클의 주재자이거나 신비의 은둔자여야 한다. 지배자가 과시할 대상은 자신의 백성들과 이국의 방문자들이었다. 신전의 시대가 왔다.

이집트 신전들도 모두 엄청나게 크다. 피라미드도 쌓은 방법이 여전히 논쟁 중인데 건축적 관점에서는 이 신전의 돌을 들어 올린 방법이 더 궁금하다. 이들도 주변에 흙을 쌓아 돌을 올렸다는 해석이 있으나 건축적 입장에서는 동의가 어렵다. 저 거대한 구조물을 만들기에 적당한 방법이 아니라는 것이다.

왕이 받은 하늘의 뜻을 땅 위에서 사제들이 해석한다. 왕의 신성을 대변하는 동물들이 등장하기도 했다. 동물이라고 하지만 사람에 가까운 모습이면 천사라고 부르기도 했다. 그들은 인격화되어 있지만 절대로 사람은 아니다. 천사가 아니라면 동물이어야 하는데 그 동물은 주변에서 일상적으로 볼 수 있는 것이면 곤란하다. 상상 속의 어떤 것이어야 하는데 크거나 빠르거나 용감하거나 이상한 능력을 갖추고 있어야 한다. 메두사와 가루다와 같은 험상궂은 존재들이다.

상상 속에서 새로운 것을 만들기 어려우면 알고 있는 것을 조합해서 새로운 동물을 만들었다. 이런 동물은 〈길가메시 서사〉에서부터 등장하니 참으로 유서가 깊다. 길가메시가 만난 그 동물은 사람과 황소가 조합된 엔키두다. 미노스 문명에서도 사자와 독수리가 합쳐진 그리핀이 등장한다. 말이 날개를 달면 페가수스가 되고 뿔을 달면 유니콘이 된다. 이들은 거의 모두 무시무시하거나 상상 이상의 능력을 지닌 존재들이다. 예외가 있다면 인어 정도다. 사실 인어의 예쁜 모습은 디즈니 만화영화가 만든 상상이라고 해야 할 것이다.

파이선은 요즘은 컴퓨터 프로그램을 지칭하지만, 원래는 왕뱀이다. 그리스 신화에서는 드라콘$^{δράκων, drakon}$인데 영어로 드래건^{dragon}으로 번역되어 용이 되었다. 원문의 의미가 설명하듯 뱀처럼 긴 생물인 건 맞는데 형태는 서로 좀 다르다. 동양의 용은 뿔도 나고 입에서 불도 뿜는다. 이 동물은 상상의 모습이 알려주듯 신성한 가치를 갖는다고 알려져 있다. 절대 왕권을 상징하는 동물이 되어 버린 것이다. 그래서 중국의 황제와 조선의 임금은 모두 용이 표현된 권력 상징물을

베이징 자금성에 그려진 용. 용이 그려졌다는 건 이 건물을 황제가 사용한다는 이야기다.

갖고 있다. 위계에 따라 발톱의 개수가 다를 뿐이다.

동양에서는 이렇게 위협적 상상의 동물이 기린, 봉황, 주작, 현무와 같은 것들이 있다. 발이 세 개 달린 까마귀도 있다. 그래서 삼족오라고 부른다. 이 신비로운 동물들은 신의 힘을 전달하는데 그건 왕의 능력을 보위하기 위한 것이었다. 신전이 건물로 표현된 신이라면, 이들은 동물로 표현된 신이었을 것이다. 혹은 신의 사자使者거나. 이들이 부리는 공포스럽고 명예로운 사람이 권력자, 왕이었다.

절대적 유일신 신앙의 종교라면 바로 유대교가 떠오른다. 이 종교의 시작점은 도시가 아니고 어떤 사건이다. 모세가 산에서 절대자를 만난 것이다. 그런데 모세에게 등장한 야훼의 입장은 신은 하나만 있다는 유일신교monotheism 가 아니라 여러 신 중 나만 섬기라는 단일

신교henotheism였다. 모세가 받아온 십계명의 첫 문장이 이를 설명한
다. 야훼는 자신이 유대인들을 이집트의 구속에서 구해냈다고 선언
한다. 그래서 유대인들이 따라야 할 의무를 요구한다. 너는 나 외에 다
른 신을 섬기지 마라. 그래서 유대교는 단일신교가 되었다. 그런데 유
일신 개념이 훨씬 먼저 등장한 곳은 고대 이집트였다. 무력으로 권력
을 유지하는 제왕의 사례처럼 유일신도 놀랍게 폭력적이다.

도시

투탕카멘

누구나 보고도 모른다고 하기 어려운 마스크. 파라오들의 무덤이 죄 도굴당했는데 투탕카멘의 무덤은 무사했다. 무덤이 숨어 있었기 때문이다. 이유는 그가 별 볼 일 없는 파라오였기 때문이다. 또 그 이유는 10살에 즉위해서 19살에 미라가 되었기 때문이다. 단명했던 것이다. 그는 업적을 남길 시간을 갖지 못했다. 그의 원래 이름은 투탄카텐이었다. 그는 괴상했던 아버지 때문에 이름을 바꿔야 했다.

단언컨대 신왕국의 아케나톤은 이집트 전체 역사에서 가장 논쟁적인 파라오다. 그는 심지어 생긴 모습도 독특했다. 한 번 보면 절대로 잊기 어려운 얼굴이 많은 부조와 조각으로 남아 있다. 그의 왕비 역시 널리 알려져 있다. 3,300년 전 그녀의 얼굴은 지금도 정확히 알 수 있다. 금방 입을 열어 말을 건넬 것 같은 조각상의 주인공, 그녀의 이름은 네페르티티다. 외관상 전혀 어울릴 것 같지 않은 부부는 의외로 잉꼬부부로 벽화에 그려져 있다. 중요한 것은 아케나톤의 가족사가 아니고 그의 신념이었다.

고대 국가 형성 전의 이집트는 그냥 나일강변에 늘어선 개별 부족들이었을 것이다. 이들은 남의 눈치를 보지 않고 각자 신을 만들어 섬겼을 것이다. 그 신들은 각각 독립 체계를 갖고 있었을 것이다. 그런데 이들이 상·하류 부족들과 교환을 시작했다. 어쩌면 침략을 통한 교

류였을 수도 있다. 그렇게 부족들의 접촉면이 넓어지면 각자의 믿음 체계도 섞이게 된다. 각 신들의 관계를 정립해야 한다. 그 과정에서 위계관계가 서로 모호한 신들도 생기니 신들의 체계는 복잡해질 수밖에 없다.

이런 복잡한 신들의 관계를 일거에 해소하고 단 하나의 신만 섬기려는 시도가 등장했다. 우리는 유일신 체계라고 부른다. 당연히 백성들의 투표가 아니고 권력자의 신념과 그의 권력에 근거한 일방적 결정이었다. 아케나톤은 유일신 숭배자로 기록되어 남겨진 가장 오래된 이름이다. 지구 어디선가에서는 다른 유일신 숭배자가 있었을 수도 있다. 그러나 아케나톤은 파라오였다. 파라오는 혼자 조용히 자신의 신을 믿을 존재가 아니었다. 그의 신념은 백성에게 전파되어야 했다. 그가 믿기로 한 유일한 신은 아톤이었다. 아톤 신앙이 국교가 되었다. 그가 도대체 왜 배타적 아톤 신앙을 갖게 되었는지는 모른다. 그런데 아톤은 무엇인가.

고대 이집트에서는 태양의 여러 부분이 제각각의 신이었다. 아

아톤의 모습. 태양에서 햇살이 아래로 뻗어 나오는 모습으로 표현된다. 제네바 쿤스트뮤지엄 소장.

톤도 태양신이되 동그란 모습으로 표현되지 않았다. 원반형 태양에서 방사형으로 뻗어 나오는 햇살 모양이 그를 표현했다. 그래서 아톤은 아마 태양 자체보다 거기서 나오는 빛이나 열을 표현하는 신이 아니었을까 짐작한다.

새로운 신념의 파라오는 테베, 즉 룩소르의 신전을 확장하는 개보수에 착수했다. 그리고 자신이 살던 테베의 원래 신, 아몬을 도시에서 지워내기 시작했다. 그것은 물리적 삭제로 가시화되었다. 신전에 새겨진 모든 아몬을 긁고 파서 없애나갔다. 그의 아버지 이름은 아멘호테프였다. '아몬의 평화'라는 의미였다. 아들은 심지어 아버지 이름도 지웠다.

그런데 당황스러운 상황이 발견되었다. 자신도 아버지의 아들이고, 이름도 이어받아서 이름에 아몬이 들어가 있었다. 그의 이름도 아멘호테프였다. 나중에 역사서 저자들은 아멘호테프 4세라고 구분하

기는 했다. 어찌 되었든 그의 이름은 무시해야 할 잡신, '아몬의 평화'
였다. 대안은 명쾌했다. 개명하는 것이다. 그는 '아톤의 정신'을 뜻하
는 아케나톤이 되었다.

파라오가 아무리 지워도 도시 곳곳에 스며든 잡신들이 하루아침
에 사라질 수는 없다. 그런 신을 믿는 자들이 갑자기 회심하지도 않는
다. 한 번 수립된 신념은 거의 바뀌지 않는다. 그 신념이 종교라면 더
바뀌지 않는다. 바꾸면 개종이라고 부른다. 종교는 사후세계와 관련
이 있으므로 개종은 목숨을 내놓는 거래다. 당연히 죽음으로 거부할
사안이다.

집단의 신념은 더 바뀌기 어렵다. 백성들이 공유하던 종교가 한
순간에 그리 사라질 수는 없다. 집단 신념이 바뀌는 길은 세대가 교체
되는 것이다. 그나마 여러 세대에 걸쳐 간신히 성공하는 일이다. 파라
오는 파라오답게 전례 없는 혁신 사업에 착수했다. 도시를 만들어 옮
겨가자. 새 도시의 당시 이름은 아케타톤이었다. '아톤의 지평선'이라
는 뜻이었다. 아케트는 피라미드에서 등장했던 단어다. 이 도시의 지
금 지명은 아마르나다.

개인 소유의 가장 큰 재산은 건물이다. 최고 통치자는 자신에게
맞는 건물을 짓는다. 그 사례에 신전이 포함된다. 그런데 인간이 만든
가장 큰 구조물은 무엇일까. 어떤 잣대로도 불가사의하게 큰 구조물
이 저 피라미드다. 그런데 피라미드보다 더 큰 것은 도시다. 어떤 권력
은 신도시를 통해서 자신의 존재를 설명하고자 했다. 그것은 때로는
야심이고 때로는 몽상이었다.

그러나 예나 지금이나 도시는 단지 구조물의 집합이 아니다. 도
시는 사람들이 사는 공간이고 그들의 인생을 담는 그릇이다. 내용물

 문자

이 공허하면 그릇이 화려하더라도 의미가 없다. 이 신도시가 성공하기 위해서는 저 유일 신앙에 대한 백성들의 동의가 있어야 했다. 그런데 그 동의가 없었다.

아케나톤은 파라오였지만 인간이었다. 그에게 불행하게도 그도 죽었다. 국교 교체를 이루기에 한 인생은 너무 짧았다. 아들이 즉위했는데 이름은 투텐카톤이었다. '아톤의 살아 있는 모습'이라는 뜻이니 선왕의 의지가 확연했다. 아케나톤 사후 유일신으로 아톤 신앙을 추진한 동력은 꺼졌다. 사업은 폐기되고 시설은 원상 복구되었다. 역풍도 불었다. 유일신 강요의 파라오는 후대에 악행과 저주의 상징이 되었다. 아들인 투텐카톤도 개명했다. 새 이름은 투텐카몬이었다. 아톤이 아니라 '아몬의 살아 있는 모습'이라는 의미였다. 우리가 호칭하는 투탕카멘이다. 이집트 역사상 가장 유명한 황금마스크의 주인공.

그런데 자신의 이름을 붙여 신도시를 만든 파라오는 약 100년 후 또 등장한다. 기원전 1200년 정도의 시기다. 그는 종교적 신념이 아니라 전투적 업적으로 알려진 파라오, 람세스 2세다. 그는 장자가 아니었다. 장자가 왜 죽었는지는 모르나 그가 우리로 치면 세자가 아니었던 것은 틀림없다. 그래서 람세스 2세는 아버지와 신의 뜻이 자신에게 왔다는 기록들을 남겨야 했다. 그리고 과시해야 했다. 그는 정복 전쟁을 벌였다. 그 전쟁의 일부는 성공하고 일부는 실패했다. 그러나 그가 돌아와 백성들에게 과시했던 것은 모든 전쟁의 승전보였다. 그는 전대미문의 건축 작업을 벌였고 그 벽에 자신의 승전보를 새겼다. 그는 신이 되었다.

람세스 2세는 테베의 신전들을 자신의 건물들로 바꾸었다. 이집트 전역에 신전을 세웠다. 그는 오벨리스크도 수십 개를 세웠다. 그리

아부심벨 사원에 새겨진 람세스 2세의 승전보. 그는 이집트 전역에 이런 승전의 결과를 새겨넣었다.

고 나일강 삼각주 쪽에 새 도시를 만들었다. 필요성에 대해서는 군사적인 필요에 따라 그랬다는 설도, 삼각주의 수로를 바꾸기 위해서라는 설도 있다. 페르람세스라는 도시명은 '람세스의 집'이라는 의미였다. 영광스럽게 그 이후 무려 아홉 명의 파라오가 그의 이름을 이어받았다. 람세스 11세까지. 이들은 이름을 이어받았을 뿐 기록된 업적의 흔적은 별로 없다. 이집트는 쇠퇴해 갔다. 통일된 왕국은 분열된 지역으로 바뀌었고 결국 이집트는 식민지가 되었다. 이후 2,300년 동안 이집트는 다시는 역사의 전면에 등장하지 못했다.

기원전 300년경 이집트는 마케도니아인의 지배에 들어갔다. 그 지배자는 저 유명한 알렉산더였다. 그는 이집트 이외 지구 곳곳에 자신의 이름을 딴 신도시를 만들었다. 지금도 아프가니스탄, 이란, 터키 등에 알렉산드리아라는 도시들이 있다. 스물에서 서른 개 설이 많은

데 무려 일흔 개에 이르렀다는 이야기도 있다. 그래서 뒤에 구별하는 이름을 붙여야 했다. 가장 먼 곳의 도시라는 의미의 알렉산드리아 에스카테Alexandria Eschate, 승리하는 도시라는 알렉산드리아 니카이아Alexandria Nicaea, 예지를 갖춘 도시라는 알렉산드리아 프로프타시아Alexandria Prophthasia가 그렇다. 알렉산드리아 부케팔라Alexandria Bucephala는 알렉산더가 타고 다니던 애마의 이름에서 따왔다.[022] 중국의 전·후한 시대의 기록에 이헌犁軒, 이간犂靬, 이건犂鞬이 등장하는데 이들도 음차표기된 알렉산드리아라는 이야기도 있다.[023] 참고로 이탈리아 피에몬테주에도 알렉산드리아라는 도시가 있다. 이건 우리가 아는 알렉산더와는 관계가 없고 교황 알렉산더 3세의 이름을 따온 것이다. 이집트의 알렉산드리아는 추가 형용사가 없는 대표 도시다. 역사서에 알렉산드리아 도서관으로 대변되는 그 도시다.

　역사상 가장 영향력이 큰 수도 이전은 로마시대에 벌어졌다. 제국을 다스리던 네 명의 군주 중 한 명이었다가 새롭게 통일 황제로 즉위한 사람 때문이었다. 콘스탄티누스 황제Constantine I, 272~337가 수도를 지중해의 동쪽에 하나 더 만들었다. 콘스탄티노플이 탄생했다. 신기하게 황제는 이 중차대한 사업의 이유에 대해 아무런 기록도 남기지 않았다. 왜 필요했고, 왜 비잔티움이어야 했는지 발견된 문서가 없는 것이다. 위치로 보면 비잔티움이 문명의 중심지에 가까웠다는 건 명확하다. 동쪽의 오리엔트, 인도, 중국에 가까운 곳이다. 그는 구구히 설명하지 않고 천도 판단을 하고, 실행하는 권력의 주체였다. 그는 가장 자유로운 위치에 있는 사람이었다. 로마의 황제였다.

　새 수도는 종종 실험되었다. 이슬람의 아바스 왕조가 세워지고 칼리프 알 만수르도 자신의 권력을 시험했다. 762년 수도를 바그다드

현대의 이집트 알렉산드리아. 중앙의 계단형 건물은 20세기 말에 새로 세운 알렉산드리아 도서관이다.

로 옮겼다. 이 도시는 놀랍게 지름 2킬로미터 정도의 완전한 원형 도시였다. 그 모습은 이 도시가 인위적 도시고 그걸 통해 이 도시를 만든 권력을 실감하게 해주는 장치였다. 지금은 티그리스강변의 그 자취를 전혀 찾을 수 없다. 그러나 이라크 지역에는 신기하게 원형 도시의 흔적들이 지금도 곳곳에 있다. 아마 그 수도의 영향이 아니었을까 짐작한다.

절대권력이 만든 가장 최근의 신수도는 러시아의 상트페테르부르크라고 해야 할 것이다. 표트르 대제Peter the Great, 1672~1725는 유럽에 가까워지고자 했고 그래서 1703년 발트해변으로 수도 이전을 시작했다. 그는 종교적 신심을 담아 사도 베드로의 이름을 딴 도시를 만들었다. 천도는 그가 지닌 권력을 명확히 보여주는 장치였다.

그런데 람세스 2세의 신도시, 페르람세스 건립은 좀 엉뚱한 결과를 낳게 되고 그 여파가 오늘 한국에도 미친다. 이유는 거기 동원된 노예들 때문이다. 동원된 그들이 누구였는지는 이집트인들이 아니라 다른 민족이 설명하고 있다. 그 민족은 갈대 바구니에서 건져낸 아이 덕에 자신들이 이집트에서 탈출했다는 기록을 남기고 있다.

빛

나는 스스로 있는 자다

이 유명한 성서 문장은 번역이 고약하기로도 유명하다. 영어 문장을 직역하면 좀 더 단순하다. '나는 나다I am who I am.' 대단히 퉁명스럽다. 그러기에 한글 번역에서는 친절하게 몇 자 덧붙였을 것이다. 어떤 성서학자는 원문인 '나는 나다ehyeh asher ehyeh.'는 히브리어 관용구로 '신경 쓰지 마.'라는 의미라고 이야기한다.[024] 거의 3,000년 전에도 이런 관용구가 쓰였는지는 모를 일이다. 어찌 되었든 이 단호하고 괴상한 문장은 야훼가 자신의 정체성을 표현했다는 점에서 의미가 크다. 표현하지 않고 넘어갔다고 해야 할지도 모르겠다. 이것은 야훼의 발언이다. 아니, 그의 발언이라고 성서에 기록되었다. 선언이라고 해도 될지 모르겠다.

그를 만나 저런 퉁명스러운 이야기를 들은 사람은 출생이 수상했다. 그의 출생 기록 문장은 익숙하다. 갓난아기를 역청으로 감싼 갈대 바구니에 담아 강에 흘려보냈다는 이야기다. 이번 아기는 유프라테스강이 아니라 나일강에 던져졌다고 명시되어 있다. 이 서사는 훨씬 앞선 사르곤 출생기를 무단으로 차용한 혐의가 짙다. 그 아이는 구조되어 사르곤이 아니라 모세라는 이름을 얻는다. 이집트 냄새가 확연한 이름이다. 모세는 계속 이집트에서 자랐다. 그런데 커서 큰 역사적 사건을 저지른다. 초대형 노예 집단 탈주 사건이라고 해야 할 것이

"

다. 그 노예들은 모두 유대인들이었다는 점에서 특이하다. 우리에게
는 성서의 〈출애굽기〉라는 유장한 이름으로 알려져 있다.

모세의 독특한 체험에서 이야기가 시작된다. 장소는 지금은 위
치 불명인 호렙산이다. 모세는 어느 날 신기한 대화를 나누게 되었다.
대화 상대는 사람도 아니고 의인화된 동물도 아니었다. 엉뚱하게 불
이었다. 왜 나무에 붙은 그 불이 굳이 모세에게 말을 붙였는지 알 길이
없다. 모세도 몹시 당황했을 것이다. 그래서 말하는 불에게 정체를 물
었다. 그런데 답변이 저렇게 당혹스러웠다.

불이 타려면 땔감이 있어야 한다. 야훼는 가시나무 덤불을 통해
서 모세에게 나타났다. 한글 〈출애굽기〉에는 떨기나무라고 옮겨져
있다. 사막이라 큰 나무가 없는 곳이니 잡목이라고 해야 하겠다. 그런
데 왜 불의 모습이었을까. 우리가 볼 수 있는 것 중에서 가장 추상적이
고 신비로운 대상이 바로 불이다. 저것은 물질인가 현상인가.

불과 병치 되는 것은 빛이다. 빛은 현대의 물리학자들에게도 여
전히 신비롭다. 그래서 빛을 무심하게 간주하는 종교를 찾기 어려울
정도다. 구약성서 〈창세기〉는 조물주의 첫 작업이 빛의 창조라고 명
료히 선언한다. 이슬람교, 힌두교, 불교 모두 빛이 가장 신비롭고 중요
한 주제다. 신은 불이나 빛의 형태로 인간에게 표현되어 왔다.

모세와 거의 같은 시기에 유사 신비 경험을 했다는 사람이 있었
다. 조로아스터는 세상의 폭력성에 대해 근심하던 사람이었다. 그가
어느 날 물을 길으러 갔다가 강둑에서 어떤 사람을 만난다. 몸이 온통
빛나는 그는 조로아스터를 마즈다에게 데리고 갔다. 마즈다는 또 몸
이 빛나는 7명의 다른 존재에게 둘러싸여 있었다. 마즈다는 조로아스
터에게 폭력에 대항하는 신전을 만들라고 요구했다. 조로아스터는

이를 통해 마즈다가 최고신이라고 확신하게 되었다.

중요한 것은 명령 하달의 주체인 절대자 신의 모습이다. 신은 자신의 존재를 굳이 드러내지 않는다. 그러나 혹시 그 존재를 시각적으로 암시해야 하면 빛과 불을 차용한다. 종교는 달라도 방식은 다 유사하다. 불은 빛에 비해 무력적인 의미가 추가되기도 한다. 불의 검이 그 사례다. 힌두교에서 불의 신 아그니는 전사들에게 힘을 주는 신이다. 그는 유목민 아리안들의 신이었고 숲을 태워 정착 공간을 만들 때 등장하는 신이었다. 그래서 죽은 자들의 몸을 불로 태우면 아그니가 데리고 간다는 의미가 있다.[025] 신이 폭력성 없고 자비로운 존재라면 그는 빛이어야 했다.

모세와 조로아스터가 만난 그들은 비물질 재료, 불과 빛을 통해 자신이 최고신임을 시각적으로 표현했다. 그리고 모세와 조로아스터에게 특별한 요구사항을 하달했다. 특히 모세가 만난 야훼는 이집트에 대한 폭력적 처방을 명시한다. 그래서 빛이 아니고 불이어야 했을 것이다. 성서는 이집트에 대해 극단적으로 폭력적인 야훼의 모습을 그려낸다. 그는 죄 없는 이집트의 아기들도 무자비하게 도륙했다.

이 순간 명령 수령자는 선별, 선택된 존재가 된다. 이런 이야기를 밖에 전한 것은 모세와 조로아스터 자신이다. 여기서도 삼인칭 서술이지만, 목격자가 없다는 공통점이 중요하다. 즉 이건 개인적 체험이었다. 자각의 순간이었을 것이다. 그래서 모세는 결국 어떤 신념을 갖게 되었을 것인데 우리는 이런 자각을 소명이라고 부르게 된다. 그 소명은 동족의 박해를 보며 축적되어 어느 순간에 촉발된 것일 수 있다. 어쩌면 불이 붙듯 극렬한 자각이었을 수도 있다. 그들에게 저항하거나 거부할 수 없는 잔이 건네진 것이다. 받은 그는 잔을 기울여 내용물

　　　문자

을 마실 수밖에 없다. 그의 목숨이 걸린 일이었다. 이런 소명 의식의 연쇄로 세상이 바뀌었다.

모세는 추후 자신의 자각과 소명을 주변에 설명했다. 그런데 그 개인적 체험은 공개적으로 재현이 가능하지 않다. 그래서 요구 조건은 간단하다. 믿어라. 그의 믿음과 그에 따른 행동은 유대인 민족사를 송두리째 흔들어놓게 되었다. 이 믿음이 바로 유대인의 정체성을 규명하는 사안이 되었다. 지금도 유대교인들은 그 민족 서사의 영향 아래에 있다.

유대인들이 처음에 이집트에 이주하게 된 배경에는 기근 사건이 있다. 이스라엘과 이집트는 지리적 인접에도 불구하고 기근 원인이 달랐다. 이스라엘은 건조기후대고 연간 강수량이 4백 밀리미터 정도다. 여름이 건기다. 기근이 생겼다는 것은 그나마 강수량이 부족했다는 걸 의미한다. 농경시대였으니 기근은 생사를 규정하는 중요한 사건이었다. 이에 비해 이집트 기근의 이유는 강수량 부족이 아니다. 이집트에는 원래 비가 오지 않는다. 상류 에티오피아고원의 강수량 부족이 문제였다. 시리우스가 떠올랐음에도 이집트의 범람 수량이 부족하다는 걸 의미했다. 지금은 아스완댐 준공으로 시리우스가 떠올라도 범람이 생기지 않는다. 이집트 지역에 이전보다 예측 가능성이 높은 농경이 시작되었다는 이야기다.

모세는 신의 뜻을 따라 노예 상태의 유대인들을 죄 불러 모았다. 이후의 노예 집단 탈출 사건은 현대인들에게도 널리 알려져 있다. 이 정도 사건이라면 이집트 입장에서도 중요했을 것이다. 그런데 막상 이집트의 기록은 아직 발견된 것이 없다. 이집트인들에게는 하찮은 사건이었을 수도 있다. 변수와 단서는 탈출 인원의 규모다. 주택이나 도시의 이해를 위한 첫 번째 확인 대상은 인구 규모다. 주택 설계에서는 거기 살 가족의 수를 확인하는 것이고 도시 설계에서는 거기 살 인구의 규모를 추정하는 일이다. 그러므로 이 탈출도 개입된 인구수를 확인하는 것이 필요하다.

성서에서는 장정만 60만 명이라고 기록되어 있다. 당황스러울 정도로 큰 규모다. 당연히 가족 규모를 추정하여 총인구를 추산해야 한다. 참고로 모세의 선조들이 이집트로 이주할 당시 부족장이라고 할 야곱은 아들만 열두 명이다. 탈출 인원을 보수적으로 요즘 기준을 적용해서 4인 가족이라고 하면 지금 프랑스 파리 인구 정도다. 한국으로 치면 광역시로 대전이나 인천 인구다. 당시 이집트 전체 인구가 이 숫자를 넘지 않았을 것이다. 1,500년 정도 후인 프톨레마이오스 시대 이집트 전체 인구를 700만 명 정도로 추론하는 기록이 있다.[026]

성서에서 40은 곳곳에 등장한다. 노아의 홍수를 야기한 강우도 40일간 내렸고, 모세 일행은 탈출 후 40년을 방황했고, 예수도 광야에서 40일을 방황했다고 되어 있다. 이건 구체적 숫자라기보다는 많다는 의미라는 것이 성서학자들의 일반적 해석이다. 거기에 1.5를 곱한 수는 아주 많다는 표현 정도일 것이다. 결국 저 60만 명은 부풀려도 엄청나게 많이 부풀린 숫자가 아니었을까 싶다. 그러기에 이집트 쪽에서는 굳이 기록할 필요도 느끼지 못했을 것이고. 60에 관한 다른 추론은 뒤에 다시 설명할 것이다.

참고로 이 사건은 직접 체험자나 목격자가 모두 사라진 후대에 기록으로 옮겨졌다. 기록자들은 구전 내용의 신빙성이나 출처를 알 길이 없었다. 그래서 갈대 바구니에 담겼던 사르곤 이야기도 천연덕스럽게 모세에게 갖다 붙일 수 있었을 것이다. 구전은 눈덩이 굴리기

문자

와 유사하니 이 숫자는 줄어들 성질이 아니었다. 이들에게 구체적 숫자 명시는 중요하지 않았고 그냥 많다고 했을 따름인데 그게 워낙 과장되었을 것이다. 묻는다면 그 수는 수백이나 많아야 수천 명 정도 아니었을까.

이집트 입장에서 보자. 이 탈출극이 어느 파라오 시대의 사건이었는지 의견이 심하게 분분하다. 신왕국 시대인 제18왕조나 제19왕조 연간이리라는 학자들이 많다. 특히 제19왕조라고 하면 더욱 흥미로워진다. 저 유명한 람세스2세의 치세가 들어있기 때문이다.

유대인들은 탈출 전 이집트에서 어떤 노예 사역을 하고 있었을까. 성서에는 이들이 흙을 이기고 벽돌을 굽고 농사를 지어야 했다고 기록되어 있다.[027] 그런데 좀 신기한 분쟁이 발생했다. 이전에는 짚을 주면서 벽돌을 만들라고 시켰던 모양이다. 나일강변에 흙은 지천으로 널렸으니 굳이 따로 구할 것도 없다. 그런데 이집트인들이 갑자기 짚을 주지 않고 스스로 조달해서 벽돌을 만들라고 요구하기 시작했다. 그것도 이전과 같은 수량을 만들어내는 조건이었다.[028]

짚은 아기 모세를 담았던 갈대일 수 있다. 추수 후 버린 밀 쭉정이일 수 있다. 공통점은 방치되어 마른 것인데 방치되었다는 건 쓸모없기 때문이다. 주변에 널려있었을 짚을 막상 쓰겠다고 모으려면 직립 인간이 동물처럼 허리를 굽혀 주워야 한다. 추가 시간과 노동이 필요했겠다. 그런 짚이 지금 분쟁의 소재가 되었다. 벽돌과 짚이 얽힌 이 쟁점의 이해를 위해서 건축 지식이 필요하다.

진흙과 콘크리트의 재료적 공통점이 있다. 일단 모두 수분이 포함된 상태로 제작되고 건조과정을 거치며 완성된다. 그래서 두 재료 모두 건조되면서 균열 가능성이 크다. 이건 건축재료로서의 취약점이다. 그래서 콘크리트에는 인장력을 받고 균열을 막는 철근을 넣는다. 이걸 철근콘크리트라고 부른다. 흙벽돌에는 철근을 넣을 수 없다. 제련된 철이라는 재료도 아직 없던 시대다. 가장 일반적인 방법은 짚을 섞는 것이었다. 흙이 건조 수축할 때 생기는 균열을 짚이 막아주기 때문이다. 짚이 포함되지 않은 진흙 덩이면 벽돌 사용이 제한적이다. 균열이 생긴 벽돌은 내구성, 구조 성능이 확연히 감소한다. 그래서 짚을 구하는 것은 진흙 자체를 굽는 것만큼 중요한 일이었다. 집 짓는 데 벽돌이 워낙 많이 필요하니 그 짚을 챙기는 것도 고단한 일이었던 모양이다. 그래서 메소포타미아의 쐐기문자 기록에는 이 짚 채취에 관한 이야기가 종종 등장한다.

이집트의 유대인 노예들이 만들어야 했던 것과 같은 건축 재료인 벽돌. 13세기의 것으로 추정된다. 베를린 이집트박물관 소장.

그런데 이 유대인들은 왜 벽돌을 만들어야 했을까. 갑자기 대규모 건설사업이 발생했다는 이야기다. 이 사업이 신전 건설이었다면 이들은 돌을 다듬어야 했다. 그런데 벽돌을 만들어야 했다는 건 돌과 같은 내구성을 요구하는 건물을 건설하는 일이 아니라는 이야기다. 흙벽돌 제작 요구는 결국 주택의 공급과 수요 때문이다. 이집트인들은 신전이 아니라 신도시를 조성하고 있었을 것이다.

신도시 조성은 아무나 시작할 수 없는 사업이다. 아마 이 유대인들은 앞서 이야기한 람세스 2세의 신도시 사업에 동원되었을 것이다. 과연 출애굽기에는 이들이 람세스를 출발했다고 되어 있다. 한글 성서에는 라암셋이라고 표기되어 있다.[029] 이 지명은 아마 페르람세스일 것이다. 유사한 이름의 다른 도시는 없다. 즉 이건 람세스 2세 시기의 사건이었을 것이다. 참고로 그의 재위 기간은 기원전 1279~기원전 1213년이다. 자존심 강했던 파라오가 이런 수치스러운 사건 기록을 차단했을 수도 있다.

탈출한 유대인들은 서둘러 달아나야 한다. 인구 규모보다 믿기 어려운 사실이 서술되어 있다. 이들이 홍해라는 바다를 가로질러 이집트를 탈출했다는 서사다. 건축은 문서에 대한 신뢰를 위해 현장 확인 작업을 요구한다. 홍해를 가로지른 기적적 사건의 이해에 지도가 중요한 자료다. 일단 다시 나일강을 들여다봐야 한다. 나일강이 지류도 없이 단 하나의 물줄기를 유지하며 지중해 연안에 이르는 이유는 간단하다. 강물은 중력을 거슬러 넘지 못한다. 양쪽의 지형이 강을 그렇게 규정하고 있기 때문이다.

나일강 서쪽은 완만하게 높은 지형의 리비아 사막이다. 유대인들이 향할 동쪽이 더 문제다. 거기 남북 방향의 거대한 산맥이 자리 잡

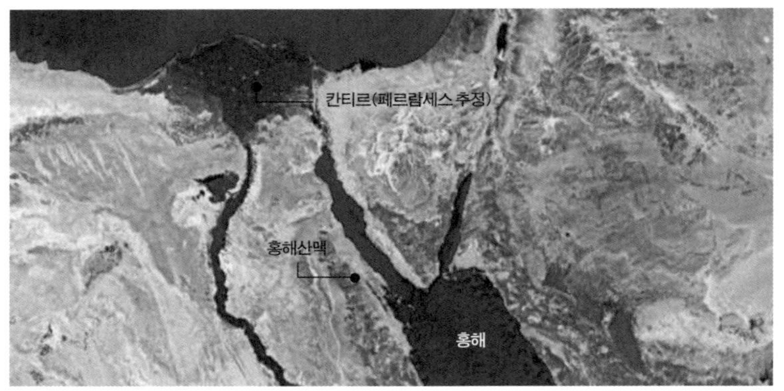

홍해로 가기 위해서는 표기된 험준한 산맥을 넘어야 하는데 산맥을 넘고 바다를 건너도 또 산맥이고 사막이다.
출발지에서 굳이 그 길을 선택할 이유가 없다. ⓒ google

고 있다. 최고 높이가 2천 미터를 넘는 산지인데 여기도 사막이다. 이집트에서 홍해로 가려면 그 산맥을 넘어야 한다. 나일강 하류 삼각주의 페르람세스에서 굳이 거기로 갈 아무런 이유가 없다. 홍해를 무사히 건너가면 또 산맥을 만나고 넘으면 역시 사막이다. 바로 홍해로 가겠다는 건 무모하다.

그런데 모세는 어쩌다 홍해를 갈라내며 탈출했을까. 이 홍해의 히브리 원문 단어는 '염숩yam sup'이다. 이걸 직역하면 붉은 바다가 아니라 갈대 바다다. 이 단어가 이상해진 것은 〈70인역LXX, Septuagint〉에서 '홍해'로 번역해 버렸기 때문이다. 성서에는 몇 곳에서 더 '숩'이 나온다. 이들을 홍해라고 하면 문장들이 다 이상한데 갈대밭이라고 하면 훨씬 명료해진다. 모세와 유대인들이 나일강 삼각주 저습지에 가득한 갈대를 헤치고 갔다면 더 합리적이다. 뒤따라온 파라오의 마차들은 물속에 수장된 것이 아니고 삼각주의 연질 지반에 빠져 더 진군을 못 했다는 이야기겠고.

그렇다면 〈70인역〉에 대해 시비를 걸 차례다. 이건 기원전 3세기에 알렉산드리아에서 히브리어 구약성서를 그리스어로 옮긴 번역본이다. 이미 그 지역에 히브리어를 모르는 유대인들이 많아졌기 때문이다. 그래서 히브리어 성서 번역을 72명의 랍비에게 각각 맡겼다. 12와 연관이 있는 수인데 여기도 신비화가 개입되었을 것이다. 작업 결과 72개의 번역본이 등장했다고 한다. 그런데 맞춰보니 모든 번역문이 한 글자도 틀림없이 일치했다. 그렇게 신의 뜻이 증명되었다. 그런 전설의 문서가 〈70인역〉이다. 실제로는 문서별로 나눠 작업한 후 합본했다고 이해하는 것이 현실적이겠다.

성서는 밤새 바람이 불어 '염습'이 갈라졌다고 설명한다. 〈70인역〉에는 이것이 남쪽 바람νότος, notos 이라고 되어 있다. 그런데 히브리 원문은 동풍qadim 이다. 이 바람은 후대의 라틴어 〈불가타성서〉에서 다시 동풍으로 복귀했다. 그래서 영어, 한글 성경도 동풍이다. 참고로 젊은 여자alma 가 잉태하여 아이를 낳을 것이라는 원문[030]을 처녀παρθένος, partenos 로 번역한 것도 〈70인역〉이다. 동정녀가 아이를 낳았는데 이건 예언의 성취라는 이야기의 근거를 마련해준 것이다.

마지막으로 무엄하게 과학적 재단을 해보자. 물의 밀도는 공기의 8백 배 정도다. 즉 물은 같은 부피의 공기에 비해 약 8백 배 정도의 무게를 갖고 있다는 이야기다. 바람이 아무리 불어도 바다 표면의 파도가 칠 뿐 갈라지는 일은 없다. 그러나 바람이 키 큰 갈대를 눕혀내기에는 충분한 운동량을 가질 수 있다. 바닷물을 갈라내기 위해서는 공기가 아니라 아스완댐과 같은 콘크리트 덩어리가 필요하다. 그래서 몰아친 바람이 홍해를 가른 사건은 기적이 틀림없다. 단 하나의 설명이 가능하다. 야훼의 기적이다. 믿어야 한다.

문자

젖과 꿀이 흐르는 땅

탈출한 유대인들의 목적지가 이렇게 표현되었다. 농경의 고된 노동에서 벗어나게 해주겠다는 것이다. 정착 농경에서 얻게 되는 자유의 최대 수혜자는 왕족과 귀족이었다. 그런데 모두 왕족과 귀족처럼 사는 세상이 저기 있다는 유혹이다. 정치 표어의 원칙에 충실하다. 그러나 세상에 그런 인생으로 가득한 사회는 없었다. 또 없을 것이다.

역사 공부를 하지 않은 유대인 노예들은 따라나섰을 것이다. 그렇다면 유대인들은 왜 확인할 수 없는 그곳으로 따라나섰을까. 이유는 단 하나다. 젖과 꿀이 흘러 더 자유로울 것 같은 곳으로 갔다. 두 손으로 짚을 줍고 진흙을 빚는 노동 현장이 아니고 꿀을 담아 먹는 낙원이다. 그러나 이건 역시 정치적 선전 문구에 지나지 않았다. 결국 그들은 평생 방황해도 목적지에 도착하지 못했다. 도착한 곳은 여전히 건조기후대였다. 기후조건으로 보면 나일강 하류의 비옥한 이집트가 훨씬 나았다. 그런데 출발 후 이들은 이전보다 더 자유롭다고 확신할 수 없게 되었다. 곳곳에 죽음의 위협이 상존했다. 저 두툼한 성서 전체를 통해 농담이라고 받아들여야 할 문장은 이때 딱 하나 등장한다. 거의 죽을 지경이라고 생각한 이들은 모세에게 투덜거린다.

애굽에 매장지가 없어서 당신이 우리를 이끌어 내어
이 광야에서 죽게 하느냐 _ 출애굽기 14:11 (개역한글)

이들의 불만은 이어졌다. 모세는 가시적, 과시적 방법으로 설득을 이어갔다. 모세는 시나이산에서 다시 야훼를 만나 십자가 돌판 두 장을 받아 들고 등장했다. 그 권위를 보여주는 것은 역시 빛이었다. 그의 얼굴에서 광채가 났다는 것이다. 그래서 사람들이 그에게 가까이 가기를 두려워했다고 쓰여있다.[031] 그런데 이번에는 〈불가타성서〉에서 이 빛이 오역되어 뿔이 되었다. 그 바람에 후대의 미술가들이 모세를 뿔난 모습으로 그렸다는 건 이미 알려져 있다. 미켈란젤로의 뿔 돋은 모세상이 대표적이다.

이 돌판 제작의 현장에도 목격자가 존재하지 않았다. 익숙하게 모세의 주장만 삼인칭으로 서술된다. 야훼가 직접 글로 쓴 돌판이라는 주장이다. 유대인들은 그런 주장이나 추상적 돌판보다 익숙한 직관적 형태에 현혹되곤 했다. 성서에서는 그게 금송아지라고 설명한다. 문자보다는 형상이 훨씬 직설적이다. 문자가 형상을 극복하려면 문맹이 극복되어야 한다.

젖과 꿀이 흐르지 않는 땅이지만, 결국 이들의 정착 생활이 시작되었다. 이들에게 건국의 아버지라고 해야 할 사람은 다윗이다. 골리앗을 처단한 소년이었고 유대 왕가 정통성의 핵심이다. 그의 아들 솔로몬은 아들이기는 했으나 장자가 아니었다. 권력 승계에 따른 정통성의 가시화를 위한 사업이 필요했을 것이다.

솔로몬은 예루살렘에 중요한 건설사업을 시작했다. 이 돌판을 보관할 성전 신축 사업이었다. 워낙 중요한 사안이므로 구약성서에는 건립 과정이 상세히 기록되어 있다. 이 성전은 돌판을 담은 언약궤 안치소가 포함되므로 특별히 의미가 깊었다. 그래서 언약궤의 크기, 모양, 재료도 다 설명되어 있다. 그 언약궤에는 돌판 두 장 외에는 아무것도 없었다고 명시되어 있다.

왕이 신성을 유지하려면 신의 뜻을 번역해 줄 도구가 필요하다. 일단 하늘로부터 내려받은 보물이 있다면 제일 좋다. 그런 일이 없다면 그게 담겨있다는 상자라도 있으면 좋다. 그렇다면 그 상자를 보관할 공간도 필요하다. 그건 성전이다. 당연히 그 성소에 들어갈 수 있는 인원은 지극히 제한된 사제들이다. 물론 거기에는 하늘의 뜻을 받들어야 하는 왕이 포함되기도 한다. 솔로몬이 준공하여 유대인의 언약궤를 보관한 지성소는 과연 아무나 들락거릴 수 없었다. 대제사장만 일 년에 한 번 들어가서 언약궤를 알현했다.

솔로몬은 지혜의 상징으로 후대의 여기저기서 언급, 회상되는 이름이다. 심지어 헨델George Frideric Händel, 1685~1759 이 작곡한 오라토리오에 〈솔로몬〉이 있다. 오라토리오 〈메시아〉를 작곡하여 호평받은 후에 쓴 곡이다. 그런데 여기 포함된 기악곡에 〈시바 여왕의 도착〉이 있다. 〈메시아〉에서도 〈할렐루야〉만 떼어 듣는 경우가 많은데 〈솔로몬〉에서는 거의 이 〈시바 여왕의 도착〉만 연주된다.

구약성서에서 솔로몬 부분을 읽어보면 어이없이 많은 여자들이 등장한다. 솔로몬은 지혜로운 바람둥이였던 모양이다. 그런데 거기 후궁이나 무수리가 아니고 여왕의 이름도 등장한다. 지금 에티오피아와 예멘에서 서로 조상국이라고 우기는 시바국의 여왕이다. 구약성서 〈열왕기상〉의 기록을 적당히 요약하면 이렇다.

이 왕국의 여왕이 솔로몬의 명성을 듣게 되었다. 엄청난 대공사로 준공된 건물의 소문이 나일강을 거슬러 올랐던 모양이다. 그의 명성에 대한 호기심이라는 좀 사소한 목적으로 여왕은 엄청난 거리의 여행을 떠났다. 궁에 도착한 그녀는 과연 솔로몬의 지혜와 건물에 탄복하여 온갖 칭송과 함께 엄청난 선물을 증정했다. 국가 간 외교 관례가 있으므로 솔로몬도 여왕에게 선물로 보답했다. 성서에는 여왕이 원하는 것을 주었다고 쓰여있는데 그게 무엇인지 명시되지 않았다.

여기까지는 유대인들의 기록이다. 이번에는 시바 여왕 쪽의 설명도 들어봐야 한다. 전설은 이렇다. 솔로몬이 준 것이 무엇인지 알 길은 없으나 여왕은 돌아와 곧 아들을 낳았다. 아들이 자라나자 여왕은 자신이 선물로 받았던 반지와 함께 아들을 솔로몬에게 보냈다. 그를 본 솔로몬은 징표를 볼 필요도 없이 바로 자기 아들을 알아보았다.

에티오피아의 이야기는 이어진다. 아들은 좀 엉뚱한 물건과 함께 귀국길에 오르게 되었다. 야훼의 성전에 있던 언약궤가 바로 그것이다. 이건 훔쳤다는 설명과 선물로 받았다는 이야기가 병존한다. 엄청난 선물을 받은 청년은 즉위하여 메넬리크 1세가 되었다. 1270년에 수립되어 1974년까지 이어진 에티오피아의 왕조 이름이 솔로몬 왕조다. 자신들이 바로 메넬리크의 왕통을 잇고 있다는 주장을 왕조명으로 강조하고 있다. 한국전쟁에 참전한 그 왕조다.

솔로몬이 공들여 지은 성전을 바빌로니아의 네브카느네자르왕이 파괴했다. 다윗과 솔로몬의 왕조가 무너졌다. 왕조의 종말은 그 왕조를 수호하던 종교의 쇠락을 의미한다. 물론 왕조의 단절은 한순간에 이뤄지지만, 신념은 그렇게 바뀌지 않는다. 정복자는 그전 왕조를 비호하던 신념을 서둘러 대체해야 한다. 그들의 근간 종교를 뿌리 뽑아야 한다. 그래서 신전 소각은 왕궁 소각보다 공동체 붕괴에 더 중요한 의미의 행위였다. 성전이 무너졌다는 것은 언약궤가 사라졌다는 걸 의미한다. 이들을 묶어주던 물리적 구심점이 사라졌다.

　유대인 지배층이 바빌론에 노예로 끌려갔다. 유명한 바빌론유수가 시작된 순간이다. 바빌론 강가에서 시온을 생각하며 울었다는 노래의 그 시기다. 그래서 유대인들에게 무너진 건축 신전의 대안으로 등장한 것이 문자로 된 신전이었다. 그간 구전으로 전해오던 민족 신화를 기록으로 옮기는 작업이 필요해졌다. 20세기 후반의 문헌 성서학자들 사이에서는 이집트 탈출기를 포함하는 〈모세오경〉이 바로 이 바빌론유수기에 문자로 정착되었을 것이라는 의견이 우세하다. 메소포타미아 문화의 흔적이 곳곳에 등장하기 때문이다.

　구약성서에서 바빌론이라는 도시는 타락과 향락의 대표 명사다. 바빌론에 대해 다른 동시대 문헌들과는 현격한 입장 차이다. 유대인들의 구전 내용 중에는 출처 불명으로 섞인 이야기들이 있었다. 이집트와 메소포타미아의 종교가 다중 출발을 하다 보니 서로 섞여 복잡한 체계를 이루었다는 것과 같다. 바벨탑 이야기도 바빌론의 탑인 지구라트를 보고 쓴 내용일 것이라는 추정들이 많다. 유대인들은 섞이고 주워들은 이야기들을 긁어모았을 것이다. 그리고 고증 없이 문서 작성에 들어갔을 것이다. 고증이 가능하지도 않았을 것이다.

　대표적인 이야기는 대홍수다. 모세오경보다 훨씬 먼저 작성된 〈길가메시 서사〉에 노아의 홍수의 판박이 이야기가 쓰여있다. 대홍수 설화는 〈길가메시 서사〉뿐 아니라 메소포타미아 문명권에 일반적으로 퍼진 이야기였다. 모세의 출생 비화를 사르곤 출생에서 가져온 것도 그 하나다. 강만 바꿔 끼웠다. 그리고 구전 과정에서 부풀려진 이집트 탈출 유대인 숫자도 그냥 적어 넣었을 것이다. 바빌로니아에서는 60진법을 사용했다. 이집트를 탈출했던 장정 60만 명은 아마 이 표기방법과 연관이 있을 것이다. 10진법 문화권의 10만 대군과 같은 의미였을 것이다. 대단히 많다는. 구약성서에는 아브라함이 이집트 파라오에게서 낙타를 선물로 받았다는 이야기도 있다.[032] 그러나 학자들은 낙타가 아브라함 시기보다 훨씬 후대인 기원전 1000년대에 가축화가 되었다는 사실을 밝혀냈다. 〈창세기〉에 조물주가 인간을 흙으로 빚었다는 이야기도 그런 증거에 포함되어야 할 것이다. 지금의 이스라엘 지역은 뭔가를 빚어 만들기 어려운 토질을 갖고 있기 때문이다. 그에 비해 메소포타미아는 글자판도, 집도 흙으로 만들고 지었다. 뭔가 만든다고 할 때 재료로 흙을 썼다면 그건 메소포타미아의 상황이었을 것이다.

그렇다면 모세가 받아온 십계명 돌판은 성전 파괴기에 어떻게 되었을까. 아무도 모른다. 지금 프로테스탄트들이 외경으로 분리한 〈마카베오기 하권〉에는 예언자 예레미야가 시나이산의 어느 동굴에 숨겼다는 기록이 있다.[033] 그래서 이걸 찾겠다고 돌아다니는 사람들 이야기가 여전히 심심찮게 등장한다. 엉뚱한 곳에 가 있을 수도 있다. 에티오피아 정교회는 메넬리크 청년이 받아온 물건을 자신들이 온전히 잘 모셔놓고 있다고 주장하고 있다. 당연히 건축적 장치가 필요하다. 지금의 악숨 시온 성모교회다. 그런데 워낙 성스러운 공간이므로 절대로 열어서 보여주지 않는다는 입장을 유지하고 있다. 유대인들은 그 언약궤를 덜컥 내줬을 리 없다고 무시하고 있다.

이번에는 페르시아제국의 키루스 대왕이 바빌론을 합병했다. 그는 민족 신앙을 허용하고 바빌론에 포로, 노예로 끌려갔던 유대인들을 돌려보냈다. 그리고 유대인의 성전이 키루스 대왕의 호의로 재건

유대인들이 인정하는 유일한 메시아였던 페르시아 키루스 대왕의 무덤. 조로아스터교도였던 그는 풍장을 택했다.

되었다. 재건 시 지성소에 모세의 언약궤가 있었는지, 없어서 새로 만들어 넣었는지 기록은 없다. 어쨌든 그래서 유대인들에게 키루스는 해방의 구세주였다. 구약성서의 이사야는 키루스가 야훼의 뜻을 따라 '기름 부음'을 받았다고 썼다.[034] 그는 기록된 유일한 이교도 메시아다. 키루스는 자신이 유대인들의 메시아로 기록되었다는 걸 알았다면 좀 기분 나빠했을지도 모른다. 그는 하찮은 유대인들이 섬기는 신의 선택을 받을 이유가 없었기 때문이다. 그는 조로아스터교도였고

문자

그의 신은 위대한 아후라마즈다였다. 그리고 그에게는 바빌론 자체도 큰 관심의 도시가 아니었다.[035]

건물로서의 성전이 무너졌지만, 이 노예 민족은 훨씬 중요한 무기를 갖게 되었다. 문자로 이루어진 민족 구심점이었다. 그 문자 집합체가 여전히 유대교를 지속시키는 힘이다. 그리고 그 힘은 그리스도교에 이어졌다. 포로들의 그 문자 기록이 없었다면 인류 역사는 전혀 다른 방향으로 전개되었을 것이다.

시간이 지나 헤롯 대왕Herod the Great, 기원전 72~기원전 4 이 즉위했다. 예수 태생 시기의 왕이었다. 로마의 속국이기는 하나 총독을 직접 파견하기 이전이었으므로 나름대로 자치권이 있었다. 그는 기원전 22년에 성전 증축을 시작했다. 여전히 성전 지성소에는 제사장만 들어갈 수 있었다. 그들이 지성소에서 무엇을 보았는지는 알려진 바가 없다. 확실한 것은 그 성전은 서기 70년에 로마인들에 의해 다시 파괴되었고, 언약궤도 지금은 없다. 그러나 이스라엘 건국으로 돌아온 유대인들은 오늘도 그 폐허 벽 앞에서 여전히 참회하며 기도한다. 그들이 디아스포라 이후에 시오니즘을 내세우고 결국 돌아와 폐허 벽 앞에 서 있게 만든 힘은 공유한 문자 기록이었다. 문자는 건물보다 힘이 세다. 훨씬 세다.

노예

Homo sapiens

이 책의 앞부분에 등장한 이 학명은 과학계의 공인된 원칙에 따른 것이다. 라틴어를 쓰되 앞은 속명genus 을 첫 글자 대문자로, 뒤는 종명species 을 소문자로 쓴다. 이런 걸 명명법nomenclature 이라고 한다. 그런데 이 단어의 어원을 거슬러 오르면 좀 이상한 곳을 만난다. 고대 로마시대에 노멘클라토르nomenclator 라는 노예가 있었다. 그의 임무가 좀 독특하다. 주인이 길을 가는데 마주 오는 사람이 있으면 그의 이름과 직책을 미리 알려주는 일이었다. 비상한 시력과 기억력을 요구하는 임무고 현대에도 중년 이후에 필요한 노예다.

노예는 사회 불평등을 증언하는 제도다. 그 불평등한 구조는 어떻게 발생했을까. 자본주의 사회에서 경제활동의 세 요소는 토지, 노동, 자본이다. 그런데 자본주의 전 사회에서는 토지와 노동이었다. 토지는 생산도 소비도 되지 않는다. 노동만 변수다. 왕족과 귀족은 노동에선 열외 계급으로서 사회의 자유도 평균보다 더 많은 자유를 갖는다. 그렇다면 그 사회에는 더 적은 자유를 가진 계급이 존재해야 한다. 귀족이 있었다면 노예도 있어야 한다. 왕족과 귀족에 의한 과부족 노동 현상을 메꿔주는 역할은 노예가 담당했다. 귀족의 규모가 커지면 노예의 규모도 커져야 하는 것이 논리적이다. 계급적 균형추를 맞춰야 했다.

역사적으로 노예의 스펙트럼은 대단히 폭이 넓다. 즉 지칭 대상이 모호한 회색지대가 존재한다. 그럼에도 노동 이행의 자기 결정권이 없는 계급을 지칭한다고 보면 된다. 그래서 종, 하인, 노예는 거의 같은 의미다. 이들은 노동 계약의 주체가 아니고 일방적인 강제의 대상들이라는 공통점이 있다. 영화에서 등장하듯 채찍으로 맞는 존재들만 지칭하지는 않는다.

노예의 역사적 사례를 살펴보자. 노동해야 노예다. 〈길가메시 서사〉는 이미 노예 이야기로부터 시작한다. 신들이 거칠게 일하는 노예로 부려 먹기 위해 인간을 만들었다는 것이다. 학자들은 노예제가 농경시대의 발명이라는 데 대체로 동의한다. 수렵채집 시대에는 집약적 노동의 수요가 없었다. 노동의 댓가로 노예에게 줄 잉여가 없었다는 이야기다. 노예는 농경으로 잉여를 만들 수 있는 상황에서 필요해졌다. 노예는 더 많은 잉여를 수확할 수 있기 때문이다.

고고학은 과연 농경 초기부터 노예가 존재했다는 증거를 제시한다. 노예는 메소포타미아 문명부터 중국 문명까지 모든 고대 문명권에 다 존재했다. 유럽인들이 도착하기 이전의 아메리카 대륙의 아스테카 문명에도 존재했다. 아스테카 문명의 특징이라면 노예가 세습되지 않았으니 노예의 아이들은 자유인이었다.[036]

노예는 납치, 패전, 채무, 처벌의 결과였다. 약탈 대상과 결과에는 잉여 곡물뿐 아니라 사람도 포함되었다. 곡물 외에 이를 수확한 자들까지 잡아 오면 자신들의 노동 부담이 경감되었다. 헤로도토스는 페르시아제국 다리우스의 그리스 원정 이유가 왕비인 아토사에게도 있다고 썼다. 가서 하녀를 잡아 오자고 남편 다리우스를 부추겼다는 것이다.[037] 페르시아가 마라톤전투에서 이겼다면 그리스인 엘리트들도 죄 페르시아로 끌려갔을 것이다. 이들도 바빌론에 끌려갔던 유대인들처럼 티그리스강변에서 아테네를 그리며 울었다는 노래를 남겼을지 모를 일이다.

납치, 패전이라는 무력 외에 분배의 불균형 때문에 생긴 노예도 있었다. 부채를 갚지 못해 노예로 전락하는 경우다. 채무로 인한 노예 이야기는 이미 함무라비 법전에도 서술되어 있다. 자기를 팔아버리는 노예 사례는 고대 로마시대의 기록에도 명확하다.[038] 그리고 노예들은 매매의 대상이었으니 고대 이집트시대부터 그 매매의 흔적은 차고 넘친다.

그리스도교를 위협한 것이 이슬람교다. 둘은 유대교로부터 나왔다는 공통점이 있다. 그리스도교도건 이슬람교도건 독실한 신도들을 만나보면 놀랄 정도로 선한 사람들이다. 그런데 둘을 함께 앉히거나 상대를 설명하라고 하면 철천지원수가 되기 쉽다. 인류사를 종주하는 문명의 충돌이 사적 만남에서도 고스란히 재현된다. 이 충돌의 출발도 어떤 가족의 사적 문제였다.

아브라함의 정실부인인 사라의 불임이 문제였다. 요즘이라면 불임클리닉에서 해결할 문제였지만 아브라함은 다른 해결을 찾았다. 노예는 가끔 노동력 제공 외에 엉뚱한 데 이용되기도 했다. 노예제 사회에서 흔한 일이었다. 이 역시 함무라비 법전에도 등장하는 사례다. 그래서 사라의 이집트 출신 노예 하갈이 아브라함의 아들을 낳았다. 이름은 이스마엘이었다. 그런데 불임인 줄 알았던 사라가 뒤늦게 아들 이삭을 낳았다. 불임은 오진이었고 요즘의 드라마라면 유전자를 검사해야 할 사안이다.

이 개인사의 주인공인 아브라함이 나중에 유대인들의 시조로 추앙되면서 문제가 생겼다. 이슬람교는 이스마엘을, 유대교는 이삭을 각각 정통성의 시작으로 주장하는 상황이다. 대개 법적 분쟁이 그렇듯이 여기 서로 적당한 주장의 근거가 있다. 이건 노예에 대한 입장 차이기도 하다. 그건 논리가 아니고 신념의 영역이었다. 설득으로 해결될 사안이 아니니 인류사의 갈등이 시작되었다.

어떤 그리스도교도들은 노예제는 성서에도 등장하는 사례니 신이 인정한 섭리라고 주장했다. 특히 성서에는 노아가 함의 아들 가나안을 저주하는 대목이 나온다.[039] 흑인들이 함의 자손이고 그래서 이들은 노예가 되어 마땅하다는 황당한 논리도 등장했다. 신약성서에도 예수가 계급을 배경으로 비유를 드는 내용들이 있다.[040] 포도원의 비유에도 주인과 종이 등장한다. 여기서 주인 *οἰκοδεσπότης, oikodespotes* 은 지주, 종은 노예 *δοῦλος, doulos* 로 번역되는 단어다. 의외로 예수의 표현, 혹은 복음서 저자의 문장이 좀 거친데 종은 때리고, 돌로 치고, 죽여도 되는 대상이다. 좀 당황스럽기는 하다.

노예제도 사회의 질서였다. 기존 질서를 뒤엎은 새로운 질서 의지는 대개 무력에 의해 구현된다. 노예들에게는 권력 구조를 뒤집을 수 있는 도구가 단 하나 존재했다. 단결을 통한 반란이었다. 반란은 집단적 움직임이기에 사회적 예방 장치가 필요했다. 노예 소유자의 관점에서 가장 곤란한 것은 노예의 도망이고, 위험한 것은 노예의 반란이다. 따라서 노예주들 입장에서는 노예 단결 가능성 배제가 노예 운영의 원칙이었다. 노예들은 다수였으므로 이들의 단결과 무력행사는 기존 사회 질서의 절대 위협이었다. 그래서 여기에는 가장 잔혹한 처벌이 이어졌다. 로마의 노예 중에서 가장 유명한 이름은 스파르타쿠스Spartacus 일 것이다. 진압된 노예 반란의 결과는 6,000명에 달하는 십자가 처형이었다. 아피아가도 2백 킬로미터의 거리 길 한편에 30미터 간격으로 십자가가 세워졌다고 전해진다.

노예들에게는 사회가 주어지지 않았다. 소외가 남는다. 이 소외 상태를 사회적 죽음이라고 부르기도 했다.[041] 노예가 사회적 제도라면 질서 유지를 위한 위험 변수 제거도 사회적 장치다. 노예제 강제의 사회적 장치들을 살펴보자.

가장 일반적인 원칙은 분리였다. 노예를 그들이 원래 속한 공간으로부터 분리해야 했다. 전쟁에 의한 노예라면 당연히 고향에서 끌고 와 이주시켜야 했다. 이들은 고향으로부터 사회적 관계망과 지리적 이해가 단절되기 때문에 도주 지향점이 사라진다. 노예들은 이렇게 공간 선택권이 박탈당했다. 이들에게는 당연히 거주와 이동의 자유가 존재하지 않았다. 그래서 공간 선택권이 없다면 노예 상태일 가능성이 크다.

노예들에게는 가계 구성권이나 양육권이 주어지지 않았다. 혈연은 주인의 임의로 분리되었다. 성姓은 가계를 이을 때 필요한 정체성 확인 방법이다. 따라서 대체로 노예들에게는 성이 필요 없었다. 노예들은 다른 노예와 식별하는 장치로서의 이름만 사용되었다. 해방이 되면 주인의 성을 따르는 경우는 있었다. 그럼에도 노예는 개인 정체성이 아니라 신분이 상속되어야 했다. 문제는 신분이 섞인 노예의 출생이었다. 시대와 장소에 따라 다르기는 했는데 이 경우 태어난 노예의 신분은 열등한 신분 적용이 대체적 원칙이었다. 부모의 한 사람이라도 노예면 태어난 아이도 노예로 규정하는 것이다. 혈통이 오염된 것이다.

노예들에게는 대체로 종교 선택권도 없었다. 고대의 종교는 대개 조상과 연결되어 있었다. 조상이 신적 존재에게서 나왔다는 설화들이다. 그래서 노예들은 그들의 주인과 종교를 공유하기 어려웠다. 과연 이슬람교는 이슬람교도를 노예로 삼는 것을 제도로 불허하는 지역이 많았다.

노예들은 정보로부터도 분리되어야 했다. 이들에게는 노예 소유자의 지시 정보 정도만 허용되었다. 이 이해는 당연히 노예 소유자의 편의를 위한 것이므로 제공 방법도 비대칭적이고 일방적일 수밖에 없다. 정보 전달은 대인 접촉 때문에 이루어질 수 있었다. 이를 막기 위해 역시 공간 통제가 필요했다.

분리를 사회적 체제로 유지하기 위해서는 강제 대상을 시각적으로 구분하는 방식이 필요했다. 똑같이 호모 사피엔스로 태어난 사람을 구분하는 방법은 복장이었다. 이들에게는 주인과 다른 복장이 강요되었다. 이런 시각 규제는 노예들의 이동과 공간 점유를 강제하고 감시하는 유효한 방안이었다. 위반자 적발과 처벌이 용이했기 때문이었다.

노예 관련 문서들에는 탈출, 도주에 관한 노예 처리 규정이 대단히 많다. 도주는 노예의 공간 규제 위반이었다. 이는 개인적 사안이었으므로 자주 발생했을 것인데, 결국 처벌의 시각적 장치가 필요했다. 도망쳤다가 잡혀 온 노예는 몸에 표시를 했다. 낙인이라고 부르는 것이었다. 낙인찍을 대상은 주로 형벌 노예였다.[042] 목에 주인 이름을 새긴 고리를 채우기도 했다.[043] 동아시아에서 잡아 온 노예들은 귀에 구멍을 뚫어 표시하기도 했다.[044]

낙인은 처벌의 결과였지만, 예방 효과를 위해 집행되기도 했다. 동물로서의 노예를 가축이라고 할 수 있다. 가축도 인간에게 가장 큰 손실은 분실이었다. 개는 인간 친화적 동물이라 가출의 위험이 크지 않다. 소나 돼지는 행동반경이 작으므로 작은 우리에 가둘 수 있다. 그런데 말은 좀 다르다. 큰 행동반경을 요구하는 동물이고 그 이유로 가축으로 삼은 것인데 좁은 우리에 가둘 수 없다. 가축 중 분실 위험이 가장 크고 그래서 낙인이 가장 필요한 동물이다. 소유권 분쟁을 예방하는 확실한 방법은 미리 낙인을 찍어 소유권을 표기하는 것이다. 노예는 가축으로 치면 말에 가깝다. 그렇다고 모든 노예에게 예방적 낙인을 찍어놓으면 이들이 서로의 동질성을 시각적으로 확인할 수 있다. 즉 분열시켜 놓아야 할 이들에게 단결의 단초를 줄 수 있다. 낙인은 제한된 장치였다.

노예의 수는 얼마나 되었을까. 고대 그리스에서는 문서마다 노예의 숫자가 다르다. 아테네에서는 자유인 한 명당 노예는 세 명 정도였고, 스파르타에서 이 비율은 더 높았다는 문서도 있다.[045] 노예의 전체 숫자를 굳이 세지 않을 시대였으니 이건 그냥 짐작일 것이다. 노예의 숫자 추정이 어려운 것은 이들이 기록 대상이기에는 너무 하찮은 존재였기 때문이다.

그럼에도 꽤 많은 추정 연구가 있다. 그 추정치의 편차는 대단히 크다. 일단 논리적으로 노예가 인구의 과반이 되는 상황은 상정하기 어렵다. 고대 그리스, 고대 로마, 노예 해방 전 미국 남부도 그 수가 3분의 1을 넘지 않았으리라는 추측[046]에 공감이 된다. 사실 그 수도 대단히 많다. 15~20퍼센트 정도였다고 추정하는 문서에 심정적 동의가 된다.

로마의 점령 영토가 넓어지고 시민들은 정복 전쟁에 나가야 할 경우가 많으므로 농사를 짓는 데 노예가 꼭 필요했다. 거대해진 제국

로마는 노예 없이 유지되지 못하는 사회였다. 단순한 노동 외에도 사회 구석구석에서 노예가 필요했다. 노예가 없으면 앞에 오는 사람의 이름도 못 챙길 정도였다. 공화정 말기에는 노예가 600만 명에 이르렀다는 이야기도 있다.[047] 노예들은 당연히 귀족들이 입는 토가를 입을 수 없고 장식용 목걸이를 할 수도 없었다. 그러나 평민들과 복장 차이를 두지는 않았다고 한다. 앞서 이야기한 것처럼 노예들이 자신들의 규모를 자각하지 못하게 하려는 의미로 짐작한다.

유럽에서는 로마제국 해체 이후 정치 단위가 작아지면서 결국 노예제가 사라졌다는 것이 일반적 설명이다. 대개 4, 5세기 정도 이후의 현상으로 파악된다. 특정한 정치적 결단으로 사라진 것이 아니라 노예 유지가 불합리해진 경제 체제가 되었다는 게 일반적 설명이다. 노예도 먹여야 일을 시킬 수 있다. 먹여 살려야 하는 노예를 유지하는 것보다는 자신이 먹고살며 지주에게 소출을 바치는 농노제가 이득이 되는 사회였다는 것이다. 이 상황을 중세 봉건 체제라고 부른다.

귀족

파란 혈통

이번 파란색은 우울하지 않다. 파란 혈통은 고귀한 가문, 귀족을 지칭했다. 피는 대체할 수 없으니 혈통은 태어날 때부터 규정되는 것이다. 그에 따라 개인이 할 수 있는 일, 해야 하는 일이 규정되었다. 육체노동은 농경 시대 이후 사회 유지의 필수 동력이었지만 귀족들에게는 육체노동이 배제되었다. 전투 이외의 육체노동은 귀족의 존재 가치 부정이었다.

평민의 육체노동으로 얻은 잉여를 징수하려면 그 정당성을 확보해야 했다. 들에서 농사짓는 평민들이 그 분배 구조에 동의하거나 굴복해야 한다. 즉 평민이 자유 일부를 귀족에게 바쳐야 한다. 다시 강조하거니와 귀족 계급의 존재 정당성 근거는 외부 약탈로부터의 보호다. 귀족들이 전투를 수행하기 위해서는 무기가 필요했다. 평민은 자신들의 목숨과 재산을 보호받아야 했는데 이건 공익 utilitas publica 이었다. 이 보호를 위해서 귀족은 사회에 대한 책임, 즉 노블레스 오블리주 nobles oblige 를 이행할 필요가 있었다.

그래서 귀족들에게는 참전의 과시적 증표가 요구되었다. 귀족은 전투 참전과 승전의 정체성 과시를 위해 장식이 필요했다. 개인적인 무공을 치하하는 대표적 증거는 훈장이다. 로마시대에 지휘관에게 수여되는 최고의 가치는 대훈장 corona graminea 이었다. 그리고 지휘관

은 아니지만 참전 용사들이 다른 참전 용사의 목숨을 구하면 시민훈
장corona civica 을 수여했다. 귀족들이 무공 훈장을 패용할 경우에는 그
에 걸맞은 장식적 복장을 하는 것이 원칙이다. 바로 귀족의 신분 과시
인 것이다.

귀족은 자신의 전투 배경을 시각화하기 위해 문장紋章을 만들었
다. 군사적 냄새가 확연한 장치다. 여기 그냥 무기가 그려져 있다면 그
건 상징이거나 표기일 따름이다. 이것이 가문과 혈통을 통해 전승되
면 문장이 된다. 유럽에서는 십자군 전쟁기에 문장이 등장한 것으로
추측한다.[048]

전투 시 피아 식별 도구는 결국 비전투 시에 귀족의 계급을 구분
하는 표시가 되었을 것이다. 문장을 새겨넣을 수 있는 공간은 방패가
가장 적당했다. 투구를 쓴 상태에서의 피아 구분을 위해 별 대안이 없
었을 것이다. 그래서 유럽 귀족 가문의 문장은 거의 방패 모양이다. 거
기에 용맹한 동물들과 공격형 무기가 새겨지면 설명하고자 하는 바
가 충분히 전달되었다. 귀족과 왕족은 서로 다른 문양으로 정체성을
표시했다.

문장은 전통을 유지해서 혈통의 일관성을 보여주어야 한다. 그
런데 바뀌어야 할 경우도 있었다. 전투를 통해 영토를 확장하면 그 결
과가 표현되어야 했다. 귀족끼리 혼인동맹으로 영토가 확장되기도
했다. 이 역시 문장으로 과시해야 했다. 결국 문장은 귀족 가문의 전통
을 읽어주는 시각 도구가 되었다. 문장을 임의로 바꾸거나 수정하면
사회 질서 유지에 위협이 되었다. 그래서 문장 표기는 엄정한 관리 대
상이었다. 그래야 권위가 유지되었다. 왕실에서는 문장을 관리하는
문장원College of Arms 제도를 운용했다.

영연방 문장원의 문장. 1484년부터 지금까지
이어지는 유서 깊은 기관이다.

문장이 불필요해진 것은 귀족이 사라졌기 때문이다. 가장 극명
한 사건은 잘 알려진 대로 프랑스혁명이었다. 귀족의 장식적 문장이
사라진 후 그 위치를 차지한 것은 뚜렷하게 대비되는 공화국 삼색기
다. 아무런 장식 없이 세 개의 색만 배치된 깃발. 훈장 받을 귀족이 사
라진 상태에서 나폴레옹은 일반인에게 수여하는 훈장을 제정했다.
그게 바로 레지옹 도뇌르 Ordre National de la Légion d'honneur 다.

귀족들에게 상시 필요한 것은 전투 준비다. 일상은 전투를 전제
로 유지되고 과시되어야 했다. 사냥은 일상의 전투였다. 평민들은 사
냥 시에 사냥감 몰이꾼으로 징발되기도 했다. 전투가 당연히 기마전
이었으므로 기마 사냥이어야 했다. 마상 창시합인 토너먼트도 그런
이벤트였다. 한 번 지면 바로 탈락하는 현대 스포츠 진행 방식, 토너먼
트는 그 근원이 목숨을 건 전투였기 때문이다. 아직 남아있는 귀족의
식단 문서를 보면 이상한 야생동물 이름들이 등장하곤 한다. 귀족의
식사는 사냥의 결과물이어야 했기 때문이다. 가둬 키워서 도축한 가
축 고기와 달리 야생 고기는 지위재였다.

문자

스위스의 어느 고급 정육점. 야생조류 박제를 배치해 자신들이 귀족 계급의 육류를 판매한다고 과시하고 있다.

피가 끓는 스포츠 축제인 월드컵대회를 보자. 우승국에는 컵을 수여한다. 원래 줄리메컵이라고 부르는 것이었는데 브라질이 세 번을 우승하면서 영구 소유하게 되었다. 다른 컵을 수여해도 여전히 월드컵은 월드컵이다. 그런데 이건 컵이 아니다. 아무것도 담을 수 없다. 그래서 그 물건은 트로피다. 그런데도 컵이라고 부른다. 축구 이외에도 꽤 많은 스포츠의 최종 우승자에게 컵이 수여된다. 컵은 왜 승리자에게 수여되었을까.

승전의 공헌자에게는 곡물이 보상으로 주어졌을 것이다. 곡물 탈취가 목적이었다면 그건 당연했다. 그리고 그 곡물은 커다란 토기에 담아서 승자에게 분배되었을 것이다. 로마 이후 중세 내내 서유럽은 그리스와 단절된 문화권이었다. 그러나 르세상스 시기 이후 고대 그리스는 유럽에 상상 어린 문화적 고향이 되었다. 그것은 회복도 아니고 입양이라고 해야 했다. 이후 유럽인들이 자신들의 문화적 근원이 그리스에 있다고 믿게 되었다.

그리스는 평지가 별로 없는 척박한 땅이다. 이들은 과연 만성적 곡물 부족에 시달렸다. 대안은 식민지 개척이거나 교역이었다. 그나마 안정적으로 널리 재배할 수 있는 것이 올리브였다. 올리브유는 조명원이 되며 제사에도 사용되는 중요한 자원이었다. 올리브는 첫 열매 맺는 데 10년 넘게 걸리지만, 이후 100년 가까이 수확할 수 있다는 점에서 독특한 나무였다. 올리브는 그래서 그리스에서는 중요한 식물자원이었다. 그 올리브유를 담는 그릇이 필요했다. 독특한 도기가 수도 없이 제작되었고, 그것들이 지금 유럽의 박물관에 즐비하게 되는 계기가 되었다.

남자들은 전사였다. 고대 그리스에서는 지형상 기병이 아니라 중무장 보병이 주력 부대가 되었다. 조건은 혈통 상 노예가 아니어야 했다. 전투에 참여할 수 있는 남자들이 모여 의사결정을 이루는 민주정을 구현하는 것이 이상한 일은 아니었다. 이들은 항상 전투에 대비해야 했고 이를 위해 체육대회가 벌어졌다.

폴리스별로 운동경기가 벌어졌다. 아테네를 비롯한 몇몇 폴리스는 승자에게 올리브를 담는 상징재로 보상을 했다. 당연히 이를 담은 컵에는 경기를 찬양하는 그림들이 새겨졌다. 중요한 것은 컵이 갖는 의미였다. 그것은 잉여였다. 무력에 의한 성과가 컵에 담겨 승자와 공훈자에게 수여되었다. 다 모여 진행하는 올림피아드는 당연히 전투 참여 자격이 있는 사람이 참여하는 이벤트였다. 우승자들에게 올리브관의 훈장을 씌워줬다.

경기 모습이 새겨진 고대 그리스 자기 암포라. 도자기에 새겨진 그림은
내용물이나 용도와 무관할 수가 없다. 독일 알테스뮤지엄 소장.

여전히 운동경기에는 전투의 흔적이 남아 있다. 지금도 승자에게 특별히 컵이 수여되는 것은 대개 전투거나 귀족의 흔적이 있는 경기들이다. 골프가 특히 두드러진다. 이에 비해 육상의 승자에게는 컵이 아니고 메달이 수여된다. 두 발로 빨리 달리는 것은 지휘관들의 몫이 아니었기 때문일 것이다.

귀족과 유사한 복장 차별화 전략을 선택하는 것은 사제들이다. 성서에 등장하는 예언자들은 미래 예측자가 아니고 신의 번역자였다. 즉 신의 뜻을 번역하여 인간에게 전달하는 존재들이다. 이들은 그 통역의 신적 권위를 시각적으로 표현할 필요가 있다. 초월적 존재와

의 접촉 사실을 설명해야 하는 사제가 일상 복장을 하고 있으면 곤란
하다. 설명하는 장식이 필요하다. 그러나 이들은 전투의 주체가 아니
므로 훈장이 필요 없다.

귀족이 사라진 사회여도 어떤 방식으로든 계층과 계급은 살아남
았다. 대체로 낮은 계급은 자신보다 높은 계급, 즉 자유도가 높은 계급
을 선망한다. 그래서 낮은 계급은 어떤 방식으로든 높은 계급을 모방
하고 과시하려고 한다. 그걸 계급욕망이라고 부르려고 한다.

문자

세습

외손주는 업고 친손주는 걸린다

우리에게 전해지는 속담이다. 무릎도 좋지 않은 할머니가 통증을 감수하고 외손주를 더 챙기는 이유는 무엇인가. 속설은 이렇다. 외손주는 딸이 낳았다는 사실이 확실하다. 그런데 며느리가 낳은 친손주는 아들의 혈연인지 의심의 여지가 있다. 이 우스개 같은 해설에는 인류 역사를 관통하는 경험이 들어있다.

할머니의 경험상 혈연의 확실성으로만 보면 모계사회가 합리적이다. 그러나 출산의 결과는 신뢰도가 높지만, 출산의 과정은 위험에 노출되어 있다. 수렵채집 시기에 출산은 사냥 열외를 의미했다. 결국 부계 부가장사회가 정착되었을 것이다. 민족을 구분하는 가장 중요한 구분선도 언어나 문화보다 성姓의 표기 방법이다. 그런 점에서 민족은 부계사회의 흔적을 보여준다.

농경이 시작되며 구조적 잉여가 계급을 낳았다고 설명했다. 왕족과 귀족의 지위 유지를 위해서는 다수를 이루는 평민을 설득하고 그들의 동의를 얻어야 한다. 특히 귀족의 우두머리인 왕족은 그 동의를 얻지 못하면 귀족과 평민들로 이루어진 이중의 위협을 견뎌낼 길이 없다. 왕은 귀족의 대표로서 무력 동원 외에 추가적인 장치가 필요하다. 그것이 권력을 하늘로부터 받았다는 권위 설명이다.

멀쩡한 인간 중 누군가만 하늘과 닿은 권위가 있다는 건 설득력이 없다. 권위 차별을 설명하려면 후천적 외관이 달라야 한다. 장식이 필요하다. 그리고 태생이 다른 근거를 보여줘야 한다. 차별화된 권위를 하늘로부터 받으려면 가족도 신성해야 한다. 그러려면 후계자에게도 신적 권위를 부여해야 한다. 세습이 필요하다. 혈연 기반의 세습이 없는 권위는 신적 존재 정당성이 희박하다. 불평등이 계급이 되는 것은 세습이 되기 때문이다. 왕족과 귀족은 지위를 유지하기 위해 족보를 갖추고 결혼을 통해 폐쇄 전략을 사용했다. 그를 표현하기 위해 성을 이어받았다. 특히 왕족은 이름을 이어받았다. 구분하려면 몇 세인지를 써야 했다. 람세스 11세, 루이 16세, 찰스 3세.

계급이 아직도 명료한 것으로 가장 널리 알려진 것은 인도의 카스트다. 왕족·귀족에 해당하는 크샤트리아, 그리고 성직자·사제인 브라만이 상류 계층을 형성한다. 시타르다도 석가족의 크샤트리아였다. 그런데 이 계급의 이름에 '바르만'이 붙는 경우가 있는데 그 의미는 '갑옷'이었다.[049] 귀족의 존재 근거를 명확히 설명하는 단어다. 이들이 외부에서 온 아리안이고 약탈적 존재였다는 건 학자 간 이견이 별로 없는 사안이다. 청동 무기로 무장하고 전차로 내달려 농경 정착민을 약탈했던 존재들이다. 그리고 힌두의 경전인 리그베다가 그리 복잡하고 신이 많은 것은 역시 여러 문화가 섞인 증언이다.

그런데 인도에서 계급을 허문 법적 조치와 무관하게 카스트가 여전히 유지되게 만드는 배경 기제는 무엇일까. 가장 중요한 것은 성에 붙어있는 카스트의 흔적이다. 초대형 이벤트로 과시적 결혼식을 거행하는 인도에서 혼인 시에 드러나는 성은 계급 이동을 가로막는 중요한 장치다. 아울러 현재 인도에는 상속세가 없다. 신분과 경제력이 세습되는 구조를 딱 맞게 가진 것이다.

인도의 결혼식은 카스트가 확인되는 중요한 순간이므로 가문 전체가 전력투구하는 이벤트다.
신부의 복장이 확연하게 이 인식을 보여주고 있다. 자신들의 계급을 과시하기 위해 최대한 많은 하객을 초대한다.

그런데 계급이 위기에 처하는 것은 바로 이 세습의 순간이다. 세습 과정이 원만하지 않거나 설립자만큼 총명하지 않은 후계자가 세습하는 것이다. 이런 세습의 결과를 가장 확연하게 알려주는 곳이 고대 로마제국이었다. 아우구스투스 이후 후대 황제는 추대되었다. 로마 제정의 일반적 원칙은 똑똑한 사람을 양자로 삼아 그를 황제로 삼는 것이었다. 그런데 여기서 두 곳의 세습이 등장한다. 그 세습이 제국의 미래에 엄청난 영향을 미쳤다.

로마제국의 첫 황제 부자 세습은 베스파시아누스Vespasianus, 9~79가 장남인 티투스Titus, 39~81에게 양위한 것이었다. 티투스는 즉위 이전에 아버지와 함께 저 유명한 유대인 봉기를 진압한 사람이다. 유대인들이 확실하게 시온을 떠나게 한 주인공이었다. 티투스는 지금 로마의 관광지 콜로세움을 준공한 황제이기도 하다. 문제는 그가 겨우

2년 만에 죽고 동생, 즉 베스파시아누스의 차남인 도미티아누스Domi-tianus, 51~96가 즉위한 것이다. 그는 내내 원로원과 불화했고 후에 결국 '잔인한 폭군'의 오명을 얻었다. 그의 암살에 그의 부인이 연루되었다는 이야기가 많다.

진정한 세습의 문제가 불거진 것은 아우렐리우스Marcus Aurelius, 121~180 때문이다. 오현제의 마지막 황제며 우리에게 〈명상록〉을 통해 철학자로 알려진 사람이다. 그는 본인이 황제에 오를 생각도 없었다고 했으면서도 막상 황제의 지위는 아들인 코모두스Commodus, 161~192에게 세습해 버렸다. 코모두스는 과연 온갖 기행의 주인공이었는데 가장 큰 취미는 검투사 놀이였다. 본인이 검투사가 되기도 했고 온갖 과대망상적 행적을 벌이다 암살되었다. 이후 로마는 걷잡을 수 없는 소용돌이에 빠져들었다.

가장 널리 알려진 세습 방법은 장자 상속이다. 재산도 그에 맞춰 상속되는 것이 일반적이다. 물론 균분 상속도 있다. 균분은 축적된 자산이 급속하게 소진된다는 문제가 있다. 가장 널리 알려진 것이 중세의 프랑크왕국이었다. 헤롯 대왕도 균분 상속 사례였다. 몽골도 칭기즈칸 사후 영토가 균분 상속되었다. 자식이 많을수록 왕국은 분할되어 권력이 약화되었다.

균분 상속의 더 큰 문제는 결국 분쟁으로 빠져들기 쉽다는 점이었다. 항상 불만은 비교에서 나온다. 비교 대상이 유사할수록 작은 차이에도 불만은 커진다. 세습의 영속성을 위해서는 장자에게 권력과 재산을 집중시켜야 한다는 것이 역사의 학습 결과였다. 이런 문제가 관찰된 후 프랑크왕국은 카페 왕조에 이르러 장자 상속제를 시행하게 되었다.

아부심벨 사원. 먼 왼쪽은 람세스 2세를, 오른쪽은 네페르타리를 모셨다. 이 가문의 가계가 대단히 복잡하다.

상속을 어찌하든 폐쇄적 혈통 유지는 특히 왕가의 주요 관심사였다. 세습은 혈연으로 이어지는데 그 혈연 유지의 가장 극단적인 장치는 근친혼이었다. 이집트 아부심벨 사원 옆에는 규모가 작은 신전이 또 하나 있다. 람세스 2세의 부인인 네페르타리의 신전이다. 이 정도 되면 둘은 잉꼬부부였다고 봐야 할 것이다. 그런데 람세스 2세에게는 그 외에도 부인들과 아들, 딸이 수두룩하다. 이 가계 파악은 상상력 파괴를 요구한다. 놀랍게 람세스 2세의 부인 몇은 딸이었다. 이집트의 왕가 가계도가 복잡하게 얽히는 것은 이런 당혹스러운 근친혼이 아무렇지도 않게 벌어졌기 때문이다.

헤롯 대왕은 공과가 교차하는 사람이었다. 일단 무너진 신전의 마지막 중건자였다. 그래서 대왕이라는 호칭을 얻을 수 있었다. 그런데 그는 아내, 장모, 아들 셋을 포함한 여러 친척을 죽인 사람이다. 그

런 그가 죽자 영토를 세 아들이 나눠 가졌는데 이들은 이름이 헤롯 아
르켈라오스, 헤롯 안티파스, 헤롯 필리포스다. 이들은 각각 유대, 갈릴
리, 시리아 쪽을 나눠 가졌는데 로마의 승인을 얻지 못해서 왕은 아니
었다. 성서에는 분봉왕 τετραάρχης, tetrarches 이라고 표기되어 있다. 그런
데 아니나 다를까 이들이 제각각 다른 통치력을 갖고 있었다.

그래서 로마 관점에서 이 조그만 나라를 다스리는 방식이 제각
각이어야 했다. 이 중 예루살렘 쪽을 다스리던 헤롯 아르켈라오스는
무능, 폭정으로 곧 추방되었다. 그래서 로마에서 별 영향력이 없는 정
무관을 이 변방 한직으로 파견했다. 그런데 그가 식민지 파견 총독 중
인류 역사상 최고의 지명도를 얻게 될 줄은 아무도 몰랐다. 그의 이름
이 빌라도 Pontius Pilate 다. 예수 시기의 신약성서를 읽으면 당시 지역
통치 구도가 혼란스럽다. 그것은 식민지에 부임한 로마 총독과 그 식
민지를 자치하는 왕의 권력 구도가 간단하지 않은 데서 연유하기도
한다.

그런데 여기서 역사적으로 더 헷갈리는 문제는 세 아들이 모두
헤롯이고 문서상 그 후손들도 다 헤롯으로 표기되어 식별이 어려워
졌기 때문이다. 더 큰 문제는 이들이 남매, 삼촌, 사촌 간의 지독한 근
친혼으로 이어진 관계였다는 점이다.

근친혼으로 우리에게 가장 널리 알려진 것은 합스부르크 왕가
일 것이다. 이들이 근친혼 때문에 기형적 하악골 구조를 갖고 있었다
는 것은 이미 수많은 그들의 초상화가 증명하고 있다. 이들이 처음부
터 근친혼을 선택한 것은 아니었다. 근친혼이 절실해진 것은 왕가가
스페인 계열과 오스트리아 계열로 나뉘었기 때문이다. 카를 5세 이후
갈라져 120년 동안 두 계열 사이에 여섯 번의 왕가 근친혼이 이루어

　　　　　문자

스페인계 합스부르크 왕가의 마지막 왕인 카를로스 2세.
마지막 왕인 이유는 후사가 없이 죽었기 때문이다.
비엔나 쿤스트뮤지엄 소장.

졌다.[050] 이 외에도 왕실의 근친혼 사례는 즐비하다. 키루스 이후의 페르시아 아케메네스 왕조, 잉카제국의 왕들, 영국 튜더 왕조에서도 줄줄이 발견되는 사례다.

지구상에는 여전히 왕조 국가가 있다. 세계에서 가장 부유한 사람 중 하나가 산유국 브루나이의 술탄이다. 그래서 여기 역시 중동 산유국처럼 세금도 없고 교육, 의료가 무료다. 2023년 이 술탄의 딸, 즉 공주가 성대하게 결혼식을 거행했다. 신랑은 바로 술탄 동생의 아들, 즉 공주의 사촌오빠였다.

4
소명

부활　칙령　바실리카　황금　인쇄
논제　성서　예정　프로테스탄트　대립

도시 관련 서술의 근본은 인구다. 심지어 종교의 영향력도 신도의 수로 우선순위를 매기곤 한다. 믿는 이가 적은 종교는 다수로부터 배척당할 가능성이 크다. 온갖 지표들로 보아 신도가 가장 많은 종교는 그리스도교다. 가톨릭, 프로테스탄트, 정교회를 포함하여 24억 명 정도다. 다음은 이슬람교로 약 20억 명이다. 그리고 힌두교가 12억 명, 불교도가 5억 명 정도다.

그리스도교는 전 세계에서 가장 영향력이 큰 종교인데 거기 우리나라가 들어있다. 우리의 최대 종교는 그리스도교며 추정 신자 수는 인구의 30퍼센트에 가깝다. 따라서 세상을 구성하는 요소들을 구석구석 살피는 데에 이 특정 종교를 배제하면 제대로 된 구조를 이해할 수 없다.

그리스도교가 오늘의 모습을 갖추는데 세 사람의 중요한 구성원이 필요했다. 그것은 예수, 바울, 그리고 콘스탄티누스 황제다. 이 세 사람의 이상한 인연이 조합되어 오늘의 그리스도교를 만들었다. 그 과정을 서술하면 고스란히 유럽의 역사가 완성된다.

부활

샤바타이 즈비 Shabbatai Zevi

우리에게 널리 알려지지는 않은 이름이다. 그러나 그는 자신의 동네에서 충분히 지명도를 얻었던 사람이다. 우리에게도 익숙한 일을 시행했기 때문이다. 곧 말세가 올 것이라는 예언이었다. 오스만제국에 살던 이 유대인이 예언한 종말의 해는 1666년이었다. 그가 단언할 수 있던 이유는 자신이 메시아였기 때문이다. 그런데 막상 말세는 오지 않았다. 술탄은 그에게 개종하지 않으면 사형시키겠다고 위협했다. 그러자 이 메시아는 허탈하게 이슬람으로 개종해 버렸다. 그런데 그보다 훨씬 전에 종말론을 전파한 사람이 있었다.

회개하라. 그가 주장한 이야기였다. 이유는 천국이 다가왔기 때문이다. 이것도 종말의 위협이다. 성서가 증언하는 그의 이름은 요한이었다. 워낙 흔한 이름이었다. 신약성서에 실린 복음서, 서한, 계시록의 저자들이 요한인데 이들이 동일인이라고 볼 근거는 없다. 앞으로 등장할 구텐베르크도, 칼뱅도 이름이 요한이었다. 그래서 차별화하기 위해 세례자 요한이라고 부른다. 그는 말로만 외치지 않고 특별한 의식을 행했다. 세례라는 의식이었다. 세례는 물이라는 매체를 통해 이뤄졌다. 이집트의 사례에서 보았듯이 물은 건조 기후에서 희소한 물질이다. 그 물이 몸을 직접 만나는 의미는 강수량 풍부한 온대성 기후대의 샤워와 다를 것이다.

어느 날 웬 청년도 그로부터 요단강에서 세례를 받았다. 그가 세계사에 화려하게 등판하는 순간이다. 예수스 Ἰησοῦς, 그리스어로 표기된 그의 이름이다. 아람어를 쓰던 그의 동네에서는 '예슈아' 정도로 불렸을 것이다. 그는 저 북쪽 시골 나사렛 출신인데 조선으로 치면 함경도 출신, 즉 함치에 해당할 사람이었다. 그 외의 개인 정보가 모호한 그는 역사를 꿰뚫고 나오며 인류 역사 이래 가장 영향력이 큰 사람이 되었다.

그가 세례받고 물에서 올라올 때 신비로운 현상이 일어났다. 하늘이 열리고 비둘기 같은 성령이 내려오면서 소리가 들렸다. 그건 '이는 내 아들이며 사랑하는 이고, 내 너를 기뻐하노라[051]'라는 문장이다. 워낙 중요한 사안이라 모든 복음서에 다 기록이 되어 있다. 그런데 공관복음 共觀福音, Synoptic Gospels 으로 호칭되는 〈마태복음〉, 〈마가복음〉, 〈누가복음〉에는 삼인칭 서술이기는 하나 목격자는 부각되지 않는다.

잠시 복음서의 역사를 짚어보자. 구전되던 〈모세오경〉 문서화 배경에 바빌론유수라는 유대인들의 절박한 순간이 있었다. 예수의 행적에도 유사한 순간이 도래했다. 예수 사후, 친견 목격자들이 사라지는 시기가 온 것이다. 당시의 평균 수명이 지금과 다르다는 점을 잊지 말아야 한다. 대체로 40세를 약간 넘는 수준이었을 것이라고 추론한다. 추종자들은 구전되던 예수 일대기의 문서 정리 작업에 들어갔다. 예수 처형 후 약 40년, 즉 서기 70년 무렵부터 벌어진 일이라는 것이 일반적인 성서 문헌학자들의 추측이다.

이 문서들이 없었다면 나중에 그리스도교라고 부르는 종교는 존재할 수 없었다. 그래서 그리스도교는 가장 명료한 문헌 종교다. 복음서의 서술방식으로 보아 이들이 함께 원전으로 삼은 문서가 있었으리라는 추측도 있다. 실존 여부를 알 수 없는 상상의 그 문서를 'Q'라고 호칭한다. 성서 문헌 고증학이 시작된 곳이 독일이라 독일어의 'Quelle'을 축약한 것이다. 출처라는 의미의 단어다. 그래서 〈마태복음〉, 〈마가복음〉, 〈누가복음〉을 관점이 같다고 하여 공관복음이라 부른다.

문제는 〈요한복음〉이다. 이 문서는 공관복음서보다 늦은 서기 90년 정도에 집필된 것으로 추정한다. 예수의 목소리를 직접 들었던 사람들은 이미 사라진 뒤다. 이 저자는 신학이 아닌 건축학 전공자가 봐도 대단히 차별화된, 지적으로 세련된 서술방식을 유지한다. 첫 문장부터 수준이 다르다.

태초에 말씀이 계시니라
이 말씀이 하나님과 함께 계셨으니
이 말씀은 곧 하나님이시니라 _ 요한복음 1:1 (개역한글)

이 문장을 한글로 읽으면 이해가 어렵다. 저 '말씀'의 그리스어 원문 단어는 로고스 $\lambda \acute{o} \gamma o \varsigma$, logos 다. 태초에 혼돈이 있었고 창조를 통해 질서가 구현되었다는 〈창세기〉를 염두에 두고 시작하는 입체적이고 중후한 서술이다. 로고스는 혼돈 $\chi \acute{\alpha} o \varsigma$, chaos 을 질서 $\kappa \acute{o} \sigma \mu o \varsigma$, kosmos 로 만드는 능력과 주체다. 그런데 이 로고스는 머릿속에만 있는 것이 아니고 전달이 가능해야 한다. 즉 로고스의 존재 방식은 언어다. 그래서 영어로는 'word'로 번역되기도 한다. 이것이 한글 성서에서 '말씀'이 된 사연이다. 〈요한복음〉은 생명 $\zeta \omega \acute{\eta}$, zoe , 빛 $\phi \tilde{\omega} \varsigma$, phos , 진리 $\dot{\alpha} \lambda \acute{\eta} \theta \varepsilon \iota \alpha$, aletheia 와 같은 추상명사로 첫 장을 이어간다. 추상적이고 상징적인 단어와 문장

　소명

들이다. 그리고 본문 전체에서도 일상적 목격담보다는 지적 추론이 훨씬 강조되어 있다.

그렇다 보니 심각한 목격 불일치의 순간들이 있다. 예수의 처형과 부활은 그리스도교의 존립을 설명하는 가장 중요한 사건이다. 공관복음서에서 증언하는 예수의 처형일은 유월절 식사를 마친 다음 날이다. 그런데 〈요한복음〉에서는 유월절 전날에 처형되었다고 서술되어 있다.

세례의 순간도 〈요한복음〉은 입장이 독특하다. 여기서는 목격자가 드러나 있다. 그에게 가장 가까이 있던 사람은 세례자 요한이었다. 그가 보니 비둘기 같은 성령이 하늘에서 내려왔고 그래서 그가 하나님의 아들인 걸 알았다는 서술이다.[052] 그런데 한참 뒤 세례자 요한이 투옥되는 사건이 생긴다. 여기서 이해하기 어려운 상황이 생긴다. 세례자 요한은 예수에게 제자를 보내 묻는다. 당신이 우리가 기다리는 그 메시아가 맞느냐고.[053] 그렇다면 자신이 세례의 순간 목격했던 비둘기는 〈요한복음〉 속 그의 기억 어디로 사라졌을까. 그가 과연 비둘기를 보고 소리를 들었던 건 사실일까.

하늘이 열렸다는 건 아마 예수의 내밀한 개인 체험이었을 것이다. 깨달음이었다고 해도 될 것이다. 자신이 해야 할 일에 대한 책임의 자각이다. 그걸 표현하는 단어가 소명 의식이다. 이것은 훨씬 이전에 모세가 겪었던 불타는 떨기나무의 경험과 유사한 것이었겠다. 그리스도교 말고 다른 종교에서도 이런 순간이 중요하다. 불교에서 깨달음悟이라고 표현하는 그것과 거의 같은 의미겠다.

이전까지 유대인들에게 중요한 것은 야훼의 율법 준수였다. 그런데 예수는 언약궤의 행방은 물론 율법의 내용에도 큰 관심이 없었다. 대신 그는 좀 독특한 이야기를 전파했다. 서로 사랑하라. 무작정 서로 사랑하라. 원수도 사랑하라. 무지막지한 요구였다. 야훼는 시기하고 질투하며 자신만 섬기라고 요구했다. 안식일을 지키라고 요구했다. 배타적이었다. 그래서 이민족을 죽이는 데 주저하지 않았다. 그런데 이 청년은 다른 이야기를 전했다. 서로 적극적으로 사랑하라. 야훼는 번제燔祭, burnt offering를 요구했다. 이를 위해 희생물을 사고 환전을 해야 했다. 그런데 사랑하는 데는 아무 물질적 제약이 없었다. 여기에는 계급이 필요 없었다.

가르침의 설득을 위해 중요한 것은 가르치는 자의 권위다. 그런데 그는 아무 권위도 없었다. 변방에서 씨뿌리고 양 치고 집 고치는 수준의 청년이었다. 게다가 그는 당시 가장 혐오스럽던 처형 방식인 십자가형으로 인생이 마무리된 존재였다. 그는 메시아를 사칭하지 않았다. 다만 사람의 아들이라고만 했을 따름이다. 따라서 그는 발언의 권위를 확보할 아무 조건도 갖추지 못했다.

그는 3년에 걸쳐 소명에 따른 행적을 남기고 사형장으로 끌려갔다. 마지막 순간의 서술이 대단히 극적이다. 그는 겟세마네 동산에 올라갔다. 이 중요한 고뇌의 순간 역시 공관복음에만 기록되어 있다. 예수는 제자들에게서 떨어져 혼자 기도를 시작했다. 기도가 간절하여 땀이 땅에 떨어지는 핏방울 같았다고 한다.[054] 복음서들은 당시 그의 주변에 아무도 없었다고 명확히 서술한다. 그런데 이 역시 삼인칭 서술이다. 예수는 마지막 순간까지 소명 의식을 드러냈다. 세 공관복음서는 문장도 거의 같다.

이르시되 아버지여 만일 아버지의 뜻이거든

이 잔을 내게서 옮기시옵소서

그러나 내 원대로 마시옵고

아버지의 원대로 되기를 원하나이다

_누가복음 22:42 (개역한글)

십계명에 쓰인 대로 유대교에서 신성 모독은 중죄다. 신성 모독 범을 처형하는 방법은 단순했다. 돌로 쳐서 죽인다. 성서에 많이 등장하는 처형이다. 그러나 과대망상이면 이야기가 다르다. 메시아 사칭은 신성 모독보다는 과대망상에 해당하는 일이었을 것이다. 예나 지금이나 이런 류의 과대망상이나 의도적 사칭은 적지 않았다. 지금도 유대교인들이 보기에는 즈비나 예수나 다 똑같은 메시아 사칭자들이다. 심지어 한국에서도 심심찮게 등장하는데 누구도 그 사실 자체로 처벌받지 않는다. 그런데 예수는 십자가 처형을 당했다.

그다음이 논쟁 대상이다. 그가 부활했다. 부활의 목격담은 좀 당황스럽다. 복음서 저자들 중에는 누구도 이 사건의 직접 목격자, 체험자가 없었다. 그래서 무덤에 간 사람이 누구였는지, 무덤에서 어떤 사람을 만났는지, 몇 명을 만났는지, 그 이후에 무슨 일이 벌어졌는지 네 복음서가 다 다른 목격담을 기록했다.

예수의 측근들은 무덤에서 정체불명의 남자들을 조우했다. 〈마태복음〉은 천사 *ἄγγελος, angelos* 2명, 〈마가복음〉은 젊은 남자 *νεανίσκον, neaniskon* 1명, 〈누가복음〉은 남자들 *ἄνδρες, andres* 2명, 〈요한복음〉은 천사 *ἀγγέλους, angelous* 2명이라고 기록했다. 참고로 고대 그리스어에서 천사 *ἄγγελος, angelos* 는 전령이나 사자使者로 해석해야 하는 단어다. 이 단

어 자체에는 신과 인간을 연결하는 존재의 의미가 없다. 그리스어로
가장 널리 알려진 전령은 고대 그리스 신화의 헤르메스다. 그는 인간
에게 내려와 메시지를 전하는 존재가 아니었다. 하여간 이들은 모두
예수가 깨어났다*ήγέρθη, egerthe* 고 전했다.

명료한 공통 사안은 이것 하나였다. 무덤 안에 예수가 없다. 따라
서 그는 부활했다. 이후 세상이 바뀌었다. 그리스도교에서 가장 중요
한 것은 부활에 대한 믿음이다. 부활은 과학적 검증 대상이 아니다. 죽
은 사람이 살아났다면 요즘 의학적 기준으로는 사망 진단이 오진이
어야 한다. 실제로 죽은 세포가 살아나더라고 연구 일지에 기록하고
논문에 쓰면 게재 불가 판정을 받는다. 그러나 부활은 과학이 아니라
종교적 판단 대상이다.

부활 사건 이후 예수는 다시 사라졌고, 아니 승천했다. 제자들은
모여서 예수의 일화를 후일담으로 나누었다. 예수의 정체성은 사후
제자와 추종자들에게 논쟁 대상이었다. 복음서 저자들에게도 그의
정체성은 큰 문제였을 것이다. 명확한 사실은 그가 치욕적 방식으로
처형되었다는 점이다. 그래서 저자들은 그의 정체성에 혈통을 통한
정통성을 입히려고 한 것으로 보인다. 그 문서 증언은 족보다. 그런데
〈마태복음〉과 〈마가복음〉의 족보 서술이 다르다. 이건 그 서술의 의
도와 진실을 의심하게 만든다.

그럼에도 복음서의 주장이 옳다면 그 계보는 다윗이라는 왕을
거쳐 내려오므로 푸른 혈통이겠다. 그런데 그 족보에서 당황스러운
것은 계보의 끝단이 요셉이라는 것이다. 그러면서 복음서들은 예수
가 요셉으로부터 염색체를 받은 바가 없다고 선언한다. 참으로 이상
하다. 다양한 추후 설명들이 있으나 당연히 추측이다.

〈사도행전〉은 감람산에서 돌아와서 모인 제자들 이야기로 시작한다. 모인 곳은 예루살렘의 다락방ὑπερῷον, hyperōon 이다. 이 단어의 정확한 의미는 집의 윗부분이다. 다락방이라고 하면 우리는 경사진 지붕 바로 아래의 삼각형 공간을 연상한다. 그러나 이곳은 강수량이 많지 않아 굳이 집에 경사지붕을 올릴 필요가 없었다. 이곳은 평평한 옥상이었을 것이다. 성서에는 여기 120명이 모였다고 쓰여 있다. 무엄하게 다시 건축적 잣대를 들이대면, 이 정도 하중이면 당시의 주택은 붕괴했을 것이다. 40명의 세 배니 이 역시 무지 많았다는 표현이기는 할 것이다.

교회는 건물을 호칭하기도 하고 집단을 호칭하기도 한다. 이 교회는 예수의 생전에는 존재하지 않았다. 복음서의 서술은 예수와 그 제자들을 특정 장소에 주기적으로 모이는 존재로 그리지 않는다. 그는 공간에 구속되지 않았다. 종교는 사제를 통해 신을 만나는 의식을 전제로 한다. 그런데 예수의 제자와 추종자들에게는 그런 의식이 필요 없었다. 서로 두런두런 이야기를 나누거나 편지를 나눠 읽는 수준이었다. 그들에게 필요한 공간은 의식을 집전하는 곳이 아니고 그냥 모일 수 있는 곳이었다. 이들의 모임과 신념은 아직 종교가 아니었다.

그런데 막상 예수를 만난 적도 없는 새로운 복음 전파자가 등장했다. 직업적으로는 텐트 제작 기술자였고 종파적으로는 유대교 바리새인이었다. 예수가 비난하던 유대교 근본주의 종파였다. 바리새인들은 굳건히 자신들의 사후 부활을 믿는 사람들이었다. 그도 처음에는 말이 안 되는 주장을 늘어놓는 예수의 추종자들을 박해했다. 그러던 그가 다마스쿠스로 가는 길에 역시 초월적 순간을 겪었다. 또 하늘에서 빛이 등장했다. 그는 예수 복음의 전파자가 되었다. 역시 목격자가 불확실하게 서술된 이 순간은 개인적 회심의 순간이었다. 바울은 예수를 만난 적이 없었지만, 예수가 부활했다는 건 믿었다. 그리고 그는 부활 가치의 해석자였다. 이후 바울이 그 신앙을 당대의 중심지 로마로 전파했다. 예수와 바울은 소명 의식이라는 점에서 공통점이 있었다.

예수의 제자들이 기억의 무기를 갖고 있다면 바울은 문자라는 무기를 갖고 있었다. 그의 편지 묶음은 신약성서의 근간이 되었다. 즉 신약성서는 그의 편지들이 장악했다. 그리고 예수 부활의 믿음이 혈족이나 민족을 넘는 보편성을 확보하게 해주었다. 그는 새로운 죄를 설명했다. 첫 죄는 아담과 이브가 에덴동산에서 야훼의 명령을 어기고 이상한 과일을 따 먹은 것이었다, 일방적 약속이니 명령이었다고 해야 옳을지 모른다. 그래서 죄명은 절도가 아니고 약속 위반이었다. 그들은 추방되었다. 그래서 충분히 대가를 치렀다고 볼 수도 있었다. 그런데 이 바울은 이 죄가 후대에까지 세습된다고 해석했다. 예수가 그 세습 죄를 대신해서 처형되었다는 이야기였다. 그리고 신과의 언약은 십계명의 글자가 아니라 성령에 의해 새로 체결된 것이라는 새로운 주장을 폈다.

바울은 새로운 종교의 뼈대를 만들었다. 그래서 그의 이름 앞에는 사도라는 수식어가 붙어 사도 바울이라고 불린다. 예수는 자신이 새로운 종교를 만들고 있다는 생각을 한 흔적이 없다. 그는 지금의 종교라는 단어와 개념이 없는 사회에서 살다 죽었다. 그런데 그의 행적에 부활했다는 생사의 신념이 덧붙여졌다. 이때부터 이 신념은 종교라고 불러야 할 것이다.

종교는 'religion'을 일본 메이지시대에 번역한 단어다. 당연히 서양 개념이다. 죽음과 신적 존재를 직접 결부시키는 사고 체계다. 그래서 동양의 사고가 잘 맞지 않는 부분이 있는 것은 당연하다. 종교라는 관점에서 특히 가늠이 어려운 것이 유교다. 유교는 예禮를 통해 인仁을 실천하는 생활 방식이다. 이 예의 표현에서 죽은 자를 위해 지내는 것이 제사다. 제사라는 의식 자체는 독특한 것이 아니다. 그러나 유교에서는 자신의 사후세계를 신적 존재가 아니고 후손들이 챙겨주리라 생각한다는 점이 특이하다. 그 혼백이 복귀할 것이니 자신의 혼백도 죽은 후 후손들이 보살피리라 믿는 점에서 종교적 속성이 있다. 그러나 신적 존재가 전제되지 않는다는 점에서 유교는 종교적 신념은 아니다.

불교도 원래 신적 지위를 이야기하지 않는다. 누구나 부처님을 따라 행동하면 그렇게 성불할 수 있다는 것이다. 따라서 불교의 사제, 곧 스님들은 초인을 암시하는 복장을 할 필요가 없다. 그러나 부처님이 계신 법당은 다르다. 이곳은 성불하신 부처님이 정좌하신 극락정토여야 한다. 사바세계가 아니다.

칙령

효도 관광

자녀를 잘 두면 좋은 시절에 이걸 다닐 수 있다. 알록달록한 나들이옷을 입고 가서 정체불명의 특효약을 사 온다. 그런데 이번 효도 관광의 목적지는 예루살렘이고 보내준 사람은 고대 로마의 황제였다. 그 황제 콘스탄티누스Flavius Valerius Aurelius Constantinus, 272~337 가 내린 포고령으로 세계 역사가 송두리째 바뀌었다.

우리가 다스리는 모든 이들이 하늘에 계신 모든 신들의
성스러운 보살핌을 받을 수 있도록 그리스도교를 포함하여
자신들이 선택한 종교를 따를 자유를 허용하노라

서기 313년에 반포된 밀라노칙령의 내용이다. 모든 종교의 인정이었다. 그러나 결국 그리스도교를 위한 포고령이었음이 명확하게 표현되어 있다. 이후 황제가 진실한 그리스도교도가 되었는지 여전히 이견이 분분하다. 그는 죽기 직전까지 세례를 미루었기 때문이다. 사실 평생 지은 죄를 모두 용서받기 위해서는 마지막 순간에 속죄하는 것이 가장 합리적이었다.

오늘의 그리스도교가 형성되는데 공헌한 세 사람, 즉 예수, 바울, 콘스탄티누스 사이에는 별 공통점이 없다. 예수는 로마제국 식민지

의 사형수였다. 바울은 예수를 혐오하고 율법에 충실하던 유대인이자 로마 시민이었다. 콘스탄티누스는 예수를 처형한 로마제국의 황제였다. 단 하나의 공통점이 있기는 하다. 모두 초월적 경험을 통해 절대 신념을 갖게 되었다. 콘스탄티누스 황제는 로마 최고 권력 등극을 위해 막센티우스Marcus Aurelius Valerius Maxentius, 278?~312 와 결전을 벌이려는 참이었다. 그때 하늘에서 십자가 모양의 이상한 빛을 보았다. 그는 자신의 승리가 그 빛 덕분이라고 믿었다. 그래서 그리스도교를 공인하게 되었다. 예수, 바울, 콘스탄티누스 황제 모두 빛을 통한 감화였다.

그리스도교 공인 이후 콘스탄티누스 황제는 십자가형을 금지했다. 그는 그리스도교 박해의 도구였던 검투사 결투도 금지했다. 그리고 그리스 문자 크리스토스χριστος, cristos 의 첫 글자를 받아 그리스도교의 상징으로 삼았다. 그 상징은 글자를 그대로 읽어 '키로'라고 불렀다. 구조역학적 관점으로 분석해보면 예수를 처형한 십자가는 '+' 모양이 아니고 '키로'의 모양대로 'X' 모양이었을 것이다.[055] 저 글자가 십자가 형틀을 그대로 보여주고 있다는 점이 상징 선택에 작용했을 것이다. 콘스탄티누스는 이 키로를 군사 깃발에도 넣었다. 그에게는 자신을 황제의 자리에 오르게 한 승전의 상징이므로 중요한 의미가 있었을 것이다.

콘스탄티누스 황제의 어머니 헬레나는 밀라노칙령 이전부터 이미 그리스도교도였다. 칙령 이후 헬레나가 요즘으로 치면 효도 관광이라고 부를 만할 것을 다녀왔다. 로마에 의해 완전히 무너진 예루살렘을 다녀온 것이었다. 그녀는 신약성서에 나오는 곳들, 즉 예수가 설교하고 못 박히고 부활했다는 곳들을 찾아냈다. 역시 고증은 불가능

서기 385년 제작이라고 새겨진 대리석 비문. 하단에 키로가 새겨져 있다.
키로를 새긴 군사 깃발은 라바룸 labarum 이라고 불렸다. 비엔나 쿤스트뮤지엄 소장.

했을 것이다. 그러나 황제의 어머니답게 직권으로 그리 지정했을 가
능성도 있다. 황제의 어머니는 이 폐허 관광지에서 빈손으로 귀국하
지 않았다. 그녀는 성서에 등장하는 유물들을 갖고 귀국했다. 예수가
못 박힌 십자가 조각, 예수를 찌른 창의 일부와 같은 것들이다. 역시
고증 주체는 목격자나 학자가 아니라 어머니였다. 아니면 효도 관광
의 풍경답게 유물 사칭단의 유혹에 넘어갔을지도 모른다. 여전히 중
요한 건 대상이 아니라 믿음이었다.

　형상은 문자보다 직관적이다. 그래서 어느 종교에서나 문서보다
는 즉물적 형상이 포교의 효용이 높다. 영험하게 느껴진다는 이야기
다. 황제 어머니가 가져온 유물들은 당연히 영적 치유의 효능을 지닌
것으로 여겨졌다. 그리스도교들은 이 유물 역시 숭배의 대상으로 이
해하기 시작했다. 그리스도교에서 성물이 중요해졌다. 그런데 그리
스도교가 전파될 때 신념과 달리 유물들은 증식되지는 않았다. 그래
서 유물 대체품을 유물이라고 주장하는 사례가 계속 등장했다. 나중
에 사도 아닌 성인도 등장하고 새 성물도 생겼다. 이들도 영험하여 배
례 대상이 되었다.

　그런데 이 종교에 문제가 있었다. 로마의 정신은 간단, 명료한 정
리였다. 라틴어는 격변화가 복잡하지만, 그 대신 동사만 봐도 주어가
드러난다. 그래서 문장들이 어이없을 정도로 간단하다. 그러나 변방
출신의 이 종교는 정리된 교리가 없었다. 가장 중요한 쟁점은 예수 정
체성이었다. 이에 대해 저마다 의견이 달랐다. 심지어 그의 일대기 문
서와 연관된 편지들도 여기저기 산재했다.

　로마 황제 입장에서 이 종교는 개탄스럽게 아무 질서도 없어 보
였을 것이다. 문서의 통일성부터 필요했을 것이다. 로마의 황제답게

그는 각지 그리스도교 주교bishop 들을 니케아에 불러 모았다. 회의로 그리스도교의 교리를 정리시키려는 의도였다. 영어권 문헌에서 등장하는 주교라는 저 직책명은 잘 조직된 체계를 짐작하게 한다. 그런데 저기 해당하는 그리스어인 에피스코포스ἐπίσκοπος, episkopos 는 지도자나 감독관 정도의 의미다. 그냥 각지의 입김 센 사람들이 모였다고 해도 될 일이다.

최고의 쟁점은 예수의 정체성이었다. 부활의 주장은 신성과 연결시키지 않으면 성립할 수가 없었다. 니케아공의회에 모인 주교들의 이견이 역시나 분분했다. 거기서도 입김 센 사람들이 대립했나 보다. 아타나시우스파의 주장은 이해가 어려운 개념이었다. 아버지와 아들과 영이 하나이되 다른 모습으로 발현될 뿐이라는 교리였다. 하나님은 한 사람인데 세 모습으로 존재한다는 의미다. 아무리 쉽게 설명해도 쉽사리 납득되지 않는 이야기다. 당연히 이게 말이 되느냐고 반발한 반대파 주교가 아리우스였다. 그러나 삼위일체 주장파가 다수결로 권력을 얻었다. 다수는 믿지 않겠다는 소수를 이단이라고 단죄했다. 이단의 원래 정의는 간단했다. 삼위일체를 믿지 않는 그리스도교도다.

예수의 정체성이 규정되었으니 다음은 제대로 된 종교 형식을 갖춰야 했다. 예수 탄생일, 부활절 등이 제정되었다. 물론 이들이 300년 전의 사안을 고증할 길은 없었다. 중요한 것은 사실이 아니라 믿음이었다. 기존 이교도의 축일들이 적당히 차용되었다. 당시의 동짓날은 태양신 미트라의 탄생일이었는데 이게 예수 탄생일로 지정되었다. 이후 크리스마스라는 이 엉뚱한 축제일은 그리스도교와 무관한 세계에서도 축제가 되었다.

콘스탄티누스 황제는 안식일도 재지정했다. 유대인들에게 주일은 일요일에 시작했고 마지막 날인 토요일이 안식일이었다. 일주일에 하루를 쉰다는 개념 자체가 〈창세기〉 설명에 기초한 것이다. 그런데 콘스탄티누스 황제는 예수가 부활한 날이라고 기록된 '존엄한 태양의 날Dies Solis', 즉 일요일을 안식일로 정했다. 그리고 그 안식일이 일주일의 시작이라고 선포했다. 말하자면 조물주는 일단 하루 먼저 쉬고 세상을 창조한 모양새가 되었다.

그리스도교는 이후 테오도시우스 황제Flavius Theodosius, 347~395에 의해 국교가 되기에 이르렀다. 즉 로마제국 황제와 귀족의 공식 종교가 되었다. 이제 그리스도교도 기관institute이 되었다. 거기에는 당연히 의전 담당 사제들이 필요해졌다. 이들은 귀족들이 그렇듯 화려한 외관으로 자신의 정체성을 표현했다. 귀족이 무기를 배타적으로 소유하듯 사제들은 성서를 배타적으로 점유했다. 사제를 통하지 않고는 성서에 접근할 수 없었다. 성서는 황제의 언어, 라틴어로 번역되었다. 이 〈불가타성서〉는 절대 권위로 군림하는 문서집이 되었다.

그리스도교가 권력을 얻게 되자 당연히 이면의 사건들이 발생했다. 핍박받던 시대의 그리스도교도들은 죽어서 예수를 만날 수 있다고 믿었다. 즉 핍박을 감내한 보상이 천국이라고 믿었다. 그래서 박해를 통해 이들은 자신의 신념을 과시할 수 있었다. 이들에게 고통은 고귀한 것이며 예수 재림의 날 자신의 믿음을 증명할 수 있는 근거였다. 특히 순교는 영광스러운 것이었고 불멸의 행복을 얻는 과정이었다.

그리스도교가 제국의 공식 종교가 되면서 갑자기 박해가 걷혔다. 외적 핍박이 사라졌다. 모순 상황에 처했다. 그렇다면 박해를 내부에서 생산해야 했다. 속세의 유혹과 쾌락으로부터 멀어지고 세상의 권력과 인연을 끊는 제도가 필요해졌다. 수도원이 등장했다. 수도원의 사제들은 검박과 청빈의 생활로 핍박받는 자신들의 모습을 표현했다. 가시적 도구는 복장과 두발 상태였다. 제도화된 기관으로서 수도원의 표준은 529년 베네딕투스가 세운 수도원이었다.

모든 그리스도교도가 수도원에 들어갈 수는 없었다. 속세의 대책도 필요했다. 복음서에는 재물은 땅이 아니라 하늘에 쌓으라고 쓰여 있다. 천당의 보상과 지옥의 형벌이 죽음 뒤에 버티고 있었다. 신도들에게는 현생에서의 선행이 필요했다. 교회가 천국의 지상 구현이니 신도들이 교회와 수도원에 땅과 돈을 바치기 시작했다. 그러나 교회와 수도원은 헌납받은 재산을 다시 바칠 대상이 없었다. 그래서 기관으로서 그리스도교는 물질이 쌓이고 부유해졌다. 청빈으로 시작한 수도원이 부유해지는 기현상이 벌어졌다. 교회는 쌓인 돈으로 천국의 건설 사업을 벌였다. 건물로서의 교회를 바실리카라고 불렀다. 바실리카의 공간적 중심에는 예수가 있었다. 그는 신성을 얻은 존재였으므로 그 신성이 표현되어야 했다. 재원은 부족하지 않았다.

바실리카

십자가

두 직선 부재가 교차하는 모양이다. 그런데 라틴십자가는 수직 부재가 길고 그리스 십자가는 부재 길이가 같다. 우리는 라틴십자가에 훨씬 더 익숙하다. 우리에게 전파된 그리스도교는 동방 정교회가 아닌 로마 가톨릭 영향이 크기 때문이다. 이 차이는 그들이 모이는 공간에도 표현되어 있다.

공인을 받았으니 그리스도교도들도 떳떳하게 모일 수 있는 공간이 필요해졌다. 후대의 기능주의적 입장이라면 공간은 의례에 의해 규정되는 것이 옳겠다. 그런데 교리도 변변하지 못하던 종교가 공유하는 의례도 있었을 리 없다. 당연히 건축 양식도 있을 리가 없었다. 사실 어느 종교에서나 건물 형상을 지배하는 것은 의례라는 기능이 아니고 초월적 표현이다. 신도들이 사후 만나게 될 세계를 공간으로 번역해 주는 것이다.

공간 문제 역시 황제가 정리해야 할 일이었다. 황제는 그간 사람들이 모이던 공회당인 바실리카basilica 를 사용하게 했다. 이 건물의 평면은 의전이 아니라 구조적 한계가 지배했다. 기둥의 간격은 그 위에 얹어 지붕을 형성할 부재에 의해 규정된다. 그래서 바실리카는 긴 직사각형 평면에 기둥이 길이 방향으로 몇 줄 늘어선 모습이었다. 그리고 그 위에 목조 지붕이 얹히는 구조였다.

초기 그리스도교 바실리카의 모습을 잘 보여주는 산 아폴레나레 인 클라세 St. Apollinare in Classe .
중앙부가 높고 양쪽 측면은 낮아 그 차이를 이용한 채광이 가능하다. 지붕은 목구조다.

콘스탄티누스 황제는 새 바실리카도 짓게 했다. 칙령 이후 최초의 신축 바실리카는 324년의 성 요한 라테라노 바실리카Archbasilica of Saint John Lateran 로 알려져 있다. 지금 로마의 이 건물은 17세기에 다시 지은 것이다. 황제의 비호와 제국의 영향력만큼 갑자기 곳곳에 교회가 세워졌다. 콘스탄티누스 황제는 베드로의 무덤 위치에도 바실리카를 짓게 했다. 지금 바티칸에 있는 성 베드로 대성당의 전신이다. 서로마제국의 가톨릭 교회는 이 바실리카 전통을 이어받았다. 대체로 동서 방향으로 긴 사각형 평면을 갖고 있는데 배치의 방향성이 중요하다. 서쪽에 입구가 있고 동쪽에 성소가 배치되었다. 여전히 빛이 중요했다. 동쪽으로 뜨는 아침 해를 성소가 맞아야 하기 때문이다.

바실리카 외에도 원형, 팔각형, 사각형의 중앙 집중형 평면의 교회도 제국 여기저기서 실험되었다. 유스티니아누스 황제Justinianus I, 482~565 시대에 최고의 중앙 집중형 성당 건설 사업이 완수된다. 이스탄불에 여전히 당당히 남아 있는 그 이름은 하기아 소피아Hagia Sophia 다. 비잔틴 문명의 건축적 최고봉으로 군림하는 이 건물은 건축가가 명시되어 있다는 점에서도 독특하다. 전해지는 두 이름은 안테미우스Anthemius of Tralles, 474?~533 와 이시도로스Isidore of Miletus, 475~? 다. 하기아 소피아의 막강한 영향력은 이후 동로마 곳곳에 중앙집중형 평면 교회를 만들었다. 대개 그리스 십자가 모양 평면이다. 이 지붕에는 대개 돔을 얹어야 했다. 이걸 비잔틴 양식이라고 부르고 그 안에 담긴 그리스도교는 정교회orthodox 다.

약탈로부터 보호해 주는 것이 성곽이라면 지옥의 위험으로부터 보호해 주는 것은 바실리카였다. 도시 한복판에 세워진 바실리카는 지상에 구현된 천국이었다. 거기에는 성인의 유해가 안치되었으므로

동로마제국 비잔틴 양식의 위대한 성취인 하기아 소피아.
오스만제국이 정복하여 콘스탄티노플이 이스탄불이 된 후, 이 성당도 이슬람 모스크가 되었다.

그들은 천국에 있어야 했다. 이들의 유물은 성물의 가치를 얻으며 영험한 능력을 보장해 주었다. 성곽의 군비 경쟁처럼 바실리카의 건축 경쟁이 시작되었다.

바실리카는 점점 그리스도를 닮아가야 했다. 평면은 팔이 붙어서 점점 십자가 모양이 되었다. 바실리카가 모임의 장소가 아니고 신성한 체험의 공간이 되면서 점점 금빛이 많아졌다. 심지어는 금빛 십자가도 등장했다. 그 내부에서 사제들도 자신이 천국의 중재자임을 복장을 통해서 과시했다. 승려, 제사장은 신을 매개하는 자이므로 비물질, 초현실적인 권위의 복식과 장식을 하게 된 것이다.

유럽의 역사는 그리스도교 영향을 부인할 길이 없게 되었다. 유럽이 세계를 지배하면서 그 영향은 지구 곳곳에 미치게 되었다. 서양 건축사에서는 바실리카의 변화를 대개 양식사로 설명한다. 비잔틴 양식, 로마네스크 양식, 고딕 양식, 그리고 르네상스 양식. 양식사로 보는 유럽의 건축 역사는 교회를 빼고 설명하면 대단히 곤란하다. 그런데 로마네스크 양식은 로마와 관련이 없고 고딕 양식은 고트족과 관련이 없다.

그런데 서로마제국이 몰락해 갔다. 제국이 사라지면서 국가 주도의 행정망이 사라졌다. 행정은 문자로 이루어지고 교환되어야 한다. 대학이 등장하기 전까지 교회 성직자의 무기는 문자 독점이었다. 이들이 〈불가타성서〉를 읽고 설명해 주었다. 이제 가톨릭 사제들이 신도의 탄생, 결혼, 사망의 행정 서류를 챙겨 교회에 보관했다. 사제들이 관료 역할을 병행했다. 교육과 구휼도 가톨릭 교회의 몫이 되었다. 당연히 세속적 권한도 커졌다.

니케아공의회 교리는 완전하지 않았다. 콘스탄티누스 황제의 사례처럼 세례부터 문제로 부각되었다. 세례받은 후 짓게 되는 죄를 용서받는 방법이 있어야 했다. 그래서 새로운 공의회를 열어 교리를 보완해야 했다. 사제에게 죄를 고백하는 고해성사가 그 대안이었다. 이제 사제가 신도들의 사적 일상까지 개입하게 되었다. 고해성사는 특별히 은밀한 공간을 요구했다. 이미 돌로 완성된 바실리카에 공간을 추가해야 했다. 고해소는 목조 구조물로 만들어 적당히 배치했다. 그래서 지금도 고해소는 바실리카와 탄생 시기가 다르다는 것을 스스로 양식을 통해 설명한다.

가톨릭은 역사상 전대미문의 권력을 갖게 되었다. 사제가 왕권을 넘는 권력을 행사하기에 이르렀다. 그건 중세 프랑크왕국에서 시작되었다. 꼬마 페펭Pepin the Short, 714~768 이라는 이름이 설명하는 것처럼 평범하게 즉위한 이 왕은 본인의 권력을 확인받고 싶어 했다. 그래서 그는 역사적으로 가장 전형적인 방법을 선택했는데 그건 신적 추인을 받는 것이었다. 마침 그를 이행해 줄 교황이라는 존재가 있었다. 페펭은 교황에게서 구약성서에 등장하는 것 같은 기름 부음을 받았다. 이어 아들 샤를마뉴Charlemagne, 748~814 도 교황으로부터 크리스마스에 대관을 받았다. 교황을 통한 신적 추인은 예외가 아니고 기준이 되었다. 이 덕에 왕권 추인권자의 권위가 절대적으로 강화되었다. 교황은 굳이 다시 신의 판단을 물을 필요가 없는 최종 결정자였다. 이 권위는 상징적이어야 마땅하지만, 실제 권력으로 집행되기도 했다.

이제 사제가 중재자가 아니라 임명자가 되는 상황에 이르렀다. 교황이 왕을 파문하기도 했다. 왕이 교황을 찾아와 용서를 빌어야 하는 상징적 순간을 세계사 교과서는 '카노사의 굴욕'이라고 호칭한다. 왕과 교황 상부에 중재나 판단할 주체가 없기에 이들은 권력을 겨뤄

    소명

초기 고딕 바실리카인 생 드니St. Denis 성당의 고해소. 추후에 추가한 목제 구조물이라고 자체가 설명하고 있다.

분쟁에 이르곤 했다. 그래서 파문, 유수, 속죄 등의 단어로 이어지는 역사 서술을 낳게 되었다. 이후 유럽의 역사를 간단히 정리하면 왕과 교황의 권력 다툼 기록이라고도 할 수 있다.

왕과 교황의 갈등으로 불거져 나온 것에 십자군 전쟁이 있다. 왕이 지키지 못한 성지 예루살렘을, 교황을 중심으로 모여 탈환해야 한다는 의미였다. 예루살렘은 도시의 이름을 넘어 어떤 신념의 구현을 표현하는 상징적인 목적지 이름이 되었다.

황금

노란 혈통

색은 중립적이지만, 피와 결합된 이 단어는 비칭卑稱이다. 그건 혐오의 표현이다. 파란 혈통과 달리 노란 혈통은 계급이 아니고 민족이 지칭 대상이다. 별문제 없어 보이는 단어지만, 막상 유대인들 앞에서는 지금도 절대 사용하면 안 되는 금기 표현이다. 이들이 혐오와 저주의 대상이 된 이유는 예수를 죽인 자들이기 때문이다. 여기도 연좌제가 적용되었다.

그들은 신을 죽였다. 그런데 그 신은 길이고 진리이자 생명이었다. 한글 번역도 널리 알려진 문장이다. 이런 문장은 당연히 〈요한복음〉에만 나온다. 〈불가타성서〉의 라틴어 문장은 명료하고 우아하다. 두운頭韻이 딱 맞게 'v'로 시작하는 세 단어를 골랐다.

Ego sum via veritas et vita
내가 곧 길이요 진리요 생명이니 _ 요한복음 14:6 (개역한글)

이 문장을 손에 퍼든 예수 도상을 바실리카에서 어렵지 않게 만날 수 있다. 바실리카의 성소 중심에는 당연히 예수가 있다. 거의 모두 금빛 광배를 한 모습이다. 예수가 교리상 신성을 얻게 되는 순간 그의 도상이 신성을 표현해야 했다.

라벤나는 서로마제국의 수도였다. 서기 425년경 제작된 것으로 추정하는
산 안드레아 예배당St. Andrew's Chapel 의 금빛 모자이크. 예수가 〈요한복음〉의 문장을 펴들고 있다.

그리스도교를 배경으로 건설 사업의 이름을 남긴 황제 유스티니아누스는 하기아 소피아 건설 외에도 해놓은 일이 많았다. 모자이크는 당시 건물에 일상적으로 쓰였다. 그런데 그는 바실리카에 자신의 모습을 화려한 모자이크로 남겼다. 자신의 신성 과시라고 봐야 할 것이다. 그는 심지어 황후의 모습도 남겼다. 물론 중심은 금빛 찬란한 예수다. 그런데 왜 재료로 금이 필요했을까.

소명의 순간 신은 하늘에서 내려온 빛의 모습이었다. 그런데 빛은 직접 다룰 수 없는 존재다. 담을 수도, 만질 수도 없다. 빛을 표현하는 대안 재료가 필요하다. 그 재료는 빛과 유사한 비물질적인 것이어야 한다. 우선 빛을 반사하거나 투과해야 한다. 영속적 가치를 보여야 하므로 변색이나 부식이 없어야 한다. 그리고 당연히 희소해야 한다.

라벤나 산 비탈레^{St. Vitale} 성당의 유스티니아누스 황제 모자이크. 황제의 광배와 왼쪽 방패의 키로가 특징적이다.

이렇게 신성을 표현하는 조건에 맞는 재료가 딱 하나 있다. 바로 금이다. 반짝이며 부식되지 않고 희귀하다. 그래서 금은 신성 표현의 가장 일반적인 재료였다. 혹은 신성을 얻은 권력을 표현하는 재료였다.

니케아공의회에서 삼위일체 교리로 예수의 신성이 공인되었다. 교도들이 교주를 규명한 것이니 좀 이상한 구도일 수도 있다. 그런데 사실 이게 종교의 일반적 현상이다. 어찌 되었든 그의 모습은 신성을 보여주어야 했다. 예수는 금빛 모자이크로 표현되고 얼굴 주변에는 광배가 붙었다. 이것이 우상 숭배가 아니냐는 혐의에 따라 나중에는 성상 타파의 대상이 되기도 했다.

그런데 이와 유사한 시기에 동아시아 한반도에도 비슷한 모습의 무언가가 전파되었다. 그건 불교이자 불상이었다. 역시 광배를 두른

소명

금빛의 모습이라는 공통점이 신기하다. 이야기 장소를 동아시아로 잠시 옮겨 비교해 보자. 불상이 처음 만들어진 곳은 인도의 마투라와 간다라 지역이었다. 포교는 대체로 불교에서, 선교는 그리스도교에서 사용하는 단어다. 포교건 선교건 종교 전파를 위해 필요한 두 매체가 경전과 형상이다. 그리스도교에서는 성서와 십자가가 그 역할을 했다. 불교에서는 불경과 불상이었다.

불교의 확산은 기원전 3세기, 인도 마우리아 왕조의 아소카기원전 304~기원전 232 왕의 공로였다. 전설에 의하면 그는 석가모니의 유골을 수습한 후 무려 8만 4천 개의 사리구에 담았다. 이것도 많다는 상징적 숫자였을 것이다. 그는 포교단을 통해 이를 사방팔방으로 전파하게 했다.[056] 석가모니의 사리구라는 상징물은 소진되었을 것이고 그래서 불상이 필요해졌을 것이다,

인도 다음의 전파지는 중국이다. 전파 경로는 인도 동쪽 벵골이 아니다. 북쪽으로 갔다가 서역 실크로드를 통해 중국에 이르렀다는 것이 정설이다. 중국 전파 역시 전설이 있다. 후한의 명제明帝가 꿈꾸었는데 키가 6미터에 달하는 사람을 만났다. 아니나 다를까 광배를 갖추고 금빛으로 빛나는 사람이었다. 황제가 이야기를 나눠보니 그가 꿈꾸던 부처라는 신성한 분임을 알게 되었다. 그래서 황제가 사신을 보내 경전과 불상을 얻었다는 것이다.[057] 그가 서역에서 〈사신이장경〉을 도입해 번역한 것이 중국 불교 전파의 시작이라는 건 문서에 적힌 이야기다.[058]

중국의 불경 전파사에서 우리에게 가장 널리 알려진 존재는 손오공이다. 삼장법사를 수행 보필했다던 원숭이다. 삼장법사는 불경을 얻을 일념으로 험난하고 심란한 실크로드 사막길을 지나 천축국,

즉 인도에 가던 길이었다. 서유기는 명나라에 등장한 이야기지만, 삼장법사의 모델은 당나라 현장이라는 것이 중론이다. 그렇다면 삼장법사는 왜 인도로 불경을 구하러 갔을까. 그 불경은 산스크리트어로 쓰여서 중국인들은 읽을 수도 없는 것이었다.

방법은 번역이다. 서기 2세기 후반에 불경의 중국어 번역이 시작되었다는 것은 학계에서 이견이 없다. 그러나 이때는 산스크리트어, 중국어를 함께 정통하게 구사하는 승려가 없어 번역이 어수룩하던 시기였다. 그래서 혼란스러운 번역과 해석의 과정에서 중국 입장의 독창적 종파인 화엄종華嚴宗, 천태종天台宗이 생겨났다. 자생적 경전까지 만들어냈다. 요즘 단어로 치면 유언비어 모음집이라고 할 상황이다. 당연히 황당한 주장이 들어있다. 부처가 중국에 제자를 파견했는데 그중 마하가섭摩訶迦葉은 노자, 광정동자光靜童子는 공자, 월명보살月明菩薩은 공자의 제자 안회가 되었다는 불경도 등장했다.[059]

드디어 중국어를 공부한 전설적인 인도 승려 구마라집鳩摩羅什, 350?~409?이 등장한다. 서기 400년 연간부터 수많은 산스크리트어 경전을 중국어로 번역했다는 업적의 주인공이다. 그리고 그 뒤에 손오공의 실제 스승, 현장이 경전 번역을 이어갔다.

경전이 불완전하거나 권위가 없으면 상징물이 중요해진다. 권위가 묻어나는 상징물이 필요하다. 불경은 읽기 어려워도 불상은 친견하면 알 수 있다. 서역에서 왔다고 주장하는 불상들인데 그 제작처 진위가 불확실한 예도 있었다. 불상으로 체현된 유언비어라고 해야 하겠다. 부처는 먼저 깨달은 선각자다. 그런데 전파 과정에서 초월적 숭배의 대상이 되었다. 그런 그의 존재를 확인시켜 줄 방법이 필요했다. 불상에 광배가 붙고 금박이 입혀졌다. 포교의 도구라면 불상은 바랑에 넣고 휴대할 정도의 크기가 선호되었을 것이다.

불교의 한반도 전파는 〈삼국사기〉와 〈삼국유사〉에 기록되어 있다. 고구려에는 소수림왕 2년에 중국 승려 순도順道가 불상과 경전을 갖고 왔다고 기록되어 있다. 구마라집 번역 이전의 불경이다. 주목할 것이 불상인데 분명 금박이 입혀졌을 것이다. 백제는 침류왕 원년에 마라난타摩羅難陀가 불교를 전했고 신라는 눌지왕 때 아도화상阿道和尚이 전도를 시작했다고 기록되어 있다. 백제와 신라의 전도자는 중국을 거쳐 한반도에 들어왔지만, 이름으로 보면 서역승들로 짐작된다. 이들이 불상을 갖고 왔는지 기록은 없다. 금박 불상은 이미 인도에서 시작되었으므로 혹시 불상이 같이 도입되었다면 금박이 입혀진 상태였을 것이다. 백제 성왕이 노리사치계怒唎思致契를 일본에 보내 불교를 전파한 도구도 금동불과 경전이었다. 여기서도 부처는 초인적 존재로 전파된 것이다. 일본에서는 또 이 경전을 나름대로 해석해서 정토종淨土宗, 일연종日蓮宗과 같은 종파가 생겼다.

우리나라에 남아있는 가장 오래된 불상은 1959년에 한강 뚝섬에서 발굴된 금동여래좌상이다. 4~5세기 중국에서 제작된 것으로 추정하는 이 불상은 후면에 광배를 붙였을 법한 흔적이 남아 있다. 연대가 확실한 가장 오래된 불상은 1963년에 발굴된 금동연가칠년명여래입상金銅延嘉七年銘如來立像이다. 고구려 장수왕 시기인 539년에 해당한다고 한다. 이름 그대로 금동불에 광배가 붙어있는 불상이다. 하기아 소피아 건립과 비슷한 시기다.

부처님은 점점 숭배의 대상이 되어갔다. 박물관에서 만나는 금동불상은 금이라는 재료를 통해서 전하려는 바를 읽을 수 있다. 불상이 참배의 대상이 되었다는 걸 의미한다. 불상은 더 커지고 더 화려한

금박으로 마감이 되었다. 그래서 그 원래 물질이 목재인지, 진흙 소조
인지 식별이 어렵게 되었다. 불상을 너무 크게 만들어 금박이 어려우
면 금과 가장 비슷한 느낌의 재료를 사용했다. 그게 황동이었다. 구리
는 녹이 슬면 녹색으로 변하므로 이를 막는 관리가 중요했다.

금이 희귀하여 신적 권력을 표현하게 된 만큼, 희귀한 색인 자주
색, 청색도 고귀한 의미를 표현하게 되었다. 자주색은 뿔소라에서 채
취하는 희귀한 염료로 만들었고 제작 방법도 대외비였다. 그래서 결
국 로마 황제나 되어야 자주색 토가를 입을 수 있었다. 파란색도 안료
가 귀한 색이었다.

금색과 유사한데 저주받은 색이 있었다. 그건 유대인들의 노란
색이었다. 저주는 어떤 당황스러운 질문 때문이었다. 누가 예수를 죽
인 거냐. 로마인들에게 이 질문은 당혹스러울 수밖에 없었다. 예수의

죽음에는 총독부터 십자가까지 로마의 흔적이 선명했다. 로마인들은 자신들이 예수를 죽였다고 인정하기 곤란한 입장이었다. 그런데 사소하지만, 면죄부의 단서가 있었다.

세수洗手는 한자로는 손을 씻지만, 단어로는 얼굴을 씻는다. 손을 씻는 건 세수의 한 부분이다. 그러나 대단히 상징적인 행위일 수도 있다. 어떤 사건으로부터 단절되는 것을 표현하기 때문이다. 처형 결정권자인 빌라도는 자신이 이 사안에 대한 책임이 없다고 선언했다. 그리고 그는 물로 두 손을 씻었다.[060] 확실한 선언이었다. 그렇다면 예수를 죽인 것은 유대인들일 수밖에 없었다.

유대인들도 할 말이 있다. 그들은 로마 법정에 들어갈 수도 없는 존재였다. 그리고 예수를 처형한 방식은 명확히 십자가형이었다. 그건 로마의 처형 방법이었다. 유대인들의 처형 방식은 투석이었다. 그리고 이미 예수 이전에 수많은 유대인이 유대가 아니라 로마제국 곳곳에 흩어져 살고 있었다. 그들은 예수의 죽음과 아무 관련도 없었다. 심지어 그리스도교도들은 예수의 희생이 예정된 신의 뜻이라고 주장했다. 부활이 중요하다는데, 사실 예수가 죽지 않았다면 부활할 일도 없었을 것이니 유대인들은 여러모로 억울했을 것이다.

그러나 권력은 로마인들이 쥐고 있었다. 그들은 유대인들을 집단혐오 대상으로 규정했다. 죄 없는 예수를 너희가 죽였다. 로마제국에 그리스도교가 전파되면서 유대인들은 확실히 혐오나 단죄의 대상이 되었다. 유럽사에는 유대인 혐오 사건이 흔했고, 그에 관한 이야기 가공이나 전파가 성했다. 교황청은 1215년 4차 라테라노공의회에서 중요한 결정을 내렸다. 유대인들에 대한 처분이 포함되었다. 유대인들이 이자를 받는 상한선을 정하고, 공직 취임 금지를 결정한 것이었

베를린의 유대인 기념비. 뿌리 깊은 유대인 혐오는 결국 홀로코스트에 이르렀고 그 반성이 이런 구조물을 만들었다.

다. 그리고 유대인들과 사라센인들에 대한 복장 차별을 결의했다. 사라센인들은 이슬람과 연관된 의혹을 받았다.

이후 유대인들은 노란색으로 식별 표지를 옷에 붙여야 하는 경우가 많았다. 유대인들이 노란 혈통이라는 단어로 지칭되기 시작했다. 왜 하필이면 노란색이 선택되었는지에 대한 뚜렷한 설명은 없다. 추측은 할 수 있다. 유대인들에게는 토지 취득권이 허용되지 않았다. 이들에게 남은 것은 돈이었다. 그러나 화폐는 자체 생산이 되지 않는 재화이니 결국 이자를 통해 증식하는 수밖에 대안이 없었다. 시간은 신이 만든 것인데 시간이 지났다고 이자를 받는 것은 규범에 어긋났다는 것이다. 그래서 금융은 귀족의 사업이 아니었다. 유대인은 이자를 받으며 대출을 해서 자산을 키우는 자들이고, 그래서 무시와 혐오의 대상으로 낙인찍혔다. 베니스의 상인이었던 샤일록이 대표적인 이름이 되었다. 그래서 금화를 상징하되 반짝이지 않는 현실적 색이 노란색이 아니었을까 추측할 따름이다.

인쇄

노래에 살고 사랑에 살고

오페라 마리아 제목이다. 푸치니Giacomo Puccini, 1858~1924 의 오페라 중 가장 유명한 것이라면 〈토스카La Tosca 〉를 꼽는 사람이 많을 것이다. 1막에서 주인공 토스카가 부르는 아리아의 가사 한 부분이 이렇다.

> 나는 살아 있는 영혼을 해친 적이 없고
> 불쌍한 사람을 남몰래 도왔고
> 성인들에게 진실 어린 기도를 드렸고
> 제단에는 신앙심 가득한 꽃을 바쳤습니다

그 뒤의 가사는 이런 선행에도 불구하고 왜 고통을 안겨주느냐는 것이다. 충분히 이해되는 호소다. 그런데 여기 중요한 전제가 있다. 바로 선행으로 보상받는다는 구도다. 토스카는 그 보상 기대의 무산에 좌절하는 상황이다.

그리스도교는 제국의 종교에 걸맞은 체계를 갖춰갔다. 갖춘 완결형이 아니고 갖춰간 진행형이라는 것이 중요하다. 교리와 가치가 변해갔기 때문이다. 가톨릭 교회는 레반트 지역 변방의 집단과 전혀 다른 거대 조직이 되었다. 어떤 조직이 1,000년이 넘게 초심의 작동

방식과 강령을 유지하고 있다면 그건 이상할 일이겠다. 동네 슈퍼와 대기업의 운영체계가 같을 리가 없다. 그런데 이 대기업이 창업 정신을 망각했다고 지적하는 내부 고발자가 등장했다. 그는 창업기에 작성된 문서가 유일한 회사 운영 원칙이 되어야 한다고 주장했다.

그 문서, 성서는 화염검으로 감싸인 낙원 추방에서 이야기를 시작했다. 그런데 추방으로 형벌이 마무리되지 않았다. 노예는 노예로 태어났으니 노예로 사는 것이 당연하다는 것이 그간 역사의 선언이었다. 첫 사람들이 죄를 지었으니 거기서 태어난 자들도 모두 날 때부터 죄인이라는 것이 바울 이후 그리스도교의 설명이다. 죄도 상속되고 죄인 지위도 세습이 된다. 범 인류적 연좌제다. 그래서 인간은 죄인으로 태어났다. 그 죄를 원죄라고 부른다.

원죄를 씻기 위해 예수가 대신 처형되었다. 이후 죄인에게는 세례가 필요하다. 세례 시점이 문제가 되었다. 태어날 때부터 얻게 된 죄이므로 어릴 때 그 죄를 씻는 것이 좋다는 설명이 퍼졌다. 유아 세례가 필요해졌다. 그러나 인간은 계속 죄를 짓게 된다. 그래서 지속해서 유지 관리도 해야 한다. 그렇다고 세례를 계속 받을 수 없으니 고해성사가 필요하다. 고해성사가 최소한 1년에 한 번은 이행해야 할 신도의 의무가 된 건 4차 라테라노공의회 결정이다. 그렇다면 고해성사 사이의 일상은 어떤 문제일까. 죄는 수시로 짓기 때문이다. 그건 선행으로 해결해야 한다. 원래 죄의 면제를 위해서는 고행, 순례, 자선과 같은 행위가 필요했다. 그래도 수시로 죄를 짓게 된다. 결국 면벌부라는 새로운 개념이 등장했다. 지은 죄가 면제되는 건 아니되 그 벌은 면제받을 수 있다는 이야기였다.

그 사이 세상도 변했다. 내부 분란으로 교황의 지위도 추락했다.

아비뇽의 유수에서 돌아온 지 얼마 안 된 교황청 체면은 말이 아니었다. 그래서 가장 익숙한 방법으로 권력 회복을 가시화하려고 했다. 대규모 건축 사업이었다. 화끈한 사업 아이디어가 등장했다. 콘스탄티누스는 황제였지만 세속 권력이었다. 이제 겸손한 주의 종, 교황이 그 세속 권력을 대체하여 위대하신 주의 뜻을 받는 공간을 만들겠다. 콘스탄티누스 황제가 세웠던 바실리카를 헐자. 거기 훨씬 크고 멋진 건물을 짓자.

1506년 베드로 성당이 착공되었다. 경험해 보면 건설 사업의 가장 큰 문제는 재원 마련이다. 건물은 돈이 짓는다. 그래서 건설 사업의 가장 일반적 문제는 예산 부족이다. 여기서도 문제였다. 십자군 전쟁에 사용되었던 방안이 있었다. 교황이 면벌부 발행과 판매를 허가했다. 그런데도 판매 매상이 부족했고 시장 확대가 필요해졌다. 죽은 자들 몫의 면벌부도 더 팔기로 했다. 그런데 죽어 연옥에 갇혀 있는 그들은 지불 능력이 없었다. 연옥은 천국이나 지옥에 이르기 전에 머무는 임시거처다. 불안에 떨어야 하는 곳이다. 이 역시 공의회를 통해서 공식 교리화된 추상적 공간이다. 요한 테첼Johann Tetzel, 1465~1519 은 널리 알려진 이름은 아니다. 그러나 그의 선전문을 들으면 세계사 교과서에서 그가 누구였는지 쉽게 알 수 있다.

동전이 돈궤에 떨어지는 순간
부모의 영혼이 연옥에서 해방될 것이다

테첼은 독일 지역 면벌부 판매 위원장이었다. 그가 개발한 논리가 있었다. 예수 이후 수많은 성인이 신의 섭리에 맞는 선행을 해놨다.

그 선행이 하도 많아서 세상에는 잉여 은총이 쌓여있다. 벌을 씻어 줄 이 은총을 재분배받는 묘책이 있다. 면벌부를 구매하라.

역사서들은 대체로 이 시기의 교황청과 테첼을 탐욕스러운 모습으로 서술한다. 그러나 면벌부 판매가 가능해지려면 수요가 있어야 한다. 여기서도 저 문장이 중요했다. 모두 죽는다. 당시에는 병으로 죽고, 굶어 죽고, 사고로 죽는 것이 늙어 죽는 경우보다 많았다. 그런데 얼마 전에 그렇게 갑자기 죽은 부모, 가족, 친척이 어디에 가 있느냐는 것이 불안의 원인이었다. 면벌부는 그런 두려움에 대한 유효 처방전이었다.

그런데 이 소식을 어느 사제이자 교수가 듣게 되었다. 격분한 그가 95개의 반박 논제를 써서 비텐베르크 성당 문에 붙였다. 역사가 바뀌었다. 적어도 유럽은 곧 격변의 소용돌이에 돌입했다. 프로테스탄티즘이 등장했다. 같은 성서를 읽었지만, 해석이 가톨릭과 달랐다. 그런데 해석이 달라지면서 이전의 어떤 종교와도 다른 점이 생겼다. 그 전파 과정에 엉뚱한 사업 실패담이 하나 끼어 있다.

그 사업가, 혹은 발명가는 좀 이상한 사업을 하다 실패한 경험이 있었다. 그건 거울 판매였다. 이 거울은 얼굴을 치장할 때 쓸 도구가 아니었다. 다뉴세문경처럼 용도가 신묘했다. 우선 거울을 들고 가 성물을 비춘다. 그러면 그 거울 자체가 성물의 효능을 갖게 된다. 거울은 성물이 지닌 치유의 힘을 갖게 되고 그 거울로 필요한 곳을 비추면 영험한 축복이 대상에 전해진다.[061] 그래서 이 거울을 사면 영험한 기운을 계속 얻으리라. 아쉽게 거울 사업은 효도 관광에서 쓸만한 판매 전략에도 불구하고 신통치 않았다. 결국 그는 다른 사업을 시작했다. 인쇄술은 추후의 역사적 중요도에 비하면 사업에 대한 문서 기록이 부실하다. 아예 그가 누구였는지도 정확하지 않다. 그의 출생 연도, 사업 연도도 불확실하다.

이 신사업은 시장 구도로 보면 요즘의 플랫폼 사업에 가까웠다. 공급과 시장의 조건이 서로 되먹임되어야 했다. 라디오를 구매하려면 라디오 방송이 있어야 하는데 방송을 하려면 청취할 라디오가 필요하다. 고속도로를 건설하려면 자동차 공급이 충분해야 하는데 자동차를 구입하려면 내달릴 고속도로가 필요하다. 온도계를 만들려면 온도를 정해야 하는데 온도를 계측하려면 온도계가 필요하다. 결국 상호보완적 되먹임 과정이 필요하다. 아니면 혁신적 대량 투자가 선행되든지.

인쇄술도 마찬가지였다. 인쇄물은 문해력이 갖춰진 시장에 팔아야 한다. 그런데 문해력은 보급된 책을 통해서 이뤄진다. 책을 읽는 식자층은 제한되어 있었고 유통망은 부실하다. 제작 방식도 문제였다. 출판을 위해서는 우선 출판 부수만큼 각 장 인쇄를 다 마쳐야 한다. 그래야 제본하고 판매를 개시할 수 있다. 초기 투자비가 많고 현금 순환은 더뎠다. 인쇄업은 도산 가능성이 큰 투자였다.

거울 사업의 실패로 그는 투자 동업자가 필요했다. 요즘의 벤처 사업이 꽤 그렇듯 이 사업에도 법적 분쟁이 발생했다. 발명가 구텐베르크Johannes Gutenberg, 1393?~1468는 결국 투자자였던 요한 푸스트Johann Fust, 1400?~1466와 투자금 반환 분쟁에 휘말렸다. 구텐베르크는 그 발명의 중요도에도 불구하고 연금과 후원으로 생계를 유지했다. 그가 인쇄를 시작한 시기와 장소는 정확히 밝혀지지 않았다. 구텐베르크는 6명의 식자공을 투입해서 지금 〈42행 성서〉로 지칭되는 그 책을 인쇄했다. 1452년 이후의 언제쯤으로 알려져 있다.

루터가 인쇄한 42행 성서의 완전본.
대개 두 권으로 나뉘어 제본되었는데 마인츠의 구텐베르크 박물관이 이름에 걸맞게 두 질을 소장하고 있다.

이 성서가 처음으로 언급되는 기록은 피콜로미니 Enea Silvio Barto-
lomeo Piccolomini, 1405~1464 주교가 1455년에 쓴 편지다. 그는 후에 교
황 비오 2세가 되는 사람이다. 그는 프랑크푸르트에서 맛보기 인쇄본
을 보고 감탄했다. 안경을 쓰지 않고도 읽을 수 있을 정도로 선명하더
라는 것이었다. 책을 사고 싶기는 하나 아직 제본이 덜 되어 아쉽다는
이야기를 남겼다. 그는 전해 들은 인쇄 부수가 158부인지 180부인지
명확하지 않다고 썼다.[062] 그 〈42행 성서〉의 낙장 없는 완전본은 현재
25부 정도 남은 것으로 알려져 있다. 세계 최고의 도서관이라고 자임
하려면 낙장본이라도 1부 소장해야 한다는 상징적 지위의 책이다. 아
시아에서는 일본 게이오대학 도서관이 1부 소장하고 있다.

테크놀로지의 질적 전환이 벌어졌다. 새 사업은 엄청나게 중요
한 가치를 인정받았다. 그래서 구텐베르크는 역사에 이름을 남기고
있다. 그의 거울 사업이 번창했다면 세상은 조금 다른 방식으로 역사
를 서술해야 했을 것이다. 인쇄술은 결국 등장했겠지만, 세상은 달리
변해갔을 것이다. 이 책의 중요한 주제가 될 종교개혁도 다른 방식으

소명

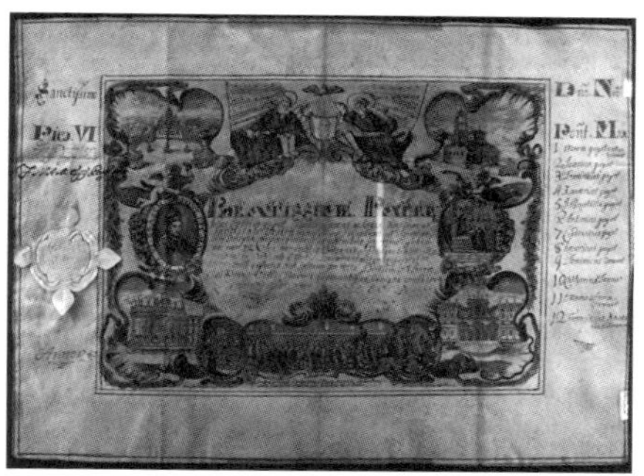

인쇄된 면벌부. 사진은 종교개혁보다 한참 후인 비오 6세 시기의 것.
제네바 종교개혁박물관 소장.

로 전개되었을 것이다. 루터가 아닌 다른 주인공의 이름이 공헌자로 거론될 수도 있었을 것이고.

초기 인쇄술에서 면벌부는 중요한 시장이었다. 한 장짜리 문서이니 제본이 필요 없고 그래서 초기 투자비도 적었다. 그런데 인쇄술이 성공하려면 더 큰 시장이 확보되어야 했다. 종교 서적이 그 시장임이 틀림없었다.

논제

모두 죽는다

어릴 때부터 유독 죽음에 대한 공포가 큰 청년이 있었던 모양이다. 그는 정말 죽을 것 같다고 느낀 순간에 어떤 다짐을 해버렸다. 사실 죽을 위험도 아니고 근처에 천둥번개가 쳤던 것인데 과민하게 받아들였던 듯하다. 그는 학부를 마치고 법학을 공부하고 있었다. 그가 법학을 공부하게 된 배경이 있었다.

석기시대가 끝난 이유는 돌의 고갈이 아니고 청동 제조법 발견 때문이다. 인상적인 문장이다. 석유 고갈 이전에 석유시대가 끝날 것이라는 경고 발언이다. 사우디아라비아 재무상의 발언이라는 이야기가 많은데 확인이 어렵다. 어찌 되었든 청동기시대에도 돌이 고갈되지 않은 것은 확실했다. 그래서 이집트인들은 청동기를 사용해 석재 피라미드를 쌓았다.

청동기시대가 끝난 이유도 구리 고갈이 아니고 누군가 철 제련 방법을 발견했기 때문이다. 그러나 철기시대에도 구리는 여전히 필요하다. 구리 제련은 지금도 중요한 사업이다. 15세기 신성로마제국 작센 지역에서 구리 제련 사업을 하던 사람이 있었다. 그런데 그가 구리를 얻으러 파내야 하는 땅은 소유자가 따로 있었다. 게다가 사업 경쟁자와 협력자의 관계가 복잡해서 분쟁이 이어졌다.[063] 그래서 그는 장남을 법률가로 만들기로 작심했다. 당연히 대학 교육이 필요했다.

아버지의 뜻을 따라 에르푸르트대학교에 다니던 학생 마르틴 루더Martin Luder, 1483~1546 는 방학을 마치고 학교로 돌아가던 중이었다. 그런데 그 길에서 폭풍우를 만났다. 근처에 떨어진 번개에 놀란 그는 살아남게만 해준다면 사제가 되겠다고 맹세했다. 이 역시 목격자 없는 사건이었다. 그가 정말로 그런 사건을 만났는지, 아니면 하기 싫은 법학 공부에서 빠져나오기 위한 구실이었는지, 혹은 교황과의 대적에서 필요했던 소명 의식을 나중에 강조하기 위한 이야기였는지 확인할 길은 없다. 혼자 겪은 사안이니 그냥 해프닝으로 털고 일어나도 될 일이었다. 그러나 그는 그길로 가장 가까운 아우구스티누스 수도원에 들어갔고 결국 사제 서품을 받았다. 법률가가 되기로 마음먹었던 사람답게 어학 공부에 깊이가 있는 사제였다.

그보다 좀 앞서 작센 선제후였던 프리드리히 3세Friedrich III, 1463~1525 가 대학을 하나 설립했다. 군주로서 그는 선진 인문주의 교육 기관이 필요하다고 판단했던 것 같다. 루더는 이 비텐베르크대학의 교수로 임명되었다. 그런데 이 신생 대학의 신임 교수가 엉뚱한 사건을 저질렀다. 이후 인류는 되돌릴 수 없는 길을 걷게 되었다. 예수는 33년을 살고 처형당했다는데 그 교수가 33세에 저지른 일이었다.

시월의 마지막 밤이었다. 1517년 10월 31일이었다고 역사서는 명기하고 있다. 그는 면벌부 판매를 비난하는 95개의 논제these 를 써서 비텐베르크성의 성당 문에 붙였다. 문에 붙인 건 아니고 그냥 대주교에게 보내기만 했다는 이야기도 있다. 마인츠 대주교는 신성로마제국 최고의 종교 권력자였다. 그에게 논제를 동봉한 편지를 보낸 건 사실이다. 편지 원본이 남아 있기 때문이다. 그가 대주교에게 보낸 편지는 장변 30센티미터 남짓한 크기의 종이다.064 그가 동봉한 95개 논제의 별첨 문서는 남아 있지 않은데 크기는 다르지 않았을 것이다. 이 편지에서 발신자는 이름을 루더가 아니라 루터Luther로 바꿔썼다. 이후 그는 루터가 되었고 역사는 그를 그렇게 기억하고 있다.

문에 붙였다면 종이를 어떻게 고정했는지도 사소하기는 하나 여전히 논쟁 대상이다. 워낙 중요한 사건이었기 때문이다. 못질로 붙였다는 이야기가 많은데 그건 단호한 행동의 상징성 때문에 부각이 되었을 것이다. 지금 같은 큰 종이가 생산되지 않을 때여서 요즘 대학 게시판에 붙는 대자보를 생각하면 곤란하다. 하여간 여기에서 문제는 성당 구조물 훼손이 아니라 권력에 대한 도전이었다. 실제로 이 문서를 비텐베르크 구석의 성당 문에 붙였다면 그건 거기가 라틴어 이해자들이 드나드는 곳이었기 때문일 것이다. 독일어 문서였다면 사람들 많이 모이는 비텐베르크 광장 어디에 붙였을 것이다.

멜란히톤Philip Melanchthon, 1497~1560은 루터의 동료이자 나팔수고 전위부대원이었다. 루터의 전기를 읽어보면 모든 험한 일은 그가 도맡아한 듯하다. 그래서 지금도 비텐베르크 광장에는 멜란히톤의 동상이 루터와 같은 크기로 서 있다. 그가 못질설의 진원인데, 루터의 단호한 행동을 비유적으로 설명하는 의도였을 것으로 짐작이 된다. 그런데 그게 비유 아닌 사실로 받아들여져 못질설이 전파되었을 것이다. 멜란히톤은 못질의 순간에는 루터와 아는 사이도 아니었다.

'95 논제'는 번역문으로도 쉽게 읽히지 않는 문장이다. '그러므로, 따라서, 동시에' 등의 접속사로 이어지는 저 문장들은 박사학위 논문 심사 요지문 같은 냄새를 확 풍긴다. 그는 문장 마지막에서 거듭되는 '묻노니'로 단호하게 도발한다. 부유한 교황이 왜 가난한 신도들의 돈으로 성당을 짓느냐. 왜 죽은 자를 위한 미사가 계속되어야 하느냐.

비텐베르크성 성당 문. 화재 소실 이후 95개 논제를 새겨 새로 만들어 설치했다.
상단의 두 사람 중 왼쪽은 루터, 오른쪽은 멜란히톤이다.

영혼을 구원하는 것이 성당을 위한 것이냐. 일개 사제가 교황에게 제출 논문의 부결 결정문을 낭독하는 분위기다. 참으로 무엄했다.

이를 성당 문에 붙였다는 것 정도는 이해할 수 있는 일이었다. 편지를 보냈다고 해도 주교가 무시하면 될 일이었다. 그런데 이를 인쇄하는 것은 전혀 다른 문제였다. 루터는 저 문서를 인쇄해서 배포했다. 루터는 자신의 수업 자료를 인쇄하여 사용하고 있었으므로[065] 인쇄가 어려운 일은 아니었을 것이다.

면벌부 판매자들의 반박이 시작되었다. 이념 전쟁이 개전된 것이다. 무기는 문자였다. 수도원 사제들 사이에서도 토론, 논쟁이 벌어졌다. 불온 문서는 원래 저술, 인쇄, 유포 등이 한 묶음으로 재단되고는 한다. 인쇄업자들도 종교재판을 두려워해야 할 주체들이었다. 그런데 인쇄업자들은 문자 해득이 가능한 지식인들이었다. 이들 역시 면벌부 판매의 전횡에 분개하고 있었을 것이다. 루터가 거기 기름을 부었다. 루터는 계속 책을 썼다. 1520년 그의 저작이 25만 부가 팔렸다는 추정도 있다.[066] 이후에도 엄청나게 많은 그의 글이 인쇄되었다. 지금이라면 루터는 저작권 수입으로 부자가 되었을 것이다.

그의 독일어 인쇄물이 각지로 퍼져나갔다. 교황은 루터를 파문했고, 루터는 교황이 보낸 문서들을 광장에서 불태워버렸다. 못질보다 훨씬 험상궂은 사안이었다. 루터가 적시한 적은 유대인, 튀르크, 그리고 가톨릭이었다. 루터는 교황을 악마의 피조물이고 사탄의 괴물이라고까지 호칭하는 지경에 이르렀다. 루터는 돈벌이에 가까워진 사적 미사를 폐지하고, 미사 참여 의무를 폐지하고, 전례 시에 빵과 포도주를 사제뿐 아니라 신도들에게도 베풀어야 한다고 주장했다. 루터는 성직자의 독신 의무도 부정했고 결국 이를 실천했다. 그의 아내

가 된 보라Katharina von Bora, 1499?~1552는 수녀원에서 도망쳐 나온 수
녀였다.

　가톨릭에서는 마리아가 중요한 존재다. 그는 예수를 낳으리라는
신의 통지에 순응한 여자였다. 성스러운 어머니였다. 심지어 성모는
승천한 존재였다. 그런데 루터가 보기에 성서의 근거가 없으니 성당
에 즐비한 성모상은 또 다른 우상일 따름이었다. 그는 마리아를 숭배
의 단상에서 바닥으로 내려놓았다.

성서

지푸라기

고대 이집트에서 유대인들의 건축 분쟁에 등장했던 것이다. 벽돌 만들 때 쓰기는 했으나 그 외에는 쓸모없는 것의 통칭 단어였던 것 같다. 토마스 아퀴나스Thomas Aquinas, 1225?~1274는 이미 방대하게 써나가던 〈신학대전〉 집필을 중간에 포기했다. 그 이유는 그간 자신이 쓴 것이 지푸라기palea에 불과하다는 깨달음 때문이었다고 한다. 나중에 성서에도 그렇게 치부된 것들이 있었다.

인간은 태어날 때 선하게 태어나지 않는다. 그래서 선행에 대해서는 보상이 필요하다. 선행의 선순환으로 사회가 자신의 질서를 유지한다. 선행은 인간이 사회의 질서를 유지하기 위해 발명해 낸 추상적 가치관이다. 대개의 종교는 사후에 보상이 이루어진다고 설명해 왔다. 그렇게 질서를 유지한다는 점에서 일반적인 종교는 보수적이다. 가톨릭에서도 구원의 주요 근거는 선행에 대한 보상이었다.

그러나 구원에 이르기 위해 루터가 이른 결론은 세 개의 단어로 축약된다. 오직 은총sola gratia, 오직 믿음sola fide, 오직 성서sola scriptura. 여기 선행이 없다. 루터에게 구원은 인간의 힘으로는 얻을 수 없는 것이었다. 구원은 신의 은총으로 주어지는 것이다. 예수의 부활에 대한 믿음만 있으면 구원을 얻는다. 선행은 구원의 조건이 아니고 믿음의 결과로 행하는 것이다. 이건 전복적이고 도발적 주장이었다. 사실 이

건 루터의 개인적 해석이었다. 그런데 그의 해석이 종교의 강령이 되었다.

루터는 누구나 직접 성서를 읽고 예수의 부활을 믿으면 구원받는다고 주장했다. 이를 위해서는 일상어로 번역된 성서가 필요하다. 그래서 루터는 성서를 독일어로 옮겼다. 그리고 신도는 문해력을 갖춰야 한다. 그러려면 성서 외에도 읽을 수 있는 문자의 책이 있어야 했다. 도산율 높은 벤처사업에 안정적 성장의 동력이 확보되었다.

그리스어 성서를 다른 언어로 옮긴 최초 번역자는 좀 의외의 언어인 고트어로 번역한 울필라스Ulfilas, 311~383 주교로 알려져 있다. 그가 실제로 번역했는지 번역 작업의 감독자였는지는 이견이 있다. 369년에 고트어 번역이 이루어졌다고 하니 그리스도교가 공인은 되었으나 국교가 되기 이전이다.

교황청에서 채택한 정본 〈불가타성서〉는 히에로니무스Eusebius Sophronius Hieronymus, 347~420가 382년부터 20년에 걸쳐 라틴어로 번역한 작업이다. 그는 구약의 번역에서는 〈70인역〉을 불신하고 히브리어 원전을 직접 번역했다. 인쇄술 등장 이후 라틴어는 독자층이 얇으니 좋은 출판시장은 아니었다고 할 수도 있겠다. 당시 사정에서는 아마 기도서나 교리서와 같은 종교문서가 더 큰, 혹은 유일한 시장이었을 것이다.

〈불가타성서〉는 가톨릭에서 신성시되었다. 성서를 영어로 번역한 존 위클리프John Wycliffe, 1328?~1384는 종교회의에서 사후 이단으로 파문되었다. 당연히 영어판 성서는 불법 책자였고 그의 유해는 추후 발굴, 화형되었다. 얀 후스Jan Hus, 1369?~1415도 성서를 체코어로 번역했는데 그도 결국 교황청으로부터 파문되었고 3년 후 화형되었다.

체코 프라하 광장의 얀 후스 동상.
신념의 대가로 화형을 감수한 사람이고 역사는 그를 이렇게 기념하고 있다.

교황청이 이렇게 번역 금지에 관한 규제를 걸어두고 있었다. 인쇄시장의 장벽은 문자 해득률 외에 행정 규제도 있었다. 목숨을 담보하는 규제였다.

루터가 바르트부르크성에서 은밀히 독일어로 성서를 번역한 것은 잘 알려진 사안이다. 프리드리히 3세가 납치를 가장해 은닉 보호한 것으로 알려져 있다. 루터는 갈 길을 갔다. 이전의 히브리어 성서를 뒤져서 〈불가타성서〉나 〈70인역〉에는 들어있으나 정체성이 불분명한 문서들을 자신이 번역한 성서에서 제외해 버렸다. 그때 제외된 문서들을 부르는 이름은 외경外經, Apocrypha 이다.

성서 자체가 쟁점이 되는 건 당연한 수순이었다. 이전까지 〈불가타성서〉는 가톨릭에서 그냥 널리 사용하는 성서였다. 그러나 도전받은 가톨릭은 트렌트공의회1545~1563 에서 〈불가타성서〉가 공식적 유

소명

일 정본이라고 못을 박아버렸다. 관습 정본이 공식 정본이 된 것이다. 이후 〈불가타성서〉는 더욱 흔들리지 않는 권위를 확보하게 되었다.

위기 상황의 이 공의회에서 해놓은 일이 많았다. 문제가 되었던 면벌부 판매는 결국 불법으로 규정했다. 그리고 가톨릭의 기존 전통 의례가 성서의 서술과 동등한 가치를 갖는다고 선언했다. 가톨릭의 미사곡 가사도 절대 마음대로 바꿀 수 없는 권위를 지니게 되었다. 그리고 삼위일체를 부인하지 않더라도 프로테스탄트를 이단이라고 규정했다.

루터에게 가장 가치 있는 문서는 바울의 편지인 〈로마서〉였던 것으로 보인다. 구원이 신의 선물이라는 깨달음의 근원도 〈로마서〉였다. 문제가 되는 것은 야고보의 서신, 즉 〈야고보서〉였다. 야고보는 예수의 제자였다. 야고보 입장에서는 예수를 만난 적도 없는 바울이라는 자가 예수를 참칭하고 돌아다니고 있으니 기가 막힐 노릇이었을 것이다. 〈야고보서〉에는 이상한 소리에 대한 경계심이 충만하다. 그는 명료했다. 행동 없는 믿음은 영혼 없는 몸과 같다. 선행이 중요했다. 이에 대한 루터의 작전은 간단했다. 〈야고보서〉를 '지푸라기 서신'이라고 무시해 버리는 것이었다.

루터는 〈고린도전서〉도 꽤 많이 인용했다. 여기서 등장한 것이 바로 소명ruf이었다. 그건 신의 뜻이었다. 루터는 스스로 엄청나게 많은 글을 쓴 성실한 사람이었다. 그는 새가 날아다니도록 창조된 것처럼 인간도 일하도록 창조되었다고 주장했다. 그게 소명이었다. 루터는 일하다 죽는 사람은 없고 다만 나태와 무기력으로 건강을 잃게 된다고 믿는 사람이었다.[067] 이제 소명이 누구에게나 일어나는 일이 되었다. 사제뿐 아니라 농부도 소명을 얻는다. 소명이 대중화되었다. 그렇

루터의 독일어 번역 성서 중 1550년 출간본.
'이것은 거룩한 성서 전체'라고 독일어로 표기되어 있다.
제네바 종교개혁박물관 소장.

다면 교회와 수도원뿐 아니고 세상이 다 거룩한 곳이 될 수 있다.

그간 책은 사냥터, 저택에 이어 부를 과시하는 수단이었다. 그것은 물질적인 가치를 넘는 종교적, 지적 과시였다. 이전까지 지식도 계급을 갖고 있었다. 이분법적으로 나누면 자유로운 지식과 종속적 지식이다. 자유로운 지식은 자유로운 계급이 소유할 수 있는 것이었다. 그리고 그 지식의 정상에 신에 관한 학문이 있었다. 신학은 학문의 여왕이었고 당연히 아무나 접근할 수 없는 것이었다. 그것이 권력의 기반이었기 때문이다.

그런데 루터는 그 지식의 권력을 해체했다. 성서는 일상 독일어를 읽을 수 있으면 신분을 가리지 않고 접근이 가능해졌다. 그는 신적 매개자로서 사제를 부인하게 되었다. 보상의 성사 여부를 설명해 주는 사제가 불필요해졌다. 대체군은 새로운 직업군이나 계급이 아니고 개인적 문해력이었다. 이제 세례받은 신자면 누구나 교회에서 직급을 맡을 자격이 있었다.

신적 매개자를 삭제한 것은 계급의 문제보다 훨씬 더 중요한 가

         소명

치관의 변화를 만들었다. 이제 성서를 읽는 것은 개인적 책무였다. 구원의 문은 가족 동반 입장이 아니고 개인 입장이다. 결국 나는 혼자 남게 되었다. 이전까지 농경사회는 규모가 경쟁력 지표였다. 그래서 결속도 중요했다. 종교는 가족 단위의 생활을 의미했다. 면벌부도 자신의 구원보다 먼저 간 가족을 연옥에서 구출한다는 의미였다. 그러나 이제 가족은 핵가족으로 분해되어도 무방했다.

성서를 혼자서 읽게 되면 굳이 소리 내서 읽을 필요가 없다. 빠르게 눈으로 읽기 위해 단어별 띄어쓰기가 기본이 되었다. 고전 라틴어를 비롯한 그리스어, 영어 문장들은 띄어쓰기가 없었다. 7세기나 9세기 연간에 아일랜드와 잉글랜드 수도승들이 라틴어 단어를 띄어쓰기 시작했다는 것이 일반적인 설명이다. 그런데 이 띄어쓰기가 완전히 구조화된 동기는 바로 인쇄술이었다. 그리고 구두점을 통해 묵독 체제가 확보되었다. 루터의 독일어 성서에도 띄어쓰기가 적용되었다.

프로테스탄트들도 교회에 모이기는 해야 했다. 예배에서는 성서를 설명해 주는 설교가 필요했다. 설교에 주어진 형식은 없었다. 설교의 내용에 따라 목사의 권위와 권력이 축적되고 교회의 정체성이 규정되었다. 예배 기도도 사제만 하는 것이 아니었다. 그러나 루터는 여전히 예배에서 샤우베schaube라고 부르던 소매 넓은 덧옷을 걸쳤다. 그 덕에 지금도 프로테스탄트 목사들도 가운을 종종 걸친다.[068]

종교적 단합을 위한 작업도 필요했다. 신도들이 함께 노래하는 것이 중요해졌다. 여기는 루터의 개인 취향이 좀 개입된 듯하다. 교회에서 성가대 아닌 평신도가, 라틴어 아닌 독일어 노래를 부르기 시작했다. 1524년 프로테스탄트의 첫 찬송가집으로 알려진 〈비텐베르크 찬송가Eyn geystlich Gesangk Buchleyn〉가 간행되었다.[069] 여기 실린 32곡의

샤우베를 걸친 루터. 화가이자 인쇄업자였던
루카스 크라나흐는 루터의 초상을 많이 남겼는데,
루터의 저작을 인쇄한 사업가이기도 하다.
베를린 국립 박물관 소장.

찬송가 중 루터가 작곡한 것이 24곡이라고 알려져 있다. 이 찬송가집
이 판을 더하면서 점점 수록된 찬송가가 많아졌다. 루터는 특별히 오
르간도 좋아했다. 루터는 음악도 연극도 맥주도 좋아하는 사람이었
다. 청춘남녀가 춤추고 교제하는 것에도 호의적이었다. 루터가 펴내
고 입에 착 붙는 프로테스탄트의 찬송가가 인쇄되어 가톨릭 영역에
도 전파되었다. 역사적 사건들이 증명하는 바 노래 전파는 대단히 위
협적 사안이었다. 결국 1537년 독일의 가톨릭도 미사곡 외에 독일어
성가집 〈영적인 새로운 찬송가Ein New Gesangsbüchlin Geistlicher Lieder 〉를
펴냈다.

예수가 그리스도교라는 종교의 창시자일 생각이 없었던 것처럼
루터도 새로운 종교를 만들 생각은 없었다. 그는 타락한 종교를 바로

소명

잡겠다는 입장이었다. 그런데 그는 가톨릭에 대항하는 종교개혁을 시작한 사람으로 기록이 되어 있다. 그리고 그를 따르는 이들을 묶어 부르는 이름이 프로테스탄트 중에서도 루터교도다.

이런 사회 변화가 한 사람의 힘으로 이루어졌을 수는 없다. 작센의 선제후들은 대를 이어 루터를 지원했고, 그의 동료와 제자들이 모두 주역이었다. 스위스에서는 츠빙글리Ulrich Zwingli, 1484~1531가 역시 가톨릭에 반기를 들었다. 영국의 헨리 8세는 면벌부 때문은 아니고 자신의 후사와 결혼 문제로 교황청과 갈라섰다. 모두 비슷한 시기에 벌어진 일들이었다. 스위스에 또 한 사람의 중요한 혁신자가 등장했다. 그는 원래 프랑스 사람이었지만 그가 바꾼 핵심 지역은 스위스 제네바였다.

예정

시에스타

독특한 풍습의 이름이다. 이렇게 대놓고 낮잠을 자는 문화권이 있다. 더운 낮에 일하면 비효율적이라는 것이 대체적인 배경 설명이다. 스페인 문화권 곳곳에서 시에스타가 이루어지고 있지만, 명확한 사실이 하나 있다. 프로테스탄트 지역 국가들에는 없다. 이건 기후 차이 이상의 설명이 필요할 것이다.

프로테스탄트의 새로운 세계를 조직하고 제시한 사람은 칼뱅Jean Calvin, 1509~1564이라고 봐야 한다. 루터가 문장으로 잘 훈련되었다면 칼뱅은 정치적 훈련도 뛰어났다. 그의 아버지는 파문되었고 그래서 가톨릭 사회였던 당시에는 장례조차 치르기 어려웠다고 한다. 칼뱅은 이미 가톨릭에 대한 적개심이 충만한 사람이었다. 그는 루터보다 입장이 훨씬 과격하고 명료했다. 번역된 제목으로 보면 얄팍해야 마땅하나 실제로는 부담스럽게 두꺼운 책 〈기독교 강요Institutio Christianae Religionis〉는 칼뱅 신학의 집대성이다. 평생 고쳐쓰는 바람에 원고가 점점 추가되었다.

그가 가톨릭에 대해 사용하는 단어들은 옮기기도 좀 민망한 수준의 것들이 많다. 칼뱅은 그들을 무식하고, 미쳤고, 경솔하고, 짖어대는 존재로 표현했다. 당나귀나 똥덩이들stercoribus이라는 표현도 있다. 칼뱅이 보기에 가톨릭의 성상 표현들은 다 타락과 부패의 우상 숭배

증거였다. 그래서 그들의 동정녀 형상보다 매춘부의 옷이 더 순결해 보인다고 단언한다. 그는 가톨릭에서 행하는 일곱 개의 성사 중 세례와 성찬을 제외한 나머지는 모두 거짓이라고 단언했다. 지금도 가톨릭에서 시행하는 그것들은 견진성사, 고해성사, 종부성사, 신품성사, 혼인성사다.

그에게도 성서는 믿음의 시작이자 끝이었다. 그는 성서의 권위가 하나님으로부터 나온 것이지 교회로부터 나온 것이 아니라고 명료하게 선언했다. 그는 루터를 직접 만난 적은 없었다. 그러나 신기하게 그도 복음서보다 바울의 편지에 기대어 이야기를 펴나간다. 〈기독교 강요〉에서도 그에게 가장 중요한 글은 루터처럼 〈로마서〉였다. 루터만큼은 아니었어도 그 역시 〈야고보서〉를 평가절하했다.

칼뱅 입장에서도 행동이 아니라 믿음이 구원에 이르는 길인 건 맞다. 성서에서 구원이라고 한 것은 어떤 행위의 대가가 아니고 선택받은 자들에게 신이 베푼 은혜다. 그런데 그 구원 여부를 본인이 선택하거나 알 길은 없다. 칼뱅의 사례는 구약에 주로 있었다. 야훼는 이스라엘을 선택했다. 이스마엘은 이삭과 동등한 자격이었는데 선택받은 것은 이삭이었다. 모세가 떨기나무의 불꽃을 찾아 나섰던 것도 아니다. 모세를 부른 것은 불꽃이지 반대가 아니다. 선택의 주체는 신이다.

예수의 포도원 비유에서는 작업자의 근로 시간과 무관하게 동일임금을 지불하는 사안도 등장한다.[070] 요즘이라면 분명히 고용자의 불공정 계약이라고 쟁의 주제가 될 사안이다. 하지만 비유에서는 그런데 아무 관심이 없다. 여기서 고용자의 관심은 계약의 이행이지 계약의 공정성은 아니다. 계약은 신이 하는 것이니 인간은 그의 뜻에 따라야 한다.

선행을 근거로 신과 구원을 거래할 생각을 하지 마라. 그의 은밀한 계획을 알려고 하지 마라. 알 수 있는 유일한 사실은 그리스도를 통해 구원이 온다는 것뿐이다. 그것도 아무 조건이 없다. 그의 선택을 알 길은 없다. 다만 예정되어 있다. 그걸 후대에 예정론이라고 불렀다. 루터도 구원이 예정되어 있다고 했으나 칼뱅에게 그건 훨씬 더 확고하고 강력한 신념 체계였다. 칼뱅은 구원 대상뿐 아니라 지옥불에 떨어질 자들도 예정되어 있다고 주장했다.

구원 여부를 알 수 없는 이승의 존재들에게 남은 선택지는 믿음과 복종일 뿐이다. 극단적인 규율과 자기검열. 일찍 일어나서 땀 흘려 일해라. 사제와 수도승들만 검박하게 사는 것이 아니라 모두 그렇게 살아야 한다. 인간은 에덴동산에서 추방된 다음부터 무능한 존재일 뿐이다. 유일한 생존의 방법은 그리스도 안에서 공동체를 조직해서 사는 것이다. 그 조직 안에서 해야 할 일을 묵묵하고 성실히 이행해라. 현세가 팍팍해도 이 역시 신이 주신 은혜의 선물이다. 구원에 대한 믿음과 소망을 가져라.

복음서에서 예수는 재물은 지상이 아니라 하늘에 쌓으라고 가르쳤다. 그렇다고 그가 재화 증식 설명에 무심하지도 않았다. 예수는 달란트 *τάλαντον, talanton* 비유를 든다.[071] 여기서 달란트는 상당한 액수의 금화, 혹은 은화라고 보면 되겠다. 주인이 맡겨 놓은 달란트를 투자하여 키운 종은 칭찬하고 땅에 묻어 두었던 종은 질책하는 내용이다. 여기서 비유 방법은 부의 축적이었다. 이제 물질에 관한 새로운 가치관이 등장했다.

칼뱅에게도 개인적 깨달음이 중요했다. 소명 의식이었다. 직업은 신성한 것이 되었고 직업에 전념하는 것이 종교적 책무였다. 직업을 통한 생산활동은 종교적 정화작용에 해당했다. 그러므로 거기서 발생하는 보수는 신이 부여하는 것이었고 신의 은혜다. 특히 칼뱅은 근면하게 직업에 충실하여 부를 축적하는 것도 신의 뜻에 따르고 그 은총에 보답하는 길이라는 입장이었다. 그래서 자본을 축적하고 그 자본을 대출해 주는 것은 이자를 목적으로 하는 고리대금업과는 다르다고 했다. 여기서 물질적 보상의 다과는 중요하지 않았다. 이걸 쾌락을 위해 사용하지 않고 절약으로 재투자하는 것이 더 중요해졌다.

인간은 자기검열의 세계에 들어갔다. 자발적 노예가 되었다고 해야 할 것이다. 남이 보지 않아도 아침부터 저녁까지 소명 따라 일을 해야 했다. 날이 나른한들 한가한 낮잠은 상상할 수도 없다. 칼뱅에게 생의 의미는 욕구의 충족이나 구원의 열망이 아니고 의무의 충족이었다. 그런데 그 결과 사회가 지닌 총합으로서의 자유가 대폭 늘어나는 신기한 상황이 벌어졌다. 루터도 칼뱅도 생각하지 못했던 일이었을 것이다. 그 극단적 성실성으로 이후 세계가 바뀌었다. 교회도 바뀌었다. 이전의 교회는 사제의 중재로 신을 숭배하는 곳이었다. 그러나 이제 교회는 신의 뜻을 믿고 행동하는 인간이 모이고 그런 인간을 만들어내는 곳이 되었다.[072] 그의 도덕관 이후 세계는 혁신적으로 변화했고 다시는 그 이전으로 돌아갈 수 없었다. 그의 강령에 충실한 집단이 세계를 지배하기 시작했고 여전히 지배하고 있기 때문이다.

정리하면 이렇다. 그리스도교는 처음에는 제자들의 느슨한 조직이 있었다. 이들이 예수 사후 구술로 이야기를 전파해 나갔다. 이 모임을 유대인들 외부로 향한 조직으로 만들어 문자로 전파한 사람은 바울이었다. 이들에게 제국의 조직을 덮어씌워 정리한 것이 콘스탄티누스 황제였다. 루터가 비판한 내용을 정치적 조직력으로 실천한 사람이 칼뱅이었다. 모두 문자가 무기였다.

칼뱅은 제네바의 정치조직과 자신의 신념을 일체화시켰다. 그의 신념은 루터와 다른 방식으로 전파되었고 이를 믿는 이들이 칼뱅파였다. 이들은 스위스에서 시작되었지만, 영국으로 전파되었다. 그리고 미국을 거쳐 한국에 왔다.

 소명

프로테스탄트

오직 성서 Sola Scriptura

프로테스탄트들에게 구원의 근거는 사제의 설명이 아니라 성서의 문장이었다. 그러기 위해서는 성서가 완전한 문서여야 했다. 그런데 아무리 들여다봐도 성서는 논리 체계를 가진 법전이나 규정집은 아니었다. 추모 어록집이거나 편지 묶음이었다. 세례를 받아야 하는지 말아야 하는지, 받으면 언제 받아야 하는지, 받고 나면 유효 기간은 있는 건지, 성서를 읽는 것으로는 판단하기가 어려웠다. 성당 벽에 붙은 저 성상들은 떼야 하는지, 말아야 하는지, 모를 일이었다.

가톨릭은 교황청에서 교리를 확정해 줬다. 그런데 성서를 직접 펴 들게 된 프로테스탄트들은 자기들 생각대로 성서를 해석했다. 성서 해석의 백가쟁명 시대가 열렸다. 성서의 해석이 타협 불가의 수준으로 다르게 되면 갈라섰다. 다양한 종파들이 출현했다. 프랜차이즈 사업으로 비유하면 가톨릭은 직영점인데 프로테스탄티즘은 브랜드만 공유하는 가맹점 체제였다. 간판은 다 프로테스탄트인데 다양한 교파가 등장하기 시작했다.

심지어 가톨릭과 연관성이 여전한 프로테스탄티즘도 등장했다. 어느 왕국이나 왕실은 혈통이 최고의 관심사다. 왕비가 아들을 못 낳아 왕실 후계자가 없으면 문제인 건 맞았다. 그래서 이혼해야겠는데 교황이 허락하지 않았다는 건 더 큰 문제일 수 있었다. 그래서 영국의 헨리 8세Henry VIII, 1491~1547는 교황이 아니라 자신이 수장인 성공회라는 종교를 만들었다. 그 이후 영국 왕실의 역사는 피투성이 메리Bloody Mary라고 표현되는 것처럼 피로 얼룩졌다. 영국 문학, 드라마의 끊임없는 소재가 되었다는 점에서 우리로 치면 숙종과 장희빈 사건에 해당한다.

성공회의 교회 조직은 가톨릭 체제를 유지했고 왕이 교황을 대체했다. 그래서 성공회의 지금 수장은 찰스 3세Charles III, 1948~다. 2022년 그의 즉위식을 집전했던 것은 캔터베리 대주교였다. 대주교는 찰스 3세에게 메시아처럼 기름 부음의 의식까지 진행했다. 그래서 성공회는 프로테스탄트로 분류되지만 좀 애매모호한 종교다. 예배와 미사, 두 단어를 다 쓴다. 심지어 가톨릭과 똑같은 복장의 신부들이 결혼도 하고 그래서 당황스럽게 가족도 있다.

영국의 백성들이 이를 순순히 받아들이지는 않았다. 칼뱅주의자들의 도전이 시작되었다. 순수한 종교를 꿈꾸던 이들이 청교도들이었다. 그중 가장 유명해진 이가 크롬웰Oliver Cromwell, 1599~1658일 것이다. 그는 왕족 혈통이 아니면서 국가 정상에 오른 역사상 최초의 프로테스탄트였다. 왕권신수설이라는 당연하고 전통적인 내용을 주장하던 찰스 1세Charles I, 1600~1649를 처형시킨 주동자이기도 하다. 명예혁명으로 절대왕정이 폐지되고 입헌군주제가 도입되는데 가장 큰 동인은 종교였다. 성공회에서 존 웨슬리John Wesley, 1703~1791를 필두로 사회 하층민들에게 전파를 시작한 종파는 감리교다. 이들은 루터나 칼뱅과 직접 관련이 없다.

스코틀랜드는 기존의 가톨릭교도와 칼뱅 추종의 장로교도들로 양분되었다. 거기 성공회교도들이 약간 끼어있는 구도가 되었다. 장로교도들은 신심이 깊고 모두 직접 성경을 읽었다. 그래서 스코틀랜드 전역에 공립학교가 세워졌다. 1700년대 후반 스코틀랜드의 문자 해득률은 세계 최고였다는 평가를 받는다. 이들은 축제, 여흥, 오락은 모두 폐지했다. 엄격한 규율과 금욕적 생활이 강조되어 남은 것은 성서를 읽고 교회에 나가 설교를 듣는 것뿐이었다. 그런데 칼뱅파 중에서 침례의 전통을 고수하려는 신도들은 침례교도라고 불렀다. 교파가 무성하고 복잡해졌다.

앞서 설명한 대로 가톨릭 국가에서는 중앙정부로서 왕실이 존재했지만, 지방 행정은 가톨릭 교회가 챙겼다. 대체로 교회가 유아 영세, 혼인 성배, 장례미사 등을 기록했는데 그게 호적 관리가 되었다. 지금도 남아있는 중세 개인, 가족 기록은 교회가 소장한 것들이다. 교회는 출생과 결혼, 사망을 포함하는 행정 외에 빈민 구휼의 사회안전망이 되었다.

그런데 가톨릭 교회가 사라진 지역에서는 세속 정부가 그 역할을 해야 했다. 성서를 읽기 위해 글을 알아야 하는데 그런 교육은 교회에서 시킨 바가 없었다. 이제 아동교육도 정부의 몫이 되었다. 프랑스는 왕실에서 낭트칙령을 폐기하며 더는 프로테스탄트들에게 관용적 국가가 아니었다. 프로테스탄트들은 위그노huguenot 라는 이름으로 핍박받았다. 17, 18세기 위그노 비율이 높은 프랑스 도시일수록 〈백과전서〉 구매자가 많았다.[073] 비슷한 인구와 경제력을 가진 가톨릭교도들에 비하면 프로테스탄트 교도들은 대체로 가족 간의 유대관계는 약하되 조세 포탈에 덜 관용적이고 낯선 사람에 대한 신뢰도가 높았다.[074] 북부 독일, 스위스, 네덜란드, 스코틀랜드, 스칸디나비아 국가들이 프로테스탄티즘이 지배하는 곳이다. 프로테스탄티즘이 강한 지역은 가톨릭 지역보다 경제성장이 훨씬 빨랐다는 것도 널리 알려진 사실이다.

문제는 프로테스탄티즘이 지역의 사소한 종교 집단 정도로 그치지 않았다는 점이었다. 극단적인 성실성을 요구하는 이 종교는 먹고 교환하는데 충분한 수준의 생산에 만족하라고 가르치지 않았다. 끝이 없는 성실성으로 자신의 직업에 충실해지라고 요구했다. 게다가 성서를 직접 읽을 수 있는 문해력으로 무장한 집단이었다. 이들은 대체로 자본 축적의 우위에 서 있었다. 그래서 꼭 들어맞지는 않지만, 프로테스탄티즘은 자본주의 윤리와 비교적 잘 맞는다는 것도 널리 알려진 평가다. 남아메리카라는 최대의 식민지를 가졌던 국가들이 지금 왜 상대적으로 몰락했는지 설명하는 변수로 종교적 차이점이 빠지지 않는다. 막스 베버Max Weber, 1864~1920는 자본주의가 스위스, 네덜란드, 잉글랜드, 스코틀랜드, 미국과 같은 칼뱅주의 국가에서 시작했다고 단언할 정도다.

종교 내 신적 권위자 계급을 없앴으니 프로테스탄트의 의사결정은 다수결로 하는 것이 원칙이 되었다. 그래서 대체로 민주주의라는 제도와 잘 결합했다. 종교개혁 초기에 츠빙글리는 스위스 도시의 주요 사안들을 다수결 투표로 결정하라고 요구했다. 제국주의 후반기에 프로테스탄트 선교사들이 포교한 국가들은 대체로 짧은 시간 안에 민주주의를 안착시키는 데 성공했다. 문해력, 성실성, 민주주의가 결합된 세계가 열렸다.

여기서 성차별의 문제가 드러난다. 신약성서의 바울은 여자에 대한 입장이 명확하지 않거나 모순적이다. 다만 성서 전반에는 여자를 차별하는 상황이 신구약 곳곳에 등장한다. 특히 원죄가 강조될수록 이브의 후손들에 대한 질타와 차별이 구조화되었다. 가톨릭에서는 여자가 사제가 될 수 없다. 그래서 신부와 수녀는 당연히 구분되었고 거기에는 수직적 위계관계가 존재한다. 그러나 프로테스탄트 지역에서는 여자들도 성서를 읽어야 했으므로 여성 문해력이 높아졌고 덩달아 어린아이들이 일찍부터 글을 읽게 되었다. 교육이 더욱 중요해진 것이다.

프로테스탄트는 여자들을 적극적으로 차별하는 경우보다 그냥 무시하는 경우가 더 많았다. 여자 사제가 허용되는 예도 생겼다. 성공회도 2026년 역사상 최초로 여성 캔터베리 대주교가 취임하게 되었다. 그리고 프로테스탄티즘의 국가들은 여자들이 정치인이 되거나 심지어 최고 권력자로 선출되는 것에 대한 부담감이 적다. 가장 대표적인 두 사람은 독일의 앙겔라 메르켈Angela Dorothea Merkel, 1954~과 영국의 마거릿 대처Margaret Hilda Thatcher, 1925~2013 다. 메르켈 총리는 무려 16년을, 대처 총리도 11년을 재임했다. 이후에 영국 총리도 테레사 메이Theresa Mary May, 1956~와 단명이지만 리즈 트러스Mary Elizabeth Truss, 1975~도 있다. 스칸디나비아 국가들에서는 여성 총리가 즐비한데 핀란드의 산나 마린Sanna Mirella Marin, 1985~ 총리는 34세에 최연소 즉위한 기록을 세웠다. 그래서 미국에서 여성 대통령이 아직 선출되지 않은 것이 신기할 지경이다. 당연히 의회에는 여성 의원들이 대단히 많다.

네덜란드는 프로테스탄트들이 스페인계 합스부르크 왕가로부터 독립해서 만든 나라다. 그 반군 지도자가 오렌지공William of Orange 1533~1584 이고 철자가 같다는 이유로 네덜란드 스포츠 국가대표 선수들이 여전히 오렌지색 유니폼을 입는다. 가톨릭으로부터 독립하겠다는 의지에 의한 건국이었으니 프로테스탄트가 다수였으나 가톨릭을 박해한 것은 아니었다. 유대인도 박해받지 않았다. 암스테르담은 특히 개방적인 도시였다. 매춘도 일상이었다.[075] 그 흔적은 여전히 확연하다. 네덜란드는 신심과 함께 합리성으로 유지되는 국가가 되었고 이들은 땅을 깎아 바다를 메꾸고 배를 타고 먼 바다로 나갔다. 네덜란드가 없었다면 일본의 난학蘭學도 없었을 것이고 이들의 근대사도 달라졌을 것이다. 우리의 역사도 달라졌을 것이다.

20세기가 저물 때 곳곳에서 설문 조사가 벌어졌다. 지난 1,000년의 가장 중요한 발명이나 발견이 무엇이었냐는 질문이었다. 가장 많은 대답은 구텐베르크의 인쇄술이었다. 그런데 생각해 보면 구텐베르크가 없었어도 누군가는 필사본 제작의 대안을 만들었을 것이다. 당시는 부패한 가톨릭에 대한 반발이 무르익은 시대였다. 그러나 그 대안이 굳이 프로테스탄티즘이라는 독특한 신념일 필요는 없었다. 그래서 프로테스탄티즘은 인쇄술보다 더 중요한 발명이었다. 그것은 도구가 아니고 신념의 발명이었다. 전혀 존재할 필요도, 그래야 할 당위성도 없었던 새로운 세계가, 새로운 방향성을 갖고 형성되었다. 그것이 어떻게 작동했고 어떤 영향을 미쳤는지가 이 책에서 이후 내내 이야기할 내용이다.

대립

1732년 2월 22일 출생

미국의 초대 대통령 조지 워싱턴 George Washington, 1732~1799 의 이야기다. 그런데 그의 집에서는 아마도 2월 11일에 생일 파티를 했을 것이다. 이건 높은 유아사망률에 근거한 부모의 호적 등록 연기 때문이 아니었다. 엉뚱하게 달력 체계가 바뀌었기 때문이다.

원래 농사를 짓기 위해 하늘의 절기를 따져야 했다. 그래서 천체의 규칙을 표기하는 달력이 필요했다. 그 관장자는 신적 권위를 가진 최고 권력자여야 했다. 그런데 규칙적이어야 할 천체에 규칙이 없었다. 지구의 공전주기, 자전주기, 달의 공전주기에는 공통분모가 하나도 없었다. 그럼에도 율리우스력은 잘 작동하고 있었다. 아우구스투스 황제가 반포한 달력이었다.

그런데 그리스도교가 공인되고 좀 곤란한 사건이 벌어졌다. 천상이 아니라 지상의 문제였다. 그리스도교에서 가장 중요한 사건이 예수의 부활이다. 부활절 기념은 그리스도교의 정체성을 확인하는 가치였다. 부활절은 유월절에 의해 규정되는데, 그 유월절은 유대인 축일이었다. 그런데 유대인은 율리우스력이 아닌 독자 달력을 썼다. 유월절을 정하려면 춘분이 중요한데 천체의 춘분과 달력의 춘분도 너무 달라졌다. 유대인 달력과 율리우스력, 그리고 천체의 현황 간 오차가 너무 컸다.

달력은 천체로 표현된 신의 질서이니 중요했다. 결국 교황이 나섰다. 1582년 교황 그레고리오 13세 Gregorius XIII, 1502~1585 가 오차를 해결하는 새로운 달력을 시행시켰다. 그리고 그간 쌓인 오차에 해당하는 열흘을 달력에서 삭제해 버렸다. 그런데 이 해결 주체가 교황이라는 게 문제였다. 그는 가톨릭의 우두머리였다. 프로테스탄트들은 자신들을 파문하였고, 자신들이 도전한 교황이 하는 일은 뭐가 되어도 따를 생각이 없었다.

독일은 신성로마제국이라는 제후 연합체였으므로 이 달력의 도입 시기가 지역마다 달랐다. 당연히 기준은 종교였다. 쾰른, 마인츠, 잘츠부르크, 뮌스터 등의 가톨릭 지역은 바로 달력을 바꾸었다. 그러나 프로테스탄트 지역은 100년 넘게 버텼다. 그러니 인접 제후국들의 날짜가 죄 달라졌다. 그러나 프로테스탄트 지역에서도 부활절 시기가 이상해지는 걸 계속 두고 볼 수는 없었다. 결국 1699년, 제국의회에서 결정을 내렸다. 이들도 달력을 바꾸기로 했다. 그러나 그레고리라는 교황 이름으로 바꿀 수는 없었다. 이들은 새 달력을 그냥 개량력 Verbesserter Kalender 이라고 호칭하기로 했다. 그간 오차가 하루 늘어서 이번에는 열하루를 보정해야 했다.

율리우스력은 영국에서도 문제였다. 하지만 영국 왕실과 성공회교도들도 교황의 제안을 따를 생각이 없었다. 교황의 달력으로 고치는 건 정체성 위협으로 받아들였을 것이다. 그러나 결국 영국도 1752년부터 새로운 달력을 시행하는 〈달력령 1750 Calendar Act 1750 〉을 통과시켰다. 식민지를 포함한 전체 영토에 적용되는 달력이었다. 아직 미국의 독립전쟁 전이었다. 그래서 미국에서도 이 달력을 사용하게 되었고, 9월 2일 다음 날이 바로 9월 14일이 되었다. 인접한 시기에 태어난 영국, 미국인들은 죄 생일이 두 개가 되었다. 워싱턴도, 뉴턴도, 와트도 생일이 두 개다.

프로테스탄트들만큼 가톨릭을 불편하게 여기던 이들이 있었다. 동로마제국의 그리스도교도들인 정교회였다. 러시아는 혁명 전까지 고집스레 율리우스력을 썼다. 이해할 만한 사안이기는 했다. 그런데 주변이 다 그레고리력을 쓰고 있으니 귀찮은 일이었겠다. 결국 이 나라는 혁명으로 소련이 되고 레닌Vladimir Lenin, 1870~1924 에 의해서야 새 달력이 도입되었다. 이들에게는 1918년 2월 1일부터 13일까지가 없다. 그런데 러시아 정교회에는 여전히 심지가 굳어, 교황에게 동의할 생각이 없다. 지금도 율리우스력을 쓴다. 그래서 러시아의 크리스마스는 지금 우리 달력으로는 다음 해 1월 7일이다.

유럽에서는 그리스도교의 두 신념이 사안마다 충돌했다. 설명한 달력은 그 사례의 하나일 뿐이다. 일단 프로테스탄티즘이 신흥 세력이었고 교세 확장의 주체였다. 가톨릭은 방어자였다. 가톨릭은 이 반역적 사고의 전파를 필사적으로 막아야 했다. 신흥 세력의 무기를 무력화해야 했다. 그건 문서였다. 구술과 서술의 대립이라고 봐도 되겠다. 혹은 폐쇄와 개방의 대립이든지.

독일 북부는 프로테스탄티즘이 태어난 곳이다. 1518년 아우크스부르크 의회Diet of Augsburg 에서 루터파들은 그리스도의 적이 이슬람이 아니고 로마에 있는 '지옥문의 개들'이라고 일찌감치 규정해 버렸다.[076] 외교적으로 허용되지 않는, 그래서 선전포고와 다를 바가 없는 단어의 사용이었다. 문자, 문서, 책이 중요했다.

교황 바오로 4세Paulus IV, 1476~1559 는 수정하지 않으면 유통될 수 없는 책의 목록, 이교도서목록Index Expurgatorius 을 발표했다. 그리고 1559년에는 좀 더 나가 금서목록을 발표했다. 수정 여부를 떠나 특정 서적의 인쇄, 독서를 모두 금지해 버린 것이다. 이 목록에 루터와 칼뱅의 저술들이 포함된 것은 당연했다. 갈릴레이, 케플러, 코페르니쿠스, 데카르트는 물론 계몽주의 철학자들은 거의 망라되어 있었다. 심지어 칸트의 〈순수이성비판〉도 목록에 있었다. 이런 목록의 특징은 시간이 가면서 점점 더 추가되어 길어진다는 것이다. 목록에서 삭제되는 경우는 별로 없다. 결국 유럽 전체 유통 인쇄물의 4분의 3이 금서목록이라는 평가가 나오기에 이르렀다.[077] 이 금서목록은 1966년에 이르러 폐지되었다.

당대 과학자들의 주장은 성서의 내용과 확연히 어긋났다. 그래서 루터파나 칼뱅파도 이들을 못마땅히 여긴 건 마찬가지였다. 다만 초기의 이들은 금서목록을 작성하고 강제할 권력이 없었다. 드디어 영국에서는 1662년 인쇄면허법 Licensing of the Press Act 을 시행해서 등록된 출판사가 아니면 출판을 할 수 없게 만들었다. 스코틀랜드와 독일 북부에서는 가톨릭 서적이나 루터교 비난 문서의 출판이 금지되었다. 네덜란드에서도 가톨릭 서적이나 스페인 왕정에 대한 지지 서적 출판이 금지되었다. 동인도회사에서도 식민지 내 문서 검열을 시행했다. 출판 검열 자체를 처음으로 불법화한 나라는 1766년 스웨덴이었다.

인쇄의 등장으로 이전에 생각하지 못했던 변수가 드러났다. 그건 서체였다. 책이 귀중하다는 것은 거기 담긴 글자도 중요하다는 것이었다. 필사에서는 모든 글자를 정성 들여 썼다. 글자에도 장식이 들어갔다. 획의 끝단에 붙은 뾰족뾰족한 장식이 세리프다. 필사의 시대에 그 세리프로 정성이 표현되었다. 동아시아 서예에서 삐침, 파임,

     소명

끊기 등으로 구사되는 끝단 장식이 붙는 것과 같다.

초기 인쇄는 필사의 관성을 이어받았다. 종이도 비싼 재료였다. 그래서 구텐베르크는 필사와 유사하되 지면에 최대한 글자가 많이 들어가는 서체를 선택했다. 인쇄 시작부터 글자는 경제적인 고려의 대상이 되었다. 구텐베르크는 〈42행 성서〉에서 폭이 좁고 위 아랫단이 짧되 뾰족뾰족한 세리프가 있는 서체를 선택했다. 이를 나중에 텍스투라Textura 체라고 불렀다. 주어진 지면에 최대한의 글자를 무리 없이 집어넣는 것은 인쇄의 경제성 면에서 중요한 화두였다.

〈42행 성서〉의 텍스투라처럼 굵은 선이 부각되어 화면이 어두운 서체들을 묶어 블랙레터라고 한다. 독일의 블랙레터는 프락투르Fraktur 체에 이른다. 동그란 글자들을 각지게 만들다 보니 글자가 부서져 보인다고 해서 붙여진 이름이다. 루터의 성서 인쇄에도 이 서체가 많이 이용되었다. 그러다 점차 독일어 인쇄 서체의 표준 위상으로 자리 잡았다. 고딕 성당을 연상시키는 이 뾰족하게 각진 서체를 묶어 고딕체라고 불렀다. 우리가 한글에서 호칭하는 각지고 세리프 없는 고딕체와는 다른 서체다.

Gutenberg Textura

Breithopf Fraktur

ROMAN

텍스투라와 프락투르, 그리고 로마체. 로마체는 로마제국 시기의 건물과 조각에 사례가 엄청 많으며 지금도 널리 쓰인다.

이탈리아에서는 유서 깊은 로마체를 사용했다. 고대 로마 유물에 항상 등장하던 우아하고 정갈한 그 서체다. 그래서 대체로 프로테스탄트 문서는 고딕체로, 가톨릭 문서는 로마체로 인쇄되었다. 비스마르크는 고딕체가 독일의 서체라고 주장했다. 서체에도 종교전의 전선이 형성되었다.

히틀러의 책 〈나의 투쟁〉의 표지 제목도 고딕체였다. 그런데 갑자기 히틀러가 변심했다. 그는 종교에 별 관심이 없고 로마를 계승하는 제국을 꿈꾸던 사람이었다. 그래서 고딕체가 아니고 로마체가 독일어 표기 서체가 되어야 한다고 선언했다. 고딕체 배후에 유대인이 연관되었다는 의심설 때문이었다는 소문도 있다. 1941년 총통의 이름으로 공공 문서에서 고딕체 사용이 금지되었다. 근 500년간 이어온 독일의 공식 서체가 하루아침에 몰락했다.

전선은 복잡했다. 루터파와 칼뱅파도 격돌했고 종교적 신념에 정치적 이해 관계가 더해졌다. 재세례파에 대해서는 가톨릭과 루터파의 입장이 같았다. 종교 전쟁이라고 불리는 30년 전쟁에서 가톨릭 프랑스는 루터파를 도왔다. 영국의 뉴턴은 성공회교도였지만 삼위일체를 믿지 않았다. 스위스에서 태어난 루소는 칼뱅파였는데 프랑스에서 살 때는 스스로 가톨릭교도라고 선언했다. 그러다가 스위스로 돌아가서는 다시 칼뱅파가 되었는데 그 역시 삼위일체를 믿지는 않았다. 독일의 라이프니츠, 케플러는 무신론자일 것 같은데 루터교도였다. 프랑스의 데카르트도 무신론자일 법한데 가톨릭이었다. 진정으로 당황스런 일은 폴란드의 코페르니쿠스는 아예 가톨릭 성직자였다는 것이다. 그래서 코페르니쿠스는 자신의 논쟁적 저서 〈천체의 회전에 관하여〉를 아예 교황에게 헌정하기까지 했다. 그럼에도 거칠게

◀　　히틀러의 〈나의 투쟁〉 초판 표지. 제목 서체는 확연하게 텍스투라다.

▶　　바그너가 쓴 〈음악의 유대주의〉. 히틀러가 좋아했을 이 책의 표지에 쓰인 서체가 프락투르다.

선을 그으면 어느 정도 이해가 되는 구분선이 드러난다.

　　이런 구분의 배경에는 1555년 아우크스부르크 화의Peace of Augs-burg가 있었다. 군주가 가톨릭과 루터교 중 하나를 선택하면 영토 내 백성들이 그 종교를 따른다는 합의였다. 군주의 결정이 마음에 들지 않는 평민들의 재산 처분과 이주는 허용되었다. 칼뱅은 선택 대상에 포함되지 않았다.

　　유럽 지도를 보면 절대왕정의 국가들은 대체로 가톨릭이 되었다. 합스부르크 왕가의 스페인, 오스트리아가 가톨릭 국가가 되었다. 이 왕실에서도 프로테스탄트에 호의적인 왕들은 있었으나 개종까지 이어지지는 않았다. 오스트리아계 합스부르크 왕가의 막시밀리안 2세Maximillian II, 1527~1576가 두드러졌다. 스페인계 왕가 친척들의 반발이 없었다면 그는 아마 프로테스탄티즘을 선택했을 것이다. 동유

럽 역사는 확 달라졌을 것이다.[078]

프랑스 부르봉 왕가도 당연히 가톨릭을 선택했다. 왕실에 대한 도전은 결국 종교가 아니라 혁명으로 완성되었다. 프랑스혁명 이후 혁명의회는 가톨릭 교회의 재산을 몰수하고, 가톨릭적 사고를 계몽적 사고로 바꾸려고 온갖 폭력적 방법을 동원했다. 심지어 그레고리력까지 폐지하고 독자적인 혁명력을 사용하기에 이르렀다.

흥미로운 곳은 스칸디나비아 국가들이다. 압도적으로 루터교가 영향을 미치는 지역이다. 스웨덴에서는 루터교가 국교였고 목사는 공무원이었다. 이 국교 제도는 2000년에야 폐지되었다. 덴마크에서는 1536년 일찌감치 루터교가 국교가 되었고 여전히 목사가 공무원이다. 정부가 목사를 임명하고 교회 운영의 재정을 지원한다. 덴마크의 지배를 받던 노르웨이의 국교도 당연히 루터교였는데 국교 지위가 삭제된 것은 2012년에 이르러서였다. 핀란드와 아이슬란드에서는 루터교가 여전히 헌법으로 규정된 공공교회public church 다.

종교개혁 이후 유럽 역사는 가톨릭과 프로테스탄티즘의 분쟁사라 해도 이상하지 않다. 그러나 가톨릭의 저항은 강력했다. 여전히 종교는 내세를 담보한다. 신앙은 사회의 밑에서부터 뿌리를 내리는 것이기에 위로부터의 회유와 폭력으로 바뀔 대상도 아니었다. 공포정치의 대명사 로베스피에르Maximilien Robespierre, 1758~1794 도 이 종교를 꺾지 못했다. 결국 나폴레옹은 1801년 교황 비오 7세와 가톨릭을 국가의 주요 종교로 인정한다는 협정Concordat of 1801 을 맺었다. 교회는 몰수된 재산의 반환을 요구하지 않고 성직자들의 급여는 정부에서 제공한다는 내용이었다.

가톨릭은 프로테스탄티즘에 맞서서 더욱 교회의 권위를 가시화하려고 했다. 화려한 장식으로 건물을 치장했다. 이런 경향을 바로크 양식이라고 부른다. 가톨릭 내에서도 좀 더 적극적이고 개방적인 선교 집단이 등장했는데 이들이 예수회다. 이들이 청나라에 유럽 문물을 전달한 주인공들이다. 그리고 이들과 함께 일본에 도착한 상인들에 의해 조총이 전파되었다. 왜군이 임진왜란 때 들고 온 그 총기다.

복잡한 구도다. 그러나 한 가지 사실이 명확했다. 개인의 종교적 신념이 점점 더 중요해졌다는 것이다. 거기에는 무신론이라는 신념도 싹트고 있었다. 무신론은 호모 사피엔스가 이전에 가져보지 못한 새로운 신념이었다.

5
문화

계급　문화　예술　자유　대학　학교　직업

음악　발레　피아노　정장　경찰　유니폼　해방

이제 저 그리스도교가 만들어 놓은 세계를 하나하나 들춰볼 지점에 이르렀다. 이미 서술한 것처럼 그리스도교 안에서도 프로테스탄티즘은 16세기 이후 강력한 힘을 유럽 전역에 미치기 시작했다. 신념이 바뀌었다는 것은 당연히 행동 양식이 바뀌었다는 것을 의미한다. 그리고 그것은 일상에 영향을 미치고 일상을 바꿨다.

여기서는 그리스도교, 특히 프로테스탄티즘이 영향을 미친 사고 체계와 권력 변화를 설명할 것이다. 그리고 후반에는 우리 앞에 보이는 일상이 어떻게 그 변화를 반영하고 있는지 살펴볼 것이다.

새로운 주력 계급으로 등장한 중간계급은 귀족과 평민, 혹은 노동자 사이에서 자신들을 차별화했다. 귀족과는 동질화 작전도 구사했다. 이 배경에 깔린 것이 계급욕망이었다. 차별화에는 시각적 구분 외에 가치관의 구분도 포함되어 있었다. 가장 중요한 개념의 단어는 문화와 예술이었다. 이건 귀족들에게는 존재하지 않던 가치였다.

계급

십만양병론

임진왜란 직전, 외침에 대비한 혜안이었다고 한다. 그런데 이건 칼과 창의 시대에 유효한 방안이었다. 일본군이 들고 온 조총 앞에서 이들은 한낱 총알받이에 지나지 않았을 것이다. 율곡은 성리학의 엘리트였지만 조선 외부의 변화를 알아낼 길은 없었다. 이 전환기에 총 앞에 무기력하던 칼과 창의 비극적 사연은 역사책에 수두룩하다. 그 총기 사용법에 관한 일화를 살펴보자.

동일턱 중 앞니가 네 개 이상 손실이거나 충치
각 턱의 두 개의 측절치 또는 송곳니의 손실이나 충치
어느 한쪽 턱의 여러 개(최소 다섯 개)의 앞니 또는
송곳니의 손실이나 충치 [079]

미국 남북전쟁기 북군 병사 선발 배제 조건이었다. 요즘은 발견하기 어려운 치아 상태다. 그러나 1864년 북군 지원자의 10분의 1이 저 조건에 해당하였다고 한다. [080] 전투식량을 먹고 체력을 유지하려면 잘 씹을 수 있어야 하는 건 당연했다. 그런데 더 절박한 이유는 아쉽게 직립 이후 인간에게 자유로운 손이 두 개밖에 없었기 때문이다. 이 당시의 머스킷 소총은 화약통을 따서 총에 화약을 다져 넣어 장전했다.

 문화

한 손으로 총을, 다른 손으로 화약통을 잡았다. 그런데 화약통을 따려면 손이 하나 더 필요했다. 남는 손이 없으니 결국 이빨로 화약통을 따야 했다. 그래서 저 치아 조건이 중요했다. 1857년 인도 세포이항쟁의 발단도 유사했다. 병사들이 이빨로 화약통을 따야 하는데, 화약통이 동물지방으로 방수 마감이 되었던 것이다. 돼지가 불결한 무슬림 병사도, 소가 신성한 힌두 병사도 모두 받아들일 수 없는 사안이었기 때문이다.

귀족의 가치는 무력을 통해 유지된다고 앞서 설명했다. 그래서 귀족은 전쟁 수행에 필요한 기술과 장비를 갖추고 있어야 했다. 그걸로 우리의 평민을 보호하고 저들의 평민을 약탈한다는 것이 존립 근거였다. 영주는 기사들에게 봉토의 일부를 나눠주고 그 땅에서의 소출로 말과 창을 구입하고 유지하게 했다. 기사들은 자신과 말에 철갑을 두르고 창으로 무장했다. 중국에서 등자가 전래된 후에는 말을 탄 상태의 자세가 더 안정해졌으니 기사들이 창을 쓰기 쉬워졌다.

그런데 소총이라는 물건이 등장했다. 중국으로부터 유럽에 유입된 테크놀로지가 화약 제조법이었다. 축제 때 불꽃놀이용이었으면 문제가 없을 물질이었다. 인마살상용으로 사용되었기 때문에 문제였다. 원거리 격발이 가능한 치명적 무기가 보급되기 시작한 것이다. 칼과 창의 직접 결투가 지배하던 전장이 원거리 전투장으로 바뀌었다.

칼과 창은 연마하려면 긴 훈련 시간이 필요다. 그 숙련도가 생존 가능성을 규정하는 것이니 전쟁은 전문가의 영역이었다. 그러나 소총은 최소한의 습득으로 작동 조작이 가능했다. 치아 상태만 온전하다면 대단한 훈련을 요구하지도 않았다. 칼 든 전사들은 알 수 없는 데서 날아오는, 알 수 없는 걸 맞고 쓰러졌다. 소총의 사정거리가 확장될

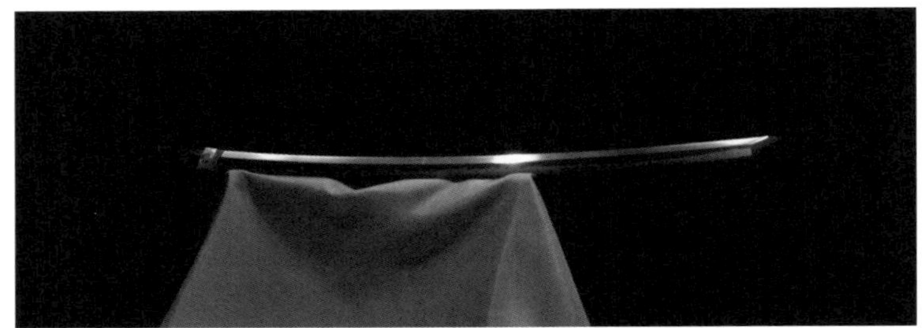

도쿠가와 가문에 전승되던 일본의 국보. 신분의 상징이고 인생을 다 갈아 넣으며 사용을 연마하는 무기지만 총 앞에 무력한 존재임이 판명되었다. 도쿄 국립박물관 소장.

수록 공간의 지배가 중요해졌다. 전환적 테크놀로지였다. 나폴레옹의 이집트원정이 가능했던 것은 당시 이집트가 지키는 사람 없는 텅 빈 사막이어서가 아니었다. 발사총으로 무장한 그들을 칼 든 전사들이 상대해 맞설 수 없었기 때문이다. 프랑스군을 위협한 것은 이집트의 병력이 아니라 이어 도착한 영국군 군함의 대포였다. 로제타석이 루브르박물관 아니라 영국박물관에 가게 된 사연이기도 하다.

칼로 상징되는 대표적 일본 계급이 사무라이다. 사무라이들은 무력을 행사했다. 유럽 귀족들이 무력을 통해 계급 존재를 확인한 것과 같다. 사무라이들은 두 개의 칼을 차고 사법권을 행사했다. 이들에게 칼은 자신들에게만 허용된 배타적 특권이었다. 총을 쓰더라도 칼은 차고 있어야 했다. 그래서 근대적 상비군 제도 도입에 가장 극명하게 반대한 계급이었다. 그 무력이 아래 계급에 허용되는 것은 계급 정체성에 대한 도전일 수밖에 없었다. 그러나 1877년 세이난전쟁西南戰爭으로 사무라이의 시대는 확실하게 정리되었다. 세상은 칼 아닌 총의 시기가 틀림없었다. 총도 없이 덤비는 '무대뽀無鐵砲'들에 대한 비아냥이 이미 사회에 팽배해졌다.

문화

테크놀로지가 전쟁을 바꾸니 전쟁의 주체가 바뀌어야 했다. 사회가 바뀌어야 했다. 병력의 수보다 중요한 것이 생산한 총의 개수였다. 머스켓소총은 19세기 후반에 아예 무기 생산 자체를 산업화시켜 버렸다. 그래서 미국의 남북전쟁은 전쟁의 산업화를 이룬 대표적 사건이라고 평가되기도 한다.

전문화된 엘리트 전사의 가치가 줄어들었다. 숙련된 창술의 계급은 중요하지 않았다. 귀족의 존립 근거가 의심스럽거나 사라졌다. 남은 건 왕족이었다. 그들은 여전히 신의 뜻에 따라 군림하고 있었다. 그런데 과연 신은 있는지 의심스럽다는 의견들이 등장했다. 기존 권위를 받쳐주던 신적 질서에 대한 도전이 시작되었다.

서서히 바뀌었지만, 확실히 바뀐 내용이었다. 우선 천체가 아니라 땅이 움직이고 있더라는 사실이 근본적이었다. 갈릴레이가 앞장서서 지구의 중심을 흔들었다. 그는 직접 만든 망원경을 주변 경치가

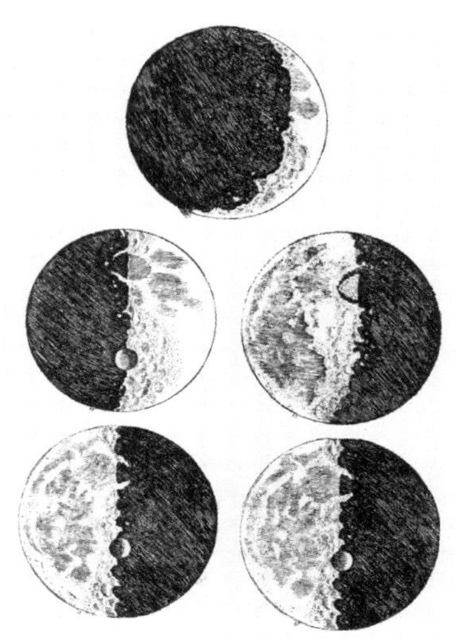

갈릴레이가 1610년 출간한 〈별의 메신저 Sidereus Nuncius 〉에 실은 달의 변화 모양 삽화. 하늘의 천체는 신이 창조한 완벽한 객체라는 신념이 재현 가능한 관찰과 실험에 의해 붕괴하는 순간이었다.

아니고 밤하늘에 갖다 댔다. 인류 역사상 가장 괴상한 호기심의 주인 공을 한 명 꼽으라고 하면 갈릴레이를 내세워야 할 것이다. 그가 본 먼 세계에는 신이 없었다. 대신 그간 모르던 목성의 위성이 넷이나 움직 이고 있었고 달은 곰보처럼 울퉁불퉁했다. 하늘에서 움직이는 천체 는 성서의 숫자처럼 멋지게 일곱 개만 존재하는 것이 아니라는 이야 기였다. 달은 완전한 원이 아닌 걸 보니 추상적 객체가 아니었다. 신은 저 하늘에 계신 것이라고 믿었는데 저 하늘은 그냥 공간에 지나지 않 았다. 그렇다면 승천한 그들은 어디로 갔을까.

그렇게 믿으라고 무작정 주장하는 것이 아니었다. 누구나 망원 경을 들여다보면 확인할 수 있는 사실이었다. 재현 가능한 실험이라 는 검증 방법이 등장했다. 믿음의 영역이 그만큼 줄어들었다. 신의 영 역이 좁아졌다는 이야기였다. 신은 전능하지 않을 수도 있었다. 전능 하지 않다면 신은 무엇인가.

1650년 성공회 주교 제임스 어셔James Ussher, 1581~1656는 〈세계 연대기The Annals of the World〉를 출간했다. 거기서 과감하게 세상이 기 원전 4004년 10월 23일에 창조되었다고 주장했다. 그런데 그보다 훨 씬 오래된 것이 틀림없는 동물들의 뼈가 발견되었다. 노아의 방주에 도 탑승하지 않았을 거대한 생물들은 공룡dinosaurus이라고 호칭되었 다. 게다가 다윈의 주장에 따르면 인간은 수많은 동물의 하나에 지나 지 않았다. 인체를 해부해 보았더니 창조의 설명과 달리 남녀의 갈비 뼈 수도 같았다.

성서는 인간이 가장 중요한 피조물이라고 설명했다. 그런데 인 간이 세상의 중심에 있는 것도 아니고, 세상의 척도도 아닌 것이 명백 했다. 그렇다면 인간 중심의 저 신념 체계가 의심스러워야 했다. 창조의 주체가 아니라면 신은 무엇인가. 신의 존재가 의심스럽다면 그로부터 권력을 위임받았다는 왕족의 존립 기반도 의심스러운 것이 당연했다.

왕이 신으로부터 권력도, 권위도 받지 못한 존재라는 점이 곳곳에서 드러났다. 새로운 질서에 대한 이해와 설명이 필요했는데 그건 대체로 문자 공부를 하고 지식을 갖춘 계층들이 제공했다. 그 생각의 묶음을 우리는 대개 계몽주의라고 불렀다. 그것은 왕실을 무력화시킨 동기이기도 하고 결과이기도 했다. 역시 스펙트럼처럼 진행된 이 과정에서 방향성은 뚜렷했다.

그리스도교는 더는 이전의 신화적 절대 권력을 갖지는 못했다. 그러나 신은 쉽게 죽거나 사라지지 않았다. 개인의 신념 체계의 가치는 굳건히 유지했다. 특히 계몽주의자들과 가톨릭의 대립이 두드러졌다. 가톨릭은 검열을 통해 계몽주의자들의 무기인 문서 출판을 구속하려고 힘썼다. 그러나 왕실, 귀족, 가톨릭 사이의 이해 불일치는 그 검열을 약화시켰다. 지식과 정보의 소유가 점점 더 힘을 얻어갔다. 그러면서 계급도 분화되어 나갔다.

전제왕권 시대에 국가는 왕의 재산이었다. 좀 더 정확히 말하면 특정 가문이 세습해서 물려받는 재산이었다. 귀족이 그 가문을 지키는 주체가 되면서 특권을 얻었다. 그런데 왕권의 집권 정통성이 의심받으면서 국가의 정체성이 달라지기 시작했다. 국경선이 선명하게 설정되고 세금 징수권을 새로 갖게 된 국가가 그 선을 지키는 군대를 유지하는 주체가 되었다. 국가는 그 세금을 이용하여 모집이든 징집이든 군대를 유지하여 외부로부터의 폭력에 대비했다.

원래 귀족들은 중무장한 기병이 되어 지휘권을 행사했다. 상비군들은 하급 귀족들로 채워졌다. 이들은 전쟁을 통해 피로 세금을 내는 존재였으므로 납세의무가 없었다. 이에 비해 1700년대 유럽의 평균 농가는 지대, 십일조, 세금으로 약 30퍼센트 정도를 바친 것으로 알려져 있다.[081]

이 시대까지 경제 요소는 토지와 노동력이었다. 귀족이 토지를 지배하고 평민은 노동력을 공급했다. 토지는 누가 만들어내지도, 없애지도 못했다. 그래서 상속해도 달라지지 않았다. 그것이 세습이 가능한 배경이었다. 그런데 왕족과 귀족이 휘청거리는 사이에 귀족과 평민 사이에 새로운 계급이 비집고 들어섰다. 정확히 말하면 이 새로운 계급이 농경시대의 사회 구조에 기반한 존재들을 밀어냈다고 보는 것이 옳을 것이다.

새로운 사회는 농경이 아니라 산업이 지배하게 되었다. 거기에는 광활한 토지가 아니라 축적된 자본이 필요했다. 심지어 전쟁도 무력을 동원하려면 돈이 필요했다. 은행과 은행 가문의 도움이 없으면 전쟁 수행이 불가능해졌다. 토지와 노동 외에 자본이 경제 요소에 추가되었다. 권력과 권위 이외의 새로운 가치기도 했다. 여기서 자본은 돈만 의미하지 않았다. 교환과 거래가 가능한 지식과 정보를 포함했다. 그런 지식자본을 축적한 그들을 지식자본가라고 호칭한다.

귀족과 평민 사이의 계급 분화였다. 대체로 자본가들로 이루어진 이 새로운 계급을 역사나 사회학 서적에서는 중간계급middle class이라고 호칭한다. 번역어로 유사하게 사용하는 단어로 중산층이 있다. 중산층은 직업 구체성보다 소득의 양이 규정하는 단어다. 그래서 경제학적 관점의 문장에서 많이 사용하는 단어다. 이 책에서는 대체로 중간계급이라고 호칭할 것이다. 어찌 호명하든 새로운 계급은 토

문화

지 상속을 전제로 하는 왕족, 귀족과 전혀 다른 가치관과 가치를 갖고 있었다.

그런데 중간계급이라는 이 단어에는 지역과 문화적 배경이 배제되어 있다. 생활양식을 포함한 문화적 의미가 포함된 단어는 부르주아지다. 대비되는 건 프롤레타리아다. 성곽 내부의 상업 촌락이 라틴어로 부르구스burgus 였다. 여기 거주하는 사람들은 부르겐세스bourgenses 였다. 경작지는 성 외곽에 있을 수 있으나 수확물은 성안에서 교환했다. 그리고 이 교환을 통해 자본을 확보한 자들이 부르주아지bourgeoisie 였다. 여기서 부르주아지는 계급의 통칭이고 부르주아bourgeois 는 그 구성원들이다. 부르주아지에는 지식자본을 갖춘 전문가 집단이 포함되어 있다. 이 단어를 부각시킨 건 마르크스의 공이다.

라틴어 프롤prole 은 자식이라는 의미다. 프롤레타리아proletariat 는 자산도 토지도 없이 자식들만 생산하는 계급을 지칭하는 단어다.[082] 이건 1820년대의 영국과 프랑스 사회주의자들이 만든 단어다.[083] 농경사회에서는 자식이 경쟁력이었다. 이들이 대책 없이 기하급수적으로 아이들을 생산해 대는 바람에 산술급수적으로 증가하는 식량이 결국 부족해질 것이라고 우려해서 유명해진 사람이 프로테스탄트 목사였던 멜서스Thomas Robert Malthus, 1766~1834 다.

이 책에서는 자본가, 중간계급, 부르주아지를 문맥에 맞게 적당히 선별해서 쓸 것이다. 우선 자본가는 고용된 노동자가 아니다. 즉 출퇴근 시간을 자의로 규정할 수 있다. 이들의 지위는 고정된 토지에 종속되지 않으므로 세습되지 않는다. 그래서 계급보다 계층으로 부르는 것이 더 나을 수도 있다. 자본은 상속했을 때 순식간에 소진될 수 있다. 소진한 그는 더 이상 자본에 근거한 중간계급일 수 없었다. 이들이 상속 자본 탕진을 예방하며 지위를 유지하는 가장 중요한 방법은 교육이었다. 그래서 이들은 대체로 높은 문해력을 갖고 있었다. 문해력이 없으면 중간계급이 될 수 없다는 표현이 옳다.

자본가가 파고들어 형성한 중간계급은 영국과 프랑스가 극단적으로 다른 길을 걸었다. 영국에서는 국왕이 성공회를 세우면서 가톨릭 교회 토지를 몰수해서 민간에 매각해 버렸다. 여기서 민간이라는 것은 토지를 구매할 능력이 있는 자본가, 즉 젠트리gentry 였다. 이들은 여기다 양을 풀어 키우며 양모 사업에 뛰어들었고, 이건 인도산 면직물 수입 이전까지 중요한 수입원이 되었다.

영국에서 귀족의 작위와 토지는 장남에게 일괄 상속되었다. 장남이 아니라서 영지 상속에서 배제된 사람들이 원래 개념상 젠트리였다. 이들은 작위나 토지가 아니라 재산으로 지위를 유지했고 대학에서 교육받는 분야인 신학, 법학, 의학 외에 상업, 금융업 등에 종사했다. 점차 젠트리의 지칭 대상이 모호해지면서 이들은 귀족과 평민 사이의 존재를 통칭하게 되었다. 이들은 혈통 외에도 재산과 교육으로 정체성을 확보했고 엄격한 자기검열과 정중한 행동 방식을 스스로 지켜나가려고 했다. 그래서 나중에 영국 신사English gentleman 라고 부를 정도가 되었다.

점점 귀족의 후손들도 젠트리들과 함께 이튼이나 윈체스터 같은 사립학교를 졸업했다. 그리고 옥스퍼드와 케임브리지대학에서 교육을 받아야 사회적 인정을 받게 되었다. 계급이 이루는 스펙트럼은 그 구분이 좀 더 흐려졌다. 그러나 적어도 영국에서 그 존재 자체는 의심의 여지가 없었다. 자본가의 종교가 일사불란하게 프로테스탄티즘일 수는 없다. 그러나 프로테스탄티즘이 자본가를 육성하는 가장 중요한 종교였던 것도 틀림없다.

프랑스는 계급 구분이 훨씬 뚜렷했는데 그 해체 과정도 화끈했다. 왕족과 귀족은 피라미드 구조를 이루고 있었다. 왕실은 통 큰 태양왕 루이 14세Louis XIV, 1638~1715 덕분에 재정압박이 심했다. 왕실은 관직을 매매했고 현금 경쟁력이 있는 부르주아지들은 관직을 샀다. 이들은 무기를 구입하면서 군 복무도 해 귀족이 되기도 했다. 프랑스의 귀족은 프랑스혁명을 통해 순식간에 사라졌다. 그러나 나폴레옹 이후 왕정은 다시 등장했고 나폴레옹 3세Napoleon III, 1808~1873 에 이르렀다. 결국 1870년 보불전쟁의 패전으로 왕실도 완전히 사라졌다. 이 과정에서 국방의 주체가 문제가 된다.

국민개병제를 최초로 실시한 곳이 바로 혁명 직후의 프랑스였다. 1793년 혁명정부는 총동원령으로 모든 성인 남성을 100만 명 넘게 징집했다. 귀족을 대신해 군대를 지휘할 장교들을 별도로 선발해서 전문가로 키웠다. 역시 귀족이 맡았던 행정은 세금으로 월급을 받는 전문 관료들이 맡았다.

제도를 정비한 국가들은 그렇지 못한 국가들을 무력으로 점령해나갔는데 그걸 부르는 이름은 제국주의였다. 승전을 통한 배상금은 세금에 더해져서 더욱 막강한 군대를 운용하게 되고 관료들을 양성시켰다. 식민지에서는 수탈이라는 방식이 선택되었다. 더 이상 전쟁은 귀족의 것이 아니라는 점이 확연히 증명되었다. 중간계급은 귀족의 눈치를 보며 장식에 집착할 필요도 없었다. 이들은 확실히 자신들의 가치관을 가시화해도 좋다는 자신감을 얻게 되었다. 오히려 귀족과 차별화할 필요가 있었다.

문화

잔디밭 출입 금지

자주 접하는 문장이다. 이걸 무시하고 걸어 들어가면 비문화인으로 지탄받기 쉽다. 잔디밭에는 왜 들어가지 말라는 걸까. 거기에는 귀족을 배제하는 전략이 깔려있다. 문화라는 단어는 어쩌다 이런 가치를 획득했을까. 거기에는 중간계급의 차별화 전략이 개입되어 있다. 비교할 대상은 귀족이었다.

귀족들은 세습 받은 재물을 소비하며 존재가치를 과시했다. 화려한 생활이었다. 그들은 건물, 의상 외에 자신들의 행동규범을 통해 정체성을 차별화했다. 그 독특한 행동규범을 지칭하는 단어는 에티켓etiquette이었다. 프랑스어 냄새가 짙게 풍긴다. 이 에티켓을 주제어로 도서관의 서적을 검색하면 20세기 전반 이전의 문서들이 대거 등장한다. 그 시대에 중요한 단어였다는 의미다.

에티켓의 어원은 에스티켓estiquette이다. 푯말이나 표지라는 의미다. 야사에 가까운 흥미로운 설명이 있다. 루이 14세는 베르사유궁에 전대미문의 훌륭한 조경을 완성했다. 그러나 그는 신하, 귀족들이 잔디와 꽃밭에 발을 들여놔 조경을 망치는 걸 그냥 볼 수가 없었다. 그래서 곳곳에 출입 금지 푯말을 붙여놨다는 것이다.[084] 이후 에티켓은 귀족이 마땅히 따라야 할 행동규범을 지칭하게 되었다는 이야기다. 이 외에도 여러 어원설이 있으나 공통점은 하나다. 귀족의 행동규범.

잔디밭 출입금지 표지가 붙은 비엔나 인민공원. 출입하지 않는 것이 에티켓, 매너, 혹은 문화소양이라고 한다.

루이 14세의 궁정은 공간과 권력이 일체화된 동심원 체계였다. 복판에 왕이 있었고 왕의 침실에 가깝게 접근할수록 높은 권력자였다. 이들은 정교한 행동규범에 맞춰 자신의 존재를 표현했다. 왕의 궁정에서는 궁정 예절courtoisie이 있었고 이는 행동을 통한 계급의 규정 방식이었다. 베르사유궁에 접근이 되지 않는 지방 귀족들도 궁정 예절을 따랐다. 귀족 지위의 매관매직이 일상이던 시절이니 이들은 귀족이 되기 위해 출생보다 우아한 예절이 중요하다고 강조했다.

지금도 외교에서 프로토콜protocol이 중요한 이유는 불필요한 분쟁을 사전에 막아주는 암묵적 장치이기 때문이다. 궁정 예절은 계급의 차별적 과시 방법이지만 상대방에게 무력 동원 의지가 없음을 보여주는 언어기도 했다. 전쟁에 참가하는 기사에게 특히 예절이 강조되었는데 약자에 대한 배려와 표현이 중요했다. 그 약자는 언제나 여성이었다. 상대방에 대한 호칭, 적절한 복장, 걸맞은 인사 방법 등이 모두 포함되었다. 특히 식사 예절 규정이 많다. 두 손을 사용하는 식사 시간이 가장 무력에 취약한 시점이기 때문일 것이다. 존재감이 위협될수록 존재를 적극적으로 부각시켜야 한다. 기사의 전투적인 차별성 과시 기회가 줄면서 예절이 더욱 강조되어야 했다. 그걸 기사도라고 불렀다.

예절이나 규범은 행동으로 표현되는 언어라서 문자로 옮길 수 있다. 유럽에서는 꽤 많은 규범서들이 계속 등장했다. 영어로는 이미 12세기경에 〈문명인을 위한 책 Urbanus Magnus 〉이 등장했다. 전승되던 라틴어 규범을 옮긴 것이라는 이야기도 있다. 규범 이행 대상은 남자였다. 이 책은 좋은 시민이 되는 법, 정중하게 식사하는 법, 위생을 유지하는 법, 섭생을 챙기는 법, 집안 일상을 유지하는 법 등이 담겨있다. 내용상 현대에는 절대 적용할 수 없는 지침들도 수두룩하다.

영국은 프랑스에 비하면 궁정이라는 구심점이 없거나 약한 사회였다. 영국 귀족들은 프랑스의 예법을 적당히 눈치껏 따라 하는 수준이었다. 그런데 혁명기에 영국으로 피신한 프랑스 귀족들이 있었다. 귀족의 궁정 예절도 도버해협을 건넜다. 영국 상류계층이 결속을 위해 모이는 집단은 사교계 society 였다.[085] 산업혁명기에 귀족들은 돈이 절실했고 젠트리들은 지위와 명예가 필요했다. 이들은 사교계에서 결혼 전략으로 이해를 교환했다. 귀족들은 자신들의 위신을 과시해야 했고, 젠트리들의 자녀들도 그 수준에 맞게 교육받을 필요가 있었다. 그들이 함께 공유할 행동규범이 프랑스 귀족들에게서 수입한 궁정 예절인 에티켓이었다.

이전까지 영국의 예법은 매너 manners 라는 단어로 불렸다. 그런데

문화

이보다 훨씬 더 정교한 규범이 수입된 것이다. 그래서 예법 안내서들이 쏟아져나왔다. 궁정 예절을 통한 과시는 귀족보다 젠트리에게 더 필요한 가치였다. 그래서 영국의 에티켓은 산업혁명 이후의 젠트리가 귀족의 가치를 따라가려 모방한 행동규범이라고 보면 얼개가 맞는다.

독일은 궁정이라는 권력 구심점이 없었다. 귀족과 애매한 긴장 관계에 있는 젠트리도 없었다. 대신 프로테스탄티즘으로 무장한 중간계급이 형성되었다. 이들은 마땅히 귀족과 다른 가치관을 갖고 있었고 그걸 표현해야 했다. 프랑스와 영국의 에티켓이 여성중심적인, 신체에 관한 규정이라면 그들은 남성적이고 철저히 정신적인 가치 표현이 필요했다. 이들은 에티켓이 아니되 에티켓에 해당할만한 새로운 가치를 만들어냈다. 그것은 더욱 고상한 것이었고 정신적으로 향유하는 것이었다. 이들은 이미 사용되던 단어를 전용하여 자신들이 추구하는 가치를 차별화했다. 그 단어는 '문화Kultur'였다.

사용할수록 헷갈리는 단어다. 이유는 이중적 개념의 단어기 때문이다. 원래의 개념에 새로운 의미가 추가되었으므로 용법과 의미 차이에서 발생한 혼선이다. 원래 문화의 지칭 의미는 생활양식이었다. 그것은 젓가락으로 음식을 집는 문화, 바닥에 누워 자는 문화와 같이 그냥 생활의 한 양식을 지칭할 때 쓰인다. 중립적인 의미다. 그런데 여기 새로운 의미가 추가되었다. 정신적으로 향유할 높은 가치의 지칭이다. 이때 문화는 훌륭한 음악이나 그림을 음미한다는 것이다. 가치가 개입되면서 고상하고 우아하다는 형용사가 부가되는 단어가 되었다. 이 음미를 위해서 교육이 필요하다. 문화의 이런 두 개념이 헷갈릴 때 오해와 논쟁이 발생한다.

비교 이해를 위해 살펴볼 단어는 프랑스에서 출발한 '문명civilisa-tion'이다. 라틴어 단어인 시민, 즉 키비스civis 가 된다는 의미다. 첫 등장 시점은 문헌마다 설명이 약간씩 다르다. 1752년 프랑스의 경제학자 튀르고Anne-Robert-Jacques Turgot, 1727~1781 가 처음 사용했고, 4년 뒤 미라보 후작 리케티Victor de Riqueti, 1715~1789 가 책에 실어 보편화되었다는 것이 몇몇 문서에서 설명된다. 설명이 다른 서적에서도 대충 시기는 일치한다. 공통적으로 읽을 수 있는 점은 이 단어가 개인이 만든 조어라는 것이다.

그런데 옥스퍼드 영어 사전에는 이미 1656년 영어 용례로 쓰여 있어 최초 발언자 추정은 의심의 여지가 있다. 그러나 확실히 프랑스에서 많이 사용된 단어인 것은 옳아 보인다. 프랑스어에서 'civiliser'는 동사였고 대체로 개인이 도시 생활에 맞춰 규범을 갖춰나간다는 의미로 사용되었다.[086] 그런데 이것이 명사로 바뀌면서 개인의 영역을 넘어 집단의 상태를 지칭하기 시작했다.

그렇다면 문명의 척도는 무엇인가. 이 단어는 명사로 사용될 경우, 그리고 동사의 명사형으로 사용될 경우 의미가 약간 다르다. 명사라면 어느 지역의 특정한 발전 양상을 지칭한다. 예컨대 고대 이집트 문명, 이슬람 문명과 같이 가치관이 개입되지 않은 단어다. 이 경우는 문명이라고 번역해도 큰 문제가 없겠다. 그러나 동사의 명사형은 변화의 의미가 있다. 그래서 발전의 전후 관계를 파악하는 단어다. 의료 시설이 보급되고 법적 집행이 공정하게 이루어지는 것과 같은 내용을 염두에 두기 쉽다. 이 경우에는 개화, 혹은 문명화라는 번역이 더 적확하다. 그런데 명확하게 이 단어의 배경에 깔린 것은 그리스도교였다. 이들에게 문명화된 국가는 그리스도교가 전파된 국가라는 것이었다. 실제로 유럽의 저자들이 쓴 문헌들을 읽으면 그 개념이 확연하다.

이제 문화로 돌아오자. 문화가 생활양식을 지칭하기 전에는 농경 용어였다. 라틴어에서 쿨투라cultura는 재배하고 농사짓는다는 의미였다. 여기 들판, 혹은 땅을 뜻하는 아게르ager가 앞에 붙으면 농사agriculture가 되었다. 그런데 지금 문화culture를 농경 용어로 이해하는 경우는 드물다.

앞서 설명한 대로 문명은 집단적이고 객관적인 상태를 지칭한다. 법적 장치나 과학적 진보를 통해 성취하는 것이다. 그에 비해 문화는 개인적으로 추구하고 이르러야 할 주관적 가치를 지칭하기 시작했다. 독일에서 벌어진 일이었다. 독일은 후발국이라는 피해의식을 극복하지 못하고 있었다. 이런 가운데서 국가가 아닌 개인과 계급의 우월한 가치를 표현할 만한 가치가 문화였다.[087] 독일에서는 표기가 'Kultur'와 'Cultur'로 혼용되다가 'Kultur'로 통일되어 정착되었다.

이 고상한 가치의 문화는 어떻게 성취되는가. 그것은 '빌둥Bildung'을 통해 이뤄진다. 영어로도, 한국어로도 등가 번역이 어려운 단어로 유명하다. '교육을 통해 이뤄지는 고양된 인간의 가치' 정도로 풀 수 있겠다. 그것은 실용적이거나 현실적인 것이 아닌 가장 추상적인 가치였다. 독일 근대의 대학 교육이 추구해야 할 바가 그런 '빌둥을 갖춘 인간Gebildet'의 완성이었다. 가치로서의 문화는 예술, 종교, 관습 등을 연마하여 이루어가는 것이다. 즉 인간이 힘을 다해 발전하고 이뤄내야 할 추상적 의미였다. 칸트는 자신이 강조하는 숭고함das Erhabene, sublimity을 느끼려면 문화가 중요하다고 설명했다.[088]

프랑스와 영국의 에티켓이 귀족의 생활 규범이라면 문화는 독일 중간계급의 고상한 계급 차별성 가치였다. 더 문화적 인간이 덜 문화적 인간보다 물질이 아닌 정신에서 우월했다. 그리고 문화적인 인간이 되기 위하여 지속적인 교육과 연마가 필요하다. 그 연마를 측정하는 방법에 예술의 향유가 있다. 에티켓은 예술과 관련이 없었다.

당연히 영어권에서는 이 변화가 좀 늦게 발견된다. 옥스퍼드 영어 사전에 의하면 영어에서 문화가 인류학적 용어로 사용된 용례는 1871년에 등장한다. 특정한 생활양식을 지칭하게 된 것이다. 그리고 이 새로운 의미가 영어권에서 전반적으로 받아들여지게 되는데 약 50년 정도의 세월이 필요했다.[089] 그리고 여기 음미할 가치의 의미가 추가되었다.

중간계급의 고상한 가치로서의 문화를 배타적으로 유지하기 위해 차별화할 대상들이 반대 방향에도 있었다. 이들은 향유를 위해 교육 받을 필요가 없는 직설적이고 즉물적인 가치였다. 그래서 호명에서 차별화해야 했다. 대상이 농민이면 농민문화folk culture, 노동자면 대중문화mass culture 라는 단어가 사용되었다.

토크빌Alexis Tocqueville, 1805~1859 이 관찰한 바에 의하며 유럽의 매너가 계급에 따라 달라진다면 미국의 매너는 계급과 관련이 없었다. 미국은 민주주의 개척의 자부심 이면에 문화적 피해의식이 있는 나라였다. 미국이 자신의 문화 특이성을 설명하는 단어로 20세기 들어 사용한 것이 팝문화pop culture 다. 미국은 대중 소비문화로 표현되는 자신들이 정체성을 근엄한 독일 문화와 차별화하려고 한 것이다. 미술에서는 만화나 영화의 소재를 기계적 재현으로 표현하고, 위치 규정이 애매한 뮤지컬을 음미 대상으로 설명하는 것이다.

유럽 문화에 영향을 미친 첫 미국인은 아마 건축가 라이트Frank

  문화

Lloyd Wright, 1867~1959 라고 보아야 할 것이다. 동기는 1910년 독일의 출판사 바스무트Wasmuth 의 라이트의 작품집 출간이었다. 네모난 상자에 집착하던 유럽 건축가들에게 전혀 다른 평면 조직을 지닌 그의 작업이 널리 알려지게 되었다. 그다음에 등장하는 미국인은 지휘자 번스타인Leonard Bernstein, 1918~1990 정도일 것이다. 그는 유럽인이 지배하던 미국 주요 오케스트라의 당대 유일한 미국 출생 지휘자였다. 그리고 심지어 유럽의 주요 오케스트라를 지휘하기도 한 희귀한 첫 미국 출생 미국인이기도 했다.

문명이건 문화건 당연히 동아시아에는 없는 개념들이었다. 'civilization'을 '문명文明'으로 번역한 것은 일본의 후쿠자와 유기치福澤諭吉, 1835~1901 였다.[090] 이에 비해 니시 아마네西周, 1829~1897 가 선택했던 단어는 '개화開化'였다.[091] 'culture'가 문화로 번역된 것은 일본의 메이지시대인 것은 틀림없다. 그런데 최초 제안자의 이름은 명확히 드러나지 않고 있다. 다만 단어의 출처가 〈한서예문지漢書藝文志〉의 '성인은 하늘을 본받아 예악을 제정하여 백성을 문치교화文治敎化 한다'라는 구절이라는 사실에는 이견이 없다.

예술

어제의 세계

스테판 츠바이크Stefan Zweig, 1881~1942는 비엔나에서 태어난 부유한 유대인이었다. 그러나 유대교도는 아니었다. 그는 나치를 피해 다니다 브라질에서 스스로 세상을 떠났다. 그의 인생은 자서전 〈어제의 세계〉에 잘 드러나 있다. 19세기 후반 비엔나에 살던 부르주아지의 정체성과 입장이 여기저기 보인다. 그들은 돈을 잃는 것보다 계급에서 몰락하는 것을 두려워했다.

비교적 가난한 친척의 젊은 아가씨가 결혼 적령기에
도달하면 집안 전체가 상당한 지참금을 서로 거두어 냈는데
그것은 단지 '하층'과의 결혼을 막기 위함이었다 [092]
시민 사회에서 프롤레타리아로의 전락은 최대의 위협이었다 [093]
모든 부유한 가정에서는 '교양 있는' 자식을
기르는 일에 특별히 신경을 썼다 [094]

중간계급, 부르주아지는 몰락을 막기 위해 문화와 교양의 긴장감을 유지해야 했다. 과연 츠바이크는 문화적, 예술적 감수성이 탁월한 사람이었다. 자서전에는 그를 위해 투입된 교육 이야기가 많다. 여기서 문화적 교양을 유지하기 위한 교육의 도구가 예술이었다. 그렇

다면 예술은 어떻게 그 가치를 획득하게 되었을까. 그 과정을 추적해 보자.

프랑스의 샤를르 바뙤Charles Batteux, 1713~1780가 1746년에 기념비적 책을 발간했다. 〈한 가지 주제로 축약한 아름다운 예술들Les beaux arts réduits à un même principe〉이라는 제목이었다. 이 작업은 별 연관이 없어 보이는 몇 개의 분야들을 하나의 공통적 주제 아래 명쾌하게 묶어냈다는 점에서 중요했다. 그 주제는 '아름다움을 만드는 작업들beaux arts'이고 방법은 '아름다운 자연belle nature'의 모방이었다.

신이 창조한 자연이 아름답다는 것은 그리스도교인들이 마땅히 견지하는 자세였다.[095] 아름다운 예술은 인생의 잉여가 있는 자유로운 사람들이 향유하는 작업이었다. 이것은 생존에 필요한 '기술적 작업들mechanical arts'과는 대비되는 것들이었다. 기술적 작업들은 먹고살기 위해 하는 일과 결과물이었다.

바뙤가 묶은 것은 시, 회화, 조각, 음악, 무용이었다. 여기서 시는 서사문학이고, 무용은 연극을 포함했다. 바뙤는 아름다운 작업과 기술적 작업 사이에 있는 것도 지목했다. 생존에 필요하되 아름다움을 만들어내는 작업이다. 수사학과 건축이 해당되었다. 이 둘을 포함하면 다음 장에 설명할 리버럴아트와 대비 되는 일곱 개의 분야가 깔끔하게 완성된다.

그의 책은 곧 영어, 독일어, 스페인어, 이탈리아어, 덴마크어 등 여러 언어로 번역되어 나갔다. 그리고 〈백과전서〉 여기저기에 반영되었다. 〈백과전서〉의 편집자들은 바뙤의 구분에서 무용은 빼고 대신 판화를 넣었다. 그리고 〈백과전서〉의 여러 저자들이 바뙤의 설명을 자신들의 항목에서 인용했다.[096] 이 단어는 특히 영어로는 화인아트

fine arts 로 번역되었다.[097] 바로 우리가 사용하는 단어, 예술이다.

독일에서 이 가치를 철학적 사고의 대상으로 삼기 시작했다. 가장 막강하게 사고체계를 세워준 철학자가 칸트와 헤겔이었다. 칸트는 〈판단력비판〉을 통해서, 헤겔은 나중에 〈미학〉으로 기록된 강의를 통해 예술을 범접할 수 없는 사고의 대상으로 만들어주었다. 두 사람이 없었다면 지금 예술은 전혀 다른 사회적 지위를 갖고 있을 것이다.

칸트는 바뙤의 구분을 인용하면서 예술은 천재들의 작업이라고 평가했다.[098] 칸트는 예술의 가치가 역사적 서술이 아니고 아름다움에 있다는 생각을 체계화시켜 주었다. 그는 취향에 의해 판단되는 아름다움 외에 고도의 지적 감흥에 의해 유발되는 숭고함을 부각시켰다. 숭고함을 느끼게 하는 대상은 추상적인 것이다.[099] 그리고 이들이야말로 미학의 대상이라고 규정했다. 그는 언어로 표현되지 않고 형태도 없는 음악이 자연계의 꽃과 같은 독립적 아름다움pulchritudo vaga 을 갖춘 것이라고 가치를 정리했다.[100]

헤겔 역시 예술의 단계를 나누었다. 상징적 예술에서 고전적 예술, 낭만적 예술로 이어지는 위계와 구분은 예술적 인식에 대상의 차별화가 개입한다는 것을 의미한다. 즉 예술에 위계가 여러 겹으로 존재한다는 이야기였다.

아름다움을 추구하는 것이 가치 있는 작업임은 틀림없겠다. 그런데 이들의 주장을 잘 보면 좀 독특한 판단기준이 새로 적용된 것을 이해할 수 있다. 인간의 감각은 시각, 촉각, 후각, 미각, 청각이 있다. 그런데 이 철학자들의 기준으로 보면 가치 있는 감각은 시각과 청각만 남는다. 나머지 촉각, 후각, 미각으로 느껴지는 것은 고상하지도 않고 쾌락적인 것으로 가치가 상대화되었다. 칸트와 헤겔에게 중요한 것이 몸에 직접 닿지 않는 금욕적이고 추상적인 가치였다.

예술이라고 분류된 것들은 모두 비접촉적이라는 공통점을 갖고 있다. 더 비물질적일수록 더 지위가 높았다. 즉 물질적 구속이 없는 아름다움이 최고의 가치를 갖게 되었다. 음악은 보이지도 만져지지도 않는 재료를 사용해서, 보이지도 만져지지도 않는 아름다움을 만드는 작업이다. 그래서 음악이 가장 고귀한 가치를 지닌 것으로 평가되기 시작했다.

촉각, 후각, 미각을 위한 것이 추구할 가치가 아니라면 먹고 마시는 것의 가치가 상대적으로 하락할 수밖에 없다. 식사는 끼니에 지나지 않는다. 사실 그리스도교에서도 먹고 마시는 것은 중요한 의례 중 하나였다. 예수가 제자들과 식사를 했으니 성찬식이 바로 그것이다. 빵과 포도주를 살과 피라고 비유했다는 사실은 초기 그리스도교가 이교로 기피되는 이유의 하나였다. 그러나 프로테스탄트들에게 성찬식은 그 중요도가 낮아졌고 포도주도 그냥 술의 하나일 뿐이었다.

미술, 조각, 건축은 물질적인 재료를 다룬다는 근거로 그 순서대로 상대적 가치가 떨어졌다. 말하자면 이들은 물질적 재료를 통해 아름다움을 만들고 뭔가에 사용해야 하는 대상이었기 때문이다. 칸트의 설명으로는 의존적 아름다움 pulchritudo adhaerens 을 만드는 작업들이다. 특히 이들은 종교개혁 과정에서 볼 때 우상을 만들고 전시하는 주범들이었으므로 특히 출신성분이 좋지 않았다.

음악 내부에서도 같은 기준으로 가치 분류가 이뤄졌다. 몸으로 직접 소리를 내지 않는 기악이 훨씬 중요해졌다. 프로테스탄트 국가에서는 종교 음악이 아니라면 기악곡들이 훨씬 더 중요했다. 성악으로 이뤄지는 오페라는 기악곡들과 좀 다른 노정을 거쳤다. 이탈리아와 프랑스와 같은 가톨릭 국가에서는 즐겁고 직관적인 오페라가 여전히 중요한 음악이었다.

화인아트fine arts는 심지어 리버럴아트를 대체하여 아트라고 통칭하게 되었다. 이들은 학교에서 공부하는 대상들이 아니었으므로 과목이라고 부르기는 어려웠다. 그러나 이들은 독일에서 빌둥을 구현하는 중요한 근거였다. 독일에서 중간계급은 문화와 함께 예술이라는 고귀한 개념을 통해 자신들의 정체성을 귀족들과 차별화시켰다. 이들은 예술을 추상적으로 음미할 대상으로 규정하며 가치를 격상시켰다. 이건 귀족들에게는 알려지지 않았던 가치였다. 회화와 조각도 점점 더 추상적인 가치를 찾아 나갔다. 이들이 추상적일수록 더 순수하다는 가치를 축적해 나갈 수 있었다. 심지어 건축도 그간 빼곡하게 붙이고 있던 서사적 가치를 벗어버리고 추상적인 상자가 되어갔다. 중간계급의 회화는 형태도 소거해 나갔다. 미술은 음악과 유사하게 추상적으로 변해간 것이다.

추상적 예술을 목도하고 당황한 것은 프롤레타리아를 전면에 내세운 소련이었다. 혁명으로 집권한 세력은 처음에는 귀족이 사라진 세계의 추상적 예술에 동조하는 입장이었다. 그런데 그것이 부르주아지라는 중간계급의 것임을 깨달은 다음에는 다른 입장을 취해야 했다. 20세기 내내 사회주의 국가들은 신고전주의, 리얼리즘을 선택했다. 리얼리즘이라면 구상적 형태가 필요한데 이들의 주제는 노동과 노동자, 혁명과 혁명가였다. 추상적 화면은 억압되었다. 음악도 선전과 선동의 도구가 되어야 했다. 가장 추상적 도구인 음악으로 혁명의 구체적 선동을 이루라는 모순 요구 사이에서 번민에 가득 차야 했던 작곡가가 소련의 쇼스타코비치Dmitri Shostakovich, 1906~1975다.

문화와 예술. 신비로운 단어다. 현대의 사회적 가치는 저 두 단어에 집중되어 있다. 그래서 두 단어는 절대적 권력이다. 모두 우아한 모습을 갖고 있고 향유할 대상으로 인식되기 시작했다. 중간계급의 가치는 다른 계급의 가치와 구분, 강조하기 위해 순수예술이라고 호칭했다. 순수음악, 순수미술이 등장한 것이다. 비교 대칭 지점에 대중음악, 대중미술이 배치되었다.

노동자들의 그림은 주변에서 쉽게 접할 수 있는 풍경이었다. 누가 설명해 줄 필요도 없고 사전 교육도 필요 없었다. 음악도 다를 바가 없었다. 사실 베토벤, 슈베르트, 모차르트 모두 학교 음악 교육을 받은 적이 없는 작곡가들이다. 그러나 음악이 고상한 것으로 변모하면서 음악 생산에 대학 졸업장이 요구되었다. 이에 비해 소위 대중음악이라고 부르는 음악들의 작곡에는 졸업장이 필요하지 않았다.

자유

돈은 주조된 자유다

도스토예프스키 Fyodor Mikhailovich Dostoevsky, 1821~1881 는 시베리아 유배 경험자였다. 그는 자신의 역설적 경험담을 명료한 문장으로 옮겼다. 자유 freedom 가 없는 감옥에서도 돈은 구매할 수 있는 자유 liberty 를 주더라. 우리는 번역 단어로 자유 自由 라는 한 단어를 쓴다. 그러나 영문 두 단어의 의미는 약간 다르다는 걸 이해할 수 있다. 물론 두 단어에는 폭넓게 겹치는 부분이 있다.

두 단어는 출생 성분이 다르다. 'liberty'의 어원 명사는 라틴어 'libertas'다. 'freedom'은 독일어가 어원이다. 이를 염두에 두고 보면 두 단어의 용법도 좀 다르다. 라틴어는 고대 로마 사회를 배경에 깔고 이해해야 한다. 'liberty'는 사회적이거나 제도적인 자유다. 좀 더 적극적인 의미로서 투표를 할 수 있고, 공직을 맡을 수 있고, 시민 법정에서 재판받을 수 있는 자유였다. 노예 serves 가 아닌 자유인 liber 의 권리였다.

그러나 'freedom'은 구속으로부터의 자유다. 즉 속박이 제거된 상태를 의미한다. 노예가 자유를 얻었다면 그것은 속박이 없는 상태에 이른 것을 말한다. 노예인 상태에서는 자유라는 단어가 병치 되지 않는다. 노예가 'freedom'을 얻기 위해서는 투쟁해야 한다. 스스로 쇠사슬을 풀기 위한 유일한 방법은 폭력이라는 것이 대체적 의견이다.

사회인으로서 자유롭게 투표하고 발언할 수 있는 자유는 'liberty'였다. 자연인으로서 갖고 있던 'freedom'을 빼앗기면 노예가 된다. 그래서 귀족은 'liberty'가 더 많았고 노예에게는 'freedom'이 박탈되었다. 'freedom'은 통제되지 않으면 무질서에 가까워질 수 있지만, 'liberty'는 엄정한 질서를 전제로 작동한다. 노예는 'freedom'을 얻기 위해 폭력적으로 투쟁해야 하지만, 시민이 'liberty'를 얻기 위한 조건은 좀 다르다. 놀랍게 여기서 혜안을 제시하는 문서가 있다. 다시 〈요한복음〉이다.

진리가 너희를 자유롭게 하리라
veritas liberabit vos _ 요한복음 8:32 (개역한글)

성서에서 가장 널리 알려진 문장의 하나일 것이다. 여기서 진리는 도구이고 이를 통해 얻고자 하는 가치는 자유다. 〈불가타성서〉의 이 단어 원형은 'liberatus'다. 자유롭게 된다는 동사다. 더 자유로워진 인간, 이것이 고대 그리스와 로마시대부터 확립된 시민의 가장 중요한 가치였다. 이를 위해서는 우선 노예가 아닌 신분으로 태어나야 했다. 노예는 자유가 없으며 시민의 권리도 없는 상태가 세습되었다.

태생 신분으로 자유가 보장되지 않았다. 자유를 갖춘 시민이 되려면 공부해야 했는데 가장 중요한 것은 말을 제대로 하는 능력이었다. 정확히 생각하고 명료히 이야기하고 적극적으로 설득할 수 있어야 했다. 수사학이 필요했다. 키케로는 연설로 타인을 설득시킬 능력이 후마니타스humanitas의 기본 조건이라고 설명했다. 이들은 토론하고 유언장을 남기고 증언을 하고 계약서를 썼다. 모두 법적 자유다.

대학의 교훈으로 사용된 진리와 자유. 원문이었던 영어에서는 'free'보다 'liberate'가 더 적당했을 것이다.
The truth will liberate you.

자유롭기 위해 공부할 과목이 체계적으로 정리되기 시작했다. 공부는 문자로 하는 것이었다. 문자를 읽을 수 있는 사람들은 수도원에 있었다. 라틴어를 읽을 수 있는 사람은 성서를 읽어야 하는 사람들이고 다른 언어는 문자 체계조차 제대로 잡혀있지 않았다. 많은 이의 경험과 시행착오로 공부 과목 목록이 만들어졌을 것이다. 그 과목들은 당연히 리버럴아트artes liberales 라고 불렀다.

가장 오래된 목록으로는 바로Marcus Terentius Varro, 기원전 116~기원전 27 가 정리한 9개의 과목novem disciplinae 이 남아 있다. 문법, 수사학, 논리학, 수학, 기하학, 천문학, 화성학, 의학, 건축이 그 명단이다. 건축이 포함된 것이 좀 신기하기는 하나 자세한 내용은 전해지지 않는다. 다만 그는 비트루비우스의 〈건축십서〉에도 인용된 이름이고[101] 건물을 설계해서 지었다는 기록도 남아 있다. 15세기의 건축은 문자 전승이 가능한 리버럴아트로 간주되는 경우가 있었으나 문자로 표현할 수 없는 회화나 조각은 자유와 관련이 없는 기술이었다.[102] 건축은 리버럴아트와 화인아트에 다 걸쳐있는 괴상한 속성을 갖고 있었고, 여전히 그렇다.

아홉 개 과목에서 의학과 건축이 배제되었다. 리버럴아트는 문법, 논리학, 수사학으로 이루어진, 논리적 설득의 3학trivium 과 수학, 기하학, 천문학, 화성학으로 이루어진 조화의 4과quadrivium 체계가 되었다. 일곱 개 과목으로 이루어진 멋진 체계였다. 여기서 4과는 고대 그리스 철학자들이 세워놓은 체제 위에 서 있었다. 수학은 모든 학문의 기초였고 그 바탕에 기하학은 유클리드, 천문학은 아리스토텔레스, 화성학은 피타고라스가 만든 세계가 자리 잡고 있었다.

고대 그리스에서 로고스로 검증된 지식체계가 진리veritas 였다. 진리가 자유를 얻게 하는 것인데 자유로 얻은 능력이 지혜sophia 고 지혜를 갖춘 자는 현자sophos 였다. 즉 진리는 지적 질서 체계인데 그를 통해 사안에 대한 합리적 추론이 가능해진다. 그 추론 능력이 지혜인 것이다. 그런데 피타고라스는 겸손하게 자신이 아직 현자가 되고자 하는 단계의 사람이라고 표현했다. 그 단어가 지혜를 사랑하는 사람philosophos 이었다.

박사doctor of philosophy 는 지혜를 사랑하는 사람의 증표였다. 지혜를 통해 혼자서 더 공부할 능력을 갖췄다고 인정된 사람에게 수여된 자격증이었다. 그래서 지혜를 얻기 위해 가장 먼저 공부해야 할 기초 과목들이 리버럴아트liberal arts 였다. 지혜는 자유에 의해 얻어지고 자유를 주는 것이기 때문이다. 저 기초 공부들은 근원인 아르케ἀρχή, arche 에 대한 질문을 할 수 있는 능력을 배양해 준다. 그건 기술과 다른 능력이었다.

자유로워지려면 언어로 자신의 의지를 상대에게 관철하는 능력도 있어야 한다. 명료하고 설득력 있게 읽고 쓰고 말할 수 있어야 한다. 그래서 로고스가 중요하다. 대화가 되지 않는 자연이 대상이라면 이해에 근거한 예측이 가능해야 한다. 채집을 접고 정착 농경을 시작한 것도 예측에 의한 자유도가 높기 때문이라고 이미 설명했다. 그래서 3학을 공부해야 한다.

지혜의 대명사 솔로몬을 소환해 보자. 그의 일화는 엄마를 자칭하는 두 여자의 분쟁 해결 건이었다. 한 아이를 놓고 두 여자가 서로 자신이 엄마라고 우겼다는 것이다. 솔로몬은 칼로 아이를 잘라 반씩 나눠주겠다고 했다. 그런데 한 엄마가 그러려면 아이를 상대방에게 주라고 했고 그래서 그 여자가 엄마라고 판단했다는 이야기다. 지혜로운 판정이다. 그런데 여기서 중요한 근거는 바로 근원에 관한 질문이었다. 엄마는 뭐냐는 질문이다. 솔로몬은 아이를 낳은 사람이 엄마가 아니고 아이를 사랑하는 사람이 엄마라는 결론을 내렸다. 이런 지혜로운 판단은 근원에 관한 질문이 선행되어야 내릴 수 있다는 교훈이다. 그래야 이후 자유로운 판단을 내릴 수 있다. 그래서 4과를 공부해야 한다.

시리우스가 떠오르면 나일강이 범람한다. 이건 경험에 근거한 정보다. 그런데 어떤 정보는 그 인과관계의 설명이 가능해졌다. 즉 사실에 관해 로고스를 통한 체계적, 논리적 설명이 가능해지면 지식이 된다. 그러면 예측 가능성이 커진다. 그리고 그 내용이 서적을 통해 종합, 정리되어 전수가 가능해지면 학문으로 인정받는다. 그러면 전수할 수 있는 과목이 된다. 그 전수의 기관으로 대학이 등장했다.

〈Philosophie Zoologique〉라는 프랑스어 서적 제목을 직역하면

　　　문화

〈동물학의 철학〉 정도가 될 것이다. 단어 조합이 당황스럽게 느껴지는 것은 동물과 철학이 한 줄에 놓이기 때문이다. 철학은 고도의 인간 사고를 규정하는 것인데 거기 동물이 관련될 여지는 없어 보인다. 그러나 이건 동물 체계를 논리적으로 정리한 책이다. 저 책의 저자는 다윈보다 앞선 진화론의 선구자 라마르크Jean-Baptiste Lamarck, 1744~1829다. 우리에게는 용불용설이라는 단어로 알려져 있다. 저 서적을 통해 동물학은 명확히 지식 전수의 대상으로 자리 잡았다.

뉴턴의 기념비적 저서가 〈자연철학의 수학적 원리Philosophiae Naturalis Principia Mathematica〉다. 그러나 이 제목의 단어, 철학은 현대적 직역이다. 풀어 쓴다면 '수학으로 해설한 자연의 원리 이해' 정도일 것이다. 이후 천체 현상의 설명과 예측이 가능해졌다. 점성술이라는 신념은 과학이라는 지식으로 대체되었다.

동아시아에서 'philosophy'의 번역어를 처음 사용한 사람이 니시 아마네西周, 1829~1899라는 건 널리 알려져 있다. 그가 원래 사용했던 단어는 '지혜를 사랑하여 구한다'라는 의미를 지닌 '희철학希哲學'이었다. 이건 그가 만든 단어인데 근원은 중국 주돈이周敦頤, 1017~1073의 〈통서通書〉였다. 성인의 경지에 이르는 길을 설명한 책이다. 여기서 '선비는 현명함을 사랑하여 구한다'는 뜻의 '사희현士希賢'이라는 단어가 등장한다. 결국 니시의 번역 단어는 철학으로 정착되었다. 그래서 나중에 과학이라는 이름을 얻게 될 분야도 처음에는 자연철학으로 지칭되었다.

자유 역시 메이지시대의 번역이었다. 자유의 두 단어는 수입되면서 병행 배치되었다. 즉 의미 분화가 없이 사용되었다. 그래서 처음에는 중국에서 사용하던 단어까지 들여와서 자유, 자주, 자전, 자득 등의 단어가 번역어로 사용되었다.[103] 원래 자유라는 단어는 이전까지는 멋대로 한다는 부정적 의미가 강한 단어였다. 방자하다는 의미로 쓰는 경우가 많았다.

후쿠자와 유기치는 1866년 〈서양사정西洋事情〉에서 'liberty'와 'freedom'을 같은 가치를 갖는 단어로 보고 번역어로 '자유'를 선택해 사용했다.[104] 그리고 밀John Stuart Mill, 1806~1873의 〈On Liberty〉가 1872년 나카무라 마사나오中村正直, 1832~1891에 의해 〈자유지리自由之理〉로 번역되면서 굳건한 위치를 확보하였다. 존재하지 않던 개념인 권리right의 번역에 골머리를 앓던 메이지시대에[105] 자유에 대한 더 이상의 정교한 개념 구분은 어려웠을 것이다. 이후 이 단어가 우리에게 수입되었다.

대학

학사복과 도시

대학도시를 설명하는 영어 단어가 'gown and town'이다. 계획 없이 생겨난 대학의 출발을 증언하는 단어다. 과연 대학은 그렇게 생겨났다. 초등학교, 중학교, 고등학교를 마치면 대학교에 진학한다. 모두 뒤에 학교라는 단어가 붙어있다. 그래서 대학을 오해하는 경우도 꽤 있다. 학교는 초등학교에서 출발해서 점점 고등학교로 연한을 확장해 나간다. 그러나 대학교는 출생 성분이 아예 다르다. 대학교는 어떤 종류의 학교school 라기보다 그냥 유니버시티university 다. 대학교는 영어 단어에서 보이듯 확연히 다른 기관이다. 적당한 번역어를 찾지 못한 메이지시대의 철학자들이 이 특이한 기관을 그냥 '큰 학교大學校'라고 번역해 버렸다.

권력자는 군림과 통치 사이에 존재한다. 통치하기 위해서는 통치 대상에 대한 정보가 필요하다. 공간적 정보를 얻기 위해 지도가, 인간적 정보를 얻기 위해 센서스가 필요하다. 로마시대에 통치가 가능했던 것은 센서스를 시행했기 때문이다. 예수 태생 시에 가족이 베들레헴까지 가야 했던 이유도 센서스였다고 기록되어 있다. 이 정보가 없다면 권력자는 오로지 군림하게 된다. 센서스의 결과는 문자로 남는다.

문자 해득 능력이 출세에 도움이 되는 것이 확연해졌다. 지식이 전승과 거래의 대상이 되었다. 지식 전승 기관으로 대학이 등장했다. 정보가 조립된 지식을 문자로 전달하는 기관이다. 여기에는 세 구성 요소가 필요했다. 지식을 가진 교수, 지식 전달 매체인 책, 지식을 받으려는 학생이다. 교수와 비교해 학생이 많은 것은 당연했다. 교수의 지식과 학생의 수업료가 교환되었다. 농경의 잉여 교환을 위해 공간을 공유해 도시를 만든 것처럼 이들도 도시에 모여야 했다.

유럽에서 장인들이 단결하여 길드를 만들었고 자신들의 힘을 배타적으로 과시했다. 지식에도 그런 길드가 형성되었다. 첫 대학은 볼로냐에서 생겼다. 도시는 예나 지금이나 인구가 경쟁력이다. 외부에서 학생들이 모여들면서 볼로냐의 시민들이 이들을 대상으로 하숙비 받고 식당 운영하고 생활용품을 판매했다. 도시경제가 좋아졌다. 그런데 시 정부는 외부에서 온 학생들을 차별했다. 결국 학생들이 단결했다. 길드, 혹은 조합이라고 해도 좋을 집단을 만들었다. 학생들이 다른 곳으로 가버리겠다고 시와 거래를 할 수 있었다. 다만 이름이 달랐으니 학생들의 길드는 대학universitas 이었다. 학생들의 대표가 렉토르rector 였다. 길드는 단순한 모임이 아니라 권력 기관으로부터 공식 특허장으로 인정받아야 한다. 볼로냐대학은 신성로마제국 황제로부터 특허장을 받았다.

교수가 아니고 학생들의 조합이었다는 것이 중요하다. 당연히 학생들의 발언권이 컸다. 지금 한국의 학원 강사들처럼 수강생 수가 강의료 규정 변수였다. 나중에는 볼로냐시 정부에서 교수 급료를 지급했다. 그러면서 학생들의 영향력은 줄었다. 오합지졸로 생긴 대학이니 캠퍼스의 구획이 있을 리가 없었다. 지금의 볼로냐가 그걸 증언한다. 간판이 붙어 있지 않으면 학교 건물인지 아닌지 알 길이 없다.

 문화

이탈리아 볼로냐의 중심가. 캠퍼스 구획이 없어서 대학과 도시의 구분이 없다.

여전히 학생들과 시민들이 적당히 섞여 몰려다니고 광장에 나와 앉아 먹고 떠든다.

다음 대학은 파리에서 등장했다. 여기는 교수가 선도한 조합이었다. 가톨릭 교구에서 교육 사안을 담당하며 교수들과 교섭하는 사람은 첸슬러chancellor였다. 파리에서도 대학을 통한 인구 증가는 좋은데 이들이 대체로 젊은 층들이었다는 게 항상 문제였다. 물불 안 가리고 사고를 치는 경우가 당시에도 많았던 모양이다. 결국 학생이나 교수가 범죄에 연루되었을 경우 성직자들처럼 교회법의 적용을 받았다. 특혜였다. 파리대학은 프랑스 국왕과 교황의 특허를 받았다.

대학에서 3학 공부를 마치면 인문학사baccalaureus artium를 수여했다. 그리고 4과를 마저 공부하고 시험에 합격하면 석사master가 되었다. 이 중 일정한 나이에 이른 사람은 학생을 가르칠 자격이 생겼다.

공부를 더 해서 신학, 법학, 의학을 가르칠 자격이 있는 사람에게는 박사doctor 학위를 수여했다. 그런데 이들은 모두 남자였다.

신학은 이성적인 판단을 하며 성서를 공부하는 것이었다. 당연히 〈불가타성서〉를 기반으로 했다. 법학은 〈유스티니아누스 법전〉, 즉 로마법 Corpus Juris Civilis 이나 교회법 Corpus Juris Canonici 을 공부했다. 교회법은 가톨릭에도 로마법처럼 체계화된 법체계가 필요하다는 당위에 의해 12세기에 규정되었다. 가톨릭이 거대 기관 체계가 되었다는 증언이다. 루터가 자신이 받은 이단 파문 통지문과 함께 소각해 버린 것들에 이 교회법 책이 포함되어 있었다. 교회법은 가톨릭이 가정사에 개입하는 근거가 되었다. 이 흔적은 영어에서 결혼 이후 상대방 가족을 법적 존재in-law 로 부르는 것에 남아 있다. 결혼은 교회법에 근거한 혼인성사의 결과였다.

교황은 대학생들이 콘스탄티노플에 가서 정교회를 가톨릭화할 무기라고 이해, 아니 오해했다. 그것이 수도사에게 부여되던 면책특권을 학생들에게도 부여한 근거였다. 대학은 지적 자유를 얻기 위해 모이는 기관이었는데 실제 자유로운 곳이 되었다. 물론 여전히 왕과 가톨릭의 비호 안에서 자유롭다는 점이 중요했다. 그것은 재정지원에 대한 반대급부로 작동하는 교환된 자유였다.

대학의 가장 중요한 가치가 자유에 있다면 그 실천의 흔적이 있어야 했다. 최초의 대학 볼로냐에 그 모습이 있다. 1257년 〈천국의 문서 Liber Paradisus 〉를 통해 볼로냐시가 노예들을 해방시킨 것이다. 성서의 에덴동산이 자유로운 공간이었다는 생각이 근거였다. 이들은 볼로냐 시 예산으로 노예 소유자들에게 보상금을 지급했다. 그렇게 노예를 해방했고 해방된 5,855명의 명단도 작성하여 공증까지 받아두

문화

었다. 노예들이 시민이 되었고 자유liberty를 얻었다. 볼로냐는 노예해
방 실천 도시라는 기념비적 이름을 남기게 되었다.

시대가 지나면서 이슬람과 아리스토텔레스의 지식이 전파되었
다. 리버럴아트의 과목이 늘어났다. 이들은 인문학art and humanities으
로 불리게 되었다. 과목 수와 무관하게 인문학은 대학 교육의 기본이
다. 이 과정을 이수하면 그래서 인문학사bachelor of arts 학위가 수여되
었다. 이 기본 과목들은 한자로 교양이라고 불리기도 한다. 대학 신입
생들이 반드시 공부할 과목으로 인식되는 그 과목들이다.

코페르니쿠스, 뉴턴, 보일, 케플러, 다윈. 과학사를 읽으면 항상
등장하는 이 인물들의 공통점은 유명하다는 것이다. 그런데 하나가
또 있다. 모두 학부에서 인문학사 학위를 받았다는 점이다. 인문대학
에 뉴턴처럼 수학이 독보적인 학생이 있다면 지금의 지도교수들은
당혹스러울 것이다. 그러나 당시에는 수학도 인문학이고 학문의 근
원이었다. 뉴턴은 수학에 정통한 인문학자로서 물리학이라는 학문을
세웠다.

프로테스탄티즘이 등장하며 이 지역 대학들이 근본적으로 바뀌
어야 했다. 사제가 사라지면서 교회법 과목이 필요 없어졌다. 교회법
이 없다면 사제가 교수일 필요도 없다. 신학이 사라진 대학은 세속 기
관이 되었다. 가톨릭이 권력을 잡고 있던 시기에는 모든 가치 판단 기
준은 신에게서 나오는 것이었다. 그래서 해석은 사제들의 몫이었다.
그러나 사제가 불필요해진 사회에서 가치 해석의 주체는 새로운 지
식을 가진 사람들이었다. 그래도 종교는 여전히 구속적이었다. 시기
별 예외가 좀 있으나 영국의 옥스퍼드와 케임브리지대학은 1870년
이전까지는 입학하려면 기본적으로 성공회교도여야 했다.

새로운 지식이 계속 등장하고 필요해지면서 지식 생산 기관들이 등장했다. 1462년 피렌체의 지식인 협회인 플라톤 아카데미가 시작점이었다. 1662년 영국의 왕립학회Royal Society가 세워졌는데 초기 68명의 회원 중 3분의 2 정도가 청교도들이었다. 프랑스에서는 1666년 왕립과학아카데미Académie Royale des Sciences가 세워졌다. 프랑스에서는 건축아카데미도 세워졌고 왕실의 보조를 받았다. 산업을 위해서는 물질과 자연을 이해하는 과학이 필요했다. 특징은 여전히 남자들의 모임이었다는 점이다. 이들은 신학이 아니라 과학을 공부했다.

과학 지식이 세상을 바꿔나갔다. 죽음 전에 인간이 경험하는 것이 질병이었다. 노화에 의한 퇴행성 질병보다 감염성 질병이 훨씬 많았다. 원래 이런 전염병이 모두 신의 분노가 원인으로 이해되었다. 그런데 질병의 이해가 시작되었다. 기도가 아니고 치료가 필요했다. 그리고 그 치료법을 발견해내기 시작했다. 그런데 이제 전염병 치료를 위해서 봉쇄, 통제, 격리, 관리가 필요해졌고 이걸 유효하게 이행할 주체들은 대학교에서 교육을 받은 사람들이었다. 중간계급 자본가에게는 교육이 계급 유지의 필수조건이고 이들은 인쇄술의 수혜자였다. 일반적인 교육이 아니고 전문적인 교육이어야 했다. 지식 확장으로 대학의 근본적인 변화가 요구되었다.

프랑스혁명 이후 프랑스의 대학들이 종교와 완전히 단절되었다. 나폴레옹이 등장해서 교육제도를 혁신시켰다. 대학 외에 실용적 고등교육기관인 그랑제콜grandes écoles 체제를 만들었다. 과학과 공학이 중요한 수업이었다. 대학에 입학하려면 입학 자격baccalauréat만 필요했다. 그러나 그랑제콜은 별도 입시를 통한 경쟁을 거치게 했다. 당연히 생활 보장이 있었고 반대급부로 따라야 할 엄격한 국가 통제의 규칙이 있었다. 교수와 학생들이 제복을 입었다.

나폴레옹의 의도는 아니었지만, 그 때문에 옆 나라가 개혁적 대학 모델을 제시하게 되었다. 나폴레옹에게 완패하고 대륙 봉쇄의 어려움을 깊게 겪은 곳이었다. 프로이센은 나폴레옹 전쟁 이후 절치부심으로 사회개혁을 꿈꾸었다. 내무부 교육국장 빌헬름 훔볼트Friedrich Wilhelm Humboldt, 1767~1835는 인재 육성이 대안일 수밖에 없다고 확신했다. 1810년 베를린대학을 설립했다. 훔볼트가 내세운 교육 목표는 '빌둥Bildung'이었다.

그는 교육이라는 기존 대학의 기능에 연구를 통한 지식 생산을 추가했다. 교수들이 원하는 연구를 진행하도록 국가가 지원하나 간섭은 하지 않는다는 원칙이었다. 그간 유지되던 대학과 국가의 관계가 재정의되는 순간이었다. 대학은 길드가 아니고 기관이 되었다. 관료에 해당하는 전문직 행정 집단도 필요해졌다. 대학은 계급도 혈통도 필요 없고 빌둥을 위한 무한연마가 이루어지는 곳이 되었다. 빌둥을 구원이라는 단어로 바꾸면 대학은 기관으로 구현된 프로테스탄티즘이었다.

엄청난 폭발력이었다. 이후 유럽사는 독일 중심으로 서술되게 되었다. 과학사 서술은 대개 갈릴레이에서 시작한다. 그 서술의 무게중심은 점차 영국, 프랑스로 옮겨간다. 그리고 다음에는 확연히 독일이 되었다. 헤겔, 마르크스, 비스마르크, 쇼펜아워에서 아인슈타인에 이르는 사람들이 베를린대학 구성원이었다. 베를린대학이 유럽 지식계의 지평을 바꾸었다. 이 학교에 세계의 유학생들이 찾아오면서 '세계의 대학Weltuniversität'으로 불리기 시작했다. 이 유학생 중에는 메이

지시대의 일본인들도 있었다.

자유로워야 할 베를린대학의 문제는 캠퍼스가 브란덴부르크문의 동쪽에 있다는 것이었다. 2차대전 이후 동베를린에 속하게 된 것이다. 이 대학이 더 이상 자유롭지 않다고 생각한 사람들이 서베를린으로 이주해서 더 자유로운 대학을 세웠다. 그 대학의 명칭이 그래서 베를린자유대학Freie Universität Berlin 이다.

미국에 이주한 청교도 중에 대학 졸업생들도 있었다. 이들 중 케임브리지대학 출신들은 성공회의 배타적 입학 조건이 느슨한 시기의 학생들이었다. 이들이 새 정착지에 케임브리지라는 이름을 붙였다. 지금의 보스턴 옆 도시다. 이 도시에 생긴 첫 대학의 이름은 별 특징 없이 뉴컬리지, 혹은 뉴타운컬리지였다. 그러다 케임브리지대학

베를린대학은 지금은 훔볼트대학으로 불린다. 왼쪽 동상은 빌헬름 훔볼트, 오른쪽 동상은 동생 알렉산더 훔볼트다.

출신 청교도 상인의 재산과 장서 기부로 학교 이름을 바꾸게 되었다. 1639년 하버드컬리지가 등장하는 순간이다.[106]

미국 대학 설립 초기에 가장 중요한 과목은 신학이었다. 각 대학은 각각 다른 프로테스탄트 종파와 신념에 연결되어 있었다. 하버드 대학의 종교 교육에 불만을 가진 사람들이 예일대학을 세웠고, 예일대학의 종교관에 불만을 가진 사람들이 프린스턴대학을 만들었다.

미국의 젊은이들이 선진 문물 흡수를 위해 잉글랜드가 아니라 독일로 유학을 가게 되었다. 돌아온 그들은 다른 국가에서 해보지 않은 실험을 하게 되었다. 교육이 아닌 연구 중심의 대학이다. 이것이 대학원 체제를 갖춘 존스홉킨스대학이다. 이후 다른 대학들이 연구 기관인 대학원을 설치하기 시작했다. 연구자로서 수련의 정점은 박사

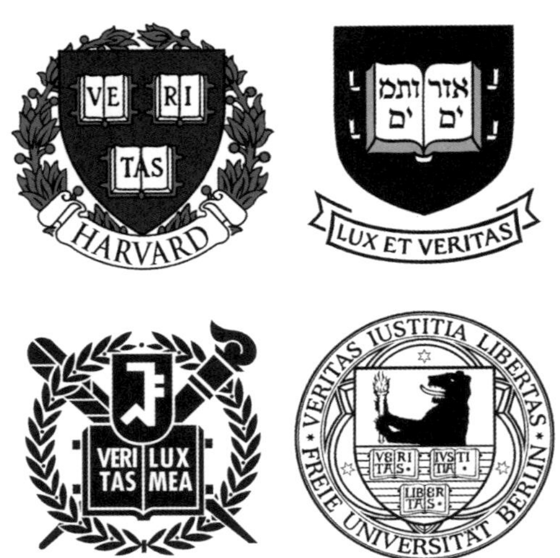

책에 진리가 담겨 있는 대학 교표들.
예일대학은 빛과 진리가 히브리어로 표기된 것이 특이하다.
한국의 대학도 방패가 있고 책 안에 진리는 나의 빛이라고 쓰여 있다.
테두리를 둘러싸고 있는 것은 고대 그리스에서 유래한 올리브관이다.
관 사이에 찍힌 점이 우승컵에 담기던 올리브 열매.

학위 수여다. 그런데 지도교수가 전권을 갖고 박사 학위 수여 여부를 결정하는 독일과 달리 미국의 교수들은 심사위원회 제도를 운용했다. 그리고 대학의 수준 유지를 위해 미국대학협회Association of American Universities를 결성했다.

2차대전 종전 이후 미국의 대학원 체제는 세계 최고의 경쟁력을 과시하게 되었다. 여기는 나치를 피한 독일 교수들의 이주도 큰 역할을 했다. 미국 대학원에 몰린 세계 최고 능력의 개발도상국 유학생들은 귀국하지 않고 취업해서 남았다. 그 구도가 지금까지 미국이 지식산업으로 세계를 이끄는 동력이 되었다.

대학이 지식 길드에서 출발했다는 사실은 엉뚱한 흔적을 남겼

문화

다. 문장은 귀족 가문의 배타적 상징물이었다. 이후 배타적 기관인 길드에서도 문장을 만들어 사용했다. 이들도 방패 안에 자신들의 업역 상징물을 새겨넣었다. 지적 길드인 대학에서도 이 전통을 이어받았다. 이들의 힘은 문자였고 그 문자는 라틴어를 의미했다. 그래서 대학의 상징물에는 방패 모양을 배경으로 이런저런 라틴어 단어들을 써넣는 사연들이 생겼다. 가장 인기 있는 단어는 진리veritas 다. 여전히 세계 대학의 상징물을 다 모아 놓으면 저 단어가 가장 많이 등장할 것이다. 한국에서도 가끔 등장하는 단어다.

저 상징물, 즉 교표를 둘러싼 식물의 수종이 궁금해진다. 단서는 잎 사이에 찍힌 동그란 원형 열매다. 저건 역시 잉여의 상징인 올리브 열매니 수종으로 보면 올리브다. 우리는 월계수라고 부른다.

학교

꼬마

꼬마 페펭은 키가 작아서 이런 애칭이 붙여졌다. 그런데 실제 이렇게 꼬마로 표현된 황제가 있었다. 그는 19세기 후반 프랑스를 설명하면 항상 등장하는 이름이었다. 한 가지 잣대로 설명하기 어려운 공과를 지닌 통치자였다. 나폴레옹 3세Napoleon III, 1808~1873 에 관한 가장 비판적 평가는 빅토르 위고Victor-Marie Hugo, 1802~1885 의 문장일 것이다. 그는 아예 〈꼬마 나폴레옹Napoléon Le Petit 〉이라는 제목의 책까지 집필했다. 이건 멸칭이었다.

그는 억울했을 수 있다. 그러나 상대적인 개명開明 계몽 군주가 옆 나라에 있었다면 평가는 야박해질 수밖에 없다. 문자 해득은 종교개혁 이후 능력이 아니고 구원의 문제가 되었다. 성서를 읽을 수 없으면 예수를 믿기도 어려워졌다. 그래서 독일 여기저기서 기본 교육이 이행되었다. 그러나 수익사업이 아니라서 예산이 필요했다. 예산 집행 주체의 판단과 실천이 필요했다. 결국 프로이센의 프리드리히 2세Friedrich II, 1712~1786 가 나섰다. 1763년 〈일반지방학교령Generallandschulreglement 〉이 반포되고 백성들을 대상으로 한 근대적 교육이 시작되었다.

이 문서를 읽어보면 가치가 명확하다.[107] 학교의 목적은 그리스도교에 해로운 무지의 예방이다. 그래서 더 나은 인재가 교육되고 훈련되어야 한다. 학교의 일과는 기도로 시작하는 걸로 정해져 있었다. 첫 수업에서는 찬송가를 불러야 한다. 다음에 주기도문을 읽고 루터의 교리문답을 공부한다. 다음에는 알파벳을 배우고 이에 따라 성경 구절을 읽고 암기한다. 오전 수업의 마무리는 시편으로 한다. 학생들은 학교에서는 교장, 교회에서는 목사와 함께 수업에 임해야 했다. 학기는 부활절을 기준으로 정해졌다. 학생의 부모가 학비를 낼 수 없다면 교회에 보고해서 기금을 통해 대납해야 했다. 그래서 예수를 따르고 신 앞에서 직분을 다하여 이 세상에서 행복하게 살며 영원한 구원을 준비하도록 해야 한다.

확실한 프로테스탄트의 종교 편향성이다. 어찌 되었든 유럽 최초의 포괄적 의무교육이 시행되었다는 점이 중요하다. 프로이센의 모든 백성이 문자 해득력을 갖추게 되었다. 이건 근대 국민개병제 작동의 기본 요건이다. 전투 능력은 총검 사용의 숙련보다 발사 무기 사용법 이해로 규정되는 상황이 되었다. 이런 강병에, 대학의 연구가 새로운 테크놀로지를 더한다면 그 국가의 국방력은 물어볼 필요도 없다. 부국강병이라고 호칭한다.

프로이센과 프랑스가 벌인 보불전쟁의 발발 원인은 해석이 다양할 수 있다. 뭐가 원인이든 결론은 프로이센의 승전이었다. 1871년 프로이센은 나폴레옹에게 받았던 수모를 갚아 주었다. 나폴레옹의 조카이자 프랑스 황제인 나폴레옹 3세를 포로로 잡았다. 심지어 독일 건국식을 프랑스 바르세유궁에서 개최했으니 상대에게 가장 치욕적 방법으로 보복을 한 것이다. 승전의 원인 해석으로 비스마르크를 거론할 수도 있다. 그러나 가장 강력한 승인은 교육이라고 해야 할 것이다. 문해력을 갖춘 병사들이 문서화된 총기 사용법과 전술을 이해했기 때문이다. 이 승전이 프로이센을 중심으로 한 민족국가 독일 형성의 기폭제가 되었다. 독일이라는 공동체를 묶을 때 배경에 깔린 것은 루터의 성서에 사용된 독일어의 공유였다.

프랑스에서는 초등교육이 꼭 필요한 사회적 장치로 여겨지지 않았다. 그래서 시행 주체가 명확하지 않고 가톨릭 교회에 의해 자의적으로 시행되는 수준이었다. 결국은 혁명적 변화가 필요해졌고 그런 혁명이 이루어졌다. 혁명정부는 가톨릭 공공재산을 모두 국유화했다. 혁명 후 나폴레옹이 집권하고 1802년 〈공공교육 일반법Loi générale sur l'instruction publique 〉이 제정되었다. 그런데 이건 초등학교부터 상급학교에 이르는 뼈대만 제시한 수준이었다. 나폴레옹은 엘리트 교육에는 관심이 있었는데 초등교육에는 무심했다.

1833년 교육부 장관 프랑수아 기조François Guizot, 1787~1874 의 주도로 드디어 초등교육법이 제정되었다. 기조법이라고 불렀다. 기조는 독실한 칼뱅주의 프로테스탄트 집안에서 태어났다. 기조의 부친은 법률가였는데 혁명기에 기요틴 처형을 받았다.[108] 그는 제네바로 피신했다가 왕정복고기에 프랑스로 귀국하여 법률가로서 정치계에 입문했다. 그리고 교육부 장관을 거쳐 결국 수상에 이르렀다. 그는 프로테스탄트의 역사와 교리에 관한 책들을 쓸 정도의 독실한 신앙을 가진 사람이었다. 그러나 기조법에서 교육 대상은 남자였고 의무교육도 아니었다.

1882년에야 쥘페리법Jules Ferry Laws 에 의해 가톨릭에서 벗어난 의무교육이 시작되었다. 종교를 부인하는 것은 아니었다. 일주일 중 일요일이 아닌 하루는 부모가 원하는 종교 교육을 할 수 있다고 명시했다. 남학생은 군사훈련, 여학생은 바느질 교육이 포함되어 있다는

    문화

점이 특이했다. 이 교육에 대해 가톨릭의 저항이 이어졌고 결국 소위 교과서 전쟁La guerre des manuels에 이르렀다. 세속 학교에 아이를 보내지 못하겠다는 가톨릭 학부모들의 저항이었다.

영국에서도 초등학교 도입에 혁명이 역할을 했다. 그런데 그 혁명은 정치가 아니라 산업혁명이었다. 그전에는 교회에서 적당히 아동들을 가르쳤다. 그런데 산업혁명으로 공장에서 일할 아동들에게 최소한의 노동 지침을 전달할 수 있어야 했다. 그래서 공장 부설 학교들이 생겼다. 성인을 위해서는 공장학습소Mechanics' Institutes라는 노동자 교육기관이 설립되었다. 당연히 실용적인 과학, 기술 과목들이 개설되었다.

공장 부설 학교에서 방점은 학교가 아니라 공장에 찍혀 있었다. 말귀를 알아들을 아동을 키워내는 수준이므로 읽고 쓰고 계산하는 게 수업 내용이었다. 교육 방법은 당연히 훈육과 통제였다. 교사보다는 좀 나이 많은 아동이 어린 아동을 가르치는 구도였고 체벌이 일상적이었다. 당연히 창의성은 필요 없고 암기만 존재했다. 공장마다 학교가 생길 수 없으므로 여러 공장의 아동들을 일요학교sunday school에 모아 가르치기도 했다. 일요학교는 원래 유럽 곳곳에 있는 제도였다. 이 학교를 정비하여 전파한 사람은 성공회 교도 인쇄업자였던 로버트 라이크스Robert Raikes, 1735~1811였다. 이름에서 설명하는 것처럼 일요학교의 학교는 교회였고 교과서는 성서였다.

1870년 초등학교법Elementary Education Act 1870 제정으로 제도적 초등교육의 단초가 마련되었다. 8~12세의 아동이 초등교육을 받는 법적 제도였다. 이 법을 제정한 윌리엄 포스터William Foster, 1818~1886는 원래 퀘이커교도였는데 결혼을 하며 성공회교도가 되었다. 이 법은 바로 시행되지 못했는데 여기서도 종교적 이유였다. 성공회교도가 아닌 학부모들이 당연히 성공회 교리를 가르치는 학교를 반대했다. 게다가 유상 교육이라는 점도 문제였다. 결국 1880년에 개정된 초등학교법Elementary Education Act 1880을 통해서 초등학교 교육 의무화가 이루어졌다.

미국에서 의무 기초 공교육을 처음 시행한 주가 매사추세츠다. 여기서도 앞장서서 제도를 주창한 사람이 있었는데 그는 주지사가 아니고 하원의원 호레이스 만Horace Mann, 1796~1859이었다. 앞서 주 교육청장이었던 그는 당연히 교육에 관심이 많았고 유럽 방문에서 프로이센의 초등교육을 접했다. 그의 힘으로 1852년 매사추세츠에 무상 공교육이 실시되었다. 그 역시 독실한 프로테스탄트였고 마지막 직책은 진보적 프로테스탄트 학교였던 안티오크대학 학장이었다. 그는 성서와 종교의 가치는 중요하지만, 초등학교에서 종교 교육은 필요없다는 입장이었다.

유럽 각국의 이런 배경을 관찰하면 공통점을 찾을 수 있다. 초등학교 공교육 도입에 프로테스탄티즘이 막강한 영향을 미쳤다는 것이다. 존재하지 않던 제도 도입을 위해서는 사회적 변화가 필요했다. 그런 변화를 요구하는 주체를 일반적으로 호칭하는 것은 좌파, 자유주의자와 같은 단어들이다. 이 초등학교 교육에 이름을 알린 사람들도 후에 거의 좌파거나 자유주의자로 불렸다는 공통점도 있다.

 문화

직업

목수의 아들

특정 직업이 명기된 고대인으로 가장 유명한 사람이 예수일 것이다. 성서의 예수는 목수, 그리고 목수의 아들로 지칭되어 있다. 그리스어 원문 단어인 텍톤έκτων, tekton 은 나무 다듬는 직업을 지칭하지 않는다.[109] 영어로는 장인artisan 으로 번역되는 것이 옳았다. '텍톤의 아들이며 또한 텍톤'. 그래서 이건 모순 서술은 아니었다. 전근대 사회에서 직업은 가업으로 이어지는 것이 일반적이었다.

예수가 살던 궁벽한 호숫가 한촌은 텍톤이 전업이 될 정도의 인구 규모를 갖고 있지도 않았을 것이다. 산파가 애를 받는 것도 필요한 때만 불려가서 하는 일이었다. 텍톤 역시 일이 생기면 달려가서 뭔가 고치고 만들어 주었을 것이다. 일이 없으면 씨 뿌리고 양을 쳤을 것이다. 비유들을 종합해 보면 그런 상황이 고스란히 이해가 된다. 베드로도 어부라고 되어 있지만, 내내 물고기만 잡으며 먹고 살 수는 없었을 것이다. 그도 먹고살기 위해 농사도 짓고 양도 키웠을 것이다.

호모 사피엔스가 그 먼 거리를 걸어 이주한 것은 먹고살기 위해서였다. 인간이 농경을 시작하던 시대에는 분화된 직업 선택의 개념이 없었다. 그냥 부모가 하는 일을 따라 하고 손에 닿는 대로 하면 되는 것이었다. 잉여 생산이 많아지고 직업 분화가 생겼다. 사회 구성원들이 각자 해야 할 일이 전문화되기 시작했다. 먹고살려고 해야 하는 일이 직업job 이다. 정부에서 통계를 낼 때 사용하는 단어고 숫자다. 여기는 각 직군의 가치가 들어 있지 않다. 관련 수치는 그냥 국민이 어떻게 먹고살고 있는지 알려주는 지표다. 그래서 어느 소설가가 '지겨운 밥벌이'라고 표현했을 때 그건 먹고사는 일이었다.

구성원 개인이 분업화된 각 직업을 묵묵히 수행하지 않으면 사회 작동이 어렵다. 이때 지칭하는 것은 밥벌이를 넘어 사회성을 지닌 직업occupation 이다. 이건 각자 맡은 사회적 역할이라고 해석해도 된다. 그 역할 분담과 이행으로 전체 사회가 유연하게 작동한다. 그 결과 보수를 받는다. 먹고살기 위해 하는 일과 가치관이 다르다. 이 역할은 부모로부터 물려받을 필요가 없다.

유럽에서는 장인이 속한 길드에 들어가서 직업을 선택할 수 있었다. 길드에 들어가서 끝나는 것이 아니었다. 장인 아래에서 수련 과정을 거쳐야 했다. 장인 후보생들은 직인이라고 불렀다. 그 수련 기간이 끝나면 자신이 만든 결과물을 장인들에게 보여주고 합격 여부 판정을 받아야 했다. 그 합격의 대상이 된 물건이 장인의 물건, 즉 걸작masterpiece 으로 호칭되었다. 장인들은 자기들끼리 단결하여 외부 침입을 막았다.

대학이라는 지식 길드가 지적 직업 전승 기관이 되었다. 사실 대학의 가치에 대해서는 여전히 이견이 분분하다. 대학이 교양 교육 기관인지 직업 교육 기관인지의 정체성 논란이다. 이건 대학에 여러 교육 기관이 덧붙으며 생겨난 논쟁이다. 답은 어디에 묻느냐에 따라 달라진다. 인문대학은 원래 구성원들에게 지적 자유를 제공하는 기관이었다. 그에 비해 나중에 추가된 공과대학은 직업 교육 기관이었다. 동일하게 대학교의 우산 아래 존재하지만, 학문 구분에 따라 존재가

문화

치가 다르다.

대학의 시작점부터 직업 교육을 전제로 한 분야가 법학, 의학, 신학이었다. 이 과정을 거치면 이 분야 전문가가 되는 것이 당연했다. 이 이야기는 다른 방법을 통해서는 법학자나 의사가 될 수 없다는 것을 의미했다. 이들이 가져온 것은 길드의 전통이었다. 배타적 장치들을 만들어 자신들의 전문 직업profession 을 보호했다. 전문 직업을 갖기 위한 첫 번째 관문은 그 전공의 대학을 졸업하는 것이다. 이후 직업 길드의 수련 기간을 거친다. 그 이후 시험을 보고 필요한 자격을 확인한다. 자격시험에 통과하면 그들이 만든 길드에 가입한다. 이것이 일반적 전문 직업의 사회적 장치다.

의사와 변호사는 전문가협회라는 길드를 결성하고 있다. 이들이 법적으로 정부의 통제를 받는 것은 직업적 오류로 인한 국민 피해가 비가역적이기 때문이다. 변호사는 변호사법, 의사는 의료법에 따라 대한변호사협회, 대한의사협회가 조직되어 있다. 여기 모든 변호사와 의사들이 가입하게 되어 있다. 다른 전문 직업도 법적 통제가 없어도 전문 협회를 구성한다.

길드는 가입자들의 직업 안정성을 배타적으로 확보하기 위해 존재하는 기관이다. 그래서 이 전문 협회의 정관을 읽어보면 그 지향점이 드러난다. 첫 문장은 대개 엄숙하게 국가와 사회를 위해 봉사하는 의지를 천명한다. 가장 중요한 건 항상 다음 문장인데 거의 예외 없이 회원의 배타적 이익을 위한 복무라고 명시하고 있다. 회원의 품위, 권익이라는 단어로 포장하는 경우가 많다.

공인회계사의 품위향상과 직무의 개선(한국공인회계사회)

협회는 … 회원의 품위보전 및 권익증진, 친목(대한건축사협회)

본회는 … 기술사의 … 품위유지와 권익신장(한국기술사회)

이후 여러 직종이 전문 직업군에 포함되었다. 법무사, 회계사, 세무사, 변리사 등과 같이 끝에 대체로 '사'라는 글자가 붙는 직업들이다. 여기에 건축사가 포함되어 있다. 자격을 갖추지 못한 사람이 이 전문직 자격 회원을 사칭하면 고발 대상이다. 이에 비해 길드를 형성하고자 하되 전문직으로서의 법적 테두리를 갖추지 못한 직군들이 있다. 이들은 대개 대학을 전제로 하지 않는다. 화가, 음악가, 문인들이 여기 속한다. 이들은 대신 등단과 같은 제도를 통해 최소한의 질적 수준을 유지하고자 한다. 그러나 이들은 사칭해도 처벌되지 않는다.

프로테스탄티즘이 등장하며 직업관이 바뀌었다. 그건 먹고살기 위한 것도 아니고, 자신이 선택하는 것이 아니고, 하늘이 선택해서 알려주는 것이었다. 그것은 하늘이 부르는 것 Beruf, calling 이었다. 이것이 루터의 주장이었다. 하늘이 불렀으므로 우리에게는 따르는 것만 남는다. 이를 우리는 번역하여 소명召命이라고 불렀다. 그런 의식이 소명 의식이다. 이건 루터교를 넘어 프로테스탄티즘 전반에 퍼졌다.

소명 의식 무장자의 명단에서 빠질 수 없는 사람이 영국의 나이팅게일 Florence Nightingale, 1820~1910 이다. 부유한 성공회교도 집안의 딸인 그녀는 도대체 왜 크림전쟁 시기에 그 먼 야전병원까지 가서 궂은일을 했을까. 병원은 환자 수용소라고 해야 하던 시대이니 심지어 야전병원 수준은 말할 것도 없었다. 그녀는 아무 생각 없이 이집트 고대 문명지를 여행하고 있었다. 그러다 갑자기 신의 부름을 받았다.[110]

그리고 38명의 성공회 간호사와 크림반도로 떠났다. 그래서 간호대학 졸업식에서 낭독하는 나이팅게일 선서의 첫 문장은 종교적 냄새가 물씬 풍긴다.

나는 일생을 의롭게 살며 전문간호직에 최선을 다할 것을
하느님과 여러분 앞에 선서합니다

영문은 여러 변형이 있기는 하나 하느님God이 문장의 앞에 배치되어 강조되는 것이 많다. 비교하여 이 선서가 참고했다고 하는 히포크라테스 선서에는 의술의 신 아폴론이 증언자로 호명된다. 히포크라테스는 소명 의식이라는 개념이 없던 시대에 살았다.

소명은 하늘의 결정이므로 구속이라고 할 수도 있다. 그러나 소명 의식이 가져다주는 것은 역설적 자유였다. 변수가 많다는 건 자유도가 아니라 혼란도가 높다는 것일 수 있다. 가장 큰 구속은 불확실성에 기인하는 것이다. 그런데 가장 중요한 변수를 신이 점지해 주셨다. 무엇을 해야 할지 고민할 필요가 없었다. 다만 신의 뜻에 따라 열심히 일하면 될 따름이었다. 수확의 예측 가능성 때문에 인간은 정착 농경을 시작했다. 그래서 시간의 자유를 얻게 되었다. 이 확실한 소명은 다른 개념의 자유를 주었다.

정리하면 이렇다. 프로테스탄티즘은 성서를 근거로 한 문자 해득력을 사회 바탕에 깔았다. 그리고 예정론을 통해 무한 성실을 요구했다. 그리고 신이 내린 소명 의식으로 그 성실이 자유로운 것이라고 설명했다. 이제 위치를 옮겨 바뀐 세계를 좀 더 가까이 들여다 보자.

음악

레퀴엠

번역하면 진혼곡이다. 혹은 진혼 미사곡이다. 어느 사회나 장례는 가장 보수적인 의례다. 레퀴엠의 가사는 교황청에서 라틴어로 지정해 놓았고 수백 년간 변하지 않았다. 그런데 이런 교조적 분위기를 뒤집는, 참으로 무엄한 레퀴엠이 등장했다. 멋대로 가사를 가져다 붙인 것이다. 작곡가가 선택한 대본은 루터가 번역한 독일어 성서였다. 그래서 제목은 〈독일 레퀴엠Ein Deutsches Requiem〉이다. 이 곡은 브람스의 작품번호 45번이다. 즉 그가 출판한 45번째 악보다.

자신의 작품에 일관되게 번호를 붙인 첫 작곡가는 베토벤이었다. 그는 악보 판매를 주 수입원으로 먹고살았다. 물론 그도 귀족들의 재정 도움을 받았고 그들에게 음악을 헌정하기도 했다. 그래서 그의 음악에 라즈모프스키, 발트슈타인과 같은 부제가 붙어 있기도 하다. 그러나 그 작품에도 모두 작품번호는 붙어 있으니 헌정의 영예 이외에 출판권을 넘기지는 않았다.

출판이 아니라 교회나 귀족의 후원, 고용으로 살던 이전 음악가들은 후대의 학자들이 작업을 정리해 줘야 했다. 그래서 작곡가마다 수고로움을 마다않고 정리한 학자들의 이름을 붙인 쾨헬Köchel 번호, 호보켄Hoboken 번호, 도이치Deutsch 번호 등이 있다. 바흐에게는 바흐 작품번호BWV가 붙어 있다.

베토벤은 음악의 존재 가치를 바꾼 사람이다. 작곡가가 먹고사는 새로운 방식을 개척한 사람이라는 것이 널리 알려져 있다. 그는 자신을 고용한 첫 작곡가였다. 마르크스의 관점으로 서술하면 작곡가가 부르주아지가 된 것이다. 그는 기본적으로 인쇄술에 힘입어 악보 판매로 살아 나간 작곡가였다. 악보 판매가 가능해지려면 악보 구매층이 있어야 했다. 그들은 당연히 악기 연주 능력이 있는 사람들이었다. 그리고 그 연주를 감상할 사람들이 필요했다.

베토벤 이전 시대의 음악회는 왕족이나 귀족들이 주최했다. 당연히 연주자가 아니라 주최자가 주인공이었다. 이들은 식사하고 카드놀이 하면서 음악 연주를 시켰다. 거기에는 특별히 정해진 규율이랄 것이 없었다. 연주 중에 적당히 대화하고 돌아다니는 것이 문제 될 리가 없었다. 요즘으로 치면 집에서 텔레비전 보는 풍경과 비슷했다. 궁정 밖에서 음악회가 열리기도 했다. 그래도 그런 분위기는 바뀌지 않았다. 여기에 평민들도 모이게 되면 음악회는 귀족들의 체면 과시장이 되었다. 자리가 부족하면 귀족 중 일부는 연주자 근처에 자리를 만들어 앉기도 했다. 주최자가 권력을 잡고 있었고 연주자는 고용된 하인들에 지나지 않았다.

드디어 중간계급이 자신들을 위해 따로 연주회를 개최했다. 음악회 입장권도 판매했다. 이들의 가치관을 따라 음악을 듣는 방법도 변했다. 음악회는 즐겁게 음악을 듣기 위해 가는 것이 아니었다. '빌둥을 갖춘 부르주아지 Bildungsbürgertum'임을 확인하기 위해 가는 것이었다. 그래서 거기에는 우선 복장 규제가 있었다. 적절한 복장은 요즘으로 치면 드레스코드였다. 그건 중간계급의 복장이었다. 무대의 연주자들도 그렇게 입었다.

추상적 기악곡이 중요해졌고 음악은 점점 금욕적으로 변모했다. 클래식이라고 호칭하게 된 이 음악은 아름다운 것 너머의 가치를 얻게 되었다. 향유할 가치의 고상한 대상이 되었다. 음악당에 가는 것도 예배당에 가는 것과 유사해졌다. 음악당이 엄숙해지면서 음악은 공부의 대상이 되었다. 음악회에 문자가 인쇄된 책자가 등장했다. 거기에는 연주될 곡과 연주자에 관한 내용이 빼곡하게 적혀있다. 요즘은 이걸 프로그램이라고 부른다. 그런 내용을 충분히 숙지하고 음악을 들어야 교양 있는 청중이 될 수 있었다. 그들은 모두 중간계급이었다.

베토벤의 7번 교향곡의 초연장 풍경을 소환해 보자. 이 곡은 전체가 시종일관 힘에 넘친다. 도저히 인간이 상상해낼 수 없을 듯한 괴상한 리듬이 시작부터 끝까지 이어진다. 그런데 특별히 '불멸의 알레그레토'로 애칭되는 2악장은 초연 장에서 앙코르를 해서 더 유명해졌다. 2악장 앙코르가 어떻게 가능했는지 흥미롭다. 요즘은 전체 곡이 끝나기 전에는 악장 간 박수를 치지 말라고 안내 방송까지 한다. 저 광기 교향곡의 초연 연주장에서 곡이 다 끝난 후 청중들이 굳이 '2악장!'을 연호했을 리는 없다. 답은 간단하다. 베토벤 시대에는 악장 끝나면 주저 없이 박수를 쳤다.

점점 청중 규모도, 무대 규모도 커졌다. 연주자 수가 많아지면서 지휘자가 등장했다. 이들이 더욱 음악회를 예배처럼 바꿔나갔다. 음악의 흐름이 끊기니 악장 간 박수도 치지 말고 기침도 하지 말라고 요구했다. 이 규칙을 어기면 무례하거나 무식한 것으로 이해되었다. 혹은 비문화적 인간으로 치부되었다. 문화적 검열과 자기 감시가 더욱 금욕적 음악회를 만들어 나갔다. 이런 변화가 하루아침에 일어날 리는 없었다. 청중들이 확연히 조용해진 것은 독일의 1830년대 전후인

것으로 알려져 있다.[111]

음악을 이미 학습하여 알고 있다는 것은 문화적 자산이었다. 박수를 제때 적절히 치는 것은 교양을 보여주는 척도로 인식되었다. 박수를 너무 늦게 치는 것도 음악을 모르는 청중으로 오해받을 수 있다. 그렇다고 박수를 너무 일찍 치는 것도 경망스러운 일로 치부되었다. 정교한 문화 검열이 시작되었다. 한국에서는 마지막 음이 종료되자마자 서둘러 박수 치는 걸 '안다박수'로 경멸하는 수준에 이르렀다. 지금은 음악이 모두 끝나면 퇴장했던 연주자를 적어도 세 번은 다시 무대로 불러세워야 한다는 커튼콜의 풍습이 정착되었다. 모두 문화적 장치다.

지휘자들은 기악과 합창 지휘에서도 약간 다른 길을 선택했다. 기악 지휘자는 그 음악에 맞게 신체로부터 좀 더 이격된, 즉 비접촉적인 지휘 방법을 선택했다. 지휘봉이라는 도구를 집어 들었다. 기악 지휘자들과 달리 합창 지휘자들은 맨손으로 지휘하는 것이 일반적인 관습이다. 당연히 문헌상 금지 조항이 있는 것은 아니다. 합창은 신체를 직접 도구로 사용하는 데 비해 기악은 악기를 사용한다. 신체를 직접 사용에서 멀어질수록 가치를 부여한 예술의 의미가 오케스트라 지휘자들에게 재현되었을 따름이다.

연주장의 악기가 아니라 기계로 음악을 듣는 시대가 되었다. 악장 간 박수도 치지 말라는 연주장 요구가 무색하게 공중파 라디오 방송은 거의 모든 악장을 잘라서 방송한다. 전곡 방송이 오히려 훨씬 드물다. 전 세계 방송이 거의 다 그렇다. 그럼에도 굳이 연주장의 박수가 억제되는 것은 연주장의 음악이 단순한 청취 이외의 가치가 있다는 걸 의미한다.

거듭, 여기는 남성의 세계였다. 여자가 음악회 무대에 서기 위해서는 거기 맞는 음악이 필요했는데 그건 성악 외에는 없었다. 베토벤의 합창교향곡이나 연주회용 미사곡은 희귀한 그 사례였다. 이후 말러도, 쇼스타코비치도 성악을 교향곡의 한 부분으로 포함시켰지만, 여전히 예외적이었다. 여자가 기악 연주자로서 당당하게 무대에 설 수 있는 악기는 하프밖에는 없었다. 신기하게 이 악기는 예나 지금이나 일반적으로 여자의 악기로 인식되고 있다.

이 배타적 남성 중심의 오케스트라 관성은 대단히 공고해서 20세기 후반까지도 유지되었다. 당시 세계 최고의 오케스트라로 인정되던 베를린 필하모닉과 비엔나 필하모닉은 가장 늦게까지 완벽한 남자들의 리그였다. 베를린 필하모닉의 전설적 지휘자 카라얀Herbert von Karajan, 1908~1989 이 단원들과 불화가 생겼던 것은 그가 당시 단원들이 받아들이기 어려운 선택을 했기 때문이었다. 여자 클라리넷 연주자를 정규 단원으로 입단시키려 했던 것이다. 자비네 마이어Sabine Meyer, 1959~는 결국 입단을 거부당했다. 그녀는 나중에 독주자로 이름을 날리면서 카라얀의 선구안을 증명해 줬다. 그러나 카라얀은 베를린을 떠났다.

발레

캉캉

젊은 여자들이 큰 치마를 걷어 흔들며 다리를 번쩍번쩍 들어 올리는 춤이다. 칼뱅파 프로테스탄티즘 근본주의자들이 보고 나면 참회 기도를 해야 마땅할 풍경이다. 이 춤이 면죄부를 받았던 건 정통한 음악가 오펜바흐Jacques Offenbach, 1819~1880 가 적당한 음악을 하나 써줬기 때문이다. 오페레타 〈천국과 지옥〉이었다. 상업적으로 보면 오페레타는 투자 안정성이 높은 오페라였다. 흥행성이 높은 흥겨운 대본을 사용했고 투자 규모도 작았다.

오페라 작곡가의 이름을 나열해 보자. 몬테베르디, 로시니, 도니제티, 벨리니, 베르디, 푸치니, 마스카니, 레온카발로. 오페라 작곡가로는 이탈리아 사람들이 압도적이다. 오페라 공연은 투자비가 높은 공연 사업이다. 배우, 오케스트라, 무대가 모두 필요하기 때문이다. 요즘으로 치면 상업영화 제작에서 드는 요구사항과 다르지 않다. 그래서 대본부터 공연까지 보수적이 되는 게 당연하다. 일단 대본의 내용은 대중적으로 흥미로워야 한다. 그래서 오페라 대본에는 거의 청춘 남녀의 사랑 갈등이 깔렸다. 계급적 마찰도 양념처럼 들어갔지만, 위험한 수준이면 곤란했다. 수준으로 보면 요즘 텔레비전 드라마라고 생각하면 딱 맞는다. 현대 미국이라면 숍오페라soap opera 라고 하는 것이다.

다국적 배경이어야 여러 나라에서 상연될 성공률이 높았다. 과연 이들의 음악 배경을 들여다보면 이탈리아, 프랑스, 스페인의 가톨릭 국가들이 엮인 것이 많다. 그렇지 않다면 이집트나 일본처럼 아주 이국적인 것이거나. 오페라의 배경이 프로테스탄트 국가인 사례는 확연히 적다. 거기는 오페라 시장이 협소한 곳이다.

먹고 살아야 하는 작곡가에게도 오페라 작곡의 목표는 상연과 흥행 성공이었다. 괴상한 불협화음을 내는 실험이 허용되지 않았다. 투자 위험 분산을 위해 투자비가 적은 오페라도 필요했다. 이를 나라마다 부르는 이름이 달랐다. 이탈리아에서는 오페라 부파opera buffa, 프랑스에서 오페레타operetta 라고 불렀다. 대본도 즐거운 것이어야 했다. 독일에서도 오페라 상연을 했지만, 많지도 않고 입장도 확연히 달랐다. 소규모 오페라의 호칭도 징슈필Singspiel 이다. 단어에 이미 놀이가 들어가 있다. 이들은 민속 이야기, 모험담 대본이 많았다. 중세 기사나 숲의 요정들이 등장했다. 후대에 낭만주의라고 평가하는 그 입장이 오페라 작곡에도 반영되었다. 베버Carl Maria von Weber, 1786~1826의 〈마탄의 사수〉를 생각하면 딱 맞는다.

베토벤도 오페라를 썼다. 배경은 스페인이고 내용은 영원한 대중 공감 주제인 감옥 탈출이다. 1805년 비엔나에서 초연할 때의 제목은 〈레오노레〉였다. 여주인공 이름이다. 주요 관객은 나폴레옹의 점령군 장교들이었다고 한다. 베토벤은 이미 살아 있는 전설이었다. 그럼에도 관객 반응은 좋지 않았다고 한다. 짐작하면 장교들은 훨씬 즐거운 대본을 기대했을 것이다. 비엔나 사람들은 점령군과의 동반 입장이 영 마땅치 않았을 것이다. 천하의 베토벤도 악보를 바꿨다. 다음 해에 무대에 올린 오페라는 제목도 〈피델리오〉로 바뀌었다. 우리에

문화

게 전해오는 그 오페라다. 그러나 콘서트에서 오페라의 서곡만 잘라서 연주하는 게 요즘 추세인데 이 오페라도 그런 예에 속한다. 이 오페라는 판본이 세 개다. 게다가 서곡 판본은 네 개이니 홍행이 원만하지는 않았다는 사실을 판본 다양성이 증명하는 셈이다.

그런데 오페라에서도 반주 오케스트라에는 모두 남자가 앉아 있었다. 지휘자가 남자인 건 당연했다. 그런데 성악은 다를 수밖에 없었다. 음악에서 여자가 성공할 수 있는 유일한 분야는 오페라 가수였다. 아무리 거세한 남자를 내세운다 해도 여자와는 달랐다. 그래서 남자가 여자와 경쟁할 수 없는 직업이 딱 두 개 있었는데 그게 매춘과 노래라는 이야기도 나왔다.[112] 프랑스의 부르주아지는 과시적 금욕 표현에는 별 관심이 없었다. 카페콩세르나 카바레는 오페라극장보다 더 육감적 공연을 진행하는 곳이었다. 그런 공연의 정상에 캉캉이 있었다.

프랑스의 공연으로 발레ballet가 있다. 단어 자체가 프랑스어다. 발레에 관계된 모든 단어가 프랑스어다. 발레의 관람 규범은 기악보다 오페라에 훨씬 가깝다. 발레에서도 수석 무용수의 뛰어난 독무 뒤에 박수를 친다. 이 대비되는 관람 매너는 발레도 기악과 다른 길을 걸었다는 확연한 증언이다. 이 독특한 춤의 발전에는 러시아가 개입되어 있다. 발레는 프랑스에서 출발하여 러시아로 갔다가 다시 도입되었다.

발레에서는 여자의 몸을 윤곽 그대로 보여주는 데 아무런 거부감이 없다. 게다가 남자 무용수가 입고 있는 독특한 의상도 프로테스탄트 도덕관으로는 받아들이기 어려운 것이었다. 이런 노출형 복장의 젊은 여자 무용수들을 부르주아지 남자들이 그냥 두지는 않았다. 그 결과는 만연한 매춘이었다. 부르주아지의 사회적 위선 속에서 무용수들의 매춘은 지탄이나 단죄의 대상이 전혀 아니었다. 그 당시 여자 발레 무용수들은 예술가가 아니고 벗은 몸을 노출하고 춤을 춰서 먹고사는 직업군에 지나지 않았다. 다시 츠바이크의 목격담을 들어보자.

그 당시에는 몸을 파는 여자를 발견하는 것보다
그것을 피하는 쪽이 더 어려웠을 만큼 보도는
그녀들로 메워져 있었다…
매춘은 모든 다른 직업들 가운데에서 하나의 직업으로
인정받았다. 그러나 완전히 인정받은 것은 아니었다… [113]

그는 발레 무용수가 영업허가증 같은 것이 필요하지 않은 매춘부라고 증언했다. 같은 사안의 목격담이 그림으로도 남았다. 드가Edgar Degas, 1834~1917는 부르주아지 가정에서 태어나 에콜 데 보자르의 정식 교육을 받았다. 그러나 부친의 사망으로 경제난에 직면하게 되었고 사회 하류층에 가까워졌다. 그가 목격한 공연장은 매춘의 현장이었다. 드가는 파스텔로 그린 발레장 곳곳에 매춘 구매자들을 끼워 넣었다. 그들은 모두 검은색 정장을 입은 부르주아지였다.

고전발레 음악 작곡은 차이콥스키를 거쳐 스트라빈스키Igor Stravinsky, 1882~1971 정도에서 마무리된다고 보면 된다. 그런데 고전발레의 마무리 분수령이 될 법한 사건이 스트라빈스키 덕분에 파리에서 떠들썩하게 벌어졌다. 배경은 파리의 샹젤리제 극장이었다. 콘크리트 건축의 선구자라고 할 수 있는 건축가 오귀스트 페레Auguste Perret, 1874~1954의 설계로 지은 건물이다. 준공한 지 채 2개월이 안 된

문화

드가의 발레 그림 〈에투알〉. 수석 무용수 뒤에 얼굴이 가려진 검은 복장의 부르주아가 보인다.
파리 오르세미술관 소장.

〈봄의 제전〉 소동의 현장이었던 샹젤리제 극장. 막상 샹젤리제 거리에서는 꽤 떨어진 곳에 있다.

1913년 스트라빈스키의 〈봄의 제전〉이 초연되었다.

이 음악은 약박자로 시작하는 기이한 리듬에 불협화음이 가득하다. 게다가 안무도 문제였다. 니진스키Vatslav Fomich Nizhinsky, 1890~1950가 안무한 초연장의 무용수들은 기존 규범과 달리 발을 안으로 모은 채 괴상하게 뛰어다녔다. 복장은 익숙한 백조가 아니라 얼룩덜룩한 원시인이었다. 지금 기준으로도 충격적이라고 할 수 있다.

이 초연장이 관객 야유로 아수라장이 되었다. 신문에 보도가 될 정도였다. 관객들이 이렇게 대놓고 소란을 일으킬 수 있었다는 사실이 중요하다. 이건 그래도 된다고 문화적 규범이 허용했기 때문이다. 공연 중간에 박수를 칠 수 있다면 불만의 야유도 가능해야 한다. 음악당, 즉 콘서트홀을 비교해 보자.

4분 33초, 이건 시간을 잰 기록이다. 그러나 육상경기의 기록이

문화

아니다. 이 역시 괴상한 음악의 제목이다. 말하자면 아무것도 연주하지 않는 음악의 제목이다. 피아노 앞에 피아니스트가 앉아 있는 것까지 보면 기악곡으로 분류해야 한다. 1952년 뉴욕 매버릭 콘서트홀Maverick Concert Hall에서 초연된 이 음악은 미국 작곡가 존 케이지John Cage, 1912~1992의 〈4분 33초〉다. 피아니스트는 저 시간 동안 피아노 앞에 앉아 타이머를 보며 시간 따라 텅 빈 악보를 넘기다가 그냥 들어가 버렸다. 피아노가 아니라 객석의 소리도 음악이라는 게 작곡가의 주장이었다. 그런데 초연장의 관객들이 곡 끝나고 박수를 쳤는지 기록은 없다. 샹젤리제 극장과 같은 소란을 일으켰다는 보도도 없다. 기악곡의 연주에는 관객들에게 엄청난 억압의 기제가 작동한다는 증언이다.

미국은 프로테스탄티즘을 배경에 깔고 건립된 국가지만, 미국인들은 대체로 유쾌하고 낙관적이다. 이들이 골치 아픈 기악곡을 엄숙하게 듣고만 있을 수는 없었다. 부담 없이 들을 수 있는 오페레타는 뉴욕으로 가서 뮤지컬코미디가 되었다. 노래로 엮은 코미디니 미국인 취향에 딱 맞았다. 그러다 코미디라는 명사가 떨어져 나가고 형용사가 명사로 남아 뮤지컬이라는 공연 형식이 되었다. 뮤지컬은 오페라에서 장식을 떼어내고 춤을 넣었다. 관람 예법은 기악이 아닌 오페라의 것이 유지되었다. 뮤지컬 공연장은 예배당이 아니었다. 정장을 입고 공연장에 가야 한다는 엄정한 예법 강요가 없다. 그리고 출연자의 멋진 춤이나 절창 뒤에 마구 박수를 친다.

피아노

우울한 사랑

혹은 파란색 사랑의 뜻이겠다. 이제야 폴 모리아 악단의 저 검은 피아노를 찾아갈 시점이다. 피아노는 악기지만, 악기 이상의 가치를 갖는다. 그리고 이 악기의 변천 과정은 음악적이라기보다 사회적이다. 피아노를 발명하려니 연주할 피아노곡이 있어야 할 텐데 피아노곡을 작곡하려니 피아노가 있어야 한다. 바흐나 스카를라티는 피아노를 지목한 음악을 만들지 않았다. 그냥 건반악기를 위한 곡들이니 건반이 달린 어떤 악기로 연주해도 무방하다.

바이올린은 크레모나에서 스트라디바리우스에 의해 개량된 이후 지금까지 거의 형태 변화가 없다. 인공물 중에 최적화를 이뤘다고 판단되는 것 중에 바이올린이 포함된다. 비올라, 첼로도 마찬가지다. 그에 비해 피아노는 지속해서 변신과 발전을 이어갔다. 만든 지 100년 넘은 피아노를 콘서트홀에서 연주하는 경우는 거의 없다. 그 나이면 바이올린은 명기일 수 있으나 피아노는 고물에 가깝다. 바이올린과 피아노는 전혀 다른 길을 거쳤다. 피아노의 노정은 지금 그 악기의 모습에 고스란히 담겨있다.

현을 쳐서 소리를 내는 건 충분히 상상할 수 있는 사안이다. 현을 때린 해머와 건반이 신속히 원위치로 돌아오는 것이 중요하다. 이를 생각하는 것과 구현하는 것은 차원이 다른 이야기다. 그런데 이게 꽤 복잡해서 피아노 제작사들이 수백 년간 고민하며 개량해야 했던 사안이다. 악기 정비사 크리스토포리Bartolomeo Cristofori 1655~1731 는 1700년경 새로운 악기를 발명했다. 페르디난도 메디치Ferdinando de' Medici 의 토스카나 궁정에서 벌어진 일이었다. 이 악기는 쳄발로와 비교하면 현을 뜯지 않고 때려서 소리를 낸다는 근본 차이가 있었다.

크고 작은 소리를 내는 사이프러스 쳄발로un cembalo di cipresso di piano e forte . 새 악기의 이름이었고 새로운 세계가 열렸다. 네 옥타브가 넘는 음역의 악기였다. 기존의 쳄발로를 개보수했기에 저렇게 긴 이름이 붙었다. 건반과 해머가 작동하는 악기였다. 크리스토포리가 음량 조절을 중요한 가치로 생각했다는 점은 그가 붙인 이름에 표현되어 있다. 악기 이름이 너무 길었다. 그래서 곧 포르테피아노fortepiano 로 줄었다. 피아노는 커다랗게 '포르테'의 소리를 낼 수 있는 능력으로 콘서트홀을 장악해 나갔다. 그럼에도 결국 조용한 음량 의미의 '피아노'라는 엉뚱한 이름을 갖게 되었다. 지금의 피아노는 여든여덟 개의 건반으로 수십 명 오케스트라 단원들이 내는 소리에 맞서는 대음량 악기다.

곧 '포르테피아노의 아버지'라고 불리는 사람이 등장했다. 연주자면서 작곡가고 또 제작자였던 클레멘티Muzio Clementi 1752~1832 다. 그런데 피아노의 지명도를 획기적으로 높인 작곡가는 따로 있었다. 신성로마제국 황제 요제프 2세Joseph II, 1741~1790 앞에서 클레멘티와 피아노 연주 배틀을 벌인 꼬마였다. 모차르트는 18곡의 피아노 소나타와 27곡의 피아노 협주곡을 작곡했다. 새 악기의 새 시대가 열렸다. 그런데 새 시대는 거기서 끝나지 않았다.

베토벤이 등장했다. 그는 32곡의 피아노 소나타를 작곡했다. 피아노의 신약성서라고도 불린다. 피아노의 구약성서라는 바흐의 〈평균율곡집〉은 연주 악기를 적시하지 않은 음악이다. 베토벤은 자신이 피아니스트였고 피아노에 새로운 존재 가치를 부여했다. 피아노는 베토벤이 아니었다면 지금 그 가치의 상당 부분을 갖고 있지 못할 것이다.

부유한 귀족이나 교회는 전속 음악단을 갖고 있었다. 그러나 귀족 정도의 재원도, 사회적 장치도 갖지 못한 중간계급이 음악을 들으려면 음악당에 가야 했다. 그런데 음악당에 가지 않고 집에서도 음악을 들으려면 대안이 필요했다. 마침 음역이 오케스트라에 육박하는 악기가 차곡차곡 발전하고 있었다. 그리고 이를 연주할 사람이 있어야 했다. 그건 그들의 딸들이었다.

엘리제가 누구인지 베토벤은 알려주지 않았다. 여자인 건 틀림없었다. 〈엘리제를 위하여〉는 엘리제뿐 아니라 양가 규수들이 당연히 연주해야 하는 음악이었다. 당연히 그녀들의 집에는 피아노가 비치되어야 했다. 양가의 소녀는 피아노를 숙달까지는 아니더라도 어느 정도 능숙하게 쳐야 했다. 수놓기와 마찬가지였다. 피아노는 취미를 넘어 사회적 직분에 가까운 것이었다.[114]

여자들의 건반악기 연주는 유서가 깊다. 르네상스 시대의 그림에 이미 건반악기 연주하는 여자의 모습들이 등장했다. 입을 들이대는 관악기나 망측한 자세로 연주하는 첼로는 양가 규수에게 부적절했다. 프랑스 궁정화에서는 루이 15세의 정부였던 퐁파뒤르 백작 부인, 루이 16세의 왕비였던 마리 앙투아네트가 합시코드 앞에 앉아 있는 그림이 있다. 이들은 당연히 모두 화려한 궁정 복장이다. 플랑드르의 풍속화에도 건반악기 연주하는 규수들 그림이 있다. 거기 등장는

 문화

르누아르가 그린 〈피아노를 치는 소녀들〉.
부르주아지 집안이고 두 소녀는 복장 규제로부터 자유롭다. 피아노의 다리는 장식적이고 조명용 촛대도 달려 있다.
르누아르는 같은 구도의 그림을 다섯 장 그렸다고 알려져 있다.

첼로는 배석한 남자 암시 도구였다. 프랑스혁명 이후 여자들의 가정 연주 악기는 피아노로 변하고 복장은 검소해졌다. 그러나 일관되게 연주회 공연이 아니고 취미 연주였다.

피아노는 지위재가 된 악기다. 사실은 악기가 아니고 가구에 가까웠다. 그전까지 가구로 가장 비싼 것은 식탁이었다. 드디어 19세기 초에는 피아노가 가장 비싼 가구의 하나로 가정에 진입하기 시작했다.[115] 요즘도 피아노는 집 안에 있는 가구 중에서 가장 비싼 것일 가능성이 크다.

피아노는 악기로는 특이하게 공방이 아닌 공장에서 만든다. 엄청나게 많은 부품이 필요하고 분업으로 제작된다. 그래서 제작자나 소장자의 이름이 아니고 모델명으로 호칭된다. 현악기들과 달리 작품이 아니라 제품이므로 전문 영업도 필요다. 영국의 제조사 브로드우드John Broadwood & Sons는 1817년 베토벤에게 기존의 것보다 한 옥타브가 넓은 6옥타브 피아노를 만들어 선물했다. 비엔나에 진출하기 위한 홍보 사업이었다. 과연 베토벤은 이 피아노의 음역을 근거로 저 무지막지한 〈해머클라비어 소나타〉를 작곡했다. 브로드우드는 여전히 피아노를 생산하는 최장수 피아노 제조사다.

피아노 제작자들의 시장 개척 경쟁이 치열해졌다. 연주회용 그랜드피아노는 중간계급의 주택에 놓기에는 부담스럽게 컸다. 제작자들이 이 시장을 놓칠 수 없으니 피아노의 변신이 시작되었다. 작아져야 했다. 우선 현의 길이를 줄인 피아노를 만들었다. 사각형에 가까운 모습이라 스퀘어피아노라고 불렀다. 이번에는 현을 수직으로 세운 피아노가 등장했다. 혁신이었다. 음량은 유지되는데 차지하는 면적은 확연하게 줄었다. 당연히 키가 좀 컸고 기린피아노giraffe piano라고

◀　　스퀘어피아노. 집이 좁은 수요층을 위해서는 작은 피아노가 필요했다. 비엔나 가구박물관 소장.

▶　　기린피아노. 현의 길이가 확보되어 그랜드피아노의 장점을 살릴 수 있지만, 큰 키가 문제였다.
　　　비엔나 가구박물관 소장.

불렀다. 높이가 문제였다. 미국의 발명가인 존 호킨스John Isaac Hawkins 1772~1855 가 현을 방바닥까지 내린 업라이트피아노를 만들었다. 천장이 낮은 방에도 놓을 수 있었으니 시장이 확장되었다. 인상파 화가들이 이 업라이트피아노 앞에 앉은 여자들을 그림에 담아내기 시작했다. 1845년에는 파리 가구의 5분의 1 정도가 피아노를 소유할 정도로 인기가 높았다는 설명도 있다.[116]

독일 출신의 슈타인베르크Steinweg 일가는 뉴욕에 이민하면서 성을 바꿨다. 그리고 1853년 이 성을 회사명Steinway & Sons 에 붙이고 피아노 제조 사업을 시작했다. 스타인웨이는 무지막지하게 주철제 프레임을 도입해서 강성을 높이고 현의 개수를 늘렸다. 음량이 확연하게 커졌다. 그리고 1867년의 파리박람회에 이 물건을 출품해서 금메달을 획득했다. 최고의 음질로 세계적 지명도를 얻어나갔다.

프로테스탄트 국가 독일에서 프로테스탄트 국가 미국으로 이주한 이 가족은 자신들이 만드는 악기에 금욕적 외관을 입혀버렸다. 피

아노에 검은색을 도포한 것이다. 스타인웨이 피아노가 정확히 언제 검은색이 되었는지에 대한 명시적 기록은 찾기 어렵다. 일단 1882년 스퀘어피아노에 에보니 마감을 했다는 기록이 있다. 그리고 1892년에 폴란드 피아니스트 파데레프스키Ignaz Paderewski, 1860~1941의 미국 공연을 위해 익숙한 장미목 마감이 아니고 에보니 마감을 한 피아노를 만들어 제공했다는 기록도 있다.[117] 파데레프스키는 하루를 연습하지 않으면 내가 알고 이틀을 연습하지 않으면 비평자가 알고 사흘을 연습하지 않으면 청중이 안다는 이야기로 알려진 피아니스트였다. 유명 피아니스트에게 자신의 피아노를 이용하게 하려는 피아노 제조사의 영업은 치열하게 진행되었다.

가구에서 다리는 독특한 부분이다. 지칭 이름처럼 신기하게 사람의 다리와 등가 인식하는 경우가 많다. 그래서 가구의 다리 디자인은 중요한 의미가 있다. 스타인웨이는 피아노의 다리도 장식을 없애고 곧게 펴버렸다. 검은색 복장의 남자 피아니스트가 연주하는 그림에 딱 맞는 구도가 형성되었다. 이후 스타인웨이가 연주회용 피아노 시장을 평정했다. 그래서 다른 악기들과 달리 피아노는 유독 검은색으로 무장한 채 무대 위에 군림하게 되었다. 그리고 업라이트 피아노도 곧은 다리에 검은색 마감이 기준이 되었다.

연주회용 그랜드피아노는 넓은 무대를 혼자 도도히 제압해야 하는 악기다. 그건 음량이나 시각의 관점에서도 마찬가지다. 그래서 어느 방향에서 보나 완결된 마무리를 하고 있어야 한다. 그러나 업라이트피아노는 벽에 붙여서 놓는다. 중간계급의 방은 귀족들의 방보다 작기 때문이다. 그래서 시선에 노출되는 면만 검은 마감을 하게 되었다. 실용적인 설명이 있기는 한데 후면에 노출되는 울림판에 추가 마감을 덧대면 곤란하다는 점이 있다. 소리가 왜곡되고 음량이 작아지기 때문이다.

이렇게 벽에 붙여놓는 가구들은 모두 노출부만 마감하는 것이 기준이 되었다. 그건 책상, 책꽂이, 침대, 옷장에 모두 적용되는 이야기다. 대개 전체가 노출되는 식탁이나 의자와 다른 마감 방식이다. 보이는 부분만 비싼 재료로 마감하던 르네상스 시대의 초기 자본주의적 가치관이 가구에 적용되는 모습이다.

피아노보다 낮은 계급의 악기는 아코디언이다. 피아노와 유사하게 건반을 누르는 이 악기는 피아노와 달리 콘서트홀에 진입했다고 보기 어렵다. 분명히 악기지만 지위재가 되지 못했다. 아코디언은 독일에서는 맥줏집에서, 이탈리아에서는 장터에서 쓰는 악기 이미지가 강하다.[118] 그림으로 치면 만화에 해당하는 대접이다.

피아노가 지위재가 되면서 독특한 풍경도 등장했다. 엉뚱하게 여행과 관련이 있었다. 이전 시대의 여행은 주로 성지 순례였다. 가끔 온천 여행이 등장했다. 중간에 숙소가 필요했는데 여관이나 수도원이 그 역할을 했다. 많은 소설이 증명하는 것처럼 여관은 위험하거나

유럽 어느 소박한 호텔의 로비 풍경. 좁은 로비를 피아노가 비집고 들어서 있는 이유는 이곳이 호텔이기 때문이다.

불편한 숙박 시설이었다.

그러다 교육수단으로서의 여행이 등장했다. 가정교사와 함께 외국의 궁정이나 대학을 방문하는 것이었다. 17세기에 가장 인기가 있던 목적지는 이탈리아였다. 여행은 예나 지금이나 시간과 공간을 구매하는 사치다. 유럽에서 유행한 이 그랜드투어는 이를 부담할 수 있는 귀족 젊은이를 위한 사치 투자였다. 책이 아니라 경험을 통해 얻는 사치였다. 길도 좋지 않은 시대였고 마치로 다닐 상황도 아니었으므로 대개 말을 타고 가는 여행이었다.

마차의 대안으로 증기기관차와 증기선이 등장하면서 중간계급의 여행이 가능해졌다. 1880년대에는 기차에 침대차, 1890년대에는 식당차가 도입되었다. 난방도 되고 독서등도 설치되었다.[119] 여행은 중간계급의 사치가 되었다. 이들은 종교, 생산, 교육과 관련이 없는 피서지나 요양지를 찾아다녔다.[120] 여행은 풍부해진 자본과 시간을 소비하는 여유였다.

철도가 도시들을 연결하고 박람회가 열리면서 여행자들의 숙박

문화

에 필요한 공간 수요가 대폭 늘었다. 호텔은 기본적으로 여력이 있는 중간계급을 대상으로 운영하는 공간이었다. 가톨릭 국가에서는 귀족들의 이미지를 따라 바로크 장식이 덮인 호텔이 일상이었다. 파리에서는 대혁명으로 사라진 귀족들의 대저택hotel 이 전용된 사례가 많으니 당연히 화려했다. 그래서 이 호텔에서는 로비나 객실보다 살롱이나 중정이 더 중요하다. 방마다 크기와 방향이 다 제각각인 것도 특징이다. 이에 비해 미국의 호텔은 체인사업이니 로비와 객실이 더 중요했다.

호텔은 하루 자고 떠날 잠자리를 제공하는 데 그치는 여관과 존재 의미가 달랐다. 호텔은 떠나 온 집과 같은 안락과 이국적 신비를 동시에 제공해야 하는 모순적 공간이 되어야 했다. 일상과 일탈이라는 정체성을 확인시켜 주는 공간은 방문자가 첫 번째로 만나는 곳, 바로 로비다. 중간계급의 정체성으로 익숙한 검은 피아노가 로비에서 호텔의 정체성을 보여주는 도구로 자리 잡았다. 면벽 공간이 아니므로 그랜드피아노여야 한다.

거실에 자리 잡은 지위재 피아노를 위협한 것은 축음기와 라디오다. 지위재를 위협하는 실용재가 등장한 것이다. 그리고 이어서 피아노를 위협하는 것이 아니라 압도하는 물건이 하나 더 발명되었다. 이 물건이 20세기 중반 이후 세계의 거실 풍경을 바꿔나갔다.[121] 벽난로, 피아노, 축음기, 라디오를 모두 합쳐놓은 영향력을 지닌 그 물건은 텔레비전이었다. 텔레비전은 처음에 가구의 모습을 하고 미국의 가정에 진입했다. 당연히 벽에 붙여놓는 가구였다. 텔레비전이 지위재로 적당하지 않다고 생각한 사람들은 거실 외에 별도로 가족실을 만들었고 거기서 편안하게 텔레비전을 시청했다.

정장

앙드레김

그리고 브래지어, 란제리, 부티크. 여성복과 관련된 단어들이다. 프랑스어 냄새가 풀풀 풍긴다. 그런데 왜 남성복과 달리 여성복의 단어에는 프랑스 냄새가 더 묻어나게 되었을까. 앙드레김은 왜 로버트김이나 찰스김이 아니었을까. 이 옷을 만드는 곳은 양장점이라고 부른다. 남자 옷은 양복점에서 만든다. 그런데 제화점은 남녀 구두를 다 만든다. 왜 구두가 아닌 옷에만 제작의 남녀 구분이 생긴 것일까.

17세기까지 유럽에서 옷은 남자들이 만들었다. 그런데 1675년 프랑스의 여자 재봉사들이 길드 조직 청원을 냈다. 이유는 알려지지 않지만, 루이 14세는 덜컥 이를 수용했다. 이 길드의 형성으로 여성복 시장에서 여자들의 존재감이 확연하게 커졌다. 이후 여성복은 여자 재봉사들의 주력 산업이고 패션fashion 이 되었다.[122] 이에 비해 구두 제조는 여자 길드가 생기지 않았으므로 한 가게에서 남녀 구분 없이 만든다. 제작자의 업역 구분이 생기면서 남녀의 옷은 서로 다른 길을 갔다. 여성복 제작 과정 중 옷감을 필요한 크기와 모양으로 잘라내는 재단은 여성 길드의 업역이 아니었다. 그래서 재단은 남자의 일이었다. 여전히 한국에서도 재단사는 남자의 비율이 높다.

복장은 사회적 발언이다. 자신이 어떤 사람인지 설명한다. 그리고 참석하는 자리와 만나는 사람을 어떻게 이해하고 있는지 표현한다. 그래서 복장 규제는 기관과 행사가 자신을 정의하는 방법이다. 그 걸 드레스코드라고 호칭한다. 재킷을 입으신 분만 입장하실 수 있다는 것이 자신의 품위를 강조하는 골프장 식당의 일반 규칙이다.

혁명기 공화당원들은 목에 스카프를 둘렀다. 이 시기에 눈에 띄는 복장은 퀼로뜨가 없는 옷, 상퀼로뜨sans-culotte였다. 말을 타고 다닐 일이 없기에 바지 아랫단이 묶일 필요가 없었던 복장이다. 복장명이 계층명이 된 사례다. 상퀼로뜨는 부르주아지와 프롤레타리아 사이의 스펙트럼으로 존재했는데 경제적으로는 프롤레타리아에 좀 더 가까웠다.[123] 이들이 프랑스 혁명기에 무장한 주력이었다.

귀족은 옷에 장식을 달아 자신의 정체성을 드러냈다. 그런데 중간계급은 의복에서 장식을 배제하여 자신의 계급을 귀족과 차별화했다. 사실 중간계급은 귀족과 경원의 관계라고 해도 될 것이다. 귀족들을 동경하면서도 이들과 거리를 두고 차별화를 해야 하는 것이었다. 그래서 중간계급의 사회적 전략은 이중적이었다. 즉 외향적으로는 차별화하되 내밀한 생활에서는 귀족적 사치를 모방했다. 이 재현 의지를 계급욕망이라고 호칭하는 것이다.

중간계급에 오른 프로테스탄트들은 소명 따라 성실하게 생활했고 재산은 그에 따라 축적되었을 따름이다. 이들은 먹고살거나 돈을 벌기 위해 일을 하는 것이 아니었다. 따라서 이들은 쌓은 부에도 불구하고 과시적 소비가 금기였다. 적어도 그 금기를 표현해야 했다. 그래서 이들에게는 여전히 검소한 자신들의 모습을 표현해야만 했다. 입고 있는 것부터 달라야 했다. 이들은 장식을 다 떼어낸 옷을 입었다. 색깔도 이전의 수도원 수사들을 연상시키는 무채색이어야 했다. 그 것도 검은색에 가까운 무채색.

이 무채색의 세속적인 복장을 처음으로 가보면 의외로 합스부르크 왕가가 등장한다. 스페인 계열의 펠리페 2세Felipe II de Habsburgo, 1527~1598 가 주인공이다. 그는 후계를 얻기 위해 무려 네 번을 결혼했고 그중 세 번이 근친혼이었다. 이 복잡한 개인사에 더해 반란, 승전, 패전이 교차하는 정치적 혼란을 겪은 사람이었다. 결국 몇 차례 국가 파산을 겪은 왕이지만, 본인은 아주 내성적이고 금욕적이었다.[124] 어쩌면 개인 성격에 따른 직분 갈등이 혼란의 원인이었을 지도 모른다. 왕족인 그의 초상화에 등장하는 옷이 검은색이었다. 그의 복장은 종교와는 무관했다.

검은 옷이 전면에 부각된 것은 종교개혁의 영향이다. 우선 사제들을 대체하여 등장한 영국의 청교도 목사들은 성서의 지식 이외에 장식은 필요하지 않다고 가시적으로 천명했다. 이들이 무채색에 장식 없는 금욕적 의복을 입었다. 이들과 종교가 같은 이들이 명예혁명으로 의회를 장악했다. 크롬웰로 대변되는 청교도들은 자신들의 신넘에 가장 잘 맞는 옷을 찾아 입었다. 새로운 의회 장악자들은 금욕적 가치관을 가시적으로 선언했다. 무공의 흔적을 사치스러운 장식으로 표현해야 하는 귀족들과 다르다는 시각적 선언이었다.

패션이라는 단어가 암시하듯 복식은 유행이었다. 마침 폼페이가 발굴되면서 고대 그리스와 로마가 큰 관심을 끌게 되었다. 18세기 신고전주의라는 유행이 프랑스에 시작되었다. 이 유행이 영국에도 넘어갔다. 영국에서는 엘긴마블의 등장이 엄청난 사안이었다. 엘긴 백작Lord Elgin, 1766~1841 이 전설로 알려진 파르테논 신전의 조각상을 떼어온 것이었다. 당시 그리스는 오스만제국의 영토였고 그리스도교도들이 방문하려면 심각한 결심을 해야 하는 곳이었다. 그런데 여기서 진품이 직접 영국으로 온 것이다. 영국박물관이 이 조각을 구매해서 전시를 시작했다.

기원전 5세기라고 믿어지지 않는 수준의 조각이 눈앞에 펼쳐졌다. 그간의 조각을 모두 초월하는 존재라고 극찬이 쏟아졌다.[125] 헤겔은 영국을 방문한 기록이 없으니 엘긴마블을 직접 보지는 못했을 것이다. 그러나 그는 그리스시대가 예술의 최고 경지를 이룬 시대라고 주저 없이 설명했다. 이외에도 엄청난 고대 조각이 원정의 성과물로 유입되었다.

유럽인들이 접한 고대 그리스의 남자들은 누드 상태였다. 이상적인 몸의 모습이 고전 조각을 통해서 확연해졌다. 유행이라고 옷을 벗고 다닐 수는 없었다. 옷감으로 몸을 감싸되 장식을 없애고 몸의 비례를 가장 잘 보여주는 복장이 등장했다. 말하자면 옷감으로 번역된 누드였다.[126] 그건 당연히 장식이 모두 사라진 옷이었다. 금욕 표현의 신념에도 잘 맞았다.

정장

장식이 사라지니 몸에 꼭 맞춰야 했고 재단이 더욱 중요해졌다. 우리가 연상하는 영국 신사의 정장은 재단사가 양복점에서 맞춰 주는 것이다. 줄자를 들거나 걸친 재단사가 있는 양복점 풍경은 영국에서 1820년대 경에 등장했다.[127] 이들은 프로테스탄트 국가들에 빠른 속도로 전파되었다. 남성복은 영국, 여성복은 프랑스라는 일반적인 구도가 형성되었다. 결국은 이 남성 정장이 프랑스에도 전달되었다. 프랑스의 여성복은 적당히 헐거운 재단과 장식으로 유지되었다. 그러나 남성 정장은 몸에 딱 맞춰 재단의 치수가 정교하게 계산되었다. '가다마이 かたまえ, 가타마에에서 와전'라는 이름으로, 일본으로 가서 한반도에까지 전파될 그 옷이 등장한 것이다.

정장은 금욕적 복장이지만 유니폼은 아니었다. 그래서 개인 차별화 표현 방안은 남겨두어야 했다. 넥타이가 남았다. 이건 착용에 시간이 소요되는 물건이다. 금욕적 복장에서 단 하나 남은 사치재였다. 추가한다면 정장 안에 받쳐입는 옷도 정체성 차별화를 위한 여유 공간이 되었다. 영어로는 'waistcoat'고 우리는 '조끼'라고 부른다. 전통적인 정장의 기준은 상의, 바지, 조끼를 다른 재질과 패턴으로 맞춰 입는 것이었다. 바지에는 수직 줄이 들어 있어야 한다. 엉뚱하게 이게 남아있는 나라가 일본이다. 요즘도 일본 왕실 행사 의전 복장을 보면 이 기준에 딱 맞는다.

무채색 옷을 입어도 단정하고 우아한 외관의 묘수가 필요했다. 턱시도는 바지 옆 단에 운동선수도 아닌데 수직 줄을 넣는다. 그리스 조각의 인체처럼 다리가 길어 보이면서 단정하다는 느낌을 주는 장치다. 바지 앞뒤에 다리미질로 주름을 잡는 대안도 등장했다. 유사한 방안이 적용되는 것은 자동차다. 좀 더 길어 보이기 위해 자동차 바디의 옆면에는 바지와 같은 주름을 수평으로 길게 넣는다. 이와 비교되는 것은 자본가들이 고용하는 노동자들이다. 차별 방식은 간단하다. 노동자들의 작업복 바지에는 주름을 넣지 않는다. 청바지가 그렇다.

중간계급의 여자들은 사회생활을 하지 않았으므로 이 복장 규정이 적용되지 않았다. 이들은 화려한 복장을 하는데 도덕적 규제가 없었다. 오히려 이들은 남편의 계급욕망 과시 수단이었다. 그래서 남편의 사회적 성공을 복장으로 표현해주게 되었다. 중간계급 여자들은 장식 붙은 드레스를 입었다.

바로크 시대의 음악가들은 귀족에게 고용된 지위였다. 음악가들은 거기에 맞는 수준의 애매한 복장을 하고 악기를 연주했다. 그러나 바뀐 세계에서 중간계급은 검은 정장을 입고 콘서트홀에 등장했다. 당연히 무대 위의 단원들도 모두 검은 정장을 입는 것이 기본 원칙이 되었다. 그러나 오케스트라에는 여자가 앉아 있을 자리가 없었다. 따라서 여자들에게는 이 복장 규정이 강요될 필요가 없었다. 그럼에도 성악곡에는 여자의 영역이 필요했다. 여자 성악가와 후대의 여자 독주자들은 검은색이 강제되지 않았고 화려한 드레스가 기본 틀이 되었다.

모양은 정장인데 색이 화려하면 대개 대중가요 가수를 연상한다. 순수예술 종사자의 복장은 전통적으로 원색이 허용되지 않았다. 두 개의 조합은 복장 모순이기 때문이다. 장식을 배제한 복장 균일화는 디테일 집중을 가져왔다. 거기에는 재료에 관한 관심을 포함한다. 그래서 남성 정장의 가치를 결정하는 가장 큰 요소는 우선 옷감이다. 그리고 남성 정장의 유행은 바지 길이, 옷깃의 넓이처럼 여성복에 비하면 사소한 것들이 규정하게 되었다.

음악회 종료 후 커튼콜. 여가수들이 보여주는 복장 모순의 역사적 근거를 이해할 수 있다.

남자의 복장이 통일되자 산업이 되었다. 남성복 정장은 기업의 생산품이 되었다. 1716년 첫 기성복 판매가 등장했다.[128] 기성복의 시장 확장은 재봉틀이라는 기계 도입에 힘입었다. 재봉틀이 상용화된 것이 미국이니 미국의 정장은 거의 기성복이었다. 기성복의 공장 제작은 카탈로그 판매를 가능하게 했다. 카탈로그에는 가격이 명기되어 있었다. 이것은 에누리나 흥정을 부인하는 제도였고 그런 만큼 청렴과 정직을 자신하는 판매방식이었다.[129] 프로테스탄트 윤리에 딱 부합하는 방식이었다.

여성복은 가내수공업을 통해 생산되었다. 그래서 더욱 다양한 모습을 유지했다. 그래서 초기 창업 투자비가 커진 남성복에 비해 여성복 제작은 저비용 창업이 가능한 상태로 남았다. 그 결과는 양장점이 곳곳에 산포해 있는 도시 풍경을 만들었다. 남성 정장을 만드는 양

문화

복점은 대개 여러 상점이 모여있는 군집 상권을 이루게 되었다. 런던의 새빌로Savile Row 와 서울의 명동을 생각하면 된다. 이들에게는 디테일의 차별화가 생존 전략이기 때문이다. 백화점을 방문하면 남성 기성복은 몇 주요 생산업체가 대형 매장을 장악한 걸 알 수 있다. 이에 비해 여성복은 훨씬 다양한 상표의 제조자들이 다품종 소량생산의 결과물들을 전시하고 있다.

자본가들은 모여서 사업 정보를 교환했다. 발레리나를 그렸던 드가의 그림 중에 〈뉴올리언스의 면화 거래소〉가 있다. 등장인물들은 면화 품질을 확인하거나 신문을 보거나 서류를 뒤지고 있다. 글자와 숫자를 읽을 수 있는 사람들이다. 이들은 충실하게 검은색 정장을 하고 있다. 이런 풍경과 가장 대비되고 가까운 공간이 커피하우스나 카페였다.

기호 음료로 가장 널리 퍼진 것이 커피와 홍차일 것이다. 이 중 커피는 요즘 연간 약 천만 톤 넘게 유통된다.[130] 흔히 커피는 잠을 깨서 더

드가의 〈뉴올리언스의 면화 거래소〉. 미국은 나폴레옹으로부터 루이지애나주를 구입했다.
프랑스인 드가는 루이지애나 뉴올리언스에 사는 친척들을 방문해서 이 그림을 그렸다. 포보자르미술관 소장.

일하려고 마시고, 홍차는 일하다 쉬러 마신다는 이야기도 있다. 커피는 일단 각성제인 것은 틀림없다. 호미니드처럼 에티오피아가 원산지지만 훨씬 뒤에 외부로 전파된 것이 커피다. 이건 놀랍게 빠른 속도로 전파되었다.

영국 최초의 커피하우스는 1652년 런던에서 개업했다. 여기서 자본가들이 모여 신문을 읽고 금융 정보를 교환했다. 신문이라는 인쇄물을 통한 정보 유통이 중요해진 것이다. 원래 개방공간이었던 이곳은 믿을 만한 네트워크 확보를 위해 회원제로 운영하기도 했다. 상류계층이 모이는 건 클럽이었고 그 공간은 클럽하우스였다. 당연히 남자만 출입하는 곳이었다. 이에 비해 술을 팔고 누구나 쉽게 들락거릴 수 있는 곳은 퍼블릭하우스였는데 이게 지금의 펍이다. 그래서 귀족과 엘리트는 클럽에서, 중간계급은 커피하우스에서, 평민은 펍에서 모이는 개략적 구도가 형성되었다.

프랑스에서 귀족들은 살롱에서 모였다. 귀족 부인들이 자신의 거처를 제공했고 당대의 명사들이 모였다. 프랑스의 공론장이라고 나중에 평가되는 곳이다. 이에 비해 카페는 좀 더 대중적인 장소였다. 계몽주의 전파를 공간으로 설명하면 딱 카페가 나온다. 특히 20세기 초반 소위 벨 에포크 시대의 파리 카페는 예술가들의 수다방이었던 것으로 알려져 있다. 몽마르트르에서 몽파르나스로 공간이 이어가던 시대다.

커피만 마시는 게 아니라 공연도 하는 카페가 등장했는데 당연히 이름이 카페콩세르cafe concert였다. 커피보다 공연이 더 강조되는 곳은 카바레cabaret다. 저 무도無道한 무도舞蹈 캉캉이 공연되는 곳이다. 가장 유명해진 곳이 파리 몽마르트르의 물랭 루주다.

경찰

경찰은 부르주아지의 개다

문장이 화끈하다. 마르크스주의자들의 책을 읽다 보면 가끔 만나는 문장이다. 직설적이고 거침없는 게 마르크스 문장의 특징이다. 그래서 이게 마르크스의 발언이라는 인용도 가끔 있다. 그러나 이건 그의 문장은 아니다. 출처가 없다는 이야기다. 비슷하되 좀 점잖은 문장도 있다. 경찰은 부르주아지의 파놉티콘이다. 이 문장의 맥락과 진위를 파악하려면 귀족 계급의 가치를 다시 살펴야 한다.

무기는 귀족과 그가 지휘하는 군인의 것이었다. 전투에서 군인들은 갑옷을 착용했다. 고대 아시리아, 이집트에서 시작하여 그리스, 로마에 이르는 시기의 군인들은 왼손에 방패, 오른손에 무기를 든 모습으로 표현되었다. 머리에는 대개 투구를 썼다. 다만 이집트는 금속 투구는 쓰지 않았을 것이다. 벽화의 파라오는 원래 머리에 쓴 관으로 정체성을 표현했으므로 다른 투구를 썼는지는 명확하지 않다. 뜨거운 기후에서 청동 투구는 실제로도 사용되지 않았을 것이다.

온몸을 둘러싼 갑옷의 등장 시기는 사료마다 서술이 크게 다르다. 이르게는 프랑크 왕국의 샤를마뉴 시기로 보는 주장도 있다. 그런데 이 갑옷을 근본적으로 위협한 것은 화약 사용 발사총의 등장이다. 총을 든 병사가 많아지면서 전장 참여자 수가 늘게 되었다. 전투는 세상을 이분법으로 나눈다. 아군과 적군, 이기느냐 지느냐, 사느냐 죽느냐. 전투에서 가장 중요한 감각이 시각이다. 아군과 적군은 시각적으로 식별이 가능해야 한다. 그래서 갑옷이 아니라 군복이 필요하다. 군복은 방어나 위장이 아니고 피아 식별을 위해 필요했다.

프랑스의 종교 내전 시기에 가톨릭은 붉은색, 위그노는 흰색 옷을 입었다.[131] 정확히 말하면 그런 군복을 입은 것은 아니고 그런 색의 옷을 챙겨 입고 나섰다는 이야기일 것이다. 현존하는 가장 유서 깊은 군복 착용은 교황청 병사들과 영국 왕실 근위병으로 알려져 있다.[132] 중간의 변화는 있었겠지만, 화려한 색채로 보면 식별의 의지가 확연한 사례다.

군복, 즉 군사 유니폼의 역사는 국가별로 천차만별이었다. 하루아침에 병사 전체에게 통일된 옷을 입히기는 어려웠을 것이다. 그럼에도 결국 상비병들에게는 군복을 입혀야 했다. 이들은 직군과 계급별로 임무가 하달되기 때문이다. 군복을 입는 순간 병사에게는 복종할 위계와 규율이 부여되었다. 규율을 위반하면 규정된 대로 처벌이 이어졌다. 규율은 군복을 입고 있는 한 지켜야 했다. 지속적 감시가 필요했고, 적발을 위해 군복에는 이름표가 붙었다.

왕족을 포함한 귀족들도 갑옷이 아니라 군복을 입게 되었다. 이들의 군복은 피아 식별이 아니고 참전 증명을 위해 필요했다. 귀족은 이전 전투에서 세운 공로를 증명해야 하므로 훈장을 가슴 가득 패용했다. 그것은 수행한 노블레스 오블리주의 증명이었다. 프로이센의 프리드리히 2세는 일상에서 거의 군복만 입었다.[133] 그는 왕자 시절 아버지로부터 남자답지 못하다고 숱하게 구박받았다고 알려져 있다. 평가를 극복하려면 증거가 필요했을 것이다. 현재 재위 중인 영국의 찰스 3세도 자신의 결혼식에서 훈장 달린 군복을 입었다. 그의 즉위식에서도 참석 귀족들은 훈장 달린 군복 착용이 기본이었다. 유럽의 왕실 복장은 일본 왕실과 귀족의 복장으로 전파되었다. 그리고 대한제국에 수입되었다. 당시의 고종, 순종도 금관조복 외에 훈장 단 군복을 입었다.

혁명 이후 프랑스는 군대를 정비해야 했다. 나폴레옹 시기에 상비군 체계가 도입되었다. 병사들은 군복을 입었다. 이들을 통솔할 주체가 필요했는데 더는 귀족의 역할이 아니었다. 나폴레옹은 이들을 혈통이 아니라 교육으로 육성하기로 했다. 과학, 공학 과목 중심의 장교 교육기관이라고 해야 할 에콜 폴리테크닉이 설립되었다. 이들의 교육에는 당연히 진지 구축을 포함한 전투 준비가 포함되었다. 이들은 혁명 이후지만, 귀족들처럼 장식이 화려한 정복을 착용했다. 임관하고 나면 가슴에는 전장 참여의 흔적인 무공훈장을 달았다.

미국에도 장교가 필요했다. 장교 양성기관인 웨스트포인트가 바로 에콜 폴리테크닉을 모델로 삼았다. 그리고 이들은 교육 체제 외에 귀족 복장도 수입했다. 그래서 미국은 프로테스탄트 자본가의 국가였지만, 유독 사관학교 학생들은 장식이 주렁주렁한 정복을 입게 되

한국 지하철역의 사관학생 모집 공고. 복장이 화려해야 하는 것은 그것이 계급을 표현하기 때문이다. 그 계급의 근원은 귀족이다.

었다. 이것이 한국의 사관학교에도 수입되었다.

사관학교 졸업생은 임관부터 고참 병사들보다 높은 계급으로 출발한다. 말하자면 출생이 다른 것이다. 군대는 이렇게 운영 체제도 엉뚱하게 이전 시대 귀족의 흔적을 보여준다. 이들은 세습을 하지 않으므로 계급이라고 하지 않을 수도 있다. 그러나 그들의 직분 명칭은 그걸 고스란히 드러내고 있다. 계급.

유사한 제도는 공무원이다. 지금은 공복이라는 단어로 표현하지만, 왕조기에는 귀족으로 군림하는 주체였다. 우리도 벼슬이라는 단어로 표현했다. 이들은 지금 시험이라는 제도로 임용되지만 그 시험에 의해 계급이 나뉜다. 특히 고시라는 단어로 표현되는 시험은 남은 경력으로 극복되기 어려운 출발선의 계급을 부여한다. 공무원은 그 계급의 위계를 급수라고 부른다.

땅이 아니라 바다가 전장이 되는 시기에 돌입했다. 영국과 스페인의 귀족들에게 중요한 복무 분야는 배와 바다였다. 영국은 스페인의 아르마다군단을 격파한 이후 해군의 의미가 훨씬 더 커졌다. 그런데 육군과 달리 해군은 피아 구분의 복장이 필요 없다. 배 위에서 싸우기 때문에 전투장 교란 위험이 없기 때문이다. 그럼에도 계급과 직군에 따른 임무 분담의 시각적 표기를 위해 복장이 필요했다.

영국 해군은 1748년부터 장교들이 유니폼을 입기 시작했다.[134] 그러다가 여름에는 흰 복장을 하게 되었다.[135] 목선이 철선으로 바뀐 시기인데 여름의 활동공간으로는 대단히 뜨거웠기 때문으로 짐작한다. 귀족이 아닌 수병들은 군복이라는 것이 없었다. 그렇다면 어떻게 입었을까. 답은 되는대로 입었다는 것이다. 해군이나 해적이나 복장이 다를 바가 없었다는 것이다.

 문화

가장 늦게 등장한 공군은 관제의 상당 부분을 해군에게서 차용했다. 그래서 비행기에는 배와 유사한 명칭과 규정이 즐비하다. 비행기를 배로 간주한 흔적들이다. 배의 승선 방향이 왼쪽이므로 비행기도 왼쪽에서 타고 내리는 관례가 정착되었다. 비행기 조종사라는 직업이 등장한 것은 당연히 20세기의 일이다. 군대가 아닌 민간 항공사에서 이들에게 유니폼을 입히기 시작했다. 1930년대에 당시 최대 항공사인 팬암에서 조종사들에게 유니폼을 입게 했다. 이유는 승객들에게 프로페셔널로 보이려는 것이었다. 조종사는 다른 어떤 직종보다 규범집이 강조되는 직업이었다.

당연히 해군과 유사한 유니폼을 입게 했다. 그런데 땡볕에 노출되는 함선과 달리 비행기는 직사광선이 없는 환경이다. 그럼에도 뜨거운 함상에서 필요한 모자가 비행기에 덩달아 들어왔고 모자가 정복 규정이 되었다. 조종사들은 보기 멋지다는 이유 빼고는 모자를 쓸 기능적 이유가 없었다. 좀 당황스러운 상황이 벌어졌다. 여객기의 조종석, 즉 칵핏에 모자를 벗어 보관할 고리나 공간이 없다.

전시가 아니어도 사회 질서 유지는 무력 기관인 귀족의 권리이며 책무였다. 귀족은 토지를 지키는 전문 집단이었는데 부르주아지는 토지가 아닌 자본을 갖고 있었다. 이걸 지키는 건 방위가 아니라 치안이었다. 귀족이 사라진 후 국방은 사관학교와 상비병으로 책임졌지만 도시 치안은 다른 문제였다. 부르주아지는 치안 유지 목적의 별도 조직을 만들었다. 그래서 부르주아지의 개라고 불리는 제도가 탄생했다.

영국의 헨리 8세는 성공회 창설 외에 부랑자 처벌의 경력으로도 역사에 이름을 남겼다. 그는 부랑자들을 구금, 태형에 심지어 사형까지 시킨 사람이었다. 단속이 많으니 당연히 범죄자에 해당하는 사람들이 많아졌다. 영국은 넘치는 범죄자들을 오스트레일리아에 실어보냈던 나라다. 최소한의 사회자원 투자로 작동하는 가장 효과적인 감옥이 필요하던 시기였다. 이런 맥락에서 등장하는 사람이 제러미 벤담Jeremy Bentham, 1747~1832 이다. 감시와 처벌로 유명한 감옥, 파놉티콘의 제안자다. 그는 이후 평생 자신의 제안을 실천하려 했지만, 성공하지는 못했다. 어찌 되었든 영국은 범죄자 처벌 수요가 많은 국가였고 이를 예방하기 위해서 치안 전담 조직이 절실했던 모양이다. 경찰은 1829년 영국의 로버트 필 경Sir Robert Peel, 1788~1850 이 런던에 만든 도시경찰령Metropolitan Police act 에서 시작되었다.

암스테르담 국립미술관의 대표적 그림이 렘브란트의 〈야경〉이다. 밤의 경치가 아니고 밤의 경찰이다. 원명은 훨씬 길어서 〈프란스 반닝 코크와 빌럼 반 루이텐부르크의 민병대〉다. 이 그림은 크기가 화끈하다. 도록으로는 실물 크기를 짐작하기 어렵다. 전시 방법에서도 미술관의 대표가 되고 남을 정도로 특별한 대접을 받고 있다. 배경이 컴컴해서 밤의 경비대원들이라고 그런 제목이 붙었다. 그런데 그림 복원 청소를 하고 보니 낮 풍경이었더라는 이야기가 잘 알려져 있다. 이 그림에서 등장인물의 정체성도 중요하다. 암스테르담에서는 시의원, 장관, 시장이 되려면 경비대 장교와 같은 경력이 필요했다.[136] 부르주아지의 노블레스 오블리주였다. 원제에 이름이 등장하는 이들은 부르주아들이었고 비상근 지원병이라 복장이 제각각이었다. 그런데 요즘 기준으로 치안 담당자들이 이런 복장이면 곤란하다. 사복경찰이 아니라면 유니폼을 입어야 한다.

경찰은 귀족과 뿌리가 다르므로 복장도 달라야 했다. 그래서 이

엄청난 크기와 독특한 전시가 인상적인 렘브란트의 〈야경〉. 이들은 부르주아지의 노블레스 오블리주라는
좀 독특하고 모순적인 행위를 이행하는 사람들이다. 암스테르담 국립박물관 소장.

들은 부르주아지의 정장에 가장 가까운 복장을 선택했다. 무채색의 복장에 심지어 넥타이를 매기도 했다. 군인과 사관생도가 일반적으로 넥타이를 매지 않는 것과 대비가 되는 구도다. 이들은 짙은 감청색 정복을 입고 1864년부터는 헬멧을 썼다. 발사 무기가 아니라 경찰봉 truncheon 이 주요 진압 도구였다. 지금도 영국 경찰의 상징으로 각인된 물건이다. 당연히 남자들만 선발했다.

미국의 상비군은 연방제도가 있지만 경찰은 지역별로 운영한다. 그래서 운영제도, 상징물, 유니폼이 다 제각각이다. 심지어 경찰이라는 호칭 앞에 NYPD, LAPD 처럼 지역명이 붙는다.

유니폼

cadet

사관후보생을 이렇게 부른다. 그들의 정복은 장식이 달린 화려한 귀족의 복장이라고 설명했다. 그런데 아무 장식 없는 병사복을 입어야 하는 경우가 있다. 혹은 노동자 복장이라고 할 수도 있다. 골프장에서 벌어지는 사건이다.

공장은 분업화된 조직이다. 직공들이 정해진 시간에 출퇴근하는 조직원이 되어야 했다. 노동자를 복종시키려면 위계 강조가 필요했다. 선례는 군대였다. 그래서 자본가들은 노동자들에게 엄수할 규율을 만들고 그 준수를 위해 유니폼을 입혔다. 유니폼에도 이름표가 달려야 효과가 확실했다. 군복은 우선 가치가 피아 식별이고 그다음이 위계 인식이다. 그런데 공장 유니폼에서는 위계와 규율이 더 중요했다. 그들에게 행동규범이 강요되었다. 그래서 유니폼은 의복으로 번역된 규범집이었다.

자본가는 공장이 아닌 곳에서도 노동자들에게 유니폼을 입혔다. 집안의 하인, 하녀들이었다. 공장에서 생산한 것들이 문제가 되었기 때문이다. 영국에서 증기기관으로 방적, 방직이 시작되자 엄청난 양의 면직물이 생산되었다. 생산이 밤낮을 가리지 않았다. 이 면직물은 촉감도 좋고 보온성도 높았다. 이보다 훨씬 탁월한 장점은 염색이 잘된다는 것이다. 그 전에 자수를 통해 화려하게 장식되었던 옷감이 이제는 염색, 인쇄를 통해 그 가치를 얻을 수도 있었다. 그런데 가격은 훨씬 저렴했다. 노동자들이 자본가와 혼동될 수 있는 복장은 절대 허용되면 곤란했다. 대안은 유니폼이었다. 하인, 하녀들에게도 리베리 livery 라고 부르는 유니폼을 입혔다.

유니폼 착용이라는 관점에서 비교가 되는 것이 의사와 변호사다. 이들은 모두 중간계급 직업군이다. 외과 의사는 발생 유전자가 이발사와 같다. 그래서 여전히 흰 가운이라는 복장이 비슷하다. 내과 의사는 기능적으로는 가운을 입을 필요가 없다. 그런데 의사는 개인 사업자와 병원 취업자가 병존한다. 종합병원은 엄청나게 많은 조직원의 기관이다. 여기서 각 역할에 맞게 색이나 모양이 차별화된 유니폼이 지급된다. 의사들은 노동자의 유니폼과 차별하기 위해 호칭도 가운이다.

동네 의원도 대체로 간호사, 간호보조원 등의 분업체제로 작동한다. 그리고 이들에게 환자는 익명성의 아픈 몸뚱이들이다. 의사는 환자에게 자신의 전문가적 정체성을 시각적으로 확인시켜주는 방법이 필요하다. 그래서 가운이라고 부르는 유니폼을 입는다. 심지어 텔레비전 토크쇼에 등장할 때도 가운을 입는 독특한 직업이 의사다.

이에 비해 변호사는 거의 독립된 개인 사업자들이다. 변호사와 의뢰인은 철저한 기명성을 갖기 때문에 정체성 혼동의 염려가 없다. 따라서 이들에게는 유니폼과 명찰이 필요 없고 사회적 계급을 증명하는 복장, 즉 정장이면 충분하다. 변호사가 의사 가운이나 운동복을 입고 법정에 들어서면 법정 모독 의심을 받을 가능성이 크다.

스포츠는 평화기의 전투다. 특히 단체 스포츠라면 더욱 그렇다. 전투에도 관객들은 있었다. 그들이 전투 과정을 기록으로 남기곤 했

어느 대학병원의 풍경. 입은 유니폼에 따라 해야 할 일과 할 수 있는 일이 나뉜다.
의사가 입는 것은 유니폼이 아니고 가운이라고 하는 이유는 의무 규정보다 배타적 권리 규정이 많기 때문일 것이다.

다. 스포츠에서는 관객이 더 중요해졌다. 자본가들은 이것도 산업으로 만들었다. 스타디움을 만들고 전투를 연상시키는 경기를 진행했다. 당연히 운동선수들은 스타디움에 들어서기 위해 적절한 피아 식별 유니폼을 입어야 한다. 그리고 규정 적용을 받는다. 축구 유니폼을 입은 채 공을 손으로 쥐고 그라운드를 달리면 반칙이다.

좀 특이한 것은 야구다. 미국 메이저리그 규정집은 무려 160쪽에 걸쳐 시시콜콜한 내용을 죄 적어놓았다. 심지어는 선수들이 끼는 글러브 치수, 색깔까지 규정해 놓았다. 당연히 이 규정집에 선수들의 유니폼 규정도 꼼꼼하다. 등에 붙이는 숫자의 크기는 당연하다. 그런데 놀랍게 야구장의 외야에 대한 규정이 없다. 그래서 야구는 어이없게 타자들의 홈런 조건이 구장마다 다 다르다.

특이하게 야구는 감독도 유니폼을 입는다. 야구는 선수 중의 한 사람이 감독 역할을 했기 때문이라는 것이 대체적인 설명이다. 야구 감독은 투수를 교체하기 위해, 심판과 다투기 위해 경기장으로 들어갈 수 있다. 이는 그가 유니폼을 입고 있기 때문이다. 축구, 배구, 농구

314　　　　　　　문화

와 같은 경기의 감독은 정해진 복장이 없다. 그래서 이들은 적당히 알아서 입는다. 텔레비전에 중계될 때는 정장을 입는 경우가 많다. 정장을 갖춘 그들은 경기 중 그라운드나 코트로 들어갈 수 없다.

여전히 계급의 흔적을 찾을 수 있는 스포츠가 있다. 신기하게 계급 국가인 영국에서 발생한 스포츠에는 계급 특성이 잘 보인다. 스포츠 중에서 가장 귀족적인 것은 아마 폴로일 것이다. 왕족, 귀족의 사냥을 연상시키는 스포츠다. 자신의 두 발로 뛰는 것이 아니고 뛰는 말에 올라타서 공을 따라다니는 경기다. 야외 폴로에서는 양 팀 네 마리씩 모두 여덟 마리의 말이 필요하다. 이 말들을 관리, 유지할 수 있어야 하는데 덩달아 장비와 시설 운영비도 비싸다. 아마 지구상에서 가장 비싼 스포츠일 것이다.

역시 영국에서 귀족 놀이로 시작한 골프는 무거운 물건 날라 주는 보조원이 노골적으로 존재하는 거의 유일한 경기다. 골프 선수들에게는 유니폼이 아니라 드레스코드가 있다. 이유는 이들이 연봉이 아니라 상금, 협찬을 받기 때문이다. 즉 이들은 피고용인으로서 약속된 임금이 아니고 자신의 경기 성취에 따라 보상받는 자영업자들이다. 즉 부르주아지다. 테니스 선수들도 그렇다.

그런데 골프의 캐디라는 단어는 프랑스어인 것이 좀 특이하다. 영국산인 골프를 프랑스에 소개한 인물로 스코틀랜드의 여왕이자 프랑스 왕비였던 메리 1세Mary I of Scotland, 1542~1587 가 등장한다. 프로테스탄트와 가톨릭의 분쟁 사이에서 참수된 여왕이기도 하다. 그녀가 프랑스에서 골프의 보조원으로 귀족 군인cadets 을 썼다는 것이 유력 어원설이다. 군인이자 보조원이었으므로 캐디는 유니폼을 입는 것이 당연했을 것이다. 여전히 캐디들이 걸치는 유니폼이나 이와 비숫한 상의는 이들이 고용된 노동자라는 사실을 보여주는 확연한 제도적 장치다.

그런데 이런 노동자 고용은 엉뚱한 곳에서 찾아볼 수 있다. 이 흔적을 찾기 위해 다시 영국이 남긴 발자취를 따라가 봐야 한다. 인도를 식민지로 삼은 영국인들은 북쪽의 미지 영역을 탐사하기 시작했다. 히말라야 측량이 시작되었다. 이름을 알 수 없는 봉우리들은 일단 임시명을 붙여 나열했다. 봉우리1, 봉우리2 하면서. 추후 이름이 확인된 곳은 안나푸르나, 로체, 초오유 하면서 현지식 이름을 지도에 썼다. 그런데 가장 높은 봉우리는 주민들의 현지명을 붙여주기는 너무 아쉬웠다. 그래서 측량을 시작한 대장 이름을 거기 붙였는데 그게 에베레스트였다. 카라코람산맥의 산들은 별도로 K1, K2, K3의 임시명을 붙였다. 그런데 파키스탄을 거쳐 한참 동안 들어가야 나오는 어떤 산은 현지인들에게도 별 정보가 없었다. 그래서 표기가 그대로 남아 K2가 되었다.

이 봉우리들을 등정할 순서가 되었다. 영국인들은 이 끔찍한 장정을 완수하기 위해 익숙한 방식을 그냥 사용했다. 현지인들을 안내자이자 포터로 고용했다. 부족명을 따라 셰르파라고 불렀다. 에드먼드 힐러리Edmund Hillary, 1919~2008 와 텐징 노르가이Tenzing Norgay, 1914~1986. 두 사람의 국적은 각각 뉴질랜드와 네팔이다. 공식적으로 1953년 에베레스트를 처음으로 등정하고 내려온 사람들이다. 이들보다 먼저 등장했을 수도 있다는 이름도 있다. 그러나 사진 찍고 무사히 내려온 건 이 두 사람이 처음이다. 등정은 내려와야 마무리된다. 흥미로운 건 둘 중 누가 먼저 올라갔느냐는 것이다. 두 사람은 인터뷰마다 함께 올라갔다고만 대답했다.

텐징 노르가이는 여전히 네팔의 국보며 전설이다. 그런데 그는 취미나 명예를 위해 에베레스트에 오르지 않았다. 그는 힐러리에게 고용된 사람이었다. 물론 피고용인이었다고 에베레스트 최초 등정의 난관과 가치가 낮아지는 것은 아니다. 이들에게는 지금과 같은 기능성 등산복도 없었다. 쿰부빙하의 크레바스를 지나고 며칠을 노숙하며 오른 첫 사람들은 사람이라고 표현하기도 어려운 존재들이다.

이후 히말라야 등정은 셰르파의 고용이 꼭 필요한 이벤트로 인식되었다. 셰르파는 등정로 안내와 등짐 운반 이외의 행동규범이 없다. 굳이 유니폼을 입을 필요가 없다. 사실 현지인을, 가이드를 넘어 짐 나르는 포터로 고용하는 등반은 아무리 봉우리가 높아도 사례가 많지 않다. 굳이 찾자면 킬리만자로 정도가 추가로 나올 것이다. 역시 영국의 흔적이 남아있는 곳이다.

해방

Friday

금요일이다. 그런데 사람 이름일 수도 있다. 그는 우리에게 익숙한 소설에 나오는 노예다. 제목은 〈로빈슨 크루소〉다. 소설의 주인공이지만 크루소는 그 성을 아버지, 할아버지로부터 물려받았을 것이다. 갑자기 등장하는 그 프라이디는 이름이 무심하게 지어졌고 당연히 성이 없다. 삽화에서 그는 검은 얼굴로 그려졌다. 소설 속에서 프라이디는 노예로 호칭되지는 않는다. 그러나 크루소는 프라이디에게 자신을 '주인님master'이라고 부르게 시켰다. 정황상 프라이디는 노예였다.

역사책에 이상한 노예제도 등장한다. 맘루크와 예니체리다. 이슬람 국가의 개종한 노예 출신 병사를 의미하는 게 맘루크였다. 이들은 심지어 이집트에서 맘루크 왕조를 만들기도 했으니 좀 이상한 역사의 흔적이다. 맘루크 왕조는 이집트와 레반트 지역에서 십자군을 쫓아내 십자군 전쟁을 종결시킨 것으로 이름을 남겼다. 예니체리는 오스만제국의 보병군단이었는데 이들 역시 처음에는 개종한 술탄의 노예들로 구성되었다.

이들은 통상적인 노예가 아니었다는 것이 합리적 설명이다. 역사책에는 노예라고 표현되어 있지만, 환관에 가까웠다는 것이다. 군주는 신적 존재이므로 자신과 신하들을 매개할 인적 매체가 필요하

　　　　　문화

다. 그 역할을 해온 것이 환관이라는 특이한 존재다.[137] 이들의 공통점은 거세였고 그래서 신분 세습이 없었다. 맘루크와 예니체리는 무력을 행사할 수 있는 환관이었다고 하면 역사 이해가 쉬워진다.

유럽에서 사라진 노예제가 아프리카를 통해서 부활했다. 단초는 대항해였다. 사하라 이남의 아프리카를 돌아 인도 항로를 개척한 포르투갈인들이 그 주인공들이었다. 이들은 1412년부터 아프리카 서해안을 따라 조금씩 더 남쪽으로 항해해 나갔다. 1497년 바스쿠 다가마Vasco da Gama, 1460?~1524가 최남단 희망봉을 돌아 인도양으로 나가는 데까지 85년에 걸친 시행착오가 있었다. 엄청난 일이었다.

이 과정에서 이들은 아프리카 연안에 상륙해서 보급품을 확보했다. 그러다 말도 안 되는 상품을 개발했다. 전쟁 포로로 잡힌 원주민을 아프리카의 부족장에게 사서 북아프리카 사탕수수 농장에 노예로 팔았다. 이후 아프리카의 흑인들은 상아와 함께 배에 실어 나르는 상품이 되었다. 노예무역이라고 불렀다. 이번에는 아메리카 대륙 쿠바 동편의 사탕수수밭이 개척되었다. 그리고 여기 흑인 노예들이 투입되었다.[138] 노예무역이 본격화되었다. 잉여가 아닌 인간이 교환 대상이 되는 시장이다.

노예제는 이제는 거의 폐지되었다. 노예제도 불법화 전환에 프로테스탄티즘의 힘이 컸다. 가장 앞서서 눈에 띄는 것은 미국과 영국의 퀘이커교도들이었다. 1750년대 퀘이커교도들은 노예를 거래하는 퀘이커교도들을 처벌한다는 내부 결정을 내렸다. 그러나 종교적 신념이 받쳐주지 않으면 계급이 간단히 사라질 수가 없다. 기득권, 사업, 경제 등이 난마처럼 얽인 사안이기 때문이었다. 영국에서는 의회에서 노예무역을 금지하고 왕실 승인을 얻기까지 수십 년의 논쟁이 있

었다. 1833년에야 영국의 식민지에서 노예제도 폐지령이 반포되었
다. 미국에서도 쉽지 않았다.

> 의원의 수와 직접세는 연방에 가입하는 주의 인구수에 비례하여
> 책정한다. 여기서 인구라 함은 계약제 하인을 포함한 자유인의
> 총합이다. 다만 세금을 납부하지 않는 인디언은 제외하되 그
> 이외의 사람의 수는 5분의 3으로 책정하여 합산한다.

이것은 헌법 조문의 일부다. 인디언이라는 단어를 통해 미국이
라는 것을 짐작할 수 있다. 국가의 구성 요소가 국민, 영토, 주권이라
면 이건 대단히 중요한 사안이다. 여기서 5분의 3으로 계산되는 이들
은 노예였다. 각 주에서 일괄 2명씩 선출하는 상원은 인구수 산정이
별 의미가 없었다. 그러나 인구 비례로 선출하는 하원은 이야기가 달
랐다. 주별 인구수가 달랐고, 인구의 정의도 달랐기 때문이다.
　노예제를 유지하고 있는 남부 주들은 사들인 노예들도 투표권은
없지만, 모두 인구수에 포함해야 한다고 주장했다. 그래야 자신들이
선출할 수 있는 하원의원이 많아지고 노예 소유자들의 정치적 입김
이 커지기 때문이다. 그래서 타협된 숫자가 5분의 3이다. 1789년 각
주에서 비준된 이 헌법에서 5분의 3이라는 분수가 사라지기 위해서
는 이후 거의 100년의 시간과 전쟁이 필요했다. 그런데 선거인단 수
에서 인디언들은 왜 배제되었을까. 이들은 미국의 일부가 아니고 독
립된 정치체제로 보았기 때문이었다. 이들이 여기 포함되는 데는 다
시 50년이 더 필요했다. 지금은 인디언이 아니고 아메리카 원주민이
라고 부른다.

　　　　　　문화

미국의 제퍼슨은 노예제 폐지 법안을 추진했지만, 의회 동의를 얻지 못했다. 미국에서는 1807년에야 노예무역 금지법안이 의회를 통과했다. 그러나 노예제 자체는 유지되었다. 그리고 이후 노예제를 폐지하기 위해 미국은 심지어 내전까지 필요했고 국가가 두 조각날 위험까지 겪어야 했다. 물론 노예해방이 남북전쟁의 개전 이유는 아니었다. 그러나 결국 미국은 수정헌법 13조로 전 영토에서 노예제 금지를 명문화했다. 그리고 14조, 15조로 이전 노예들의 투표권도 보장했다.

영국인들은 아메리카로 이주할 때 영국 여성들과 동반하는 경우가 많았다.[139] 그래서 개인별 이주가 많았던 남아메리카에 비해 인종 간 결혼이 거의 없었다. 그래서 노예와 시각적 구분이 쉬웠다. 피부색이 확연히 다르기 때문이다. 미국에서는 인종 간 결혼이 처벌 대상이 되는 주도 있었다. 1967년 대법원판결이 난 이후에야 연방 전체에서 인종 간 결혼 금지가 위헌이 되었다. 피부색은 아주 용이한 개인 식별 수단이다. 노예는 열등한데 그들이 피부가 검으니 피부가 검은 사람은 열등하다는 인식이 생겼다. 계급 철폐 후에도 피부색은 유지, 노출된다. 그래서 여전히 미국에서는 계급이 인종 문제로 치환되어 그 갈등이 현재 진행형이다.

직립 이후 인간에게 생겨난 중요한 노동 도구는 두 손이었다. 남자들은 두 손으로 농사를 짓거나 전쟁을 했다. 여자들도 노동을 해야 했는데 노예일 경우 더 해야 했다. 더 이상 노동이 강요되지 않는 사람들은 그 상황을 손으로 표현하고자 했다. 미국에서 아프리카계 여성에게서 네일아트는 유독 화려하다. 이전 시대의 계급 피해의식이 남겨준 과다한 보상 심리의 결과 아닐까 짐작한다.

6
건축

지붕　열망　건축　공장　오페라하우스

콘서트홀　미술관　도서관　공원　파리

도시　미국　장식　모더니즘　좌표

이제야 건축 이야기에 이르렀다. 인간의 직립부터 짚어온 지금까지의 긴 이야기는 여기 도착하기 위한 배경 설명이었을 것이다.

영어 단어에 기관institute 이 있다. 이것은 사회제도를 의미하기도 하고, 그걸 담고 있는 건물을 의미하기도 한다. 이렇게 내용과 도구 사이의 구분이 없는 단어의 존재는 이들이 강력하게 엮여 있다는 이야기다. 즉 제도를 통해 건물을 이해할 수 있고 그래서 거꾸로 건물을 분석하여 제도의 사회적 변화를 추론할 수 있다는 의미이기도 하다.

우리 주변의 기관들은 거의 산업혁명 이후 유럽에서 등장한 것이다. 그런 만큼 그 당시의 주력 계급인 중간계급의 신념 체계를 담고 있고 그에 따라 작동한다. 여기서는 그 기관들이 구체적으로 어떤 과정을 거쳐 지금의 모습에 이르렀고 어떤 신념이 작동하고 있는지 설명할 것이다. 그리하여 지금 가장 중요한 건축적 신념 체계인 모더니즘의 뿌리를 드러낼 것이다.

지붕

집

인간에게는 왜 집이 필요했을까. 기능적인 요구는 먹고 자기 위해서다. 필요한 공간은 현대의 주택으로 생각하면 부엌과 침실이다. 둘 중 어느 것이 더 집의 근본적인 요구인지는 답하기 어렵다. 그럼에도 거칠게 짚으면 침실이겠다. 침실은 개인적 요구고 부엌은 대개 가족 생활의 요구다. 부엌이 없는 집은 호텔이나 기숙사다. 반대로 덜렁 부엌만 있는 집은 상정하기 어렵다.

집의 필요성은 물리적 요구라는 관점에서 생각할 수도 있다. 물 때문이다. 물은 무게를 지닌 물질이므로 수증기가 응결되면 중력이 작용한다. 그래서 지표면으로 떨어지는 걸 비라고 호칭한다. 홍수는 그 양이 인간의 요구치보다 너무 많다는 걸 의미한다. 비는 내리는 동안에는 귀찮은 존재다. 그래서 이를 막기 위한 장치가 필요해진다. 뜨거운 곳에서는 햇빛 차단도 필요하다. 그 영구적 장치가 지붕이다.

인간은 지붕 있는 집을 짓는 유일한 생명체다. 여기서 지붕은 비를 완전히 막는 구조를 말한다. 그렇다면 도대체 왜 인간은 이런 방수 지붕이 필요했을까. 다윈은 인간이 되어가는 과정을 신체의 털을 잃어가는 과정으로 짐작했다. 그런데 털이 없어지면 피부가 비를 직접 맞게 된다. 결국 비를 피할 다른 장치가 필요해진다.

그래서 곁가지를 다 걷어내면 건물의 물리적 가치는 한 문장으

건축

강수량이 많은 곳이라고 지붕이 설명하는 룩상부르 구도심 풍경. 목재 지붕 위에 얇은 돌을 얹어 지붕 색이 일정하다. 지붕을 가로지르는 부재 한계가 있어서 건물 폭이 대체로 고르다.

로 정리할 수 있다. 지붕을 통한 기후조절 장치다. 지붕 없는 구조물은 건물이라고 부르지 않는다. 지붕은 인공 구조물이고 그것도 무게를 지니고 있다. 중력을 거슬러 들어 올려 허공에 얹어야 한다. 그래서 만들기 어렵다. 지붕 재료라면 주변에서 쉬 구할 수 있어야 한다. 그리고 동원 가능한 테크놀로지 내에서 조립되어야 한다. 그 재료와 테크놀로지가 지역마다 다르므로 지붕 모습이 달라진다. 지붕 경사도는 강수량을 반영한다. 강수량 많은 지역의 지붕일수록 뾰족하다. 기초 교양서에서도 서술하는 문장이다.

지붕 구성의 가장 보편적 구조재는 지구상 어디서나 목재였다. 주변에서 쉽게 구할 수 있기 때문이다. 인간에게 물이 필요한 것처럼 물이 있는 곳에서 나무도 자랐다. 이 목재를 가공, 조립해서 지붕을 만든다. 목재는 물보다 가볍지만 그래도 절대적으로 무겁다. 지붕 부재

지붕

는 혼자서 들어올리기 어렵다. 그래서 지붕도 대체로 집단생활의 결과물이겠다. 목재는 길이와 강도의 한계가 있다. 특히 강도가 문제인데 그에 따라 허공을 가로지르는 길이 한계가 규정된다. 결국 그 길이가 건물 평면의 크기를 결정한다. 그래서 직사각형 평면이 된다. 단변 방향으로 부재를 얹는 것이 합리적이기 때문이다. 장변 방향은 부재 강도와 관련 없이 증식할 수 있다. 공간이 더 필요하면 계속 장변을 늘리다가 결국 꺾인 평면을 만든다. 건물이 'ㄴ', 'ㅁ'이나 'ㅂ' 모양의 평면을 갖게 된다.

지붕을 만들려면 그 목재 위에 면을 형성해야 한다. 목재는 선형 부재라서 그 자체로 비를 막을 수 없다. 게다가 목재는 수분에 오래 노출되면 썩는다. 그런데 자연계에서 면을 형성할 수 있는 재료는 드물다. 대개 작은 조각 부재를 이어 붙여 큰 면을 만든다. 짚이나 나무판을 겹쳐 올려 지붕을 만들기도 했다. 방수 성능도, 내구성도 제한적이지만 가장 쉽게 구할 수 있는 재료였다. 이 책에서 거론한 고대 문명의 시작지는 신기하게 강수가 없거나 드물다. 강수량 문제가 없는 곳에서는 진흙으로 평평하게 엮은 지붕을 얹기도 했다.

전 세계적으로 흙을 구운 기와가 가장 널리 사용되었다. 기와를 대체할 수 있는 것은 금속이나 석재였다. 구리의 녹은 그 자체가 밀실해서 더 이상의 산소 접촉을 차단한다. 녹이 더 진행되지 않는다. 그래서 녹색으로 구리녹이 슨 지붕의 건물을 만날 수도 있다. 납이 덮이기도 했다. 이 경우는 검은 회색이 되었다. 그런데 금속은 비싼 재료라서 일반적 해법은 아니었다. 지붕의 문제는 결국 내구성이었다. 지금 발굴되는 고대 문명권의 유적지는 거의 벽만 남아 있다.

지붕을 얹으려면 결국 벽이 필요하다. 여기서 놓치지 말아야 할 건축적 관점은 벽과 벽 사이의 간격이다. 이 간격이 커지면 감당할 수 없게 지붕 구조를 만들기 어려워진다. 그래서 고대 유적지의 일반적인 방은 작을 수밖에 없다. 지붕을 염두에 두지 않은 고대 건축의 유적지 서술은 가장 중요한 변수를 빼놓은 것이다.

역사적으로 가장 널리 사용된 벽체 재료는 벽돌이었다. 이걸 만들려면 흙과 물이 필요하다. 지천으로 널린 재료다. 섞이면 진흙이 된다. 성형해서 말리거나 구우면 역사상 가장 흔한 건축 자재를 만들 수 있다. 벽돌은 메소포타미아 문명에서 거론이 되었고 이집트를 탈출하는 모세 이야기에서도 등장하는 재료다. 진흙이 있으면 어디에서나 구워서 만들 수 있는 재료였다. 그래서 유럽 문명권에서도 가장 널리 사용되었다.

그런데 햇빛에 말린 흙벽돌은 내구성이 형편없다. 당연히 지속적으로 유지보수를 해줘야 했다. 그러다가 결국 무너져서 자연의 한 부분으로 돌아갔다. 메소포타미아 지역은 건축 유적이 별로 남아 있지 않다. 대체로 흙벽돌로 건물을 만들었기 때문이다. 심지어 가장 찬란했던 도시라는 바빌론조차 그 모습이 불투명하다. 이들이 흙벽돌

메소포타미아 비빌로니아의 희귀한 유물인 사자 부조. 흙벽돌은 모두 사라졌고 유약을 발라 구운 것만 지금 남아 있다. 그나마 작게 조각난 것들을 여러 박물관에서 엄청난 노력으로 붙여 맞춘 결과물이다. 루브르박물관 소장.

지붕에 돌을 얹은 이집트 룩소르 카르낙 신전. 저 거대한 돌을 얹은 시공 방법은 아직도 명쾌하게 알려져 있지 않다. 돌의 강도 한계 때문에 기둥 간격이 촘촘하다.

로 건물을 지어야 했던 이유는 간단하다. 주변이 죄 퇴적 지형이라 진흙은 지천인데 마땅히 다른 건축재료가 없었기 때문이다.

신전이라면 비를 막는 생존 필요 너머의 가치를 추구하고 보여줘야 한다. 그 건물을 통해 왕족과 사제의 사회적 지위를 과시했다. 건물은 눈에 잘 띄는 구조물이기에 그런 요구는 당연했을 것이다. 일단 재료가 문제였다. 재료를 통한 건물의 계급욕망 표현 방식이 다양하게 전개되었다.

역사로 검증된 가장 내구성이 좋은 건축재료는 석재다. 여전히 그렇다. 메소포타미아 문명에는 돌로 건물을 만든 사례가 거의 없다. 석재는 이집트 문명의 것이라고 해야 한다. 가장 널리 알려진 것이 피라미드다. 고대 이집트의 신전들은 놀랍게 지붕에도 돌을 얹었다. 강수가 거의 없는 지역이라 수밀은 크게 중요하지 않았다. 직사광선 차폐가 더 중요한 변수였다. 이들은 저 끔찍할 정도로 무거운 돌을 기어이 들어 올려 기둥 위에 놓았다. 돌은 지붕을 만들기 적당한 재료가 아니다. 워낙 자중이 커서 넓은 간격을 덮을 수 없다. 돌을 올려놓으려면 기둥 간격이 촘촘해져야 한다. 이집트 신전에서는 그 빼곡한 돌기둥들에 또 빼곡하게 문자를 새겨넣었다.

고대 로마 문명은 콘크리트도 사용했다. 그러나 그들은 콘크리트를 가치 있는 재료로 이해하지 않았던 것으로 보인다. 콘크리트 뼈대의 건물이어도 외부에는 벽돌을 붙인 사례가 많다. 그들에게는 콘크리트보다 벽돌이 더 높은 가치를 과시하는 재료였다.

열망

아치

건물을 완성하기 위해서는 중력을 버티고 부재를 허공에 얹어야 한다. 이렇게 허공에 부재를 얹는 건 지붕뿐 아니라 문이나 창의 상단에도 필요했다. 가장 일반적 방법은 목재를 가공해 얹는 것이었다. 물론 돌을 길게 가공해 얹기도 했다. 인방이라고 부른다.

벽돌이건 돌이건 쌓아서 벽을 만드는 재료였다. 그런데 아치라는 놀라운 기법이 등장했다. 우리의 전통에서는 홍예라고 불렀다. 인방의 대안으로 벽돌을 쌓아 허공을 가로지르는 방법이다. 발명자의 이름은 알려지지 않았다. 아치 덕에 좀 더 넓은 문을 만들 수 있었다. 그리고 넓은 공간을 만들 수 있게 되었다. 보기도 좋다고 생각했을 것이다.

놀라운 혁신이다. 이건 벽돌과 석재의 존재 가치에서 근본적 변화였다. 벽뿐 아니라 지붕을 구성하는 재료로 전환된 것이다. 그 이후 건축의 역사가 바뀌었다. 벽돌의 자유가 커졌다. 아치의 발견은 전환적 테크놀로지의 등장이라고 해야 할 것이다. 유럽의 건축 역사서를 읽으면 아치를 고대 로마 시대의 성취인 것으로 오해할 법한 문장들도 꽤 많다. 그러나 아치는 고대 메소포타미아, 고대 이집트, 페르시아 문명에도 모두 유적에 남아있는 건축 형식이다. 드물기는 하나 심지어 고대 그리스 문명권에도 아치의 유적이 있다. 다만 아치가 고대 로

세 개의 볼트로 어루어진 로마 막센티우스 바실리카.
주요 구조재는 콘크리트지만 밖으로는 돌이나 벽돌 건물로 보이고 싶어했다.

마시대에 이전과 비교할 수 없을 정도로 많이 사용된 건 사실이다. 그리고 로마네스크 양식이라는 것도 광범위한 아치 사용을 통해 이전 양식과 차별화되었다.

아치가 두꺼워지고 그 하부가 공간을 형성하게 되면 이를 볼트 vault 라고 부른다. 터널을 연상하면 된다. 이때 평면은 직사각형이다. 그런데 이 볼트 두 개를 직각으로 교차시키면 정사각형 평면을 얻을 수 있다. 이것이 로마네스크 양식 교회의 기본 단위다. 이것을 여러 개 증식시켜서 전체 교회 평면을 완성한다. 가장 중요한 곳에는 아치를 수평으로 회전시켜 얻게 되는 구조, 즉 돔을 얹기도 했다.

돔을 얹은 건물로 가장 유명한 것은 로마의 판테온이라고 해야 할 것이다. 이어 하기아 소피아가 등장한다. 판테온이 콘크리트 건물인 데 비해 하기아 소피아는 조적 건물이다. 이 거대한 벽돌의 조합이

올려다본 하기아 소피아의 돔. 사각형 평면에 원형 돔을 얹은 것이 확연하다.

지진을 견디며 아직도 서 있다는 사실은 경이롭다. 과연 비잔틴 양식의 정수라고 해도 과찬이 아니다. 더구나 판테온은 원형 평면인 데 비해 하기아 소피아는 사각형 평면이다. 즉 사각형 평면에 동그란 돔을 얹을 수 있게 되었다. 이것이 비잔틴 건축의 성취다. 건축의 자유도가 증가한 것이다.

긴 직사각형이던 바실리카의 평면은 십자가에 가까운 모습으로 변해갔다. 종교적 열망이 그 변화의 이유라는 건 충분히 이해된다. 그런데 그 구현 방법은 좀 다른 수준의 이야기다. 아치의 반원은 지름값이 하나다. 그래서 높이가 정해지면 벽의 간격이 결정되었다. 직교하는 두 아치의 높이가 같아지려면 기둥 간격이 같아야 한다. 평면은 정사각형이어야 한다. 바실리카는 이 정사각형 단위를 조합해야 했다.

위가 뾰족한 독특한 아치가 등장했다. 고딕 성당에서 많이 쓰인

 건축

파리 몽마르트의 생 피에르St. Pierre 성당. 짓는 과정에서 고딕 양식으로 바뀌어 나간 희귀한 역사적 사례다.
소박한 첨두아치가 보인다.

아치다. 첨두아치pointed arch 는 고딕 양식의 상징이 되었지만 이슬람 문명권에서 먼저 등장한 구조체다. 그런데 이 아치는 꼭대기에 불연속점이 생기는 문제가 있다. 상대적으로 불안정한 구조라는 의미다. 그런데 왜 아치는 첨두아치로 변하게 되었을까. 미술사 책에서는 고딕 성당의 첨두아치가 하늘에 이르려는 수직 열망의 표현이라고 서술하고는 한다. 이해는 되나 이건 대체로 건물을 피사체로 보는 평가다. 건물은 그보다 훨씬 더 치열한 설명을 요구한다.

건물을 이루는 부재는 모두 물질이고 엄청난 무게를 지닌 것들이기 때문이다. 그 부재를 조립해 입체를 구성하므로 건물의 높이가 평면과 무관할 수 없다. 고딕 성당은 인간이 돌을 쌓아 만든 구조물 중 가장 위대한 성취라고 해야 할 것이다. 그 뾰족한 아치와 수직으로 솟은 공간은 인간의 집단적 집념이 어떤 수준에 이를 수 있는지를 보여

프랑스 랭스Reims 성당의 두 곳을 올려다 본 모습. 다양한 사각형이 가능하게 된 건 첨두아치를 사용했기 때문이다.

주는 사례다.

그런데 첨두아치의 가치는 수직 열망이라는 모호한 표현 너머에 있다. 이 아치는 높이가 너비에 종속되지 않는다. 폭의 조절이 자유로워졌다. 벽의 간격도 비교적 자유로워졌다. 그래서 사각형에서 벗어나 마름모, 평행사변형 평면이 가능해졌다. 이 다양한 평면 도형의 조합을 통해 더욱 십자가에 가까운 교회 평면을 얻을 수 있게 되었다. 건물은 이제야 더 자유롭게 예수의 몸과 천국을 표현할 수 있게 되었다. 건축의 자유도가 더 증가했다.

아치는 지지점에서 외부로 벌어지는 문제가 있다. 이걸 막기 위해 두 방법이 선택되었다. 고딕 성당들이 선택한 방법은 지지점에 돌을 쌓아 그 자중으로 버티게 하는 것이었다. 성당의 외부에 확연히 드러나는 이 구조물을 공중부벽flying buttress 이라고 부른다. 이 방식은 고딕 시대의 독창적인 발명은 아니었다. 이미 초기 그리스도교의 산 비탈레San Vitale 성당에서도 그 모습을 찾을 수 있다.

다른 방법은 지지점 양단을 철재로 묶어 고정하는 것이었다. 아치가 크지 않으면 쉽게 선택할 수 있는 방법이다. 그래서 이탈리아의

건축

르네상스 시대 건물에서 아치 하단에 수평으로 철제 선형 부재가 지나가는 것을 자주 볼 수 있다. 이들은 아치의 수평하중 지지를 위한 것이다. 이때 부재의 끝단을 고정해야 하는 게 문제였다. 그래서 이런 건물의 외벽에는 긴 쇠막대가 붙어있는 경우가 많다. 이들은 그 내부의 선형 부재를 고정하는 장치들이다. 즉 외벽에 공연히 쇠막대가 붙어 있으면 그 안에 아치가 있다고 짐작하면 된다.

아무리 고딕 성당에서 종교적 열망을 표현하려고 해도 건물은 건물이다. 이들이 세워지는 곳은 온난 기후대였다. 즉 지붕이 비를 막을 수 있어야 한다는 의미다. 돌로 아치나 볼트를 엮어 지붕을 만들 수는 있다. 문제는 돌을 쌓아 이은 그 조인트가 수밀하지 않다는 점이었다. 그 조인트로 물이 새는 것이다. 결국 고딕 성당에서는 볼트 위에 목구조를 얹고 그 위에 다시 금속판을 덮어 비를 막았다. 우리에게 익숙한 뾰족한 지붕의 외관이 등장하게 되었다. 2019년 파리의 노트르담 성당에 화재가 발생했을 때 목재 지붕 전체와 그 아래 아치들도 몇 칸 붕괴되었다. 목구조의 화재 취약성에 첨두아치의 구조 불안정성이 더해진 사례였다.

　오랜 시간이 지나 테크놀로지가 다시 개입하는 시점이 도래했다. 두 개의 재료가 등장했는데 강철과 철근콘크리트다. 주철은 1851년의 런던 박람회에서 그 건축적 가능성이 화려하게 주목받은 재료다. 주철과 유리만 조합하여 조지프 팩스턴Joseph Paxton, 1803~1865이 수정궁Crystal Palace이라는 전대미문의 전시장을 만들어냈다. 주철은 탄소의 함유량 조절에 따라 탄소강으로 발전했다. 이전에 상상도 하지 못했던 강도의 재료가 등장했다. 이 재료의 문제는 목재처럼 선형으로 제조된다는 점이었다. 이전 시대에 목재로 지붕틀을 짜도 거기 수평면을 만들 부재가 추가로 필요했다. 강철 부재도 마찬가지다.

　구조체면서 지붕 문제를 해결해 주는 재료가 등장했다. 그게 철근콘크리트다. 철근이 배치된 콘크리트라는 이야기다. 판테온이 증

지붕 패턴이 유명한 비엔나 성 스테판St. Stephan 성당. 내부 구조 외에 추가로 저 지붕이 필요한 이유는 방수 요구다.

명하듯 콘크리트는 고대 로마시대에도 사용되었다. 여기 철근을 넣어 보강한 철근콘크리트는 건축의 축복이었다. 인장력은 철근이 받고 압축력은 콘크리트가 받았다. 두 재료는 온도에 따른 선팽창계수가 거의 같으니 궁합도 맞았다. 기둥 간격이 확연히 넓어질 수 있었다. 게다가 형틀만 짜면 모양을 마음대로 만들 수 있으니 기둥도, 벽도, 바닥도, 지붕도 될 수 있었다. 지붕에 쓴다면 역청계 방수물질을 바르면 됐다. 새로운 재료의 테크놀로지가 새로운 자유를 선사했다. 21세기까지 건물은 대개 이런 재료의 팔레트 안에서 지어진다. 지붕을 통한 기후 조절이 건물의 가치였다. 그렇다면 건물과 차별화되는 건축의 의미는 무엇인가.

건축

샹들리에

어두운 실내를 밝히는 것은 촛불^{candle} 이었다. 그러나 장식이 가득한 실내에 걸맞게 촛불 주변에서 장식이 화려하게 추가되었을 때 이를 부르는 이름은 샹들리에^{chandelier} 다. 촛불은 건물의 것이고 샹들리에는 건축의 것이다. 바실리카에는 샹들리에가 설치되었다. 두 조명기구의 의미 차이를 알기 위해 문헌을 확인해야 한다.

팔 벌리고 선 사람. 이렇게 통칭하는 단색 인체화는 여러 종류가 있다. 그러나 레오나르도 다빈치^{Leonardo da Vinci, 1452~1519} 의 그림이 압도적으로 유명하다. 이 그림의 일반적 명칭은 〈비트루비우스형 인간〉이다. 비트루비우스^{Vitruvius, 기원전 70?~기원전 15} 가 이상적 인체 비례로 서술한 것을 화가가 그림으로 번역해 설명했다.

비트루비우스는 책으로 그 이름이 전해지는 사람이다. 유럽의 건축사에서 가장 중요한 책. 건축역사학자들이 이구동성으로 그렇게 지목하는, 마땅히 그래야 할 책이다. 지금 제목으로는 〈건축에 대한 열 권의 책^{De Re Architectura Libri Decem} 〉이다. 한자로 〈건축십서^{建築十書}〉라고 적기도 한다. 고대 로마시대에 집필되어 아우구스투스 황제에게 헌정된 책이다. 피헌정자의 지위에 의해 책의 사회적 지위가 확인된다. 아르키메데스의 목욕탕 이야기도 비트루비우스의 책에 등장한다.

파리 노트르담 성당에 설치된 샹들리에.
이 건물은 건축architecture이므로 촛불이 아니고 장식이 화려한 샹들리에가 필요하다.

1414년 스위스 장트갈렌St. Gallen 수도원에서 발견된 책이다. 발견자는 교황의 서기였고 나중에는 책 사냥꾼으로 불리는 브라치올리니Poggio Bracciolini, 1380~1459다. 그가 이 서고에서 발견한 여러 책 중에는 〈사물의 본성에 관하여De Rerum Natura〉가 널리 알려져 있다. 그러나 건축에서의 영향은 압도적으로 비트루비우스의 책이다. 그전까지 존재는 알려져 있었으므로 재발견이라고 표현하는 경우도 있다.

책에서 비트루비우스는 대학 학위를 여러 개 이수해야 간신히 충족할 만한 조건을 건축가에게 요구한다. 기하학, 역사, 철학, 음악, 의학, 법학, 천문학. 이걸 다 알아야 하는 직업, 그게 건축이다. 그림을 제대로 그릴 줄 알아야 하는 건 당연하다. 더 정확히 말하면 그런 사람을 건축가로 지명해야 한다는 것이다. 여기서 눈에 띄는 것은 건축가가 역사에 정통해야 하는 이유다. 이어지는 그의 근거 설명은 이렇다.

역사 지식이 필수적인 이유는 건축가의 계획안에서
각 부분의 장식ornamentum에 대한 설명을
할 수 있어야 하기 때문이다.[140]

비트루비우스는 이 주장을 설명하기 위해 페르시아 전쟁을 사례로 들었다. 대제국 페르시아가 변방의 그리스에 패배한 수모의 그 사건이다. 폴리스 중의 하나였던 카리아이Caryae는 페르시아 편에 섰다. 그래서 아테네가 보복으로 카리아이를 침략해서 남자는 죽이고 여자는 노예로 끌고 갔다는 것이 비트루비우스의 설명이다.

거기서 끝나지 않았다. 아테네인들은 그 수치심을 상기시키기 위해 카리아이 여자들이 건물의 무게를 이고 선 건물을 세웠다. 그걸

그리스 아테네 아크로폴리스의 에렉테이온. 지붕을 이고 선 여자들이 모두 긴 옷을 입고 있다.

카리아티드Caryatid 라고 부르고 아테네 아크로폴리스의 에렉테이온이 가장 유명하다. 비트루비우스는 그 여자들은 노예였으므로 긴 옷을 입지 못했는데 건물에 이런 사실들이 정확히 표현되지 못했다고 사례로 든 것이다. 그렇기 때문에 정확한 역사 지식이 필요하다는 주장이다. 그런데 당황스럽게 카리아이는 페르시아 전쟁이 아니고 펠로폰네소스 전쟁에서 아테네와 대립했다. 그들의 동맹은 페르시아가 아니라 스파르타였다. 비트루비우스 자신이 역사적 사실을 헛갈렸던 것이다.

비트루비우스의 문장에는 역사 표현의 요구보다 더 중요한 사실이 숨어 있다. 저 문장에 의하면 건축에는 장식이 들어가야 한다. 이 문장을 다시 만들면 이렇다. 장식이 없는 것은 건축architectura 이 아니다. 건축에는 장식을 통한 서사구조가 필요하다. 장식 없이 사람들이 사는 구조물은 그냥 집domus 이거나 공동주택insula 이거나 건물aedifi-cat 이었다. 건축은 백성들이 아니고 왕족, 귀족, 사제들이 이용하는 공공건물이었다.

그렇다면 장식은 왜 그렇게 오랜 시간 건축의 필수 요소가 되었을까. 장식은 겉멋이 아니고 그 건물의 정체성을 표현하는 언어였다. 왕족, 귀족의 언어가 과시적이었으므로 장식도 과시적인 것이었다. 장식의 서사로 정체성이 표현된 건물이 건축이었다. 비트루비우스는 건축의 가치는 튼튼하고firmitas, 용도에 잘 맞고utilitas, 아름다운venus-tas 데 있다고 정리했다. 용도에 잘 맞기 위해서는 용도를 잘 설명하는 장식을 사용해야 한다. 그리고 그 장식이 비례에 잘 맞게 구성되어야 한다. 그래야 아름다워진다. 장식은 건물이 아닌 건축의 기본 조건이었다.

건축의 가치 표현 방식은 지역과 시대에 따라 다르다. 그러나 공통적인 것은 잉여의 과시였다. 장식은 과시적 소비를 통해 자신을 표현했다. 이집트 신전들은 석재로 지었다. 그런데 이 신전의 기둥들이 특이하다. 이 지역에서 목재는 희귀재다. 아무리 나일강변이라도 그렇다. 게다가 수종도 다양하지 않다. 가장 많이 보이는 것이 대추야자다. 신전에는 대추야자 목재 묶음으로 보이는 석제 기둥들이 꽤 많다. 파피루스 줄기라고 할 수도 있다.

처음에는 신전도 목재로 지었을 것이다. 그러다 가공 테크놀로지 변화에 따라 목재에서 석재로 재료 변화가 이뤄졌을 것이다. 짓기 어렵지만 내구성, 영속성에서 압도적인 재료다. 기둥은 김밥 썰어놓은 듯한 원통 석재를 가공하고 쌓아 올렸다. 문제는 주두柱頭다. 기둥 상부의 저 뚜렷한 식물 모양은 도대체 무얼 의미하는 걸까. 이들은 다

이집트 아스완 지역의 필레 신전. 기둥 위의 주두 장식은 큰 수목이 희귀재라는 지역 특성에 근거한 과시일 것이다.

양한 모양이 섞여 사용되기도 했다. 당시의 석공들을 불러내 이유를 물어볼 길이 없다. 그러나 우리는 직립 이후 허용된 능력을 사용해야 한다. 상상력이다. 저 주두는 여전히 귀한 재료, 목재의 과시적 표현이었을 것이다.

고대 로마는 생존에 필요한 것보다 더 많은 물을 공급받을 수 있었다. 수십 킬로미터 밖에 있는 수원지에서 수도교를 통해 물을 도시에 끌어들였다, 복잡한 지형을 극복하는 최소 경사의 직선 수로를 정교하게 계산하고 이를 아치에 얹어 공학적으로 실천해냈다. 테크놀로지가 로마를 지탱했다. 그 물이 로마 곳곳에 넘쳤다.

시민들이 누릴 수 있는 물의 사치는 두 가지로 표현되었다. 첫 번째는 분수다. 분수는 당연히 충분한 장식으로 덮어 넘치는 풍요를 과시했다. 작곡가 레스피기 Ottorino Respighi, 1879~1936 가 음악 〈로마의 분수〉로 표현했던 대상들이기도 하다. 근세에 완성된 〈트레비 분수〉가

가장 널리 알려져 있다. 그런데 그보다 먼저 로마 시민들에게 제공된 사치는 목욕이었다. 아예 거대한 목욕탕이 공적 건물로 제공되었다. 물론 이 사치에는 계급적 차별화가 드러났다. 이런 건물이라면 당연히 거기 걸맞은 장식이 벽을 메우고 있어야 했다. 테르마이thermae 라고 부르는 이건 건축이었다.

이슬람 문화권은 대개 사막 지역에 있다. 혹독한 외부 기후에 적응하기 위해 마당 주변을 벽으로 감싼 중정형 건물이 특징이다. 여기서 가장 존귀한 것이 물이다. 그러기에 이슬람 문화에서 권력은 물의 충분한 공급으로 과시되고는 했다. 이슬람 건축의 과시적 표현 매체는 이 중정에 갖춘 물이었다. 특히 아무나 갖기 어려운 것은 중력을 거스르는 분수다. 그 양식은 이베리아반도에도 도착했다. 그리스도교도들에게서 밀려나기 전까지 그들은 사막 아닌 온대 지방 건물에도 중정과 분수를 배치했다. 널리 알려진 것이 알함브라 궁전이다.

알함브라 궁전의 헤네랄리페 정원.
이슬람의 사막 기후에서 희귀 과시재인 물이 분수로 표현되던 문화적 관성이 재현된 모습일 것이다.

그리스도교 공인 이후 바실리카는 벽체에 성화 장식을 시작했다. 이 장식은 이 땅에 쌓은 재물의 헛된 과시가 아니었다. 비트루비우스의 강령대로 성서를 설명하는 필수 가치였다. 그 장식이 없으면 건축이 아니었다. 이들은 돌을 가공해서 장식을 만들어냈다.

거대하게 축적한 자본으로 권력을 얻는 사례가 등장했다. 심지어 세속과 종교의 권력을 함께 장악하기까지 했다. 그런 가문 출신이 지역의 군주가 되고 교황으로 선출된 것이다. 그들은 장인들에게 그 자본을 지원하였고 마침 전대미문의 걸출한 장인들이 결과물을 만들어냈다. 그 시기를 우리는 르네상스라고 부른다. 이탈리아의 피렌체에서 먼저 벌어진 일이었고 그 가문이 메디치였다. 교황 레오 10세Leo X, 1475~1521 도 바로 메디치 가문 출신이었다. 그는 베드로 성당 재건 결정의 주인공이었다. 즉 루터의 적이었다.

이들은 신적 주체로부터 권력을 위임받지 않은 것이 확연했다. 그렇다고 참전으로 도시를 수호한 경력도 없었다. 이들은 다만 자본으로 권력을 쥐었을 뿐이다. 그런 상황의 군주가 권력을 유지하는 방법을 귀띔한 사람이 있었다. 당연히 그건 책으로 전달되었는데 제목이 〈군주론〉이다. 마키아벨리Niccolò Machiavelli, 1469~1527 가 이 책을 헌정한 대상이 로렌조 데 메디치Lorenzo de' Medici, 1449~1492 였다.

이 르네상스 시기가 독특한 것은 건물을 통한 계급욕망이 노골화되었기 때문이다. 그전까지 장식은 돌을 가공해 만드는 것이었다. 밋밋한 벽에는 모자이크를 가공해서 붙였다. 그런데 이 르네상스 시기에 훨씬 적은 자본으로 계급욕망을 표현하는 얇은 표피의 건물들이 등장했다. 뻔뻔하다고 해도 좋을 일이었다.

이 시기의 상류계급 자본가들은 대저택, 팔라초palazzo 를 지어 살

유럽의 도시에서 흔히 보는 벽체. 눈높이 상단은 돌이 아니고 돌 흉내를 낸 회벽이다.

았다. 그런데 이 건물들은 쓸데없는 곳에 돈을 쓰지 않았다. 여전히 돌은 가장 비싼 재료였다. 도로에 보이는 면에만 돌을 사용했다. 돌이 아니면 벽돌에 회를 바르고 이를 잘 다듬어 멀리서 보면 돌처럼 보이게 마감하는 것도 일상이 되었다. 실제로는 벽돌 건물이지만, 돌을 강조하고 싶으면 문 주변이나 건물 모서리에만 돌을 붙이기도 했다. 심지어 돌을 흉내 낸 회벽으로 모서리만 마감하기도 했다. 결국 이것이 전형적인 양식이 되었다. 르네상스 양식이라고 부르는 유행이 등장했었다. 회벽 마감에 그냥 돌 문양을 그려 넣기도 했다. 이는 재료로 구현된 계급욕망이라고 표현해도 될 것이었다.

르네상스 시대의 실내 마감에서는 가장 저렴한 방식의 계급욕망이 구현되었다. 돌을 깎은 조각을 붙이는 게 아니고, 건물에 회를 바르고 거기 그림을 그렸다. 당연히 내구성은 없었다, 이걸 부르는 이름이

건축

벽화다. 여기 동원된 가장 유명한 사람 중 하나가 미켈란젤로다. 그는 돌을 다듬는 조각가이고자 했으나 교황의 눈에는 그보다 벽화가 더 중요했다. 지금 바티칸궁 벽화를 비롯한 르네상스 미술의 벽화는 다 이런 르네상스적 가치관의 결과물이다.

이후 건축역사에서 이런 계급욕망 표현은 일상이었다. 태어난 신분보다는 가진 자본의 크기가 중요해졌다. 르네상스 시대 이후 왕궁과 교회 이외의 건물들도 중요해졌다. 어떤 건물은 특정한 용도를 위해서가 아니고 도시의 부를 과시하기 위해 지어졌다. 과시는 당연히 경제적으로 이뤄져야 했다. 금이 아니라 금박을 이용했다. 여전히 그리고 당연히 벽화가 유용한 도구였다. 그래서 금박 장식과 벽화는 바로크 양식이라고 호칭하는 시기로 이어졌다.

유럽의 현재 도시 풍경을 이루는 것은 석조건물이라고 알려져 있다. 그러나 잘 관찰해 보면 왕궁과 교회의 몇 사례를 제외하면 실제 석조건물은 찾기 어렵다. 그들 도시는 석재를 모방한 석회질 계급욕망의 결과물로 빼곡하다. 건물의 원래 재료가 무엇인지는 중요하지

르네상스 양식의 전 서울역. 전체를 돌로 조성하고 싶으나 예산이 부족하면 눈에 잘 띄는 곳만 돌로 마무리하는 것이 르네상스 양식의 특징이다. 아치, 모서리, 창 주변만 돌로 마감되었다.

칼뱅이 접수해서 사용하던 제네바의 생 피에르 성당. 벽의 성물들을 다 떼어내고 빈 벽만 남았다.
복판에 성서 한 권만 있다.

않았다.

　가톨릭 시대에 바실리카는 무지한 자들의 성서였다. 중세까지 이어온 전통에서 성당의 장식은 과시와 함께 서사의 도구였다. 라틴어를 읽지 못하는 백성들에게 성서의 내용을 설명했다. 신적 영험을 강조하는 성인상과 성물이 성당 곳곳에 배치되었다. 벽에 가득 성인들을 새겨 그들의 고난사를 신도들 마음에 새기게 했다. 성서의 이야기들이 스테인드글라스로 표현되어 알기 쉽게 설명되었다. 그게 다 장식이었고 건축의 필수 요소였다.

　그런데 프로테스탄트들에게는 그 내용이 성서에 다 담겨 있었다. 우상 숭배의 위험성을 감수하며 그런 형상이 교회에 붙어있을 아무런 이유가 없었다. 종교개혁은 이런 물리적 서사구조를 배척했다. 프로테스탄트들이 가톨릭의 성당을 접수하여 자신들의 예배당으로 사용하기 시작했다. 바실리카는 더 이상 천국의 공간적 재현이 아니었다. 그냥 신도들이 모이는 장소일 따름이었다. 원래 초기 그리스도교도들이 그리스도교 공인 이전의 로마 바실리카를 그랬던 것처럼. 칼뱅은 스위스 제네바 복판의 생 피에르 성당을 접수했다. 건물을 철거하지는 않았다. 이들에게 성당에 새겨진 성인들의 흔적과 성물들은 무의미했다. 혹은 오히려 위험했다. 벽에 붙은 장식을 떼어내자 그 뒤의 밋밋한 벽이 드러났다.

　프로테스탄트들은 그 벽을 그대로 존치했다. 무심하게 흰 회칠도 덮어버리기도 했다. 거기 벽화를 채우지 않고 흰 벽을 그대로 두었다. 손에 성서를 들고 있다면 저 빈 벽의 침묵을 두려워하지 않는 시대가 도래했다. 건축의 가치관이 흔들리는 혁신적 변화였다. 우리는 그 도발적 신념을 프로테스탄티즘이라고 불러왔다. 변화한 신념의 건축

스위스 할슈타트의 루터교 교회. 가톨릭에 극단적으로 저항하던 주민 신도들이 세운 교회고,
그래서 벽에 아무것도 없다. 관습적으로 상들리에는 남았다.

적 적용을 부르는 이름은 나중에 설명할 모더니즘이다. 그러나 시대
가 지나도 건축architecture 이라는 단어 자체는 도도히 남았다. 지칭 대
상이 변화했을 따름이다.

속성상 어떤 근거에서도 장식을 하면 곤란한 건물들이 있었다.
대표적인 것은 백성들의 집이었다. 그런데 세상이 변모하면서 기관
이라고 해야 할 것인데 장식을 하면 자체모순이 되는 건물이 등장했
다. 저 상들리에가 절대로 매달릴 수 없는 건물이다. 18세기에 태어난
건물이고 19세기까지 어떤 잣대로도 건축일 수 없는 건물이었다. 굳
이 계급욕망을 표현할 필요가 없는 건물이었다.

공장

맨체스터

산업혁명의 출발지 논란은 없다. 영국의 저 도시다. 그런데 왜 하필이면 영국이었느냐는 데는 설명이 다양하다. 면직물의 공급 압박이 있었고, 연료용 석탄이 풍부했고, 금속 가공 전통이 있었고, 특허제도로 기술 보호가 가능했다는 것 등이다. 여기 빼놓을 수 없는 것이 자본가의 존재다. 이들이 축적한 자본을 투자하여 기계를 만들고 돌렸다. 토지와 노동으로 이루어진 생산 수단에 자본이 본격적으로 등장하는 시점이다.

공장은 건물이다. 건물은 사용하거나 가동하거나 운영한다고 표현하는 것이 옳다. 그런데 공장은 돌린다는 동사가 붙는 것이 이상하다. 공장을 돌린다는 우리말 표현은 어디서 등장한 것일까. 공장 안에는 기계가 있어야 한다. 그 기계를 움직이게 하는 것은 사람의 손이 아니라 다른 동력이다. 그것은 원운동을 하고 있을 가능성이 크다. 우리가 상투적으로 연상하는 기계의 운동이 그렇다. 그래서 공장을 돌린다는 문장은 공장 안의 기계를 돌린다는 의미일 것이다. 영어 단어에서는 기계도 공장도 같은 동사 'run'을 사용한다. 공장의 주어는 사람이 아니고 기계다. 그 기계가 등장한 시점을 역사책에서는 산업혁명이라고 호칭한다.

그간 인간은 직립의 잉여, 즉 자유로워진 두 손으로 물건을 가공

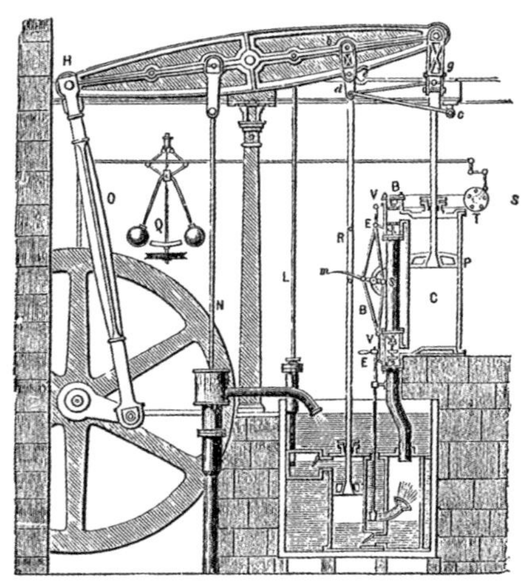

제임스 와트의 엔진 도면. 새로운 형식의 도면이고, 이를 포함하여
당시에 제작된 수많은 엔진 그림에서는 사람이 보이지 않는다.

해 왔다. 대안이 없었다. 가동 도구는 대개 철기였겠고 그건 구철기시
대다. 물레방아를 돌려 동력을 얻는 제분기가 발명되었다. 그리고 그
제분용 수력기계를 방적기에도 쓰기 시작했다. 그래서 방적공장도
제분소mill 라고 호칭하고는 한다. 옛날의 호모 사피엔스들처럼 여전
히 강가에 묶여 있어야 했다.

1786년에 새 세상이 열렸다. 제임스 와트James Watt, 1736~1819 의
증기기관을 이용한 첫 번째 제분소가 돌아가기 시작했다. 엘비온 제
분소는 템스강변에 있었다. 전대미문의 이 공장에서 사업가, 건축
가, 엔지니어는 과연 모험을 불사하는 혁신적 인물들이었다. 젊었다
는 이야기다. 밤새 돌아가는 이 제분소는 당연히 기존 런던의 제분소
5백 곳에 대한 강력한 위협이었다.[141] 그런데 1791년에 이 제분소는 화
재로 전소되어 역사 속으로 사라졌다. 기존 제분소들은 환호했으나

          건축

역사가 되돌아가지는 않았다. 테크놀로지는 시간을 되돌리지 않는다. 이렇게 열린 시대는 신철기시대라 호칭해야 마땅하다.

그간 건물은 사람을 위한 구조물이었다. 이제 새로운 물체, 기계를 위한 건물이 등장했다. 수력방적기는 빛이 중요하지 않았다. 물은 위치에너지가 중요했기 때문에 건물이 4, 5층 높이에 이르렀다. 이 기계들은 대체로 덩치가 컸고, 여러 개가 연동되곤 했다. 동력이 증기기관으로 바뀌면서 물의 가치가 바뀌었다. 증기기관도 물이 필요했지만, 운반으로 조달하면 되는 수준이었다. 그래서 공장의 위치는 수력원으로부터 좀 더 멀어질 수 있었다. 그 점에서 공장은 호모 사피엔스와 같은 노정을 거쳤다.

공장은 그 용도에 충실하기만 하면 충분했다. 공장에서 사람은 기계의 부속물에 지나지 않았다. 비만 막으면 되는 것이므로 난방을 포함한 어떤 조건도 과잉투자였다. 공장은 유용하기만 하면 되는 건물이었다. 그러니 장식으로 설명되는 비트루비우스의 가치를 만족시킬 이유가 없었다. 공장은 고전적인 개념의 건축이 될 수 없었다.

기계는 단순 동력으로 작동한다. 모든 작업은 원운동 단위로 분절되어야 했다. 애덤 스미스Adam Smith, 1723~1790 가 꿈꾸던 분업이 공장에서는 필수 요소였다. 그런데 분절된 작업은 다시 인간의 단순 동력으로 조합되어야 필요한 생산을 끝낼 수 있다. 그 역할 역시 단순 노동이되 기계가 하지 못하는 일이었다. 힘을 쓸 필요 없이 민첩한 두 손만 있으면 충분하니 성인 남성들의 노동 영역이 대폭 축소되었다. 당시의 부녀자와 아동 노동 이야기는 차고 넘친다. 산업 구조가 달라졌으니 고용 구조와 사회 체제가 바뀌는 것은 당연했다. 공장은 계급의 이해가 확연하게 격돌하는 건물이었다. 마르크스가 목격하고 비난한 착취와 소외가 공장 안에 집대성되어 있었다.

노동자들은 자신들 표현대로 '백인 노예'에 가까웠다. 그래서 1802년에 영국에서 공장법 Factory Acts 이 제정될 지경에 이르렀다. 계속 개정 작업을 거친 이 법은 1833년에는 아동 노동법 Labour of Children, etc., in Factories Act 1833 에 이른다. 지금 보면 경악할 그 내용은 역설적으로 당시 아동 노동의 상황을 방증해 준다.

9~12세 아동의 노동시간은 주 48시간으로 제한한다

18세 미만의 아동은 오후 8시 30분 이후,

오전 5시 30분 이전에는 노동할 수 없다

9~13세 아동은 점심시간 1시간을 포함

하루 8시간 이상 노동할 수 없다

14~18세 아동은 점심시간 1시간을 포함

하루 12시간 이상 노동할 수 없다

그럼에도 공업은 농업, 목축업보다 고용의 상대우위에 있었다. 사람들은 먹고살기 위해, 즉 취업을 위해 공장 근처로 이주했다. 그런데 공장은 석탄을 태워 물을 덥혀 기계를 돌리는 곳이었다. 태운 석탄에서 재와 연기가 나왔다. 이걸 개천과 하늘로 내보냈다. 이주한 노동자의 생활 환경이 바로 거기였다.

공장을 세운 사람들은 귀족이 아니었다. 즉 세습 자산이 충분한 계급이 아니었다. 당시의 공장 보험 기록들을 보면 대체로 이들은 원래 면직물 가내수공업에 종사하던 사람들이었다.[142] 기계의 등장으로 새로운 산업이 등장하면서 새로운 자본가가 등장했다. 자수성가의 중간계급이었다.

호모 에렉투스 시절부터 이주 목적은 먹이 확보였다. 호모 사피엔스도 같은 조건으로 이주했다. 지금도 도시 이주의 주 목적은 취업이다. 풀어쓰면 먹고살기 위한 이동이다. 농민이라는 호모 사피엔스들이 도시로 이주하여 노동자가 되었다. 당연히 주거 확보가 문제가 되었다. 주거 문제가 해결되지 않으면 노동력 수급에 문제가 생겼다.

자본가들은 노동자들의 주거를 제공하기도 했다. 숙식이 가능한 주거 공급의 예로 남아 있는 가장 오래된 것은 영국의 쿼리뱅크 방적공장Quarry Bank Mill 이다. 1784년 세워졌고 수력방적기를 쓰는 면화공장이었다. 공급한 것은 가족 단위 주거였다. 이곳도 아동 노동에 의존했는데 아동 노동법 이전에는 하루 12시간, 주 6일 근무를 하던 곳이었다.[143]

우리에게 익숙한 공장기숙사의 그림은 복도 양편에 빼곡하게 늘어선 방이다. 화장실은 방 외부에 있다. 종업원들은 식사도 동일 시간에 모여서 한다. 공장기숙사는 작업, 식사, 수면까지 모두 규범에 따라 이행되는 공간이다. 기숙사는 통제와 복지의 의미를 동시에 가진 주거 양식이다. 기숙사가 제공되는 공장이면 작업 중 유니폼 착용은 당연했다. 시간과 동선 통제도 원칙이다.

프란시스 로웰Francis Cabot Lowell, 1775~1817 이 1814년 보스턴공업공장Boston Manufacturing Company 이라는 회사를 설립했다. 미국 최초로 면화에서 직물까지 한 지붕 아래서 생산하는 체제를 갖추었다. 그런데 창립자는 곧 사망했고 그의 사후 새로운 경영진이 회사를 잘 이끌어 사업이 번창했다. 공장도 이주했다. 이주한 보스턴 북쪽의 지역명이 창립자의 이름을 따라 로웰이 되었다.

우리에게 익숙한 기숙사는 로웰 공장Lowell Mill 에서 제공한 것이 처음이었다. 공장이 이주했으니 멀리서 온 젊은 여공용 숙소가 필요했다. 당연히 입어야 할 유니폼과 행동 규제가 있었다. 공장주는 자본 흡혈귀는 아니었지만, 종교적 자선사업가도 아니었다. 기숙사는 당연히 지금 기준으로는 과밀했다. 70시간 초과 근무는 이상한 것이 아니었다.

그런데 프로테스탄트 국가답게 이 여공들도 공부에 목이 마른 사람들이었다. 지리적 인근성은 단결 가능성을 높인다. 기숙사에 모여 살다 보니 과연 그 기대 수준이 높아졌다. 결국 1840년에는 노동자 기관지 〈로웰오퍼링Lowell Offering 〉의 발간에 이르렀다. 과연 이런 변화는 로웰 여성 노동자개혁조합Lowell Female Labor Reform Association 의 결성에 이르렀다. 이들은 기숙사라는 공간을 매개로 단결의 힘을 과시한 첫 여성들이라고 해도 좋을 것이다.

1842년에 이 공장을 방문한 소설가가 있었다. 찰스 디킨스Charles Dickens, 1812~1870 는 영국 도시의 암울한 환경에 대한 글을 많이 남겼다. 그는 유년기에 아버지의 채무 불이행으로 투옥의 경험도 있었다. 그는 소년 노동의 직접 체험자였다. 그런 그가 미국을 방문했고 방문지에 로웰 공장이 끼어있었다. 디킨스는 〈로웰오퍼링〉에서 꽤 깊은 인상을 받았던 것 같다. 그래서 그에 관한 글을 남겼다.

공장의 현직 여공들이 쓴 창작물 묶음이다
인쇄, 편집이 다 조잡하다
그런데 나는 4백 페이지나 되는 묵직한 책을
처음부터 끝까지 다 읽었다 [144]

디킨스가 이 여행 다음 해에 쓴 소설이 〈크리스마스캐럴〉이다. 스크루지 영감이 등장하는 그 소설이다. 여기서 스크루지는 자본가다. 크리스마스를 기념하지 않는 것으로 보아 그리스도교인은 아닐 것이다. 사실이 그러면 남는 것은 유대인일 가능성이 큰데 소설에는 추가 단서가 없다. 그가 고용한 밥 크래칫은 가난한 데다 애가 일곱이나 되었다. 개념 그대로 프롤레타리아였다.

그러면 공장과 가장 대비되는 건물은 무엇인가. 샹들리에를 비롯한 장식으로 덮여야 마땅한 건물. 그것은 먹고살기 위한 것을 만들어내는 곳이 아니어야 할 것이다. 사회적 잉여를 소비하고 과시해야 마땅한 곳이다.

오페라하우스

시드니 오페라하우스

이 단어는 도시들의 로망이다. 관광도시의 이상향이라고 불러도 될 것이다. 건물이 우아하게 도시 상징으로 자리 잡은 예로 세계 최고라 하겠다. 도시 상징물로 에펠탑도 만만치 않은데 그 이름은 도시가 아니라 세운 사람을 기억한다.

그런데 시드니 오페라하우스는 정확히 호칭하면 오페라하우스일 리가 없다. 여러 개의 공연장이 있는데 가장 큰 것은 2,679석의 콘서트홀이다. 비교하면 서울 예술의전당 콘서트홀이 2,527석이니 규모가 꽤 크다. 시드니 출생의 전설적 소프라노의 이름을 딴 오페라극장인 존 서덜랜드 극장Joan Sutherland Theatre은 1,507석일 따름이다. 참고로 예술의전당 오페라하우스가 2,283석이다. 게다가 소규모 공연장들도 있다. 우리로 치면 오페라하우스가 아니고 종합 문화회관이라고 불러야 할 지경이다. 재단의 재정 통계로 보면 제목처럼 오페라 공연 비중이 가장 높기는 하다.

오페라 공연을 위해서 누군가 대본을 써야 한다. 그리고 공연을 실행하는 사람도 필요하다. 그리고 공연장이 필요하다. 이걸 다 이뤄내고 공연을 시작한 곳이 고대 그리스였다. 반원형 스탠드의 극장이 고대 그리스 도시에 수두룩하다. 거기서 정치 집회도 하고 서사시도 읊었을 것이다. 그 당시의 연극 대본들도 꽤 남아있으니 용도는 부인할 수 없다. 그러나 이 시기에 음악만 따로 연주하는 상황은 존재하지 않았다. 게다가 노래도 없이 악기만 연주하는 공연은 상상할 수 없었을 것이다.

문화권마다 독특한 공연과 공연장이 있다. 그중 유럽의 공연 양식이 전 세계에 가장 강력한 영향력을 미치고 있다. 오페라를 빼놓을 수 없다. 오페라의 기원은 대체로 왕궁의 결혼식 피로연으로 추측한다. 왕족과 귀족들이 역할 놀이를 하며 놀았던 모양이다. 그러다 전문 배우들이 공연하는 형식으로 발전했을 것이다.

최초의 오페라극장은 1637년에 베네치아에 세워졌던 산 카시아노 극장Teatro San Cassiano 이다.[145] 왜 이탈리아 오페라가 그간 맹위를 떨쳤는지 역사가 증명하는 중이다. 이 첫 극장은 소실되고 이후에도 재건, 소실, 철거가 이어졌다. 그런데 첫 극장의 추정 도면에서 중요한 것은 객석이다. 객석 중 오페라박스가 오페라라는 공연의 성격을 증언하기 때문이다. 말굽 모양 평면 주위를 오페라박스가 칸칸이 둘러싸고 배치되어 있다.

구경 중 최고 구경이 사람 구경일 것이다. 오페라하우스는 바로 그런 곳이었다. 거기 배치된 오페라박스들은 귀족들의 관람방이었다. 그들은 오페라를 관람하면서 건너편 오페라박스에 앉은 다른 귀족들을 구경했다. 그래서 눈에 살짝 걸치는 망원경, 오페라글라스가 필요했다. 당연히 귀족들은 자신들의 존재를 건너편 귀족들에게 과시했다. 그러므로 오페라박스에는 거울 달린 전실이 필요했다. 여기서 매무새를 다듬고 난 후에 도도히 오페라박스에 등장했다. 출연했다는 표현이 옳았을 것이다. 당연히 건너편의 오페라글라스를 의식했다.

음악의 수도는 명실상부하게 비엔나였다. 본 태생의 베토벤이 굳이 비엔나로 가야 했던 것은 비엔나가 당시 어떤 곳이었는지 설명한다. 여기에는 합스부르크 왕가의 관심과 지원이 중요한 역할을 했다. 1640년부터 1740년 사이 합스부르크 왕가의 네 황제가 작곡가였다.[146] 이후 음악에 별 관심이 없는 황제들이 즉위했지만, 비엔나는 음악 도시의 문화적 관성과 지명도를 갖게 되었다.

당시 비엔나 인구의 4분의 3 정도가 가톨릭이었지만, 종교개혁 초기에는 프로테스탄트도 유입되었다.[147] 말하자면 골수 가톨릭 지역은 아니었다는 것이다. 비엔나는 훌륭한 기악 작곡가들의 도시였지만 이를 받쳐줄 중간계급 층은 북부 독일의 프로테스탄트 도시들보다 얇았다.[148] 심각한 작곡가들만 비엔나에서 살지도 않았다. 대중적이고 육감적인 음악과 공연도 있었다. 요한 슈트라우스 부자父子가 작곡한 왈츠는 음악보다 춤이 문제였다. 젊은 남녀가 몸을 맞대고 추는 춤이었다. 이 적당히 퇴폐적인 춤은 비엔나에서 엄청난 인기를 얻었고 무도회장 운영은 훌륭한 사업이었다.

비엔나 최초의 공연장은 1709년 개관한 캐른트네르터 극장Theater am Kärntnertor 으로 알려져 있다. 기악 콘서트 외에 오페라, 발레 등을 공연하는 복합 문화관이었다. 화재와 재건을 거치다가 1870년 최종 철거되었지만, 어떤 음악의 최초 목격자로 당당히 그 이름을 알리고 있다. 베토벤 9번 교향곡의 1824년 초연장이었다.

합스부르크 왕실은 1741년 비엔나에 왕실극장, 즉 부르크 극장 Burgtheater 을 개관했다. 여기서는 왕실의 박스 두 개만 남겨두고 나머지 관객석은 요금제를 시행했다. 이유는 재정 압박이었고 당연히 좌석에 따라 가격이 달랐다.[149] 모차르트의 〈피가로의 결혼〉이 초연된 극

 건축

비엔나 부르크 극장. 2차대전 폭격 이후 새로 지은 건물인데 왕실 뿌리를 잊지 않은 듯 전혀 새롭게 보이지 않는다.

장이기도 하다. 이 극장은 1888년 옮겨 지었고 2차대전 폭격과 화재로 무너져 1955년 현재의 모습으로 새로 지었다.

프랑스에서는 혁명과 함께 저 귀족 놀이터, 오페라박스가 질문 대상이 되었다. 이걸 시비 거는 건축가들이 등장한 것이다. 공상적 사회주의자들과 가까운 건축가들은 좀 더 평등한 공간 배치의 오페라하우스를 주장했다. 그러나 이들에게 자신의 뜻을 실현할 기회는 오지 않았다. 여전히 오페라는 귀족적인 취미였다. 결국 이런 속성을 마지막 순간에 가장 화려하게 보여주는 건물이 지어졌다. 나폴레옹 3세 시기에 가르니에 Charles Garnier, 1825~1898 가 바로크풍으로 설계하여 1875년에 준공한 오페라하우스였다. 건물 이름은 건축가의 이름을 붙인 오페라 가르니에다. 당연히 전통적 오페라박스가 전통적 방식으로 배치되었다.

프로테스탄트 국가에서도 오페라가 상연되기는 했다. 다만 오페

파리 오페라 가르니에 내부. 오페라박스에서는 귀족들이 앉아서 건너편 귀족과 시선을 교환했다.

라박스에 대한 시비는 프로테스탄트 국가들에서 본격화되었다. 그러나 이런 건축적 대안의 실현을 위해서는 오페라 자체의 성격이 새롭게 규명되어야 했다. 기존의 어설픈 연애담들과는 다른 대본이 필요했다. 드디어 독일의 바그너Richard Wagner, 1813~1883 가 장대한 민족 서사시를 대본으로 써 들고 등장했다. 그는 자신의 작업을 오페라가 아니고 악극musikdrama 이라고 불렀다. 유전자가 다른 것이다. 바그너의 악극은 흥겨운 관람이 아니었다. 자학적 시간을 꾹꾹 참아가며 들어야 하는 수행이었다. 음미하려면 사전에 공부하고 등장인물에 배당된 주제 선율, 즉 유도동기leitmotiv 를 알아야 했다. 게르만 정신에 충실하였던 그의 관심을 끌 수 있는 외국은 네덜란드 정도였다. 우리에게는 〈방랑하는 화란인〉으로 표현되어 있다. 그의 음악이 히틀러를 열

오페라 가르니에 오페라박스의 전실. 거울과 화장대가 있어서 오페라박스에 출연하기 전에 매무새를 다듬을 수 있다.

광시켰던 건 하나도 이상하지 않다.

　음악에서 작곡가의 역할은 건축가와 같다. 음악의 연주자는 건축의 시공자다. 작곡가가 그린 악보 너머의 세계를 해석해 주는 사람이 연주자다. 건축가가 자기 돈으로 건물을 짓지 않는 것처럼 작곡가가 연주자를 고용해서 음악회를 열지 않는다. 작곡가가 오페라 공연 사업을 했다는 사례는 없는 듯하다. 자본 동원은 다른 사람의 몫이다. 작곡가가 좋은 후원자를 만나면 원하는 결과를 얻을 가능성이 커진다. 바그너는 역사상 최고의 후원자를 만난 사례일 것이다. 바이에른의 루트비히 2세Ludwig II, 1845~1886 는 독일 최고의 관광지 중 하나인 노이슈반스타인성을 건설한 군주였다. 그가 바그너의 열렬한 후원자였다.

새 술은 새 부대에. 바그너는 기존의 오페라극장이 자신의 음악 이상에 맞지 않는다고 주장했다. 종자가 다른 자신의 악극을 위해서는 새로운 극장이 필요했다. 인구 7만 명이 조금 넘는 소도시 바이로이트에 바그너 악극 전용 극장이 세워졌다. 획기적 극장이었다.

바이로이트축제 가극장Festspielhaus, Bayreuth 은 여름 한철 바그너의 악극을 공연하는 곳이다. 상설 공연이 전제가 아니므로 당시 기준으로는 가건물에 가깝다. 로비에는 지붕 뼈대가 다 노출되어 있는데 이건 철학의 문제는 아니고 축제 기간 사용이라는 현실의 조건이었다. 냉난방도 되지 않았다. 드디어 귀족 놀이터였던 오페라박스가 모두 사라졌다.

그의 악극은 상상을 초월하게 연주 시간이 길다. 〈니벨룽겐의 반지〉는 4부작이라 하루 4시간 남짓 공연이 나흘간 이어진다. 이 시간을 감내할 객석이 문제인데 관객들은 팔걸이도 없는 딱딱한 나무 의자에 내내 앉아 있어야 한다. 중간에 복도도 없어서 한 번 앉으면 이동도 불가능하다. 그런데 유료 관람이다. 객석은 급한 경사를 이루어 무대 집중을 강요한다. 오케스트라도 관객 눈에 띄지 않게 무대 전면을 파내고 거기 들어가 앉게 했다. 이걸 오케스트라 피트라고 부르게 되었다. 작곡가가 아이디어는 제시해도 건물을 설계할 수는 없다. 이 극장에 관해 작곡가보다 훨씬 덜 알려진 건축가의 이름은 오토 브뤼크발트Otto Brückwald, 1841~1917 였다.[150]

그런데 하필이면 첫 공연에서 바그너가 생각도 못 했던 사건이 발생했다. 음악회 직전 객석의 가스등이 모두 고장 나 버렸다. 객석이 캄캄해진 것이다. 음악회는 그냥 진행되었고 음악집중도는 더 높아졌다. 그래서 음악이 시작되면 객석을 소등하는 전통이 생겼다. 바그

바그너의 오페라를 여름에 상연하는 바이로이트축제 가극장.
오페라박스는 당연히 없고 바닥은 송판 목재고 의자에 쿠션이라고 할 것도 없다.

너는 악극 중간에 박수도 치지 못하게 했다. 바그너의 악극은 계속 변신 중이다. 음악은 바그너의 악보 그대로 연주되지만, 무대가 계속 달라진다. 요즘은 현대적이고 추상적인 무대 디자인과 의상을 갖춘 성악가들이 등장한다.

요새 짓는 오페라하우스는 객석 양편에 칸막이 친 오페라박스가 아니라 갤러리처럼 열린 객석들이 배치된다. 그래도 여전히 과거의 흔적이 남아있는 셈이다. 오페라극장은 콘서트홀에 비하면 확연히 장식적이다. 콘서트홀은 당연히 요구 조건이 다르다. 역사적 배경과 철학도 다르다. 그 콘서트홀에서는 어떤 일이 벌어지고 있을까.

콘서트홀

10분의 1초

건축은 계측의 오차 허용치가 넓다. 구조체 시공 현장에서는 몇 센티미터 정도는 그냥 넘어간다. 건축 역사책의 시간이라면 연도 단위로 기록한다. 준공일 서술이 몇 달 다르다고 문제 삼지 않는다. 그런데 유독 이 건물에서는 시간을 저런 단위로 측정한다. 이건 잔향 시간이다. 현대 콘서트홀 설계에서 뺄 수 없는 평가 기준이다. 오페라하우스와는 상당히 다른 가치의 지표다. 1초가 아니고 10분의 1초를 기준으로 측정한다.

콘서트홀에서는 심지어 음역별로 잔향 시간을 측정한다. 그에 더해 푸근하고, 둘러싸이고, 섞이고, 친밀하다는 주관적 어휘로 음향을 설명한다. 그래서 콘서트홀의 평면이 구두 상자형이 좋은지, 포도밭형이 옳은지 전문가 이견이 분분하다. 그냥 사각형과 부채꼴형으로 부르면 될 것인데 굳이 콘서트홀 설명에서는 어렵게 표현한다. 이에 비해 오페라하우스 평가에 이와 유사한 기준이 등장한 건 최근의 일이다. 그리고 아직 이런 정교한 잔향 시간이 덜 강조되는 분위기다.

독일에서 기악의 가치가 높아졌고 기악곡만 연주하는 콘서트가 등장했다. 검은 옷을 입고 악기만 연주했으니 귀만 필요해졌다. 제대로 소리를 들으려면 소음이 차단된 밀폐 공간이 필요했다. 기악이 오페라와 다른 길을 걷다 보니 콘서트홀도 다른 방식으로 진화했다.

건물을 짓기 위해서는 이를 필요로 하는 수요가 생겨야 했다. 최초의 기록은 영국이 갖고 있다. 입장료를 내고 관람하는 음악회는 1672년 런던에 있는 존 배니스터John Banister, 1630~1679 의 집에서 열렸다고 명료하게 기록으로 남아 있다. 1748년 옥스퍼드에 개관한 홀리웰 음악당Holywell Music Room 은 유럽에서 음악 공연을 목적으로 건립된 현존 최초의 건물 기록을 갖고 있다. 아직 남아있는 이 건물은 약 2백 석 정도의 아담한 규모이고 여전히 작은 음악회에 사용된다. 그러나 이들은 최초라는 점 외에는 별 의미가 없다.

본격적인 콘서트 이야기는 기악의 지역에서 시작된다. 독일 라이프치히는 대학이 받쳐주는 출판 도시였다. 그리고 작센의 섬유산업 중심지였다. 1743년 라이프치히에 음악 그룹이 조직되어 기악을 연주하기 시작했다.[151] 이것이 현존 세계 최고 연륜의 민간 오케스트라인 라이프치히 게반트하우스Leibzig Gewandhaus 오케스트라의 시작이다. 처음에는 개인 주택에서 돌아가며 연주를 했으니 별 이름도 없었다. 이들은 1781년 직물 조합 창고 2층을 개조하여 콘서트를 열었다. 독일어 게반트Gewand 가 직물이라는 의미다. 라이프치히가 음악도시로 이름을 얻게 되었다.

멘델스존Felix Mendelssohn Bartholdy, 1809~1847 의 이름은 명확히 그가 유대인이라고 선언한다. 엄청난 자본가 집안이었다. 그러나 그는 프로테스탄트였다. 어려서부터 전설의 신동이던 그에게 집안에서 이미 작은 오케스트라를 꾸려줬다고 알려져 있다. 그는 고향 베를린을 떠나 라이프치히 게반트하우스 오케스트라의 음악감독이 되었다. 그리고 그간 묻혀있던 라이프치히의 루터교 교회인 성 토마스 교회의 칸토르, 즉 음악감독을 발굴했다. 교과서에 촌스럽게 음악의 아버지

라이프치히 게반트하우스. 20세기 폭격 이후 새로 지은 건물인데 이전 모습과 전혀 다른 방식을 택했다.
콘서트홀은 왕실 극장과 원래 태생이 다르기에 이런 선택을 할 수 있었을 것이다.

라고 표현되는 바흐Johann Sebastian Bach, 1680~1750를 세상에 알린 사람이 멘델스존이었다.

첫 게반트하우스는 말 그대로 창고였다. 이들은 더 좋은 위치를 물색해서 번듯한 건물을 새로 지었다. 그런데 이 건물이 2차대전 폭격으로 전소했다. 그래서 이후 1981년 새로 지었다. 지금의 게반트하우스는 세 번째 건물이다. 라이프치히 게반트하우스는 왕족과 귀족의 영향으로부터 자유로운 기관이었다. 출발부터 검은 정장 입은 연주자와 관객의 공간으로 시작하여 지금에 이르고 있다. 그 가치에 걸맞게 브람스의 〈독일 레퀴엠〉이 전곡 초연된 곳이기도 하다. 그리고 여전히 멘델스존을 가장 중요한 기여자로 기억하는 곳이다.

라이프치히에 비하면 음악 수도의 콘서트홀은 등장이 좀 늦다. 최초의 전용 콘서트홀은 1870년 개관한 비엔나 뮤직퍼라인Musikvere-

건축

in 이다. 대체로 우리는 '빈악우협회'라고 번역한다. 비엔나라는 위치를 설명하듯 내부의 장식이 오페라하우스 부럽지 않다. 이 건물이 여전히 콘서트계를 호령하는 이유는 비엔나 필하모닉의 주요 공연장으로 사용되기 때문이다. 이 콘서트홀은 엉뚱하게, 그리고 비엔나답게 지금도 1년에 한 번 객석 위로 임시 가설무대를 만들고 왈츠 무도회를 개최한다.

이 콘서트홀은 신년 음악회로도 유명하다. 그런데 여기서 특이한 점은 박수다. 이 프로그램에서 빼놓으면 곤란한 연주곡들이 요한 슈트라우스Johann Strauss II, 1825~1899 의 왈츠들이다. 준비되는 앙코르는 전통상 세 곡인데 두 번째는 항상 〈아름답고 푸른 도나우〉다. 세 번째 앙코르가 문제인데 아버지 요한 슈트라우스Johann Strauss I 1804~1849 의 〈라데츠키 행진곡〉이다. 여기서는 곡에 맞춘 청중 박수가 관례가 되었다. 기록으로는 1950년대 후반부터 형성된 전통이다. 독일이라면 끝까지 박수를 못 치게 했을 것이다.

그런데 이 콘서트홀의 건축적 지명도는 좀 독특한 곳에 있다. 세계 최고의 음향을 지닌 콘서트홀이라는 것이다. 실제로 음향이 대단히 좋다. 이 건물을 지을 시기에는 음향에 관한 지식도 없었다. 어쩌다 보니 음향이 좋다는 것 외에는 설명할 길이 없다. 장식이 가득하고 네모난 상자 모양의 콘서트홀인데 잔향이 신기하게 풍부하다. 그 금박 장식의 바탕 재료가 모두 목재라서 그렇다는 설명도 있다. 도금 건축의 허상이 역전되어 장점으로 드러나는 설명이다.

콘서트는 귀족들의 공연과 달리 낮에는 진행될 수 없었다. 프로테스탄트 부르주아지는 아무 때나 음악을 들으러 다닐 수 없다. 아무리 '빌둥'을 위한 일이라도 낮에는 근면하게 일을 해야 했다. 이들에게 음악을 들을 수 있는 남은 시간은 저녁이었다. 당연히 콘서트홀에는 조명기구가 필요했다. 그리고 음악 공연이 시작될 때 객석을 소등한다. 음악 공연은 숙연한 것이다. 시각적 자극을 최대한 차단하면 남는 것은 음향의 극단적 음미다. 이러한 음향 추구는 새로운 테크놀로지를 만나면서 좀 특이하게 발전했다. 음악의 기계적 재생이 가능한 시기가 도래했다.

소리를 재생해낸 첫 인물은 충분히 유명하다. 에디슨의 축음기라는 소박한 이름으로 알려져 있다. 소리를 저장하는 기계다. 소리의 구텐베르크 혁명이 시작된 것이다. 그런데 이것이 시간이 지나면서 점점 더 무시무시한 변화를 겪게 되었다. 이걸 전기 신호로 바꾸는 테크놀로지도 등장했다. 전송이 가능해졌다. 여기에 스테레오 녹음이 가능해지면서 그냥 소리가 아니라 소리의 현장이 재현되기 시작했다. 음악이 음향의 세계로 빨려 들어갔다. 음악 재현이 전기공학의 영역으로 바뀌어 나갔고 음악 산업에 더해 오디오 산업이라는 신세계가 열렸다.

녹음이 중요해졌다. 연주자들과 계약을 맺고 이들의 음악에 마이크를 들이대기 시작했다. 당연히 충분한 청중이 사전에 확보되어야 가능한 사업이었다. 그 기반은 프로테스탄트 지역일 수밖에 없었다. 그래서 여전히 영향력을 미치고 있는 녹음 주체들, 즉 음반사들은 압도적으로 프로테스탄트 국가들을 기반으로 하고 있다. 초기의 음반사들은 당연히 미국 회사들이었지만, 20세기 말 클래식 음악계를 장악하고 있던 세 음반사는 독일의 도이치그람마폰, 네덜란드의 필립스, 그리고 영국의 데카 정도였다.

녹음을 마쳤으면 음악을 재현해야 한다. 당연히 오디오 기기 업체들이 생겨났다. 가격으로 자동차 수준을 능가하는 오디오 기기도 있다. 최고 사양의 오디오 기기는 덩치도 크다. 그런데 이런 오디오 기기 제작업체 분포를 잘 살펴보면 역시 좀 신기한 내용을 찾을 수 있다. 거의 모두 프로테스탄트 국가들이라는 점이다. 예외가 일본 정도다. 종교적 지역 분포의 연관성을 찾을 수 없는 자동차 산업에 비해 독특한 현상이다.

고급 오디오 기기는 시각적 감상 대상이 되기에 이르렀다. 오디오 기기 디자인도 대체로 금욕적이다. 다른 가구들과 달리, 그리고 다양한 색깔의 자동차와 달리 거의 모든 오디오 기기 제작업체가 무채색 마감을 선호한다. 인클로저라고 부르는 스피커의 외곽 상자 재료는 당연히 목재다. 영국의 일부 스피커 업체가 목재 마감을 노출한다. 그러나 대개의 오디오 기기들은 앰프부터 스피커까지 모두 피아노처럼 숙연한 모습의 마감재를 선호한다.

테크놀로지의 발전으로 오디오 기기의 음향이 대단히 좋아졌다. 그렇다면 콘서트홀의 정체성은 어떻게 달라졌을까. 콘서트홀은 시간적, 자본적 잉여를 소비하여 문화적 가치를 확인하는 공간이 되었다. 문화적 허영심이라고 표현할 수도 있겠다. 콘서트홀은 청각 공간보다 시각 공간, 혹은 체험 공간에 가깝게 변화했다고 보는 게 옳을 것이다. 콘서트홀에서 음악을 듣는 것은 시각적 공감을 통한 계급 정체성의 확인 공간이 되었다고 설명하는 것이 옳을 것이다.

예배당에서 예배만 보고 오지 않는다. 예배당에 가는 것은 자신이 그 종교의 일원임을 확인하는 행위기도 하다. 여기서 친교도 필요하다. 프로테스탄트 교회는 예배당 아래층에 친교 공간을 만들어 놓는 것이 일반적이다. 콘서트홀에서도 음악만 듣고 오지 않는다. 듣는 것만큼 현장에 가는 것도 중요하다.

초기의 중간계급들도 음악만 들으러 콘서트홀에 가지 않았을 것이다. 과시는 아니어도 당연히 사회교류가 벌어졌을 것이다. 그건 로비에서 이루어지는 일이었을 것이다. 실제로 여전히 유럽의 콘서트홀에서는 연주회 전후에 다양한 이벤트들이 벌어진다. 콘서트홀은 청중들이 도착해서 바로 좌석에 앉아 콘서트 시작을 기다려도 된다. 그러나 콘서트 직전까지 문을 닫고 로비에 청중을 모아두는 것은 그것이 원래 로비의 존재 가치기 때문이다. 공연 이후 연주자와 청중이 직접 만나는 곳이기도 하다. 비교하면 오페라하우스는 로비가 다양하고 여기 각각 계급별로 모였다.

건축

미술관

흰 벽

엄청난 벽이다. 종교적 신념 덕분에 두려움 없이 마주하게 되었다. 이 벽이 특별히 더 중요해진 건물이 미술관이다. 미술관은 박물관에서 진화해 나왔다. 박물관은 건물이 아니고 진기한 것들을 보관해 놓은 방이었다. 진기한 대상에는 자연과 인간의 작업이 구분되지 않았다. 동식물, 광물은 물론 필사본 책들도 포함되었다. 그래서 박물관의 시작점을 알렉산드리아 도서관으로 짚는 문헌도 꽤 있다.

르네상스 시기 이탈리아는 엄청난 수준의 그림과 조각이 생산되기 시작한 곳이다. 고대 로마의 조각들을 긁어모은 곳이기도 하다. 출발지는 궁정이었다. 가장 대표적인 이름은 바티칸궁과 우피치궁이다. 수장을 넘어 전시가 시작된 곳이다. 과시라고 해도 되겠다. 16세기에 이런 전시 공간을 'museum'으로 호칭하기 시작했다.[152] 이것이 '박물관'으로 번역된 것은 후쿠자와 유기치의 〈서양사정〉을 통해서였다. 비슷한 시대에 '백물관'이라는 번역들도 있었지만 결국 '박물관'이 쓰이게 되었다.

박물관은 전시를 통해 소유자의 사회적 지위를 과시하는 공간이었다. 그래서 그림을 거는 방식은 부와 취향의 과시였다. 벽을 빼곡하게 채웠고 그래서 벽이 더 필요했다. 벽을 확보하기 위해서는 긴 복도, 즉 회랑gallery 형식의 평면이 마땅했다. 그래서 나중에 미술품 매매를 목적으로 하는 화랑畵廊, art gallery도 그런 이름을 얻게 되었다. 한자를 풀면 그림이 있는 복도다. 18세기에 이르면 궁정은 당연히 이런 갤러리를 갖춰야 했고 갤러리가 없으면 궁정이라고 하기 어려워졌다.[153]

이 시기에 독일의 철학자들이 소장품을 구분하기 시작했다. 가장 뚜렷한 구분은 미술품과 자연 유물이다. 이렇게 사고의 구분을 체계화해 준 사람은 칸트였다.[154] 박물관은 각각 미술관과 자연사박물관으로 분화했다. 인간의 작업과 자연의 작업이 확연히 나뉘었다.

원래 궁정은 아무나 드나드는 곳이 아니고 아무나 드나들 필요도 없었다. 그런데 영국박물관British Museum이라는 혁신적 공간이 등장했다. 우리가 과다히 거창하게 대영박물관이라고도 부르는 곳이다. 왕실에서 건립했지만, 시작부터 공공박물관이었다. 한스 슬론경Sir Hans Sloane, 1660~1753이 자신의 소장품을 기증하면서 무료 개방 조건을 유언으로 남겼다. 이 박물관은 1759년 개장 시부터 무료 개방 정책을 시행했다. 저 전설적인 도서관이 한복판에 자리 잡고 있다.

런던의 영국박물관. 개장 때부터 무료였다는 점에서 기념비적인 기관이다.

루브르박물관이 프랑스혁명의 소산인 건 충분히 알려진 사실이다. 혁명의회의 의결로 이전 시대의 왕궁은 박물관으로 바뀌었다. 그리고 나폴레옹은 원정에서 갖고 온 것들을 루브르박물관에 전시하게했다. 이후에도 발굴, 수집, 이전은 이어졌고 함무라비법을 새긴 비도 메소포타미아의 어디가 아니고 루브르박물관에 전시되게 되었다. 유럽의 박물관은 제국주의의 목격 증언자가 되었다.

대중의 미술 관람이 백성의 문명화 방편이라고 인식한 군주들이 등장했다. 당연히 독일 지역이었고 이를 실행에 옮긴 사람은 프로이센의 프리드리히 빌헬름 3세였다. 1830년 알테스뮤지엄Altes Museum 이 세워졌다. 여기서 중요한 것은 전시물 평가를 시작했다는 점이다. 소장품들이 여러 단계로 나뉘어 전시 여부와 전시 방법의 평가를 받았다.[155]

미술관의 대중 개방은 교육을 전제로 하고 있었다. 즉 대중이 미술을 이해하려면 교육이 필요해졌다. 그리고 교육의 기본은 역사의 이해였다. 한낱 장인들의 작업에 불과하던 미술이 역사적 해석과 집필 대상이 되었다. 최초로 우리가 이해하는 양식사 방식으로 미술사의 책을 쓴 사람이 독일의 빙켈만Johann Joachim Winckelmann, 1717~1768 이었다. 이전 시대에는 바사리Giorgio Vasari, 1511~1574가 쓴 르네상스 〈미술가 열전〉이 있었을 따름이다.

전통적으로 미술품 제작 의뢰자는 교회나 왕족, 귀족이었다. 그 주문의 목적이 화가의 복지 구현이나 취미 생활 유지가 아니었다. 주문자들은 뚜렷한 정치적, 종교적 목적의 서사를 요구했다. 미술가들에게 재현해야 할 대상을 선정해 주고 이를 통해 자신의 권력과 정통성을 가시화하고자 했다. 가톨릭 교회는 바실리카 벽에 성서의 일대기를 설명하는 종교화를 그려 걸게 했다. 왕과 귀족들은 화려한 과거를 과시하는 역사화, 신분을 과시하는 초상화가 필요했다. 이들의 초상화 배경에는 전투 장면이나 승전 성과물이 깔려서 그려졌다. 아카데미를 통해 그림의 규범도 확정했다.

자본을 갖춘 중간계급도 그림을 주문하기 시작했다. 이들은 역사나 종교적 재현에 별 관심이 없었다. 이들은 인물과 풍경을 선호했다. 그 주문의 결과물로 가장 유명한 것은 〈모나리자〉일 것이다. 모나리자의 남편이 그림을 주문했고 그는 자본가였다는 데 미술사가 간에는 이견이 없다. 식품이 주제로 등장해서 자신들의 소소한 풍요를 과시하게 된 것도 특이한 일이었다. 그림의 크기도 작아졌다. 작품이지만 상품이 되었다. 귀족들이 이들을 역사화와 구분해서 부르던 이름은 풍속화였다.[156] 깊이 없고 가벼운 그림이라고 치부되었다. 수채화는 풍경화로 시작했고 주문 생산의 역사가 별로 없다는 점에서 좀 독특했다.[157] 안료를 물에 개서 그리는 그림은 주문하기에는 너무 물질적 가치가 없다고 인식되었을 것이다.

음악의 변화를 이끈 도시가 비엔나였다면 그림의 변화는 파리에서 벌어졌다. 프랑스는 혁명으로 정치체제는 바뀌었지만 전제 왕권에 뿌리를 둔 미술학교, 에콜 데 보자르는 유지되었다. 그리고 그 중심에 2년 주기의 전시회, 파리 살롱Paris Salon이 있었다. 우리로 치면 20세기의 국전이었다. 그런데 더 이상 왕실과 귀족들은 화가들이 먹고사는 데 도움이 되는 계급이 아니었다.

그림은 자본가의 일상 구매품이 되었다.[158] 그런데 구매를 위해서는 가치를 알아야 했다. 화가들은 이 살롱에 입상해야 자신의 가치를 알리고 지명도를 확보할 수 있었다. 또 그래야 시장에서 그림값을 제대로 받을 수 있었다. 여기에는 다비드Jacques-Louis David, 1748~1825 와 앵그르Jean-Auguste-Dominique Ingres, 1780~1867 라고 하는 엄청난 두 화가가 큰 역할을 했다. 이들은 전통적 예술교육을 받은 사람들이었고 대체 불가능한 능력을 과시한 사람들이었다. 그래서 혁명 세력과 이 고전적 화가들의 갈등과 타협은 적당히 유지되었다. 당연히 양쪽의 불만이 다 있었다. 아카데미파들은 위대한 미술작품의 전시장이어야 할 살롱이 부르주아 취향 화가들의 그림 판매장이나 창고가 되어버 렸다고 개탄했다.[159] 살롱에 입상 못 하는 화가들의 불만도 커졌다.

구매자가 바뀌었으니 생산 체제가 바뀌었다. 미술가들은 주문하는 귀족이 아니라 불특정 다수 자본가에게 그림을 팔아야 했다. 미술가들이 특정 개인, 계급이 아니라 전시회를 위한 작업을 시작했다. 이 전시회의 목적은 예나 지금이나 판매다. 주문자의 의도가 배제되니 미술의 주제가 가치 중립적인 것으로 바뀌었다. 그 주제는 역사적 서사가 아니고 대상의 아름다움이었다. 규범에 맞지 않는 이상한 그림으로 살롱에 입상하지 못한 화가들도 먹고 살길을 마련해야 했다. 결국 나중에 역사적 가치를 인정받았으나 당시에는 뿌리도, 근거도 없는 별도 전시회인 앙데팡당 살롱Salon des Indépendants 이 등장했다.

추상적인 가치관이 점점 지배 폭을 넓혀갔다. 여기서 추상적이라는 단어가 중요하다. 화면에서 끝내 구상적 형태가 흐려지기 시작한 것을 의미하기 때문이다. 이전 시대의 그림들은 내용을 과시하기 위해 액자 자체도 화려한 장식으로 치장했다. 그러나 살롱을 배경으로 그림을 판매하지 않는 인상파 화가들이 액자를 단순화시켰다. 그림이 배치될 배경이 금욕적으로 바뀌면서 액자도 청빈하고 추상적인 사각형 틀로 바뀌었다. 화면에 형태가 사라지면서 아예 액자가 없는 그림도 등장했다. 추상화의 끝단에 자리 잡은 사람이 몬드리안^{Piet} Mondriaan, 1872~1944 이다. 네덜란드의 독실한 프로테스탄트 집안 출신인 그는 가장 금욕적인 그림의 한계를 보여주었다. 그의 그림에는 액자가 있으면 오히려 곤란하다.

형상이 해체되니 그림이 어려워졌다. 그림의 가치를 선별하는 새로운 직업군이 등장했다. 미술계의 관료라고 해도 될 일이었다. 전문성을 가지고 미술품을 평가할 수 있고, 해설하기도 하는 전문 직업군, 큐레이터다. 미술 교육으로 무장한 이들은 미술관이라는 제도에서 평가의 주체가 되면서 권력자가 되었다. 미술가들이 작품을 만들면 큐레이터들이 평가하고 선별했다. 미술관에는 큐레이터들이 선택한 미술품들이 큐레이터들이 선택한 방식으로 전시되었다. 중간계급의 그림 구매를 위해 큐레이터들은 그림의 상업적 가치를 판단해 주었다. 큐레이터는 그림 하나하나를 특별히 존중하고 오랫동안 음미해야 한다고 설명하기 시작했다. 전시된 미술품에 대한 설명문을 붙여놓았다.

드디어 큐레이터들은 아카데미와 살롱을 넘어섰다. 이들은 인상파, 입체파 화가들의 그림이 훌륭하다고 자본가들을 교육하는 데 성공했다.[160] 큐레이터 외에 판매상이 필요했고, 등장했다. 고흐의 동생 테오가 바로 이 직업의 주인공이었다. 화상들은 심지어 경매도 시작했다. 이들이 특히 인상파 화가들의 그림을 뉴욕에 수출까지 해주었다. 지금 뉴욕의 미술관에 유럽 인상파 화가 그림들이 많이 걸려 있는 것은 이 덕분이다. 새로운 미술품 유통 산업 구도가 형성된 것이다.

이 구도의 최고 수혜자는 피카소일 것이다. 스페인에서 온 이 화가는 프랑스 아카데미 교육을 받은 일이 없었다. 괴상망측한 그의 그

그림 설명이 이뤄지는 미술관 풍경. 이제 그림의 형태는 사라졌고, 액자는 단순해졌고, 벽은 무채색으로 변했고, 그림은 공부해야 할 대상이 되었다.

림이 내뿜는 박력을 대중에게 이해시키는 데 큐레이터와 화상이 막 강한 역할을 했다. 그의 그림이 이해되지 않는다고 해도, 적어도 그의 그림값은 천정부지로 비싸다는 인식을 심어 주는 데는 성공했다. 인상파 화가의 그림들도 마찬가지였다.

인상파 화가들이 사실적 재현을 거부한 이유를 사진기의 재현 능력이 지닌 압도적 우위에 대한 대안으로 설명하고는 한다. 그런 테크놀로지의 영향에 동의한다 해도 이렇게 추상적인 방식으로 진행한 사고의 전환은 설명이 필요하다. 그림에서 재현의 용도가 탈각되면서 그림은 진정 용도로부터 자유로운 예술이 되었다. 칸트가 설명했던 예술이 갖춰야 할 아름다움의 가치가 진정 확보된 것이다. 말하자면 미술품은 아무런 쓸모가 없어진 것이다. 다만 거기 존재하는 것만으로 충분한 문화적 가치를 확보하게 되었다. 그 방향은 극단적 추상화였다.

추상적 미술품에는 큐레이터 외에도 결국 이를 음미할 교육과 훈련이 더욱 필요했다. 이 그림에 동의하는 사람들은 그렇지 못하게 그려지는 미술품들을 차별화하기 시작했다. 차별 대상은 대체로 익숙하고 구체적인 풍경이 들어있는 그림들이었다. 가장 널리 퍼진 호칭이 '이발소 그림'이었다.

미술관을 방문하는 것은 방문자의 잉여 시간을 투여해 문화적 소양을 확인하는 과정이 되었다. 미술관도 음악당처럼 숙연한 장소가 되었다. 떠들거나 뛰어다니면 비문화적 행동으로 지탄받게 되었다. 기도하듯 집중해서 오로지 미술품을 감상해야 했다. 작품에 손을 대지도, 가까이 가서 보지도 못하게 앞에 장애물을 설치하기도 했다. 미술품이 제작되는 공간은 여전히 창고와 작업장에 가깝다. 그러나 작품과 관객이 만나는 미술관도 극단적으로 금욕적인 공간으로 바뀌었다. 미술관 벽의 주조색은 압도적으로 흰색이 되었다.

큐레이터들이 인정한 미술품을 구매하는 것은 자본가의 지위 확인과 거의 동의어가 되었다. 자본가들이 자신들의 잉여 성취를 표현하는 방안으로 건축 사업을 벌이기도 했다. 문화적 기관인 미술관이 꼭 적당했다. 이전의 귀족들이 하던 일이었다. 이것은 물질적 성취를 넘어 문화적 지위를 표현하는 유효한 방안이었다.

도서관

가죽 종이

요즘은 양피지라고 한다. 중국의 종이가 전파되기 전 유럽과 주변부에서 파피루스와 양피지를 썼다. 여기 또박또박 필사했고 귀중한 재료라 당연히 재활용도 했다. 양피지에 적었을 문서에 양피지 이야기가 등장하는 예가 있다. 어떤 편지다.

> 네가 올 때에 내가 드로아 가보의 집에 둔 겉옷을 가지고 오고
> 또 책βιβλίον, biblion 은 특별히 가죽 종이μεμβράνα, membrana 에
> 쓴 것을 가져오라 구리 세공업자 알렉산더가 내게 해를
> 많이 입혔으매 주께서 그 행한 대로 그에게 갚으시리니
> 너도 그를 주의하라 그가 우리 말을 심히 대적하였느니라
> _ 디모데후서 4:13-15 (개역개정)

바울은 자신의 편지들이 나중에 가장 강력한 종교의 경전이 되리라고는 꿈에도 생각을 못 했을 것이다. 그렇기에 이렇게 심한 사적 인물평을 끼워 넣었을 것이다. 구리 세공업자 알렉산더는 도대체 텐트 제작자 바울과 무슨 악연이었는지 궁금하다. 저 험담의 대상으로서 그의 입장 설명도 들어보고 싶어진다.

동일 크기로 재단한 종이에 인쇄하고 한편을 제본한 것, 그게 우

리가 아는 책의 정체다. 코덱스codex 라고 부른다. 그런데 바울이 편지를 쓸 시기에 코덱스는 아직 등장하지 않았거나 어디선가 막 등장하고 있었다. 그래서 바울이 운반을 부탁한 책은 우리가 알고 있는 것과 달랐을 것이다. 디모데는 가죽 종이라고 번역된 것, 즉 양피지를 둘둘 말아왔을 것이다. 그건 필사본 스크롤이었다. 알렉산드리아 도서관을 채우고 있던 것들이었다.

알렉산드리아 도서관 자체에 대해 알려진 것은 별로 없다. 그런데 여기서 공부한 사람들의 자취가 경이롭고 전설적이다. 에라토스테네스Eratosthenes, 기원전 274~기원전 196 가 이 도서관 관장, 혹은 책임자였다고 알려져 있다. 그는 지구가 둥글다고 알고 있었다. 그래서 서로 다른 도시에 내리쬐는 태양각의 차이도 이해하고 있었다. 그래서 그걸로 지구의 크기를 잴 수 있다고 추론했다. 이족보행의 발걸음 크기로 지구의 크기를 추정했으니 상상하기 어려운 상상력이었다. 세 변의 길이를 알면 삼각형 면적을 구할 수 있다는 공식을 남긴 헤론, 기하학의 아버지 유클리드, 천문학의 아버지 프톨레마이오스도 알렉산드리아 사람들로 알려져 있다.

도시와 기관명이 붙은 것으로 시드니 오페라하우스가 가장 유명하다면 그다음은 알렉산드리아 도서관이어야 할 것이다. 물론 알렉산드리아에 지었다는 점 외에는 고대 도서관과 아무 연관이 없다.

도서관의 소장 대상이 종이책이 아니고 문자에 실린 지식과 정보라고 하면 그 기원은 고대 아시리아 때로 거슬러 올라간다. 쐐기문자 점토판이 보관된 방이 바로 도서관의 시작이라는 주장도 있다. 물론 그 점토판이 대출과 열람 용도는 아니었다. 대출과 열람은 도서관에서 그리 오래되지 않은 제도였다. 도서관에 관해 남은 정보가 적은 것은 책이 많지 않았기 때문이다. 책은 필사본이고 그래서 희귀본이었다. 또 그나마 책과 문서 사용처는 대개 교회와 수도원이었다. 중요한 서적을 군주가 궁궐 내에 보관해 놓기도 했다. 그러나 도서관이라고 부를 정도로 공간이 분화한 예는 드물었다.

책이 좀 더 많아졌다. 세속 공부가 요구되는 사회로 변모해 나갔고 그래서 대학교가 유럽에서 세워졌다. 우리가 알고 있는 중세의 유서 깊은 대학들이 도서관을 갖추기 시작했다. 그러나 그 소장량은 지금 수준으로 비교하면 아주 적었다. 그 책들은 여전히 귀중본이었다.

피렌체의 메디치 가문이 세운 라우렌시아 도서관Biblioteca Medicea Laurenziana은 미켈란젤로의 디자인으로도 유명하다. 이 도서관이 당황스러울 수 있는 것은 요즘 도서관에서 만나는 모습의 책꽂이가 없

피렌체 라우렌시아 도서관. 분명 도서관이라고 하는데 어디에도 책꽂이가 없어서 당혹스러운 곳이다. 당연히 책은 전시되어 있지 않다.

기 때문이다. 책이 귀중본이던 시절 코덱스는 모두 서대에 눕혀 보관되었다. 그래서 이 도서관 안에는 책꽂이가 아니라 서대가 가득하다. 도서관에서는 유일본의 도난이나 분실도 문제였다. 그래서 도서관 장서를 체인으로 결박해 놓는 예도 있었다. 그래도 기필코 훔쳐 가려는 자들을 위해 속표지에 자애로운 신의 준엄한 저주문을 써놓기도 했다.

인쇄술이 등장했고 양피지가 아닌 종이에 인쇄를 시작했다. 책이 여전히 귀하기는 했으나 이전보다 덜 존귀한 존재가 되었다. 책이 존재하려면 책을 읽을 능력과 여유가 있는 독자가 필요했고 그 전환이 이루어진 기폭제가 프로테스탄티즘이었고 대중 교육이었다. 성서를 읽는 능력으로 다른 책도 읽을 수 있기 때문이다.

프로테스탄트 국가들에서는 수도원이 폐쇄되었다. 그 수도원 소장 서적들도 주저 없이 파기되는 경우가 많았다. 대신 새로운 인쇄본들이 새로 건립된 대학교 도서관에 소장되었다. 그런데 인쇄술은 무한증식이 가능한 방법이므로 책이 점점 많아지면서 책의 수장 대안이 필요해졌다. 일단 책을 세워 꽂는 책꽂이라는 가구가 등장했다.

도서관에 책꽂이를 배치하는 방식이 주목할 만한 변수다. 영국의 대학들은 대체로 실용적인 방식을 선택했다. 책꽂이를 방 복판에 늘어놓고 빛 비치는 창가에 열람석을 놓았다. 그런데 프랑스는 좀 다른 방식을 선호했다. 벽면을 책꽂이로 채우고 열람석을 복판에 놓았다. 책을 찾기 위해 발코니로 오르고 사다리를 써야 한다는 점에서 불편한 방식이었다.[161] 게다가 열람석이 창가에서 멀어지므로 독서에 이상적인 배치는 아닐 수 있었다. 그러나 이를 다 뛰어넘은 장점이 있었다. 엄청난 장서량에 의한 압도적 공간감 과시였다. 책으로 번역된 성

프랑스 국립도서관인 리슐리외. 사진은 설계한 건축가의 이름을 따서 라브루스트 룸 La salle Labrouste 인데
얇은 기둥과 난간으로 주변의 서가와 책을 강조하고 있다.

당이라고 해야 할 풍경이었다.

가톨릭 문화권 도서관에서 대체로 이 방식을 선호했다. 바티칸 궁 도서관이 포함된다. 도서관은 곧 공간적 잉여를 과시하는 공간이 되었다. 워낙 압도적인 공간 연출이되 종교적 색채가 없으므로 나중에는 프로테스탄트 문화권에서도 등장하기는 했다. 영국박물관 도서관 열람실이 여기 포함된다. 그러나 빈도는 확연히 낮다.

지식과 정보의 통제는 왕권과 종교의 권력 유지 수단이었다. 도서관은 적극적 통제의 공간이었다. 그런데 인쇄술 때문에 그 통제가 무의미해지는 시기에 이르렀다. 무기의 성벽이 무너진 데 이어 문자의 성벽이 무너진 것이다. 책은 능력과 여유가 있는 사람이 읽는 것이었다. 읽을 능력이 없는 사람은 굳이 방문할 필요가 없으니 도서관은 통제 요구가 적은 기관이 되었다. 도서관은 17세기부터 개방되기 시작했다.[162] 역시 주로 프로테스탄트 국가들에서 선도한 방식이었다.

책은 집에서도 읽었다. 독서가 중요해지면서 책상과 책장이 중요 가구로 부각되었다. 가구 수요가 많아지니 가구장들이 사업을 시작했다. 독특한 문양으로 우리에게까지 알려진 치펀데일Thomas Chip-pendale, 1718?~1779 은 1754년 〈신사와 캐비닛 제조자의 조언〉이라는 제목의 책을 출간했다.[163] 내용으로 보면 이 책은 카탈로그다. 그래서 시간이 흐르자 증보판도 발간했다. 그런 만큼 시장 규모가 커졌다는 이야기다. 여기 수록, 소개된 가구에는 책상과 책꽂이의 비중이 높다.

책상은 교육 수준이 높아진 중간계급의 필수품이었다. 그들의 사회적 경쟁력을 과시하는 거의 유일한 지위재가 될 가능성이 컸다. 그래서 일부는 귀족적 가구를 선택하기도 했다. 그건 방 복판에 독립적으로 존재하는 책상이다. 이 경우 앉은 위치의 반대쪽이 책상의 얼굴이 되면서 마감 상태가 중요했다.

좁은 방에서 실용적인 방식을 선택하는 경우 책상 마감이 달라졌다. 일반적인 사무용 책상은 벽에 붙여놓았다. 독립형 책상의 얼굴이던 면, 즉 앉아 있는 위치의 반대쪽은 제대로 마감을 하지 않게 되었다. 업라이트피아노에서 선택한 방식이다. 서류를 작업해야만 하는 피고용자는 확실하게 뒷면이 허술한 책상들을 사용하게 되었다.

도서관의 문제는 가구가 아니라 분류다. 지식의 분류법은 오래된 숙제였다. 백과사전이 따르는 간단하고 폭력적인 방법은 단어의 알파벳 순서다. 공간적으로 인접한 단어들 사이에 친족적 상관성은 전혀 없다. 그런데 도서관은 나름 공유하는 분류 체계를 갖고 있다. 도서관은 모든 책에 갈래를 부여하고 거기 맞춰 번호를 매겨 도열시킨다. 당연히 회색 영역에 들어가는 책들이 넘쳐난다. 이 경우 권력을 쥐고 있는 분류 주체는 사서다. 미술관의 큐레이터와 같은 입장이다.

듀이Melvil Dewey, 1851~1931 는 도서관 사서를 자신의 소명으로 이해한 독실한 프로테스탄트였다. 결혼도 사서와 한 그는 예배 중에 분류법의 아이디어를 얻었다는 이야기도 있다. 그것은 숫자를 뒤로 붙여나가는 것인데 700, 720, 721, 721.1, 721.12와 같이 낮은 단계로 증식시키는 것이다. 그의 분류법으로 200은 종교인데 220부터 280까지가 그리스도교다. 기타 종교는 290을 다 함께 쓰게 만들었으니 그의 입장이 선명하게 드러나 있다.

도서관에 비교하면 박물관은 공통 분류 체계가 없다. 그래서 모든 박물관은 전시 방법이 다 다르다. 그나마 대체적인 골격이 연대기 기준이다. 일반적으로 받아들이는 것은 석기, 청동기, 철기시대 정도의 포괄적인 삼분법 수준이다. 이건 덴마크 고고학자 크리스티안 톰

센Christian Jürgensen Thomsen, 1788~1865 의 제안이었다. 여기서 상대적으로 확연히 짧은 기간인 청동기시대가 한 자리를 잡은 것이 계량적으로 불공정해 보이기도 한다. 그러나 청동기의 중요도를 인정한다면 이 구분은 여전히 유효하다. 이후 석기시대가 하도 길어 구석기, 신석기로 세분되기는 했다.

국제적 박물관 기구에서 국제표준을 제정했지만, 도서관처럼 공유되는 보편적 분류법은 아직 없다. 그래서 박물관에 가면 시대별 전시가 있고 병행하여 주제별, 분야별 전시가 붙는 것이 일반적이다. 관람자는 알아서 배회하며 관람해야 한다. 그래서 건축적 입장에서 보면 박물관 동선은 도서관보다 헛갈리고 복잡하다.

수도원을 대체한 도서관 유지 주체는 대학과 정부였다. 그런데 진정으로 개방적인 도서관은 정부가 아니라 어떤 자본가에 의해서 이루어졌다. 그는 인류 역사상 가장 큰 부를 일군 자본가였고 자신의 부를 기증하여 도서관을 지어 사회에 헌납했다. 석기와 청동기에 이어 새로운 재료의 가치를 목격한 그는 미국의 카네기Andrew Carnegie, 1835~1919 다. 강철왕이라고 부르는 사람이다. 그는 스코틀랜드 출생으로 미국에 이주했다. 그의 행적은 전형적인 프로테스탄트였다. 그가 세운 도서관은 미국과 영국에 걸쳐 무려 2천5백 곳에 이른다.

그렇다면 카네기가 자신이 축적한 자본으로 이런 사업을 한 이유는 무엇일까. 이전의 귀족들은 본인의 재산을 자손에게 상속하든지 가톨릭 교회에 헌납했다. 선행이 구원의 길이었다. 그러나 프로테스탄트에게 선행은 종교적 의미가 없었다. 본인의 부는 천국에 가거나, 쾌락적 생활을 영위하거나, 자식에게 세습하기 위한 목적으로 축적한 것이 아님을 증명해야 한다. 교회는 헌금은 하지만 기부를 하는 곳이 아니다. 축적한 자본의 사유화를 부정하는 방안으로 기증이나 재단 설립이 있었다. 이후 미국의 자본가들이 보여주는 모습이 그런 가치관의 결과물이다. 그것은 선행이 아니고 사회적 책임, 즉 소명을 다하는 것이다. 카네기는 카네기홀로도 유명한 이름이 되었다. 이것은 오페라하우스가 아니라는 점이 다시 강조되어야 한다. 그의 종교적 신념은 오페라하우스와 맞지 않았을 것이다.

졸업생이 모교의 발전을 위해 기부금을 내는 문화도 미국적 현상이다. 우리나라의 대학교도 미국의 영향이 확연하여 졸업생과 사업가의 기부가 꽤 있다. 그러나 이건 범세계적 풍경은 확실히 아니다. 졸업생이 왜 모교에 기부를 하느냐고 의아해하는 문화권도 꽤 있다. 이제 단위 건물이 아니라 그들의 집합과, 집합이 이루는 외부 공간을 관찰해 보자.

공원

〈공산당선언〉

이 문서는 선언문이라고 하기에는 꽤 길다. 이 문서를 한 단어로 축약하면 혁명이다. 그런데 여기 농촌과 도시가 이분법적으로 대비되어 있다.

> 부르주아지는 농촌을 도시의 지배에 종속시켰다.
> 부르주아지는 대도시를 만들어왔고, 도시 인구를
> 농촌 인구보다 크게 늘려서 수많은 사람을
> 멍청한 농촌 생활에서 구해냈다.
> 부르주아지가 농촌을 도시에 종속시킨 것처럼
> 미개국과 반半미개국은 문명국에, 농업국은 부르주아국에,
> 그리고 동양은 서양에 종속되었다.

이 시기에 여전히 프랑스는 혁명이 진행 중이었다. 들라크루아 Eugène Delacroix, 1798~1863 의 〈민중을 이끄는 자유의 여신〉은 1830년에 그린 것이니 〈공산당선언〉 출판 좀 전이다. 이 그림을 보면 화면 오른쪽에 웬 꼬마가 하나 등장한다. 복장은 상퀼로트이니 당연히 평민이다. 그런데 이 꼬마가 쌍권총을 들고 있다. 저 물건은 오랜 훈련이 필요 없는 살상 무기다. 누구나 최소한의 연습으로 작동시킬 수 있다.

"

들라크루아의 대작 〈민중을 이끄는 자유의 여신〉. 오른쪽의 꼬마가 앞장 설 수 있는 것은 권총을 두 자루나
들고 있기 때문이다. 이전 시대라면 하룻강아지 취급을 받았을 것이다. 루브르박물관 소장.

빅토르 위고의 소설 〈레미제라블〉에서도 꼬마들이 권총을 들고 다닌
다. 폭력이 대중화되고 혁명이 벌어졌다. 프랑스혁명은 유럽 사회의
경악이었다. 유럽이 아닌 사회에서도 충분히 경악할 만한 사건이었
다. 왕과 왕비의 목을 자르다니.

루이 14세는 도시를 버렸다. 베르사유궁은 절대왕권이 어느 정
도까지 권력과 자원을 동원할 수 있는지 선명하게 보여주는 사례다.
기하학적인 질서의 공원을 만들고 그 중심점에 이 존재하는 왕 자신
도 과시의 대상이 되었다. 그런데 루이 15세는 도시로 돌아왔고 루이
16세는 도시의 광장에서 처형되었다.

영국은 좀 다른 길을 걸었다. 영국에서도 혁명은 있었으나 그

건 명예혁명이라고 부르는 수준이었다. 사실 유럽에서 처음으로 공개 재판으로 왕을 참수한 곳은 프랑스가 아니고 영국이다. 찰스 1세 Charles I, 1600~1649 는 의회의 반역죄 판결로 처형되었다. 그래서 왕실은 백성들이 흥분하지 않도록 사전에 달래 놓을 필요가 있었다. 특히 영국은 공장들로 인해 도시 환경이 급격히 악화된 곳이었다. 마르크스가 집중 지탄한 곳도 프랑스가 아니라 영국이었다. 영국 왕실이 백성 무마를 위해 대안으로 제시한 것은 공간적 장치였다. 그건 공원이었다.

왕과 귀족들은 전쟁이 없는 기간에는 전쟁과 유사한 훈련이자 놀이를 했다. 사람이 아닌 짐승을 잡았다. 그런데 사냥은 공간이 필요했다. 넓은 잔디에 동물을 풀어놓고 이들을 잡으러 다녔다. 사냥터였기에 사냥감이 달아나지 못하게 담장을 쳤다. 영국에서는 11세기부터 이렇게 담장 쳐진 사냥터가 조성되었다.[164] 그리고 가장 만만한 사냥감, 사슴이 대거 사육되었다. 사냥 중에 잠시 쉴 수 있는 쉼터도 당연히 조성되었다. 생산 없이 소비만 이루어지는 공간이었다. 왕실은 당연히 사냥터를 폐쇄 공간으로 운영했다. 자신들의 위신을 과시하는 데 도움이 되는 대상에게 제한된 시간에만 출입을 허용했다. 출입에 필요한 복장규제도 있었다. 사냥은 계급 구분을 확인하는 좋은 이벤트였다. 동물이 도망가지 못하게 하려고 설치한 담장은 사람이 들어오지 못하게 하는 용도로 쓰였다.

정비가 잘 된 잔디는 양들의 천국이어야 마땅했다. 그러나 농부들이 여기 양을 풀어놓으려면 목숨을 걸어야 했다. 영국의 농촌 범죄에서 가장 심각한 것 중의 하나가 수렵법game law 위반이었다. 이 법은 사냥에 참여할 수 있는 지위를 규정해 놓았다. 왕과 귀족이 사냥하면 평민들은 사냥감 몰이에 동원되기도 했다. 당연히 원성과 소요의 근원이었고 과연 충돌이 심심치 않게 벌어졌다.[165] 사냥터는 명예혁명기에는 경매 대상이 되기도 하고, 왕정복고기에는 다시 왕실에 돌아가기도 했다. 이 공간의 미래가 바뀌려면 사회가 바뀌어야 했다. 결국 귀족의 생산수단이 산업자본가와 비교해 상대적 열위에 서기 시작하면서 사냥터는 매각이나 용도 변경의 길을 찾았다. 일부는 골프장이 되었다. 그리고 일부는 공원으로 개방되었다.

하이드파크는 1536년 헨리 8세가 가톨릭의 웨스트민스터 수도원 소유의 땅을 몰수해 조성한 왕실용 사냥터였다. 이걸 1637년 찰스 1세가 귀족들에게 유료 공개했다. 잔디 깔린 사냥터가 공원으로 변화하는 시발점이었다. 그럼에도 여전히 잔디는 함부로 밟고 다니면 안 되는 공간이었다. 그러다 왕실토지령 Crown Lands Act 1851 에 의해 공원의 관리는 정부에 이관되었다. 그러나 공원의 소유는 여전히 왕실이고 그래서 왕립공원 royal park 이다. 하이드파크는 특별히 상징적인 민주적 가치를 갖게 되었다. 가장 유명한 것은 연설자마당 speaker's corner 을 만들어 대중 정치 발언을 보장한 것이다. 우리로 치면 정자와 같은 구조물인데 결국은 공원이라는 공간의 상징 구조물이 되었다. 물론 여기에는 의회의 동의가 있었다.

인구 밀집과 공장 폐기물로 도시가 숨 쉬기 어려운 공간이 되었을 때 도시에 자연이 절실해졌다. 귀족이나 자본가들은 교외에 땅을 사서 별장을 짓고 마차로 출퇴근을 할 수 있었다. 그러나 그들은 소수였다. 생산은 농촌이 아니고 도시에서 일어났다. 출퇴근할 수 없는 노동자들이 다수였다. 불만을 잠재우기 위한 위생과 자연이 중요한 화두가 되었다. 사람이 자연으로 갈 수 없다면 자연을 도시로 갖고 와야 했다. 그게 도시공원urban park 이었다.

우선 해결할 문제는 토지 조달이었다. 두 가지 방법이 있었다. 왕실의 사냥터를 전용하거나, 공공재원으로 구매하거나.[166] 왕실의 사냥터 전용도 두 가지 방식이 있었다. 무력으로 수용하거나 왕이 스스로 내놓거나. 무력의 주체는 결국 혁명으로 형성되었고 이것이 대혁명 이후 프랑스에서 선택한 방법이었다. 파리의 뤽상부르공원Jardin du Luxembourg 과 튈르리공원Jardin des Tuileries 이다.

왕이 자발적으로 뭔가를 내놓으려면 그는 일반적이지 않은 왕이어야 했다. 유럽의 계몽 군주로 가장 널리 알려진 사람이 프로이센의 프리드리히 2세일 것이다. 백성들의 의무교육을 처음 시행하고 군복 차림으로 살던 그 인물이다. 스스로 '백성들의 첫 번째 하인'이라고 자칭했던 독특한 군주였다. 프로이센 역사에서 우리로 치면 세종대왕 정도의 위치를 차지한다. 그가 왕실 사냥터였던 베를린의 티어가르텐Tiergarten 을 1740년 개방해 버렸다. 지금 베를린 한복판에 담장 없이 완전 개방 상태로 있는 그 공원이다. 당연히 출입, 신분, 행위 규제가 없다. 프랑스혁명 직후에 바바리아의 선제후 칼 데오도르Karl Theodor, 1724~1799 는 뮌헨의 군용훈련공원을 민간공원으로 바꿨다. 이것이 영국정원Englischer Garten 이다.[167]

공공재원으로 조성한 공원은 영국에서 처음 등장했다. 1843년에 개별법Private Acts 1843 이 의회를 통과했다. 이를 바탕으로 리버풀 근처에 공공재원으로 토지를 매입해서 1847년 버큰헤드공원Birkenhead Park 을 조성했다. 이 공원은 그래서 인민정원People's Garden 이라는 호칭도 얻었다. 이 경우 문제는 토지 구입비 외에 조성비 조달이다. 재원 확보를 위해 공원 주변은 택지로 분양을 했다. 이 공원은 근대건

독일 베를린 한복판의 티어가르텐공원. 공원 주변에 담장도 없고 당연히 아무런 행위, 이용시간 규제도 없다.

축의 신기원을 이룬 수정궁Crystal Palace 을 설계한 팩스턴Joseph Paxton, 1803~1865 이 디자인한 것으로 유명하기도 하다. 프로테스탄트들의 강력한 압력에 의해 영국의 공원에서는 19세기 중반부터 음주나 도박 관련 행위가 모두 금지되었다.[168]

영국의 공원을 내심 부러워한 곳은 대서양 너머의 신생국가였다. 1850년대 중반 뉴욕의 인구가 65만 명 정도일 때였다. 아직 맨해튼의 남쪽에만 시가지가 형성되어 있었다. 도시에 관해 야심과 피해의식이 결합한 의견들이 언론에 등장하기 시작했다. 뉴욕에도 공원을 만들자는 주장이었다. 영국의 버큰헤드공원을 방문한 저널리스트 옴스테드Frederick Law Olmsted, 1822~1903 는 공원을 민주주의라는 이상과 연결한 사람이었다. 그는 가난한 농부와 여왕이 함께 자유를 향유하는 공간이 도시에 필요하다고 주장했다. 민주적 국가라면 민주적 이상에 맞는 공간이 필요한데 그게 공원이라는 입장이었다.

드디어 시의회가 공원 조성을 결정했다. 그런데 실천의 문제는 이상보다 좀 복잡하다. 공원의 위치 선정부터 문제였다. 공원은 시가지에 가까워야 하는데 기존 시가지 일부를 걷어내고 공원을 조성할 길은 없었다. 거주자들의 조직적 반대가 있었기 때문이다. 결국은 정치력 없는 계층 거주지가 공원용지로 결정되었다. 맨해튼 시가지 외곽의 그 영역에는 1,600명 정도 최빈곤층들이 살고 있었다. 이들은 해방된 노예들이거나 갓 이주한 아일랜드 이민자들이었다. 뉴욕시는 수용권을 행사했다. 수용은 사실 토지소유자의 의견을 묻지 않는 폭력이다. 내거는 대의는 공공의 이익이다. 즉 다수가 소수를 지배하는 방식이다. 여기서도 물론 보상이 있었지만, 이들의 의견이나 저항은 별로 중요하지 않았다.[169] 사실 무력행사 대상이 되는 소수는 대개 도시 취약계층이라는 점이 항상 문제였고 여전히 문제다.

옴스테드는 이때부터는 조경가를 자칭했다. 사실 저널리스트라는 업종도 새로 등장한 것이니 뭐라 자칭하든 법적 구속력은 없었다. 그런데 건축은 면허증이 필요한 작업이었다. 그는 면허증을 갖춘 건축가 파트너를 섭외해서 옴스테드보 설계사무소Olmsted, Vaux & Co.라는 이름으로 공모전에 당선되었다. 결국 1873년 세계에서 가장 유명한 도시공원이 완성되었다. 센트럴파크Central Park라는 무심한 이름의 공원이다. 옴스테드보 설계사무소는 이 성공에 힘입어 미국 전역 도시에 공원을 설계하게 되었다. 미 대륙 반대쪽 샌프란시스코의 골든게이트파크Golden Gate Park도 이들의 디자인이다.

공공건물이 거의 그렇듯이 공원의 조성 원가도 가장 낮은 수준으로 책정된다. 그런데 그렇게 구매할 수 있는 토지는 대개 저소득 생활 인근일 가능성이 크다. 수용으로 이들이 퇴출당하고 공원이 조성

되면 인근은 주거지로 선호된다. 넓은 개활지로서 녹지가 집 앞에 존
재하면 당연히 집값이 오른다. 공원은 도시 내 부동산 가치 증진에 최
적의 도구가 되어 왔다. 맨해튼에서도 가장 집값이 비싼 곳은 센트럴
파크 인접부다.

미국의 사례를 거치며 공원은 확연히 공공의 공간으로 인식되기
시작했다. 그럼에도 공공공원public park 은 단어의 의미가 정확하지 않
다. 공공이라는 단어는 '항상 모두에게'라는 의미가 있다. 그래서 공
원은 누구에게나 열린 공간인 것으로 인식된다. 그러나 여기서 '누구
에게나'라는 단어는 항상 제한적이었다. 그것은 '어떤 계급의 누구에
게나'라는 의미를 깔고 있기 때문이다. 이것은 공원을 조성하고 관리
하는 주체가 설정한다. 질문은 관리 주체, 이용자, 이용행위에 관한 것
이다.

자연과 달리 공원은 지속해서 돈을 들여야 하는 공간이다. 그래
서 공원의 문제는 조성보다 관리다. 공공공간이므로 공원의 관리 주
체는 지자체거나 비영리재단이다. 즉 세금 투입에 의한 유지가 아니
면 자원봉사와 기금 모금이 대안이다. 지자체 정부 지원이라면 가장
중요한 의사 결정 주체는 의회다. 이 의원들이 어떤 집단의 의견을 대
변하느냐에 따라 공원의 관리 방향이 결정된다.

미국에서 발명하여 주로 행하는 방식은 비영리재단의 관리다.[170]
센트럴파크가 여기 포함된다. 대체로 관리 주체가 인식하는 공원은
자연 속에서 조용히 쉬다가 돌아가는 공간이다. 공원은 잘 유지가 되
어야 한다는 조건이 대체로 붙는다. 그래서 공원은 중간계급의 산책
로로는 적당하지만, 노동자들이 마구 드나드는 곳이면 곤란하다는
인식이 생겼다.

　　1726년 영국의 조지 2세가 자신의 사냥터를 일요일에 개방하기로 했을 때 출입 금지 대상을 규정했다. 선원, 군인, 그리고 하인이었다. 공원은 이름과 달리 항상 공공에 열린 공간이 아니었다. 그 차별은 개인이 아니고 속한 집단, 계급을 향해 이루어졌다. 공원은 사회적, 계급적 차별이 어떻게 작동하는지 보여주고 표현되는 공간이 되었다.

　　공원을 양분하면 담장이 있는 공원과 없는 공원이다. 담장이 있는 공원은 당연히 행동 규제가 심하다. 공원 내에서 금지되는 행위들이 어김없이 그 문에 붙어있다. 그리고 출입 시간도 통제하는 것이 일상적이다. 담장 없는 공원은 당연히 행위 규제가 없다.

파리 콩코드 광장 쪽의 튈르리 정원 입구. 담장과 문이 있다는 것은 규제가 있다는 의미다.

골프장과 공원은 잔디로 상징된다. 그러나 골프장과 달리 공원의 잔디는 대개 관상용이다. 마음대로 밟고 다니게 할 수는 없었다. 그게 여기저기 전파되며 살아남은 푯말이 '잔디밭 출입 금지'였다. 그리고 공원에서 허용되지 않는 행위는 대체로 도시 빈민들의 생존 전략과 격돌하게 되었다. 우리로 치면 '잡상인 상행위 금지'라는 푯말도 일상이 되었다.

공원의 배제 푯말로 가장 유명한 것은 상하이의 황푸공원黃浦公園일 것이다. 1868년에 개장한 중국 최초의 개방공원이다. 상하이 조계지에 영국인의 설계로 세워진 이 공원은 '개와 중국인은 출입 금지No

독일 잘츠부르크 공원의 안내문. 금지 규제가 빽빽한 공원의 안내문은 공간 규제의 문자 번역이다.

dogs and Chinese allowed'라는 팻말이 붙어있었다고 널리 알려졌다. 심지어 순원孫文, 1866~1925이 이 팻말을 보고 더욱 공고한 민족주의자가 되었다는 이야기도 있다.[171] 대단히 인종차별적이고 모욕적인 이 문장의 실체는 여전히 정확하지 않다.[172]

갈등에 따라 규제 문구는 바뀌었는데 1917년의 사진에 남은 표지의 내용에는 온갖 규제 사항이 빼곡하다. 우선 외국인만 이용할 수 있고 이용 시간도 정해져 있다. 적절한 복장을 갖춰야 이용할 수 있고 개나 자전거는 출입할 수 없고 이용할 수 있는 공간들도 조목조목 지정되어 있다. 지키지 않으면 부르주아지의 파놉티콘, 경찰이 통제하겠다고 선언해 놓았다. 이 공원은 1928년부터는 입장료를 받는 공원으로 바뀌었다. 중국인의 출입이 이제야 허용되었다. 그러나 이번에는 입장료를 낼 수 있는 사람들의 배타적 공간이 된 것이다. 그러다가 1949년 중화인민공화국의 건립 이후에야 공공에 개방된 중국 영토

    건축

가 되었다.

공원에 갈등이 불거지는 대표적 순간은 동상 건립 시기다. 원래 동상은 묘지나 교회 근처에 세워지는 것이었다. 그런데 공원이라는 새로운 공적 공간이 등장하면서 여기 동상을 넣으려는 시도들이 등장했다. 동상의 주인공에 대한 평가는 평가 주체에 따라 극명하게 갈라지기 쉽고 그래서 공원에서 갈등이 불거지는 것은 다반사다.

계급 갈등이 가장 극명하게 부각된 곳은 프랑스였고 그 결과는 혁명이었다. 프랑스혁명은 마무리되는 데 오랜 시간이 걸렸다. 그 계급 갈등의 주요 현장이 파리였다.

파리

샹젤리제

발음부터 말랑말랑하다. 거리 이름이 공간적 지위재가 된 사례다. 파리는 유럽인들이 크리스마스에 꿈꾸는 도시 이상향의 명칭이기도 하다. 그 중심에 샹젤리제가 있다.

조르주 외젠 오스만Georges-Eugène Haussmann, 1809~1891. 물리적 도시로서 파리를 설명하는데 절대 빠지지 않는 이름이다. 사실 그를 빼면 곤란하다. 단언할 수 있는데 그가 없었다면 지금 파리는 없었다. 도시에 일을 저지를 수 있는 사람이면 절대 평범할 수 없다. 능력과 광기를 갖춰야 한다. 열정이라는 단어의 표현 수준을 넘는 그것, 광기다. 전언에 의하면 그는 확신에 가득한 사람이었고 좌고우면이 없었다. 그래서 비교적 소심한 나폴레옹 3세와 궁합이 맞았던 듯하다. 오스만은 사업 기간 중 거의 매일 나폴레옹 3세를 만났다고 한다.

프랑스혁명의 가치는 민주주의의 성취가 틀림없다. 이전 귀족들이 배타적으로 누리던 향락을 이제 공평하게 누릴 수 있게 되었다. 단지불 능력만 있다면. 혁명의 배경은 도시지만, 혁명 자체가 도시를 바꾸지는 않는다. 자연발생의 도시 파리는 좁고 혼란스럽고 불결한 도시였다. 인구 증가에 따른 과밀도 피할 수 없었다. 뭔가를 해야 한다는 압력은 있었다. 루브르궁을 기준으로 동서 방향으로 대로를 개통하는 계획은 루이 14세 시기부터 있었다. 나폴레옹은 나중에 그 길의 끝에 자신의 승전을 기념하는 개선문부터 세웠다.

나폴레옹 3세는 친위 쿠데타로 황제에 즉위했다. 이 제정 황제는 비교 기준점이 삼촌인 보나파르트 나폴레옹이었다. 황제는 원조 나폴레옹이 설정한 수준에 맞는 업적을 이뤄내야 하는 강박관념이 있었을 것이다. 최고는 전공戰功이었겠다. 그래서 나중에 보불전쟁에서 필요 이상 앞장을 섰다가 포로의 수모를 겪는 오명의 주인공이 되었을 것이다. 건설 사업이라면 파리 전체를 바꾸는 수준이 되어야 나폴레옹 이름에 걸맞은 일이었겠다.

그는 나름대로 파리 개조 계획을 갖고 있었다. 그런데 이걸 실행해내는 것은 다른 차원의 능력이다. 이제 오스만이 등장하게 될 시점이다. 아케나톤과 콘스탄티누스로부터 시작하여 미국, 오스트레일리아, 브라질에 이르기까지 빈 땅에 새 수도를 만든 사례는 많다. 그러나 이미 있는 수도를 이처럼 환골탈태시켜 전혀 새로운 도시로 만들어낸 건 파리가 전무후무한 사례다.

이런 거대 사업은 대체로 예산 확보, 실행인력 확보, 기존 상황 숙지, 집행계획 수립, 선도사업 실시, 사업 전개의 순서로 이루어진다. 오스만은 딱 이 순서를 따랐다. 이런 사업은 사업의 예산 추론이 어렵거나 불가능하다. 그래서 가용 가능한 예산을 추정하고 거기 사업 규모를 맞춘다. 우선 오스만은 자신이 확신하는 최고의 도시계획 전문가들을 끌어모았다. 도시의 상황 파악이 선행 사업이었다. 도시에 대한 기존 정보가 필요했다. 그는 축척 500분의 1 파리 전체의 측량 지도부터 만들었다. 건물 평면이 다 표시될 정도로 자세한 도면이다.

도시 관련 사업의 시행력은 토지 확보로 결정된다. 그에게는 황제로부터 부여받은 수용권이 있었다. 물론 유상 수용이다. 이걸 발판

개선문에서 도심 쪽으로 본 샹젤리제. 파리의 간판 거리지만 이렇게 생긴 거리는 샹젤리제밖에 없다.
파리의 높이 규제 결과가 확연하다.

으로 시원한 도로를 뚫기 시작했다. 샹젤리제라고 불리는 동서 방향 주축 도로가 기준점이었다. 이어 주요 기념비 공간을 연결하는 간선 도로들이 신설되었다. 신설 도로마다 지하에는 상하수도가 새로 설치되었다. 그 주변으로는 엄격한 건축규제가 시행되었다. 높이 규제는 당연하고 색깔, 재료가 다 규제 대상이었다. 주요 도로 주변에 가로수를 심었고 도로 시설물들을 설치했다. 요즘 개념의 선행 문화재 발굴 조사가 있을 리 없었다.

그는 법학을 전공하고 시 정부에서 오래 일한 경험이 있었다. 오스만은 자본주의 속성을 이용해서 이 작업을 이뤄냈다. 채권을 발행하고 공공 펀드를 조성해서 사업을 시작했다. 일단 오스만은 필요한 사업지보다 넓은 면적을 확보했다. 거기 멋진 가로를 조성했다. 녹지와 가로 주변 토지의 쾌적성이 좋아지자 토지 가격이 계속 올랐고 투

건축

파리의 일반적인 가로 풍경. 도로 끝에 시선을 붙들어두는 기념비들이 배치되어 있다.
그러나 전반적으로 다른 유럽 도시들에 비해 보행에 쾌적한 환경은 아니다.

자가 선순환되었다. 중간계급이 교외로 나가지 않고 도심에 살기 시작했다.

시 정부는 사업지 주변의 토지를 더 높은 가격에 판매했다. 직접 투자비에는 미치지 못했다. 그러나 세수가 증대되었다. 그는 증대된 세수로 더 사업을 벌였다. 오스만은 이 구도를 전제로 은행을 설득해 채권을 추가 발행했다.[173] 그는 지속해서 적자 재정 정책을 고수했다. 끝내 재정 적자를 극복하는 길은 재정 확대와 토지 개발이라는 것이 그의 생각이었다.[174] 파리가 그의 사업에 의해 나중에 얻게 된 수익은 투자 액수로 치환해 설명할 수 있는 수준을 훨씬 넘는다. 파리시City of Paris의 인구는 200만 명이 약간 넘는데 방문한 관광객 수는 2024년 4,900만 명이었다.[175]

이런 사업에는 당연히 적들이 즐비하다. 부동산 개발은 큰돈이

파리의 일반적인 건물 유형. 절대고도 제한에 건물의 형태 규제도 엄격하다. 이곳이 부르주아지의 도시가 되었다.

오가는 사업이다. 가장 위험한 것은 그 과정에서 들어오는 뇌물이다. 게다가 그는 입헌군주가 자의로 임명하였으니 선출되지 않은 사람이었다. 퇴임 사유는 얼마든지 엮어낼 수 있다. 결국 그는 재정 문제 야기 책임에 근거한 정치적 압박으로 퇴임 당했다. 그의 자서전에는 파리 개조 계획에 대한 소명 의식이 곳곳에 묻어있다.[176] 파리는 사적 자본이 동력이지만, 엄정한 공적 통제 아래에 작동하는 도시가 되었다.

파리는 멋진 도시가 되었다. 도로는 직교 좌표는 아니지만 직선 가로로 구성되었다. 투시도법에 따라 형성되는 가로의 소실점에 기념비들이 세워졌다. 기념비를 향해 길을 냈다고 하는 것이 옳을 수도 있다. 그 길 주변에 가로수를 심어서 투시 효과를 증가시켰다. 도시가 산보의 목적지이자 배경이 되었다. 거기 가로등이 대대적으로 설치되어 도시의 밤 생활이 본격화되었다.

건축

파리는 부르주아지 중간계급의 도시가 되었다. 즉 파리에서는 그들이 도심에 남고 노동자들을 외곽으로 밀어냈다. 가로 좌우에 그들이 입주한 아파트가 세워졌다. 저층에는 상업시설이 들어간 주상복합 건물이라 가로 환경이 활기차게 변했다. 파리는 노동자, 무직자들에 대한 배제 압력이 지속된 도시였다. 노동자들은 대로 외곽에 연결된 역에서 기차를 타고 교외로 나가서 출퇴근했다. 돈과 시간의 잉여가 충분해진 부르주아지들이 살던 화사한 모습은 인상파 화가들의 그림에 담겨 증언되고 있다. 벨 에포크Belle Époque 라고 부르는 그 시대다. 배경에는 수용권이라는 권력과 더 큰 이익을 찾는 자본, 그리고 이를 엮어내는 계획이 있었다.

그런데 이미지와 달리 유럽의 전반적 기준으로 보아 파리를 보행자 중심의 도시라고 부르기는 어렵다. 큰 가로 이외의 도로들은 보도폭이 좁아 보행이 불편하고 위험하다. 게다가 그렇게 절대적인 고도 제한의 도시가 아름답다고 단언하기도 어렵다. 그러나 파리의 사례는 프랑스뿐만 아니라 세계 곳곳의 도시에서 추앙되었다. 어떤 도시는 그 단정한 외관에 홀렸고 어떤 도시는 사업방식에서 자극받았다. 사고와 신념 체계에 무관하게 그 시각적 인상에 충격을 받은 국가들이 많았다. 샹젤리제처럼 가로수가 늘어선 다차선 광폭가로가 국가 상징 가로라는 이름으로 추앙되기도 했다. 당연히 한국 도시도 예외가 아니었다. 그러나 파리에서 광폭 가로는 샹젤리제밖에 없다.

도시

100만

계산식으로 도출할 수는 없다. 그러나 50만 명 정도 인구면 도시가 최소한의 자족력을 갖는다. 논리적 근거가 없는 경험값이다. 그러니 100만 명이면 다른 도시에 기대지 않고 내부 교환만으로도 살아나갈 수 있다. 이 역시 경험값이다. 100만 명은 도시사에서 자주 등장하는 기준점이다. 영어로 표기하기도 쉽다. 1 million.

1851년 런던 하이드파크의 세계박람회는 산업혁명의 성취가 요구한 거대한 시장을 확인하는 자리였다. 이 박람회로부터 한 세대, 딱 30년이 지나는 동안 산업혁명의 복판이었던 맨체스터 인구는 대도시권 기준으로 100만 명에서 190만 명으로 늘었다. 런던의 인구는 같은 시기에 230만 명에서 470만 명으로 역사상 최고의 인구 증가를 보였다. 한편 같은 시기 파리의 인구는 100만 명에서 230만 명으로 늘었다. 이 시기 파리는 도시 개조에 따른 경계 변화, 보불전쟁이라는 정치적 변수가 포함되었으므로 이 증가 전체가 산업 변화에 근거한 것은 아니었다. 어찌 되었든 파리 인구도 두 배 넘게 늘었다. 참고로 서울에서 1953년 100만 명이었던 인구는 30년 동안 1,000만 명으로 늘었다.

도시는 잉여 교환을 위해 생겼다. 그 교환의 경제성은 이동의 용이성에 달려있다. 최소한의 이동을 위해서는 모여 사는 것이 가장 합리적이었다. 결국 도시는 인체로 치면 순환계를 가져야 하는데 그게

길이다. 순환계가 잘 작동해야 건강한 것처럼 길이 잘 작동하기 위해
서는 길의 체계가 좋아야 한다. 교환의 이동 용이성을 전제로 하면 도
시의 길 체계는 대체로 격자형이거나 방사형의 구조가 원칙이다. 두
구조의 조합이기도 하다. 기하학적 질서가 없는 도로체계를 가지면
미로형 도시라고 한다. 신기할 수는 있어도 순환계라는 점에서 보면
점수가 높기 어렵다.

침략과 약탈은 잉여 획득의 가장 경제적 방법이었다. 약탈을 위
해서는 무기와 도구가 필요했다. 장거리 이동을 위해 말을 길들였다.
말, 창, 갑옷이 약탈의 기본 조건이었다. 방어를 위해서도 마찬가지 조
건이 요구되었다. 귀족과 기사가 등장했다. 잉여를 배타적으로 보관
하기 위해 창고가 필요했다고 앞서 설명했다. 정착민 입장에서는 그
잉여를 침입으로부터 보호하기 위해 담장이 필요해졌다. 보호 집단
이 커지면서 담장이 포함하는 범위가 넓어졌는데 그게 성이 되었다.
요새화된 성채가 등장하기 시작했다.

성이 도시의 단위가 되었다. 성은 농경 생활에서 수확한 곡물을
저장하는 곳이었다. 분업 후 필요한 원자재들을 생산하고 보급하는
곳이기도 했다. 여전히 가장 중요한 것은 외부 침략으로부터 보호하
는 것이었다. 12세기에 이르면 유럽의 성벽 재료들이 거의 돌로 바뀌
었다. 방어적 군비경쟁이 이루어지기 시작했다. 어떤 모습의 성이 가
장 확실하게 내부를 보호할 수 있는지 고민하고 지식을 갖춘 자들이
등장했다. 이들은 거꾸로 적의 성을 공격하는 방법도 고안했다. 전문
지식과 경험을 갖춘 이들을 엔지니어 engineer 라고 불렀다. 그래서 엔
지니어링은 기본적으로 군사적 구조물 사업이었다. 나중에 군사적
목적이 아니라 민간 용도에 쓰이는 엔지니어링이 필요해졌고 이를

네덜란드 델프트 중심지 풍경.
교회 앞 광장에 미사나 예배로 모이고 장이 서므로 모든 길이 여기로 연결되어야 한다.

토목civil engineering 으로 호칭했다.

칼과 창의 시대가 지나고 원격 전투가 중요해지면서 방어 기제로서 성의 의미가 줄어들었다. 무지막지한 포탄을 쏘는 주물 대포가 등장했다. 콘스탄티노플의 함락이 상징적이었다. 흑사병도 돌았는데 성벽이 이를 지켜주는 것도 아니었다. 흑사병 앞에서는 계급 구분도 없었다. 성직자도 노예도 돌림병 앞에서 공평하고 허무하게 죽어 나갔다. 심지어 교황도 흑사병을 피해 아비뇽으로 달아나야 했다. 성벽을 헐면 도시 주변에 폐곡선의 길이 생겼다. 성벽이 사라진 도시가 등장했다.

유럽의 중소 도시들은 구조가 거의 일정하다. 도시 복판에 바실리카가 있다. 파리라면 도시 한가운데 시테섬에 자리 잡은 노트르담

건축

라쇼드퐁의 격자형 가로 풍경.
사진 한 장에 교회가 세 곳이 보인다는 것은 여기가 절대로 가톨릭 도시가 아니라는 증언이다.

성당을 연상하면 된다. 그 앞에 광장이 있고 이를 중심으로 주변의 길이 연결된다. 그 길은 성문에서 바실리카까지 연결되는 것이었다. 그리고 폐곡선의 길이 도시 외곽에 생긴다. 이건 대개 성벽이 철거되고 그 자리에 생긴 길일 것이다.

　이런 도시가 바뀌기 위해서는 도시의 핵심인 바실리카가 사라져야 했다. 좀 신기한 실험들이 있기는 했다. 박해받은 프로테스탄트들, 즉 위그노들의 정착촌들이다. 이들은 당시에 희귀하게 장방형 격자 구조에 가까운 도시를 만들었다. 당연히 바실리카라는 구심점이 없었다. 프랑스 외곽의 스위스 국경도시 라쇼드퐁La Chaux-de-Fonds 이나 르 로끌Le Locle 같은 소도시에서 찾을 수 있는 흔적이다. 격자형도시가 프로테스탄트들의 도시일 수는 없으나 프로테스탄트들은 도시를 만들게 되면 격자형 구조를 선호했다.

여전히 도시의 가치는 교환이다. 교환의 합리성을 위해 이동 거리가 줄어야 했다. 잉여 외에 정보의 교환이 중요해졌다. 잉여의 가치는 양이었지만 정보의 가치는 신뢰와 시간이었다. 잉여 교환의 우위를 점유하기 위해서도 정보의 우선 취득이 중요했다. 정보 우선 취득의 성공 사례로 가장 대표적인 것이 로스차일드Rothschild 가문일 것이다. 이들은 1815년 워털루 전투에서 나폴레옹이 패배했다는 정보를 영국 정부보다도 먼저 취득했다. 이들은 신속한 정보와 이에 근거한 채권 거래로 엄청난 차익을 남겼다. 정보가 돈이라는 증언이었다. 이는 여전히 자본 시장에서 굳건한 금언이기도 하다.

로스차일드 가문처럼 체계화된 정보 유통 도구가 없는 사업가들은 구전이나 신문 구독으로 정보를 얻었다. 이들은 모여 있어야 했고 그 모임이 도시의 핵심 공간이 되었다. 바실리카를 대체한 중심이다. 이제 어느 도시에서나 상업적 업무 공간이 중심지에 존재하는 것은 당연했다. 이를 우리는 중심 상업 업무 지구라고 호칭한다. 상업에서 정보의 중요성과 유통 방식은 변하지 않았다. 상업 자본가들의 사업체는 도심에 유지되어야 했다. 이들은 도심에 모여서 가격 흥정도 해야 했다. 주식 거래도 해야 했다.

농업이 아닌 제조업이 새로운 산업 동력이 되었다. 산업화로 도시는 공장이 들어선 생산 공간으로 바뀌었다. 엄청난 인구가 도시로 몰려들었다. 그들은 여전히 먹고살기 위해 도시로 향했다. 도시의 중심에 상업이 있고 그 주위를 제조업이 감싸는 구조가 등장했다. 제조업 지역의 주거 환경이 좋지 않았던 사실은 널리 알려져 있다.

개인 마차를 이용할 수 있는 계급이라면 더는 검은 연기와 폐수로 가득한 인구 밀집 지역에 살 이유가 없었다. 그리고 이들은 공장 노동자들로 규정되는 지역에 사는 데 거부감을 갖게 되었다. 교외로 이주했고 마차 출퇴근을 시작했다. 나름 큰 가족을 이루고 살고 있던 사람들이 뿔뿔이 직계 가족 단위로 이주했다. 가정의 기본 구성은 핵가족이 되었다. 주택의 주변에는 담장을 쳐서 주변과 확실하게 격리해 나갔다. 교외로 이주한 중간계급은 영국식 정원을 만들어 한적한 주거군을 만들었지만, 도심에 거주와 업무 공간을 버릴 수는 없었다. 이들이 갖고 있던 도심 내 주거는 이름 그대로 타운하우스였다. 그러나 여기서 점점 주거의 기능은 약화되었다.

테크놀로지는 계속 혁신되었다. 석탄을 실어나르던 철도가 사람을 실어나르기 시작했다. 철도 자체도 사업이었다. 철도가 교외로 연결되면서 노동자들도 교외로 이주하기 시작했다. 공업지역의 주거 밀도가 낮아지면서 그 이주 인구가 철도로 연결되는 교외 여기저기에 새로운 주거지를 형성했다. 그 중심지는 상업 공간이 아니고 기차역이었다. 그리고 주변이 새로운 교외 상업지가 되었고 그 주변 보행 거리까지 주거지가 되었다. 마차보다 싼 자동차가 보급되면서 교외 역 사이의 공간을 주거지가 채워나갔다. 그런데 바실리카도, 성벽도 없는 도시로만 이루어진 국가가 있다. 당연히 그럴 역사가 없는 신생 국가였다.

미국

시온의 땅 Plat of Zion

종교적 냄새가 물씬 풍기는 단어다. 예루살렘 근처 신도시 계획일 것만 같다. 그런데 이 계획도시의 대상지는 미국이었다. 계획자는 신이 이제 이스라엘이 아닌 미국을 선택했다고 믿었다. 그도 몰래 신을 만났기 때문이다. 아니 신이 그의 앞에 나타났기 때문이다.

그간 이스라엘인들이 자신들이 선택받아 특별하다고 믿는 걸 선민의식이라고 해왔다. 그런데 미국이 특별하다는 신념이 등장했다. 이건 미국의 예외주의American exceptionalism 라고 한다. 이 나라는 종교의 자유를 찾아 메이플라워호를 타고 대서양을 건넌 사람들이 세웠다는 의식을 국민이 공유했다. 그렇게 이상한 방식으로 모인 사람들이 세운 나라의 전례는 없었다. 그들이 독립전쟁을 거쳐 공식적인 국가를 세웠다. 새 나라의 수도는 새로운 곳이 되어야 하는 건 일반적 원칙이다. 그런데 이 나라는 아예 기존 수도가 없는 개척지였다. 전대미문의 종교적 신념에 바탕을 두고 건립된 연방 국가의 새 수도도 당연히 야심을 담고 있어야 했다. 그 수도의 이름은 건국 유공자의 이름을 따서 워싱턴디시Washington DC 가 되었다.

워싱턴 대통령은 프랑스에서 태어나고 교육받은 건축가 랑팡 Pierre Charles L'Enfant, 1754~1825 을 이 도시의 설계자로 지명했다. 그의 나라는 베르사유궁이라는 장대한 기하학적 도시로 알려져 있었다.

그 방사형 도시계획은 절대왕정의 결과물이었다. 그러나 그것이 새로운 국가에 어떻게 연결이 되어야 하는지 설명한 문서는 없다. 건축가는 그런 이념적 사고에 무심했을 수도 있다. 이 도시가 베르사유와 다른 점은 방사선 계획의 배경에 격자형 도로 구조가 깔려 있다는 것이다.

최초의 미국 신도시라면 필라델피아다. 한때는 연방정부의 임시 수도였다. 퀘이커교도들이 대거 모여 살던 곳이었다. 그리고 격자망 도시다. 미국은 프로테스탄티즘과 자본가의 강령에 충실한 도시를 만들기 시작했다. 그 이후 가장 확실하게 격자망이 자리 잡은 것은 뉴욕의 맨해튼이었다. 그 도시의 형태는 완벽한 격자였다. 격자는 미국 중서부 개척을 따라 점점 서진해 나갔다.

결국 캘리포니아에 도착했다. 지형상 캘리포니아의 특징은 남북 방향의 계곡이다. 그래서 지금 부르는 지명에 실리콘밸리가 있다. 나파밸리 경사지에는 포도밭을 일궈 와인을 생산한다. 그런데 미국인들은 여기도 지형을 무시하고 격자를 씌운 도시계획을 했다. 그래서 지금도 샌프란시스코는 평면으로 보면 격자지만, 입체로 보며 엄청난 고저 차의 도로들이 숱하게 포진되어 있다. 그런 곳이 영화 추격전의 배경이 되고 가끔 관광자원이 되기도 한다.

동부 코네티컷 주의 뉴헤이븐도 독특한 격자 구조로 출발했다. 1640년 청교도들은 3×3의 아홉 개 정방형 블럭으로 대지를 구획했다. 그 복판은 공원으로 비워두되 거기 아담한 프로테스탄트 교회 세 개를 세웠다. 지금도 복판의 공원은 뉴헤이븐 그린이라는 이름으로 남아 있다. 그러나 미국 도시의 중심에는 강조할 대형 바실리카가 존재하지 않았다. 방어할 테두리 성곽도 없었다. 신도시가 얹힐 지형에

▲　경사지형을 무시하고 격자를 뒤집어 씌운 샌프란시스코 도시 풍경. ⓒgoogle

▼　샌프란시스코의 명물 롬바르드 거리.
급경사에 단순 격자를 씌우는 바람에 두 거리 사이 연결 도로는 이렇게 구불구불해야 했다.

대한 고려도 필요하지 않았다. 시작도 없고 끝도 없으므로 무한증식이 가능했다. 격자 도시가 지닌 가장 큰 장점은 가격 책정이 쉽다는 점이었다. 토지에 가치가 매겨지면서 그 토지의 산출량이 아니고 점유 자체가 권력이 되었다. 토지는 환금 가능한 거래 대상이 되었다.

20세기에 도시를 수평으로 확장시킨 것이 자동차고 수직으로 확장시킨 것이 엘리베이터다. 그 확장의 테크놀로지를 제공하고 실제로 도시를 바꾼 국가가 미국이다. 포드의 모델 'T'는 노동자도 자신의 임금으로 구매할 수 있던 첫 자동차로 알려져 있다. 아무 선택권이 없이 검은색 도색만 허용했다. 참고로 포드Henry Ford, 1863~1947는 유대인 혐오로 충만한 프로테스탄트였다. 오티스 엘리베이터는 인간이 타도 안전하다고 대중의 인정을 받은 첫 사례였다. 에펠탑의 경사 엘리베이터도 이 회사가 설치했다. 오티스가 없었다면 관광객은 에펠탑 전망대를 모두 이족보행으로 올라가야 했다.

끝없는 평원에, 역시 끝없이 펼쳐진 격자 구조가 미국의 일반적 도시 모습이다. 그 도시 복판에 자리 잡은 것은 신전이나 공공구조물이 아니다. 대신 중심 상업지구의 고층 건물이 솟아올랐다. 그곳은 땅값이 비싸서 고층으로 올리기도 했고 고층으로 올릴 수 있기에 땅값이 비싸지기도 했다. 그냥 토지의 효용을 최대화한 고층 건물이 거기 들어섰다. 결국 땅값을 반영한 스카이라인이 도표처럼 보이는 것이 미국 도시의 일반적 경관이 되었다.

흥미로운 사람은 미국 모르몬교의 창시자인 조지프 스미스Joseph Smith Jr., 1805~1844였다. 그는 바로 혼자서 신을 만나 소명을 얻은 미국인이다. 그는 자신의 새로운 종교를 위한 이상적 도시 계획안을 만들었다. 그게 '시온의 땅'이다. 1만 5,000명의 인구를 전제로 한 이 계획

유타 솔트레이크시티 한복판의 모르몬교 성전. 격자형 도시의 중심에 성전이 놓였다.

안도 정사각형 격자 도시였다. 다만 중심 공간에 고층 상업시설이 아닌 그들의 성전이 배치되었다. 격자 도시 위의 성전이었다. 이들의 본거지 솔트레이크시티가 이 계획에 기반했다.

역설적인 미국의 문제는 주체할 수 없이 넓은 땅이었다. 1785년 제정된 미국의 토지법Land Ordinance 은 토지의 측량 단위로 격자 구조를 선정했다. 토지는 한 변이 1마일인 정사각형으로 나눴다. 이걸 각각 각 변을 여섯 배 곱한 면적인 36제곱마일의 정사각형 토지가 하나의 타운십township 이 되게 한다는 기준이었다. 이 규정으로 미국 중서부의 광활한 대지가 구획되었다. 마일 기준의 이 규정은 미국의 미터법 채택을 가로막는 장애 요인의 하나다.

건축

미국은 여러 부문에서 영국의 영향을 받았다. 이들은 영국의 교외화를 이끈 검소한 가족 중심의 종교적 신념을 이어받았다. 그러나 영국과 같을 수는 없었다. 우선 귀족 계급이 존재하지 않았다. 도시에서 계급에 따른 거주 영역의 구분도 없거나 모호했다.

미국 도시의 특징은 도심이 아니라 교외 주거에 있다. 그 교외 주거 양식의 규범을 제시한 사람은 옴스테드였다. 그는 영국의 교외 주택을 도입했는데 여기 민주주의와 프로테스탄티즘을 덧붙였다. 그는 센트럴파크를 디자인한 사람답게 교외의 주택은 공원을 갖고 있어야 하고 주택 단지는 공원이어야 한다고 믿었다. 그런데 단지가 공원이 되기 위해서는 영국처럼 집 주변에 담장이 쳐지면 곤란했다.

그래서 필지 주변에 담장 설치를 금지하고 주택 전면에 잔디를 깔아야 하는 요구 조건의 단지가 등장했다.[177] 이 전면 잔디는 사적 공간이지만 사유하지 않는 곳이었다. 잔디는 항상 잘 깎아 관리해야 하되 잔디밭에는 아무것도 설치할 수 없었다. 그 잔디에서 심지어 바비큐를 구워도 안 되는 규정 사례도 등장했다. 우리에게 익숙한 전면 잔디, 주차장, 주택으로 구성된 미국식 교외 주거의 규범이 완성되었다. 주차장은 포드가 모델 'T'로 대중화시켜 얻은 결과물이었고 교외의 통근이 가능하게 해준 도구의 증명이기도 했다.

2차대전이 끝나고 미국 정부는 전후 관리에 들어갔다. 경기를 부양하고 제대 병사들의 복지를 책임져야 했다. 그래서 이들에게 최소 이자로 주택 융자가 가능하게 했다. 부동산 개발업자들은 연방정부의 보증이 있으니 안심하고 토지 개발사업을 벌였다. 미국 전역의 교외화가 시작되었다. 주택은 가장 싸게 지어야 하므로 경량목구조 건물들이 들어섰다. 허리케인이 불면 종잇장처럼 풀풀 날아가는 그런

미국 교외의 일상적 풍경. 담장은 없고 전면에 잔디와 주차장 출입구가 있다. 집은 가장 싸고 가볍게 짓는다.

주택이 일반화되었다.

그 교외 도로를 커다란 승용차로 질주했다. 이제 승용차는 검은 색 모델 'T'가 아니라 크롬도금 장식의 과시재였다. 에어컨과 라디오까지 장착한 자동차도 등장했다. 소비가 미덕인 시대에 돌입했고, 자동차 제조업체들은 해마다 새로운 모델을 선보였고, 소비자들은 자동차 내구연한이 아니라 유행 퇴조 때문에 새로운 자동차를 구매했다. 자동차 제조사들의 로비로 대중교통 수단이던 트램을 다 걷어냈다는 음모론이 설득력 있다. 장식이 붙고 화려한 색으로 도장한 새로운 자동차의 등장은 미국이 청교도가 아닌 새로운 프로테스탄티즘 국가에 돌입했다는 증언이었다. 이건 아마 기업적 복음주의라고 불러야 할 것이다.

건축

장식

장식은 죄악이다

아돌프 로스Adolf Loos, 1870~1933의 이야기로 잘 알려져 있다. 그는 장식에 시비를 걸기 시작한 대표적 건축가로 꼽힌다. 장식이 건축의 가치라던 비트루비우스의 가치가 전도되는 문장이다.

세상이 바뀌는 과정의 서양 근대사를 읽으면 러다이트운동Luddite movement이 등장한다. 운동이라기보다 소동이나 소요, 저항이라고 번역해야 할 일이었다. 일자리를 잃게 된 직조공들이 기계를 망가뜨렸다는 이야기다. 그런데 이건 사회 변화로 생존 위기에 몰린 집단 저항 사례의 하나일 뿐이다. 다리를 놓으면 나룻배 사공의 생존이 문제다. 자동차가 생기면 마부의 생존이 문제다. 영국에서는 인도에서 면직물이 수입되자 모직물 업자들이 의회에 압력을 넣어 수입을 막았다.

세상이 바뀌어 계급이 한순간에 사라지려면 혁명적 사회 단층이 필요하다. 그 혁명은 무력으로 강제하는 것이다. 프랑스에서, 러시아에서 그렇게 법적 계급이 역사속으로 사라졌다. 우리나라에서도 일제강점기라는 단층이 계급 소멸에 의도하지 않은 촉진제가 되었다. 물론 경제적, 문화적 계급이 일순간에 사라지지는 않는다. 사회적 관성도 단숨에 사라지지 않는다. 그럼에도 이건 변화의 주변부나 이웃을 긴장하게 만든다.

종교개혁기에 가톨릭 국가에서는 사제들이 귀족들과 함께 더 확실한 정체성을 보여주고자 했다. 교황은 종교개혁 반대의 선두에 서 있어야 했고 그 표현이 더 절실했다. 교황청의 영향에 있던 로마 역시 장식을 통한 정체성 과시가 만개한 공간이 되었다. 그 정점은 지으면서 더 화려해진 베드로 성당이다. 왕실도 이전보다 더 화려한 장식으로 평민들이 접근할 수 없는 사회적 지위를 과시하고자 했다. 그 정점이 베르사유 궁전이다. 그러나 이런 과시는 소모적이었다. 그래서 한시적일 수밖에 없었다. 교황청도, 절대왕정도 그런 화려한 양식을 유지할 길은 없었다. 바로크의 화려한 양식은 지속성이 없었다.

어차피 건물은 자본 여유가 있는 건축주의 의뢰로 짓는다. 이제는 귀족과 사제가 아닌 자본가들이 건물을 주문하기 시작했다. 이들은 과거의 특정 양식에 대한 아무런 구속성도 부채 의식도 없는 계급이었다. 19세기 유럽의 건축적 지평은 고전주의의 부활로 설명된다. 고대 그리스와 로마 시대의 양식을 적당히 변형하여 재현하는 것이었다. 프랑스는 루이 14세가 세운 보자르 아카데미가 여전히 그 공고한 힘을 발휘하고 있었다. 건축의 규범은 고대 그리스와 로마였다. 바티칸궁이나 프랑스 왕궁처럼 장식이 주렁주렁 달린 바로크 양식보다는 이 고전적 형상의 건물이 대체로 경제적이었으니 받아들일 수 있었겠다.

자본주의 시대가 좀 더 무르익으면서 절충과 타협이 필요해졌다. 테크놀로지는 산업도 바꾸었다. 공장에서 생산하는 철강의 시대가 되었는데 이전 시대의 장식을 구현하는 데 어려움이 생겼다. 이에 대한 타협점으로 등장한 것을 우리는 프랑스의 아르누보 양식이라고 부른다. 독일에서는 유겐트슈틸Jugendstil 이 같은 의미로 알려졌다.

아르누보 양식의 파리 지하철 입구 구조물. 철로 번역된 장식이라고 설명하면 무리가 없다.

이런 와중에 비엔나의 로스가 장식에 노골적으로 시비를 걸기 시작했다. 비트루비우스가 알았다면 로스가 장식ornament 과 치장decoration 을 혼동했다고 진단했을 것이다. 그가 시비를 걸었던 장식의 근본 가치는 바로 귀족들의 정체성 확인이었다. 원래 장식은 소비에 가치가 있었다. 사실 로스의 문제는 장식을 귀족이 아닌 미개인의 것으로 오해했다는 것이다. 그가 거부감을 가진 것은 장식에 들어가는 시간을 포함한 자원에 대한 소비였다. 로스는 여자의 장식에 대해서는 꽤 관대했다. 아니면 무관심했다.

로스는 비엔나 복판에 자본가가 의뢰한 건물 덕분에 확고한 지명도를 얻었다. 워낙 유명해져서 지금은 로스하우스Looshaus 라고 부른다. 창문 위에 장식이 없어서 '눈썹 없는 건물'로 불렸다. 가톨릭과 왕권이 굳건한 도시 비엔나에서 그런 건물의 도발로 시민들의 당황은 충분히 이해가 갈 일이다.

벽면의 장식이 사라지니 원재료가 드러났다. 재료의 특성이 드러나야 한다. 이것은 프랑스의 길드 전통 이래로 건축에서 사라진 가치였다. 회칠하고 벽화 그리는 르네상스 시대에 밀려난 가치였다. 실제로 로스는 재료에 대한 관심이 많은 사람이었고 그 재료의 가치를 드러내고자 했다. 주변의 건물들이 석재 모방 회벽으로 마감된 반면, 로스하우스는 원재료를 그대로 보여준다. 그러려면 재료가 좋아야 한다. 로스하우스의 저층부와 실내에도 비싼 재료가 사용되고 외부로 고스란히 표현되었다.

점점 장식이 사라지는 사회가 되면서 세리프가 없는 서체, 산세리프가 등장했다. 디자인된 최초의 산세리프는 1816년 윌리엄 캐슬론William Caslon IV, 1782~1869 이 만든 이행이집트식영문서체Two lines

비엔나 한복판의 로스하우스. 당시에는 옆 건물들처럼 창 상단에 화려한 장식이 붙어 있는 것이 일반적이었다.

이행이집트식영문체와 존스턴의 런던 지하철 서체.
영국은 선행사례의 고민 없이 스스로 이런 도발적 기준을 만들 수 있는 나라라는 증거였다.

English Egyptian 였다. 프랑스와 영국의 이집트 원정 이후 이집트는 이국적 모습의 상징이었다. 이 서체도 이집트와는 아무 관련이 없되, 다만 당대 생경한 모양이라 그런 이름이 붙었다. 캐슬론은 4대에 걸쳐 활자 주조 사업을 한 집안 출신이었다. 당연히 이 서체를 당황스럽게 받아들인 사람들이 많았을 것이다. 이 서체는 그로테스크라는 통칭으로 19세기까지 차별받았다.

괴상하다던 산세리프는 1916년 런던 지하철에 다시 등장했다. 열차 안의 대중들이 쉽고 빠르게 읽을 수 있다는 이유로 에드워드 존스턴 Edward Johnston, 1872~1944 의 서체가 선정되었고 여전히 런던에 건재하다. 1950년대에 들어서면서 스위스와 독일에서 헬베티카, 유니버스, 옵티마와 같은 전설적인 산세리프가 디자인되었다. 잘 들여다보면 산세리프가 등장한 곳들은 대체로 프로테스탄트 지역이다.

이제 본격적으로 프로테스탄트 자본가의 강령에 충실한 건물이 등장할 지점이다. 사실 이건 건축주로서 새로운 계급의 도래를 의미했다. 검박하게 장식이 없는 옷을 건물로 번역한 결과물이다. 그건 흰 벽의 상자 건물이었다. 그런 건물을 만드는 사조를 모더니즘 modern-ism 이라고 호칭했다.

건축

모더니즘

cogito, ergo sum

간단한 라틴어 문장이다. 번역한 문장도 널리 알려져 있다. 나는 생각한다, 고로 존재한다. 라틴어가 저리 간명한 이유는 'cogito'가 일인칭 동사라서 그렇다. 저 단어에 이미 주어가 들어있다는 이야기다. 간단명료한 로마의 정신이 이 문장에도 들어있다. 데카르트^{René Descartes, 1596~1650}는 저 문장을 던져놓고 가장 확실하게 검증된 사실로부터 이야기를 전개해 나간다. 그래서 이 문장이 이성적 사고 체계의 지평을 열었다고 설명하는 서적이 많다. 그건 모더니즘이었다.

모더니즘은 그간의 인습적 사고의 테두리를 배제한, 철저하게 이성적인 사고 체계를 지칭한다. 데카르트는 지금 자신이 뭔가를 생각하고 있더라는 사실 그 하나에서 시작하여 논리를 전개했다. 그의 이야기 배경에 여전히 신적 존재가 깔려 있다는 사실이 당황스럽기는 하다. 그러나 그의 사고 방법이 분명 혁신적인 건 틀림없다. 합리적 판단으로 조립한 새로운 세계가 거기 들어있다. 이전에 겪어보지 못한 신세계다.

모더니즘과 모더니티^{modernity}라는 두 단어가 있다. 단어가 스스로 설명하는 것처럼 모더니즘은 사고의 방식이다. 그에 비해 모더니티는 모더니즘이 생산해낸 사회적 현상을 지칭한다. 당연히 모더니즘이 선행된다. 모더니티의 모습은 산업혁명이라고 하면 문제가 없을 것이다.

저 단어의 출현을 살펴보자. 의외로 유서가 깊다. 두 라틴어 단어가 있다. 'modernus'는 이미 5세기부터 현재라는 의미로 사용된 단어였다.[178] 이에 비해 'modernitas'는 11세기에 등장했다. 생 드니 성당이 최신 스타일modernum 로 지어졌다는 이야기도 있다.[179] 유사한 의미인데 이건 세상의 종말이 가까운 시대를 지칭하는 단어였다는 해석도 있다. 오스만이 유럽에 발을 디딘 시기다. 서양사의 문헌들은 1453년 콘스탄티노플이 오스만에 의해 함락되었다고 수동형으로 서술한다. 그러나 오스만제국의 입장에서는 콘스탄티노플을 함락시켰다거나 해방시켰다고 서술할 것이다. 어찌 되었든 그리스도교 문명권에서 이것은 엄청난 충격과 위기였다. 가톨릭 세력에게 이 함락은 말세의 전조였다. 종교개혁 시기 교황청이 루터파와 총력 전면전을 벌이지 못했던 배경에도 콘스탄티노플 함락이 있었다. 교황청 입장에서는 전선이 두 개였기 때문이다.

근대近代라는 번역은 역시 일본의 작업이었다. 최초의 번역자가 특정되지 않는 이 단어는 처음에는 근세와 섞여서 사용되었다.[180] 두 번역어 모두 그냥 우리의 현재 시기에 가깝다는 뉘앙스다. 시기의 의미만 있는 근세에 비해 근대는 시간 외에 평가의 의미가 들어있다는 점에서 약간 차이가 있다. 두 단어 중 1911년 발간된 〈모범영화사전〉에 근대가 설정되고 이 사전의 발행 부수에 따라 결국 근대가 정착되었다.[181] 우리가 사용하려는 단어는 그냥 지금에 가깝다는 의미가 아니고 특정한 시대를 지칭한다. 그래서 근대는 오역까지는 아니어도 지칭 대상의 혼선을 주기 딱 좋은 번역이라고 널리 인정된다. 그래서 여기서는 그냥 모더니즘modernism 으로 쓰자.

건축

건물은 짓는 데 예산 투자가 많다. 그런 만큼 변화에 보수적일 수밖에 없다. 건축은 대담한 사고실험이 현실화되기 어렵다. 과연 건축의 변화는 지체되기 일쑤고 가끔 반동적이다. 그런데 모더니즘을 들고 나와 모더니티를 동시에 실천한 전대미문의 건축가가 등장했다. 우선 그는 건물을 구성하는 획기적인 원칙을 제시했다. 그것은 이전 시대 건축에 아무런 참조점이 없었다. 오직 이성적 사고만으로 구성된 원칙이었다.

필로티: 건물을 들어 올려 지상부를 개방한다

자유로운 평면: 기둥은 구조, 벽은 공간 구획의 요소로 분리한다

자유로운 입면: 벽이 자유로워져서 입면도 자유로워져야 한다

수평창: 창문도 자유로워져서 균일한 조도와 넓은 조망이
　　　　가능해져야 한다

옥상정원: 건물이 차지한 면적을 옥상의 정원으로 회복한다

그간 건축의 성서로 군림하던 비트루비우스의 삼 원칙과 유사점이 전혀 없다. 이렇게 하면 건물이 튼튼해지거나 아름답게 된다는 것이 아니고 이렇게 건물을 만들어야 한다는 주장이었다. 이런 황당한 원칙을 주장한 건축가는 누구였을까. 그의 배경에도 종교개혁이 깔려 있다.

종교 자유를 보장하던 낭트칙령이 폐지되자 프랑스의 프로테스탄트들이 결국 나라를 떠났다. 이 위그노들이 정착한 곳에 스위스의 도시 라쇼드퐁도 있었다. 이전부터 금은세공의 장식품 제작 산업이 자리를 잡고 있던 곳이다. 이들의 수요자는 프랑스 귀족들이었다. 장

식을 통한 과시적 소비로 계급 정체성을 만족시켜야 했던 바로 그들이었다. 그런데 이주한 위그노들은 그 프랑스 귀족들을 위해 뭔가를 만들 생각이 없었다. 이들이 대신 선택한 것은 신의 선물을 계측하는 기계였다. 그리고 자신들의 근면함을 계측할 수 있는 도구.

라쇼드퐁은 지금도 시계 산업으로 똘똘 뭉친 도시다. 위그노만 모여 사는 곳은 아니고 인종, 종교, 취미, 계급에 따라 온갖 배경의 사람들이 모여 살았다. 20세기 전환기에는 이 작은 동네에 그 배경과 취미 따라 클럽만 150개 정도가 조직되어 있을 정도였다.[182] 샤를 에두아르 잔네레Charles-Édouard Jeanneret, 1887~1965 의 부친도 이 도시에서 시계 문자판을 만들었다.

문제의 그는 무신론자였지만 가족은 프로테스탄트였다. 특히 어머니 마리아는 아주 독실했다. 그는 건축가가 되겠다는 꿈으로 파리로 떠났다. 벨 에포크의 마무리 즈음 이주하여 1차대전 시기에 출판과 계획안으로 근근이 생존하던 그는 1931년 자신의 원칙을 그대로 반영한 주택을 하나 완성했다. 파리 교외의 별장이었다. 건축주 가족의 이름을 따서 빌라 사보아Villa Savoye 라고 불렀다. 사보아는 보험회사를 운영하는 전형적인 부르주아지였다. 필명을 본명으로 바꿔 쓰기 시작한 건축가 르코르뷔지에Le Corbusier 는 자신의 새로운 가치관에 완벽하게 부합하는 건물을 만들어 세상에 던졌다. 지금 지구 어디에 갖다 놔도 괴상하다고 해야 할 건물이 탄생했다. 새로운 건축, 즉 중간계급의 자본가 건축주를 위한 전대미문의 건축이 등장했다.

새로운 세상이 열렸다. 벽이 흰 상자 모양의 이 건물은 건축 모더니즘의 실천, 모더니티의 도래를 알렸다. 그 이후 건축은 이전으로 돌아갈 수 없었다. 자본가는 당당히 건축주가 되었고 '귀족과 사제를 위

 건축

파리 교외에 지어진 빌라 사보아. 자신이 논리적으로 생각한 건축의 방향을 아무 선입견 없이 꿰맞춰
빚어놓은 모양이다. 건축을 만드는 새로운 질서가 탄생했다.

해 장식이 덮인 건물'이라는 건축 개념이 전복되었다.

이 무신론자가 설계한 건물로 가장 유명한 것은 1955년에 준공된 롱샹 성당Notre-Dame-du-Haut, Ronchamp 일 것이다. 20세기의 건물로 최고의 지명도라 해도 과언은 아니다. 2차대전 시기에 파괴된 순례 성소의 위치에 새로 지은 것이다. 이 성당에서는 미사를 위한 십자가가 동편에 배치되었다는 점은 기존 성당의 문법이다.

그러나 거기까지다. 세상 어디서도 비슷한 걸 본 적도 들은 적도 없는 성당, 아니 건물이 등장했다. 여기서 공간의 중심성이나 방향성은 전혀 없다. 당연히 아무런 장식도 없다. 이전 성당의 폐허에서 발견된 성모상은 존중되었으나 새로 설치된 성물은 없다. 십자가에는 매달린 예수가 아니라 또 다른 작은 십자가가 배치되어 있다. 스테인드글라스는 어떤 성서의 내용도 도상으로 설명하지 않는다. 성모의 모습은 마리아라는 문자로 대체되었다. 구체적인 형상이 아니라 프리즘으로 변한 광선처럼 다양하고 추상적인 색채만 창에 더해졌다.

이전의 성당이 아니라 어떤 건물에도 참조점이 없는 롱샹 성당. 그래서 여전히 건축가 지망생들의 순례의 목적지다.

20세기 건물로 가장 지명도가 높다고 해야 할 롱샹 성당의 내부.
유구한 가톨릭 바실리카의 전통 건축 문법을 한순간에 뒤집어놓은 건물이다.

이 건물은 잘 뜯어보면 기존 성당들의 공간적 요소들은 모두 갖추고 있다. 그런데 그 요소들의 재조립 방법은 전무후무한 도발이고 혁신이었다. 콘크리트라는 재료는 지붕에 노출되었고 벽체는 흰색 회벽이다. 이것은 콘스탄티누스의 바실리카에서 시작된 1,600년 가톨릭 교회 건축사를 송두리째 지우고 새로 조립한 건물이었다.

르코르뷔지에는 기존의 건축 어휘를 전혀 새로운 방법으로 재조립해 새로운 문법을 개척했다. 그는 음악으로 치면 베토벤이고 미술로 치면 피카소에 해당했다. 그 문법이 새로운 질서를 갖고 있다는 점에서 물리학으로 치면 뉴턴이나 아인슈타인에 비견해야 할 사람이었다. 그리고 그를 통해 건축이 전혀 다른 세계에 들어섰다는 점에서 그리스도교라면 루터였다.

유럽은 모더니즘을 신봉하는 건축가들의 세상이 되어갔다. 사실

건축

마리아의 성상으로 스테인드글라스가 채워져야 할 위치에 문자가 들어섰다.
이건 명확하게 프로테스탄트의 입장이다.

이들을 건축가라고 호칭하게 된 것도 큰 변화였다. 이전에는 에콜 데 보자르를 졸업해야 건축가라고 부를 수 있었다. 그런데 그런 건축을 지켜줄 귀족은 이미 사라졌고, 오로지 자본으로 세상을 재단하는 자본가의 세상이 된 것은 확연했다. 새로운 건축가들은 새로운 사회를 관찰했고 노동자를 위한 건물도 필요하다고 주장했다.

비슷한 시기에 독일에서 모더니즘 건축을 장착한 교육기관도 등장했다. 산업혁명의 재료로, 장식을 모두 삭제한 디자인이 새로운 시대에 맞는다는 신념으로 뭉친 집단이었다. 바우하우스였다. 설립자는 부르주아지 집안 출신의 그로피우스Walter Gropius, 1883~1969 였다. 흰 상자 건물들이 대거 출현했다. 모더니티의 새 하늘과 새 땅이 열렸다. 독일의 바이센호프주거단지Weißenhofsiedlung 전시회도 흰 상자 일색이었다. 이 전시 총괄을 맡았던 사람은 미스 반 데어 로에Ludwig Mies

그로피우스가 데사우에 세운 바우하우스 교사. 이곳은 그간 군림하던 건축 교육 기관인 에콜 데 보자르를 완전히 대체한 혁신적 학교다. 장식이 완전히 배제된 건물과 글자체가 자신의 입장을 설명하고 있다.

van der Rohe, 1886~1969 였다. 그는 고향 아헨에서 일요학교 다닌 것이 학력의 전부였다. 그럼에도 그는 바우하우스 교장까지 맡게 되었다.

건축이 장식을 벗었다. 의복으로 보면 정장이 되기 시작했다. 정장에서 옷감과 가공의 디테일이 중요해진 것처럼 건축에서도 그런 가치가 중요해졌다. 부분과 전체의 비례가 중요해졌다. 그리고 재료와 재료, 선과 선, 면과 면이 만나는 곳의 처리, 즉 디테일의 중요성이 확연히 부각되었다. 정장의 재단이 그랬던 것처럼 재료의 의미도 강조되기 시작했다. 이전에는 복잡한 장식에 덮여 그런 가치가 중요하지 않았다. 그러면서 건축의 모더니스트들은 건축의 진정한 가치는 물질적 재료가 아니라 더 추상적인 것의 구현에 있다고 주장하기 시작했다. 그건 음악의 소리에 해당하거나 그보다 더 추상적인 것이었다. 그게 공간이었다. 건축이 갖는 가치에 대한 전복적 주장이었다. 그럼에도 추상화의 방향성은 건축에서도 확연했다.[183] 그런데 이런 문제를 다 덮는 사건이 발생했다. 초대형 전쟁이 발발했다. 세계대전이라고 불렀다.

건축

좌표

피라미드

5,000년 전에 쌓았다는 그 구조물들이다. 그런데 건축의 석재 사용은 아직도 저 방식의 좌표계에서 크게 벗어나 있지 않다. 더 이상 돌을 쌓지 않고 붙인다는 점은 다르다. 구조체는 콘크리트지만 돌 건물처럼 보이고 싶다는 계급욕망도 여전히 작동하고 있다. 돌의 내구성이 좋다는 근거도 있다. 그러나 석재 가공의 직교 좌표 체계는 변하지 않고 있다. 여전히 사각형으로 재단한다는 이야기다.

미국은 유럽 건축의 관찰자이며 지속적 변방 수입자였다. 그러던 중 모더니즘에 별 이해가 없는 20대 후반의 미국인 둘이 유럽을 방문했다. 필립 존슨Philip Johnson, 1906~2005 은 엄청나게 부유한 자본가의 아들이었고 돈 걱정 없이 취미로 건축을 할 수가 있었다. 그는 헨리 러셀 히치콕Henry-Russell Hitchcock, 1903~1987 과 자신들이 유럽에서 본 건축 경향을 내용으로 1932년 뉴욕의 근대미술관Museum of Modern Art 에서 전시를 개최했다. 이들은 전시의 큐레이터들이었다. 이들은 이 추상적 경향을 속 편하게 '인터내셔널 스타일International Style '이라고 호칭했다. 사회적 변화에 따른 건축 변화를, 동인이 탈각된 시각적 양식으로만 이해한 것이다. 그러나 결국 이 전시회에 소개된 프로테스탄트 지역 건축가들이 나치를 피해 미국에 이주하여 전후 미국 건축을 이끌게 되었다.

이때까지 미국의 건축 교육은 당연히 에콜 데 보자르 방식이었다. 건축가와 건축교육자들이 에콜 데 보자르 졸업생들이었으니 대안도 없었다. 좌우대칭에 비례가 우아한 도면을 수채화로 그려내는 것이 수업이었다. 변화를 꿈꾼 것은 하버드대학이었다. 학장으로 바우하우스의 설립자이자 초대 교장이었던 그로피우스가 초대되었다. 미스 반 데어 로에도 미국으로 이주했는데 그의 학교는 나중에 IIT Illinois Institute of Technology로 이름을 바꿨다. 이런 건축가들이 대학 교육을 맡게 되면서 미국도 에콜 데 보자르 건축 교육 전통에서 벗어났다. 모더니즘이 미국에 상륙했다. 이제 건축의 종주국은 미국이 되었다.

20세기는 단호하게 미국의 시대였다. 19세기 후반부터 새로운 테크놀로지의 원산지는 거의 미국이었다. 그 덕에 미국은 최고의 산업 국가로 진입했다. 20세기 전반 두 번에 걸친 초대형 전쟁이 끝나고 유럽은 경제적 여력이 없어졌다. 경쟁국들은 세계대전에 끌려 들어가서 죄 침몰했다. 유럽을 먹여 살릴 경제적 여유는 미국에 있었다. 거칠게 단언하면 프로테스탄트의 도덕관에 무장한 미국이 그 나라들을 먹여 살리기 시작했다. 원조라고 불렀다. 그리고 그 나라들을 출발한 이민을 받아들였는데 이들이 다시 미국을 만들었다. 건축의 새로운 테크놀로지, 초고층 거대 건물, 자본주의 상업시설이 모두 미국에서 실현되었다. 미국의 낙관주의가 자리를 잡고 있던 시대였다. 모더니즘의 시대였다.

1980년대에 포스트모더니즘이라고 부르는 주장, 혹은 사고 구조가 등장했다. 단어가 설명하는 것처럼 모더니즘에 관한 질문과 회의에서 비롯된 것이었다. 즉 모더니즘을 지탱하던 이성에 대한 회의가 배경에 깔려 있었다. 주로 프랑스의 철학자들을 중심으로 이루어진 질문이었다. 이성에 대한 신뢰가 얼마나 뿌리 없이 허망한 것인지를 밝혀주는 데 화제가 몰려 있었다. 당시 이들의 글을 읽으면 우리가 이룬 문명이 간판과 달리 얼마나 비이성적인 것이냐고 역설적으로 보여주는 것이 많았다. 그러나 독일 프랑크푸르트 중심의 철학자나 사회학자들은 입장이 좀 달랐다. 모더니즘은 오해되고 있거나 미완의 작업이라는 입장들이었다. 이들에게 모더니즘은 여전히 완성하기 위해 달려가야 할 사업이었다.

그런데 건축의 포스트모더니즘은 논지의 궤가 좀 달랐다. 미국에서 등장했다. 포스트모더니즘이라는 간판을 걸고 나온 미국 건축가들은 모더니즘을 여전히 형태로 이해하는 입장이었다. 이들은 '인터내셔널 스타일'이라고 호칭되었던 저 네모나고 하얀 상자 건물들은 너무 심심하고 더는 대중적 이해를 얻지 못한다고 주장했다. 건축은 더 풍성하고 다양한 시각적 경험이 가능한 형태를 가져야 한다는 것이었다. 그런데 이들의 논리 구조는 대체로 과장이나 비약에 근거

라스베이거스의 야경. 현대의 로마는 라스베이거스이며 여기서 배울 것이 많다고 주장한 미국 건축가도 있었다.

하고 있었다. 예를 들면 20세기의 로마는 라스베이거스라고 주장하는데 근거는 설명하지 않거나 못했다.

그래서 이들의 대안은 대체로 두 종류로 나뉘었다. 우선 유럽의 전통적인 건물의 모양을 차용해서 외관에 넣는 방법이 있다. 유럽의 고전주의 건축의 형태들을 적당히 오려 붙어 외관을 만들자는 주장이었다. 이미 수백 년간 학습된 것이므로 대중들이 잘 이해할 것이라는 근거였다. 혹은 건물의 용도를 직설적으로 표현해서 외관을 꾸미는 것이었다. 햄버거 가게라면 햄버거 모양으로 건물을 만들어 대중과 의사소통해야 한다는 것이었다. 모더니즘을 오해하고 건축을 형태로 이해한 주장들이었다.

이런 어이없는 대안을 가장 앞서 지탄하고 나선 곳이 영국이었다. 그럼에도 포스트모더니즘을 옹호한 영국인들이 좀 있기는 했다. 가장 앞선 옹호자는 지금 왕으로 즉위한 당시의 찰스 황태자였다. 아니나 다를까, 그는 장식에 집착해야 하는 왕족이었다. 결국 미국은 이후 건축의 지적 주도권을 유럽에 완전히 빼앗겼다. 그런데 곧 이런 논의를 일순간에 무의미하게 만드는 사건이 등장했다. 건축 시장에 들어온 새 전환적 테크놀로지가 세상을 다시 뒤집기 시작했다.

흰 네모 상자. 모더니즘 건축이 만들고 포스트모더니즘 건축이 비난한 건물이 딱 이렇게 표현되었다. 그간의 건축은 직교 좌표를 근거로 하고 있었다. 가장 오래된 구조물, 피라미드부터 여기 해당한다. 이유는 설계 도구부터 시공 방법까지 모두 직교 좌표를 요구했기 때문이다. 그리고 프로테스탄티즘의 금욕적 가치관, 과시 소비 억제 가치관이 강력했기 때문이었다. 그런데 컴퓨터는 굳이 직교 좌표를 근거로 할 필요가 없는 건축의 가능성을 보여주기 시작했다.

피라미드가 돌을 재단해서 쌓았던 것처럼 여전히 건축은 부재를 조립해서 완성해 나가는 과정을 거친다. 건축은 물질 재료에 자연이 부과한 것과 다른 새로운 질서를 부여하는 과정이다. 산업화 시대에는 동일 치수의 부재를 반복 생산해 조립하는 것이 가장 경제적이었다. 기계는 동일 반복 작업에 탁월한 능력을 갖췄다. 계산은 인간이 하는 일이었다. 그래서 컴퓨터computer 는 원래 계산하는 사람을 지칭하는 단어였다.

그런데 이번 컴퓨터는 기계다. 계산을 기계가 하기 시작했다. 산업화 시대의 기계가 생산에서 지칠 줄 몰랐던 것처럼 컴퓨터는 계산에서 지칠 줄 몰랐다. 변수를 아무리 바꿔도 컴퓨터는 성실하게 함수를 돌려 즉시 결괏값을 도출해 줬다. 건축에서 조립해야 할 부재의 크기가 동일한 크기와 형태가 아니어도 좋다는 의미였다. 상상하지 못했던 건축의 형태가 가능해졌다. 그래서 이걸 건축에서는 비정형 건물이라고 부른다. 지금은 컴퓨터의 가능성을 건축 여기저기서 지속

로스앤젤레스의 디즈니 콘서트홀. 저런 괴상한 모양의 건물이 가능해지려면 컴퓨터가 필요하다.

엄청난 화석연료를 불살라야 작동하는 도시 로스앤젤레스. 미국 인구는 지구 전체의 4퍼센트인데
도시 작동이라는 점에서 사용하는 에너지는 25퍼센트에 이른다. 로스앤젤레스는 그 비율이 더 높다.

적으로 실험하는 중이다. 새로운 산업혁명이 진행 중이고 그게 4차에 이르렀다는 주장의 테두리에 건축도 예외는 아니다.

특히 더 영향받은 것은 건물의 군집체, 즉 도시의 작동에 대한 이해다. 그런 가운데 도시가 집단으로 책임을 져야 하는 사안이 등장했다. 지구가 뜨거워지기 시작했다. 인간이 화석연료를 불살라서 탄소를 마구 배출했기 때문이라는 게 알려졌다. 그런데 이들이 사용하는 꿈의 재료인 콘크리트가 제조 과정에서 엄청나게 탄소를 내뿜었다. 강철도 마찬가지였다. 도시가 작동하려면 자동차를 이용해야 하는데 그것도 탄소를 배출했다. 도시의 구조가 잘못되어 그런 문제가 발생했을 수도 있다. 탄소 배출량에서 도시가 책임져야 하는 양이 거의 절반이었다. 배울 도시가 라스베이거스인지는 모를 일이나 반성해야 할 도시의 맨 앞에 로스앤젤레스가 있었다.

기후변화는 역사상 처음으로 목도한 인류 공동 의제가 되었다. 그전까지의 의제는 커봐야 국가 단위였고 그 해결은 국가 안에서 이루는 수준이었다. 그러나 이제 건축이 세계 의제에서 자유롭지 않다. 두 개의 화두다. 컴퓨터, 기후변화. 여기까지가 역사라는 평면에서 살펴본 건축의 현재 좌표점이다.

7
한국

신화 물길 노비 아침 번역 공원 성탄 대학 교육

교회 문화 왕조 봉황 자동차 주택 아파트 예식 장례

한글이라는 문자로 쓰는 이 책의 종착 목적지는 당연히 한국이어야 한다. 은둔의 나라였던 조선은 19세기 말부터 세계의 한 부분으로 끌려 들어갔다. 그런 노출 동기의 한 부분은 프로테스탄트 선교사들의 등장이었다. 이들은 거의 영미권 출신들이었다. 소명 의식에 투철한 이 선교사들은 알지 못하던 이 땅에 선교만 하지 않았다. 아예 돌아가지 않고 여기 묻혔다. 그리고 교육과 의료를 매개로 한 새로운 세상을 열어주었다.

선교사들이 교두보를 확보하고 민간에 신앙을 전파했다면 이후 기독교는 정치적 권력까지 얻게 되었다. 일본의 항복 직후 남쪽에 주둔한 미 군정이 그 동인이었다. 미국은 20세기 후반 한국의 구세주였다. 미국은 프로테스탄트 가치관으로 건립된 국가고 여전히 그 가치관이 사회를 받치고 있었다.

한국은 그 막강한 국가의 지원을 받을 수 있었다. 영어와 기독교가 정치 권력의 중요한 축이 된 것이다. 정치에서 일상까지 미국의 영향이 절대적이었다. 그 영향은 여전히 진행 중이다. 앞서 진행한 설명에 기대 우리를 살펴보자. 우선 조선 개국 시기로 가보자.

신화

왕십리 往十里

이 지명의 유래는 설화로 잘 알려져 있다. 새 나라를 연 이성계가 도읍지로 삼을 길지를 찾아다니고 있었다. 한양 인근이었다. 그가 적당해 보이는 곳에 이르렀을 때 홀연히 노인이 나타났다. 그러고는 도읍지로 적당한 곳은 여기가 아니니 십 리를 더 가라고 알려 주었다. 노인이 지적한 방향으로 잠시 가다가 뒤를 보니 노인은 홀연히 사라지고 없었다. 그 노인을 만난 곳이 왕십리고 과연 십 리를 더 가서 경복궁 자리를 잡았다는 것이다. 이 역시 삼인칭 서술이되 목격자가 없다. 강조할 것은 홀연히 사라진 그 노인이다. 그는 영험한 존재다. 이 이야기를 통해 전달하려는 내용은 노인, 왕십리, 경복궁이 아니다. 이해를 위해 당시 상황을 짚어봐야 한다.

고려 왕조 마지막 왕인 공양왕은 추대로 즉위하였다. 그는 왕씨였다. 추대 주체는 이성계를 포함해서 정도전, 정몽주, 조준과 같은 사람들이었다.[184] 공양왕 재위 내내 실권은 이성계에게 있었다. 왕과 세자가 이성계에게 문병하는 상황까지 있었다. 결국 이성계가 새 왕으로 추대되었다. 그런데 이성계는 즉위의 정당성에서 치명적 결함을 안고 있었다. 그는 왕씨가 아닌 이씨였다. 성이 다르면 국호가 바뀌는 건 당연했다. 어떤 설명을 하든 새 왕조 개창이라는 점에서 그는 고려의 반역자였다.

이 당시의 설화가 많다. 개성 사람들은 반역자에 대한 적개심을 노골적으로 표현했다.[185] 이들은 조선 말까지도 임금을 돼지로 비유하고, 돼지를 거론할 때 임금 이름을 들먹였다. 다른 모든 지역에서 한양으로 올라간다고 하지만, 개성 사람들은 내려간다고 표현했다. 조랭이 떡국은 개성 음식이다. 떡이 다르다. 가래떡을 잘라내는 것이 아니고 동그랗게 뭉친 떡의 복판을 칼등으로 눌러 돌리며 만들었다. 작은 누에고치처럼 만드는 것이다. 그것이 이성계 목을 누르는 한풀이라는 것이 전해 오는 이야기다. 그래서 거꾸로 개성의 전주 이씨들은 조랭이 떡국을 먹지 않는다는 이야기도 있다.

이성계는 그의 즉위가 사욕의 결과가 아니라고 설명해야 했다. 이럴 때 가장 확실하고 검증된 방법이 있다. 하늘의 뜻이 드러나야 했다. 역성 즉위는 개인이 거스를 수 없는 하늘의 뜻이라는 것이다. 그러려면 신비로운 사건이 발생해야 하고, 발생했다는 이야기를 퍼뜨려야 한다. 그래서 왕십리 사건의 주장은 이렇다. 조선 개국이 하늘의 뜻이 아니라면 그렇게 신비한 노인이 나타나서 도읍 결정을 도와줄 리가 있었겠느냐.

〈태조실록〉은 지속적으로 신인神人의 등장을 소개한다. 그런데 하필이면 태조의 꿈에만 나타난다는 점에서 상투적이다. 쟁점은 그의 성씨였다. 이씨李氏를 지속해서 부각하는 사연의 의도는 확연하다. 채집했다는 풍문의 예를 들면 이렇다.

목자木子가 돼지를 타고 내려와서
삼한의 강토를 바로 잡을 것이다.
사람들이 말하되 이씨李氏가 흥할 것이라고 하는데,

이 사람이 아닌가. 국가가 장차 반드시

이씨에게 돌아갈 것이다.[186]

이미 고려 말 공민왕 시기부터 천도설은 등장했다. 나라가 뒤숭
숭하면 누군가 책임을 져야 한다. 문책 대상이 없으면 땅이라도 책임
을 져야 했다. 지기地氣가 쇠衰한 것이다. 천도가 필요했다. 게다가 왕
통과 국호가 바뀌는 상황이었으니 결국은 시행해야 할 일이었을 것
이다. 정종, 태종을 거치면서 개경 환궁, 한양 환궁의 사건이 이어졌고
결국 수도가 바뀌었다. 바뀌어야 했다. 새 수도의 정통성이 필요했다.
그건 왕조의 정통성과 직결되는 문제였다. 정통성 선전 사례로 〈용비
어천가〉가 빠질 수 없다. 하늘이 준비해 온 국가임을 강조하는 문장들
이다. 그래서 대대로 용들이 날아다니고, 나무로 치면 뿌리가 깊고, 물
로 치면 샘이 깊은 왕조라는 서사가 배치되었다.

조선 개국의 주체세력은 사대부였고 이들의 사상적 배경은 성리
학이었다. 그러나 왕조 개창 초기 왕실 구성원들은 입장이 달랐던 것
으로 보인다. 이들은 개성 사람들이었고 개성은 불교 도시였다. 그래
서 명목상으로 불교 배척 의지를 내걸었지만, 실제로는 자신들이 불
교도라는 사실을 숨기지도 않았다. 사실 제사의 대상만 타협한다면
불교와 성리학은 서로 배척할 대상으로 여길 필요도 없었을 것이다.
태조가 바로 그런 사람이었던 것으로 보인다.

태조의 고향 향처鄕妻는 한씨였다. 여섯 아들을 두었는데 여기 이
방원이 포함된다. 개성의 경처京妻는 강씨였다. 두 아들을 낳았다. 태
조는 대단한 애처가였다. 이건 〈태조실록〉을 읽으면 쉽게 확인되는
사안이다. 문제는 계비인 그 신덕왕후 강씨가 일찍 세상을 뜬 것이었

 한국

다. 시름에 빠진 태조는 그 무덤을 도성 내부에 조성하는 무리수를 두었다. 실록에 그 위치가 취현방이라 되어 있는데 지금 정동의 어디쯤이다. 게다가 묘역 동쪽에 흥천사興天寺라는 절을 짓기에 이르렀다.

이 절에 사리전이 있었는데 여기 모신 사리가 유서 깊다. 선덕여왕 시대에 자장율사가 인도에서 문수보살로부터 치아 사리 네 매를 직접 받아왔다. 이걸 양산 통도사에 안치했다. 그래서 지금도 진신사리는 통도사에 있다. 그런데 실록의 이후 설명은 좀 다르다. 태조는 이 진신사리를 왜구에게 빼앗길 것을 염려했다. 그래서 이를 개성의 송림사松林寺에 옮겼다가 다시 한양으로 가져오게 했다.[187] 그 석가모니 치아 사리 네 매를 바로 흥천사 사리전에 옮겨 봉안했다는 것이다.[188] 그런데 이야기가 끝나지 않는다. 명 태종이 진신사리를 요구하였고[189] 결국 치아 사리, 정수리뼈 사리, 가사 등을 모두 중국에 보냈다.[190] 그래서 이 사리들은 기록상으로는 한반도에 없을 수도 있다. 지금 통도사에 진신사리가 있는지 묻는 것은 이스라엘 언약궤가 에티오피아의 악숨 교회에 보관되어 있는지 묻는 것과 같다. 믿음은 대상의 문제가 아니고 자신의 문제기 때문이다. 하여간 태조는 불교도였다.

태조와 연관된 다른 절로 흥복사興福寺와 흥덕사興德寺가 있다. 흥복사는 고려시대에 창건된 절이었다. 이걸 태조가 중창하고 여기서도 신덕왕후의 제사를 모셨다. 나중에 원각사가 되었다가 탑골공원이 되는 절이다. 이 절에서도 사리가 분신, 증식 사건이 발생했다.

효령대군이 회암사檜巖寺에서 법회를 열었는데 부처님이 실제로 나타나시고 감로甘露가 내렸다. 누런 가사를 입은 중이 탑을 둘러싸고 도는데 빛과 채색彩色 안개가 가득했다.

사리분신舍利分身 수백 개가 있었는데 이들이 훨씬 증식되었다.
이건 믿어지기 어렵게 상서로운 일이라서 흥복사興福寺를 이제
원각사圓覺寺로 새로 지으려고 한다.[191]

태조는 후계를 세습하는 방안으로 진정 심각한 무리수를 두었다. 강씨 소생의 막내를 세자로 삼았다. 결국 한씨 소생의 아들들이 배다른 형제를 제거했다. 이 왕자의 난 이후에 태조는 양위하고 정종이 즉위하였다. 정종도 눈치껏 양위하고 결국 이방원, 즉 태종이 즉위했다. 그는 개성 선죽교의 정몽주 살해 사건의 주범으로 지목된 장본인이다. 다혈질 행동파였던 모양이다. 이때 흥덕사가 준공되었다. 흥덕사는 도성 동쪽의 흥덕천이라는 개천과 연관이 있었다. 이 개천 이야기는 곧 설명할 것이다.

세종 시기에는 〈월인천강지곡〉, 〈석보상절〉이 간행되었다. 모두 불교 서적이다. 태조부터 세조까지 조선 초기의 국왕들은 확연히 불교도들이었다. 말하자면 성리학적 사고를 가진 불교도들이었을 것이다. 그래서 태조와 세조는 도성 복판에 절까지 세웠다. 성리학적 국가 건설을 요구하는 사대부들의 의지와 달리 개인의 신념과 종교는 간단히 바꿀 수 있는 것이 아니다. 그러나 신료들을 무시할 수 없었고 왕들은 자신의 불사 사업의 타당성을 그들에게 설명해야 했을 것이다. 이럴 때 당연히 초인적 존재의 신비로운 등판이 필요하다.

세조도 집권 과정이 험상궂었던 임금이다. 그는 조카를 죽였다는 단죄에서 벗어날 수가 없었다. 그래서 다른 설화가 필요했을 것이다. 그는 피부병이 있었던 모양이다. 조선시대에는 임금님도 자주 씻지 않았을 것이다.

세조가 오대산 상원사 계곡에서 피부병 치료를 위해 목욕을
하고 있었다. 그러던 중 지나가던 동자에게 청하여 등을
밀게 하였는데 동자의 손길이 참으로 시원하였던 모양이다.
세조는 어디 가서 임금의 등을 밀어주었다는 소문을 내지
말라고 당부를 하였다. 그랬더니 동자도 일컫기를 어디 가서
문수보살이 등을 밀어주었다는 소문을 내지 말라고 했더라.

구전 설화다. 이 역시 삼인칭 서술이지만 목격자가 없다. 세조가
문수보살을 통해서 하고 싶었던 이야기는 따로 있었을 것이다. 내가
나쁜 인간이라면 문수보살이 내 등을 밀어줄 리가 있겠느냐.
어느 사회나 집단 사고나 체제 변화의 안착에는 절대 시간이 필
요하다. 조선 왕실의 개성 출신 구성원들이 성리학적 한양 사람으로
바뀌는 데는 두 세대 정도의 시간이 필요했던 것 같다. 마지막 개성 사
람은 세조였고 첫 한양 사람은 성종이었을 것으로 보인다. 그리고 연

태조 어진. 얼굴 외에는 인간임을 보여주는 신체 속성은 다 감춰지고 신비한 동물이 부각되어 있다. 경기전 소장.

산군을 이은 중종의 등극은 성리학 세력이 확실히 권력을 잡게 된 사건이었다. 조선이 드디어 성리학 근본주의 국가가 된 것이다. 이들의 무기는 문자였고 문헌 해석 방식을 놓고 목숨을 걸었다. 역사에서 사화라고 부르는 사건이 등장하는 시기다. 유럽의 프로테스탄트 근본주의자들이 가톨릭 성당에 행했던 것과 같은 적극적 훼철이 사찰에 행해졌다. 태조가 창건한 절도 무사하지 못했다.

조선 역사에는 장자를 낳고 천수를 누린 왕이 많지 않았다. 이런 구도에서 정통성 시비에서 자유로운 왕이 많지 않았다. 영조도 그런 사람이었다. 그래서 그는 자신의 즉위가 장자 상속은 아니지만 음양오행의 원리에 의해 자연스럽게 이루어졌음을 보여주어야 했다. 그는 〈속오례의〉를 편찬하고 조정의 예제를 개혁했다.[192]

불교는 가라앉았지만 사라지지는 않았다. 구례 화엄사의 법당 각황전은 국보로 지정되어 있다. 그 건축적 가치는 부인할 수 없다. 그런데 이 건물은 임진왜란으로 불탄 장육전 건물을 새로 지은 것이다. 여기서 가장 큰 시주를 한 사람들은 나중에 영조로 즉위하는 연잉군과 모친인 숙빈 최씨였다. 왕실 가족이 절에 시주하려면 구실이 필요했을 것이다. 그 내용도 이렇다.

장육전 재건사업을 맡은 스님이 밤새 기도를 했는데 웬 노인이 나타나 길을 알려주었다. 내일 아침에 제일 먼저 만난 사람에게 시주를 부탁하라고. 그래서 길을 떠난 스님이 제일 처음 만난 사람은 걸인 노파였다. 청을 들은 노파는 자신이 죽어 왕궁에서 환생하여 불사를 이루겠으니 도와달라고 문수보살에게 기도를 한 후 길옆 연못에 투신하여 목숨을 끊었다. 당황한 스님이 죄책감에 5년을 방황하다 한양에 이르러 우연히 어린 공주를 만나게 되었다. 그런데 태어난 후 한 번도 손을 펴지 않았던 공주가 스님을 만나 손을 폈는데 거기 장륙전이라는 글자가 쓰여 있었다. 임금이 이 소식을 듣고는 장륙전 재건을 명했고 건물의 이름도 각황전으로 바꾸도록 했다.

설화에 신비로운 사연이 복잡하게 배치되어 있다. 그런데 결론은 간단하다. 각황전을 지어야 했다는 이야기다. 이 건물을 지은 임금도 초월적 존재와 보상적 접속이 되어 있다는 이야기다. 이제 건물을 보자. 각황전은 임진왜란 이후의 척박했던 경제 상황에서 지어졌다. 심지어 임진왜란 때 불탄 경복궁도 중건을 못 하고 있던 시기였다. 이를 고려하면 저 먼 지리산 자락에 놀라울 정도로 크고 화려하게 지은 건물이다. 법당은 다 그렇게 최대한 화려하게 지었다.

◀　임진왜란 이후에 지은 화엄사 각황전. 지리산 산속에 지은 건물임에도 화려한 장식이 복잡하다.

▶　황금으로 도색된 부처님과 보살님들. 그리고 이들이 계신 극락의 물질적 표현. 국립중앙박물관 소장.

법당은 부처님이 계신 곳이니 건축으로 구현된 극락이다. 그것은 나무로 지은 건물이지만 비물질적 공간이어야 한다. 이승의 재료를 드러내면 곤란하다. 우선 필요한 것은 복잡하고 화려한 장식이다. 당연히 부처님은 금박이 입혀져야 하고 특히 부처님의 주위는 더욱 화려해야 한다. 배경에 극락을 표현한 탱화가 걸려야 한다. 대웅전 내부 전체를 화려하게 꾸미기 어려우면 불상 주변에 덧집을 만든다. 집 속의 집을 만들어 그 작은 공간에 최대한의 초월적 분위기를 제공하는 것이다. 경제성을 고려하면 이것도 훌륭한 대안이다.

장식으로 가장 저렴한 방법은 단청이다. 이것은 방수의 성능을 확보하는 방안이면서 바탕 재료를 감춘다. 이를 통해 초월적이고 추상적이며 비물질적인 공간을 구현할 수 있다. 왕궁은 사찰처럼 초현실적인 존재가 산다는 점에서 유전자가 같은 공간이다. 그래서 단청이 허용된 곳은 사찰과 왕궁이었다.

그런데 종묘에는 왜 화려한 장식이 없을까. 신념 체계가 달랐기 때문이다. 종묘에 깔린 믿음은 성리학이다. 그 세계는 정신적인 것이었다. 예禮를 통해 인仁을 구현하는 것이 군자의 도였다. 조선시대 후반을 처절하게 피로 물들인 사화들은 모두 그 예의 정체성 논쟁에서 시작되었다. 예를 통해 자신들과 그들을 규정할 수 있었기 때문이다.

사대부는 기본적으로 관료 예비군이었다. 그들에게는 토지나 병력이 아니라 문자로 자신을 표현하는 능력이 중요했다. 선비에게는 물적 과시가 미덕이 아니었다. 중요한 것은 정중하고 공손하게 따라야 할 법도였지 화려한 장식이 아니었다. 이들에게는 지필묵을 통해 구현해낼 수 있는 정신세계가 밖의 물질적 세계보다 우위에 있었다. 그래서 이들이 공부하는 서원에는 장식도 단청도 없었다. 모든 것이

흑백사진이나 원색사진이나 분위기의 별 차이가 없는 종묘.
이곳은 유교적 예절이 집행되면 충분하므로 굳이 화려할 필요가 없다.

다 검박했다.

그 고양된 정신 세계에서 신주를 모신 공간이 화려할 필요가 없다. 화려하면 오히려 곤란했다. 종묘가 담담한 흑백사진 같은 건물이 되는 것이 당연했다. 사대부의 가치관은 결국 이들이 사용하는 그릇에도 적용되었다. 왜 화려하던 고려시대의 청자가 조선시대에 밋밋하게 흰 항아리로 변했느냐. 이 질문에 대한 가장 직설적인 대답은 가치관, 즉 신념이 바뀌었기 때문이라는 것이다. 더해지는 대답은 생산력이 후퇴했다는 것도 있다. 테크놀로지가 사라진 것이었다. 조선시대에는 고려시대와 같은 청자를 생산해낼 의지와 능력이 없었다.

조선시대에 '사농공상'으로 표현되는 계급은 분명 존재했다. 맨 아래 '천'이 있었다. '사'는 당연히 검박한 '예'를 통해 자신을 표현하고 가치를 구현했다. 그러나 시각적으로 청빈한 건물에도 다른 계급에 대한 차별화 방법은 갖춰져 있었다.

물길

노산군

오대산 상원사의 피부병 환자인 삼촌이 폐위시켰다. 그는 숙종 때 추존되어 단종이 되었다. 재위 기간에 단종은 경복궁에서 생활했다. 계유정난으로 노산군이 된 다음에는 상왕이 되어 창덕궁에서 생활했다. 모두 청계천의 발원지다. 그러나 그는 영월로 유배되고 사약을 받았다. 단종비도 경복궁, 창덕궁에서 살았다. 폐위 이후 사회적 지위는 사라졌다. 서인庶人이 된 그녀는 흥인문 밖 청계천 하류에 살았다고 전해진다. 82세까지 장수한 그녀는 거기서 생을 마쳤다. 노산군이 단종으로 추존되면서 그녀도 정순왕후가 된다. 그러나 사후 그녀가 물길을 거슬러 갈 길은 없었다.

한양은 네 개의 산이 주변을 감싸고 있다. 동쪽의 낙산은 워낙 낮고 계곡이 없고 지표수가 없다. 남산은 물길이 있으나 북사면이라 주거지로 선호되지 않았다. 남는 것은 북악산 남쪽과 인왕산 동쪽이다. 여기서 등장하는 설화 주인공이 무학대사와 정도전이다. 전하는 이야기로는 안산을 주산으로 하고 궁궐이 동면해야 한다는 것이 무학대사의 주장이었다. 정도전은 북악산을 주산으로 하고 남면해야 한다는 주장이었고.

태조는 정도전 안을 선택했고 무학대사는 실각했다. 그때 남긴 무학대사의 저주인지 예언인지 모를 이야기도 전해진다. 20년 이내에 왕실 내란이, 200년 이내에 외침이 있으라는 주장이었다. 그 섬뜩한 예언 실천이 왕자의 난과 임진왜란이었다는 것이다. 설화를 전제로 묻는다면 왜 태조는 안산을 선택하지 않았을까. 당연히 문자 설명은 전해지지 않는다. 그러나 추측할 수 있는 근거의 하나는 물, 지표수 부족이다. 안산 동쪽의 물줄기는 만초천 하나다. 안산을 선택했다면 지금의 서울은 만초천을 따라 남북으로 긴 선형도시가 되었을 것이다. 그에 비하면 북악산은 훨씬 다양한 물줄기를 내보낸다. 그리고 이들이 모여 청계천이 되어 중랑천과 합수하여 한강으로 흐른다.

한양의 주거지를 물로 해석해 보자. 현대 서울에 한강이 중요하듯 조선시대에도 한양의 물길은 중요한 변수였다. 나일강처럼 물은 여기서도 낮은 곳으로 흘렀다. 상·하수 시설이 없던 시절 높은 위치에 자리를 잡아야 깨끗한 상수를 확보할 수 있다. 왕궁이 북악산의 수원지 상류에 자리를 잡았다. 그게 경복궁과 창덕궁이었다. 그 사이에 왕실과 권력층이 자리를 잡았다. 취수와 배수의 가치에 따라 계급별로 자리를 잡는다. 우물이 변수이나 물길을 거스르지는 않는다.

이완용과 윤덕용. 친일파라고 단죄되는 사람들의 명단을 만들면 이견 없이 가장 앞에 쓰이는 이름들이다. 이들은 죽어서 친일파의 오명을 썼지만 그 처세 덕에, 살아서 최고의 대우를 받았다. 이들이 살던 집의 위치를 짚어보면 그 권력이 이해된다. 윤덕용은 인왕산 북쪽 기슭에 〈벽수산장〉이라는 초대형 저택을 지어 살았다. 이완용도 거기서 멀지 않은 위치에 살았다. 즉 취수원으로 가장 안전한 곳에 자리 잡고 있었다는 것이다. 개화파였으나 친일파가 된 박영효 역시 일제강점기에 삼청동에 살았다. 현재의 국무총리공관 자리니 여기도 입지 조건이 같다. 이들은 심지어 왕궁에 흘러드는 물보다도 상류에 자리

겸재 정선이 목격한 인왕산 기슭의 수성동 계곡. 굳이 이곳에 놀러온 이유는 물이 맑은 곳이었기 때문이겠다.
동자, 혹은 하인이 당연히 뒤에 동행해야 한다. 간송미술관 소장.

잡고 있었다.

강을 낀 도시를 보면 대체로 하류로 갈수록 사회적 계급이 낮아진다. 지금 평양을 봐도 금수산태양궁전을 비롯한 김씨 왕실은 대동강 상류에 자리 잡고 있다. 하류로 가면 화력발전소를 포함한 공장들이 보인다. 서울에서도 당인리발전소, 난지도 쓰레기장이 한강 하류에 배치된 건 당연한 일이었다.

하수가 합류하고 혼탁도가 심해지는 곳에 낮은 계급의 공간이 형성된다. 한양에서도 청계천, 즉 개천 부근에 하층 계급이 살았다. 좀 더 하류로 가면 도성의 식단을 책임지던 채마밭이 나온다. 당시 밭은 거름으로 유지되어야 했다. 왕십리라는 이곳은 상·하수 오염이 상대적으로 극심했을 것이다. 노인이 홀연히 나타나 십 리를 더 가라고 조언한 이유가 있었을 것이다.

목멱산에서 발원한 물도 청계천에 합수했다. 좌향에 관심 없는

한국

일본인들이 일제강점기에 여기 정착했다. 상수원에 따른 계급적 지역 분할 구도가 깨진 것은 상하수도 체계가 마련된 후다. 로마도 수원지에 직결된 상수관의 보편적 보급으로 지역의 계급 분할 구도가 뚜렷하지 않은 도시였다. 만약 한양이 만초천 하나의 물길만 갖고 있었다면 극명하게 계급이 위치로 표현된 도시가 되었을 것이다.

조선시대 한양 모습을 가장 잘 보여주는 문서가 〈도성도〉다. 정조 연간에 그려진 것으로 추정되는 이 지도는 원래 제목이 없지만, 그렇게 부른다. 규장각과 리움에 거의 같은 것이 소장되어 있다. 남쪽이 위로 가도록 글씨가 쓰인 걸로 보아 어전에서 남쪽을 향해 펴놓고 보는 어람용 지도였을 것이다. 이 지도를 놓고 현재의 길과 물길을 잘 짚어보면 대단히 정밀하게 그린 지도라는 걸 확인할 수 있다. 특히 도화서 부분이 정확하다. 이 도화원이 그린 지도였으리라는 짐작에 힘을 실어준다. 근대적 측량 기법이 없는 상황이었으니 거리는 걸음으로 재서 문자로 써넣었다.

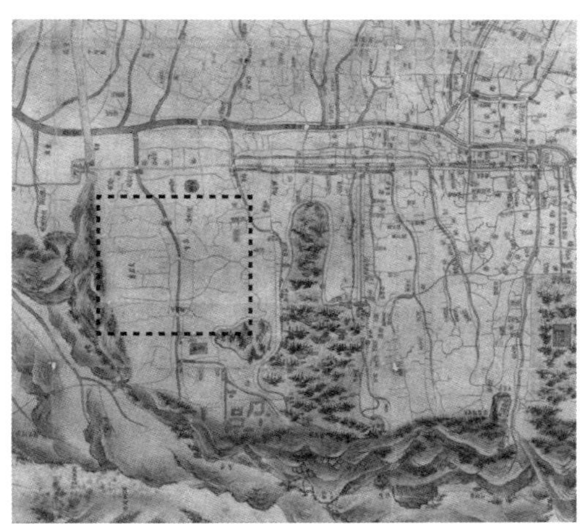

정조 연간 제작된 것으로 추측하는 〈도성도〉. 저기 그려진 길과 물길은 지금도 거의 다 남아 있다. 이들이 사라지는 동기는 재개발이다. 점선 부근의 정보가 상대적으로 빈약하다. 규장각 소장.

그런데 특이하게 이 지도에서 지금 대학로 부근의 정보가 아주 부실하다. 이 지도를 그린 도화원이 이곳 지리를 잘 몰랐을 것이다. 아마 갈 필요도 없는 곳이었다는 증언일 수 있다. 그렇다면 이곳은 왜 인식 구조에서 방치되었을까. 그 근거를 물길로 추론할 수 있다.

배경에는 성균관이 깔려 있다. 고려말 성리학의 거두 안향安珦, 1243~1306이 개성에 성균관을 만들었다는 것이 시작이다. 성균관 운영을 위해 집안의 노비 100명을 희사했다고 한다. 그런데 조선 개국으로 천도를 하며 성균관도 한양으로 이주를 했다. 이때 노비들도 함께 이주했다. 이들이 성균관 근처에 독립적 생활공간을 확보하고 살았다. 이 주거지는 반촌泮村, 노비들은 반인泮人, 근처의 개울은 반수泮水라고 불렀다. 그런데 성균관은 생산이 일어나는 기관이 아니었다. 성균관의 유지를 위해 반인에게 소 도축권이 주어졌다. 정확히 문장을 고치면 도축을 시켰을 것이다. 이들은 가장 낮은 사회 계급이었다. 여기부터가 단서다.

도축에는 상당한 오·폐수가 발생한다. 저 반수는 흥덕천으로 흘러들었는데 이건 지금의 대학로를 지나는 개천이었고 결국 청계천 하류에 연결되었다. 핏물 흐르는 개천 하류에 살겠다는 사람은 없었을 것이다. 지도를 그리겠다고 굳이 가서 확인해 볼 생각도 없었을 것이다. 이 흥덕천 인근에 사는 사람은 푸주한이나 갓바치 정도였다. 이 지역 사료를 보면 우물 지명이 많다. 웃우물, 식당우물, 궁안우물, 박우물, 산우물과 같은 것이다. 가용 지표수가 부족한 동네였다는 반증일 것이다.[193]

하류가 바뀌려면 상류가 변해야 한다. 1894년 갑오개혁으로 신분제가 철폐되었다. 백정이 사라졌다. 이곳에 구조적 변화가 생긴 것

한국

은 도축장의 이전이었다. 일제강점기에 공설도축장이 시 외곽에 생겼다. 흥덕천이 맑아진 것이다. 결국 넓고 평평하고 주인 없는 땅에 새로 필요해진 시설이 들어섰다. 경성제국대학이었다. 세 개의 관립 전문학교 중 경성고등공업학교와 경성의학전문학교도 동숭동과 연건동으로 이주를 했다. 경성법률전문학교는 광화문에 남았다.

덩달아 혜화동, 동숭동 일대가 고급 주택단지로 개발되었다. 유럽 도시에서 대학이 인구 집중의 거점이 된 예처럼 여기도 학교촌, 문화촌의 이름을 얻게 되었다. 조선시대에 핏물이 흘렀을 흥덕천을 우리는 복개해서 대학로라고 부른다. 거점 고등교육 시설이 배치되면서 도심 연결로가 필요해졌다. 그래서 신작로를 만들었는데 그게 창덕궁과 종묘 사이를 관통했다. 지금 이름은 율곡로다.

도성 내에 위치가 결정되었으면 집을 지어야 한다. 왕족이 아니면 백 칸에 이르는 주택을 가질 수 없다는 원칙은 널리 퍼져 있었다. 이건 당연히 사대부에 대한 왕족의 차별화 기제였다. 사대부는 아무리 부유해도 크기 제약 내에서 집을 지었다. 그래서 가장 큰 주택의 호칭은 아흔아홉 칸 집이다. 동그란 기둥을 쓸 수 없었고 단청을 칠할 수 없다. 사대부 입장에서는 크고 화려한 과시가 성리학 강령에 맞지도 않았다. 그럼에도 계급 차별화 장치는 필요했다.

주택의 공적 공간은 마당과 마루였다. 두 공간은 의미가 달랐다. 단순하게 구분하면 마루는 사적 의미가 강했으나 마당은 노동 공간의 의미가 강했다. 사대부는 노동의 주체가 아니다. 따라서 마당과 마루의 높이를 통해 위계를 확인했다. 이것은 올려다보는 자와 내려다보는 자의 시선 차이였다. 이들은 언덕 위의 높은 마루에서 저 멀리 자신 소유의 전답을 내려다보았다. 그걸 표현하는 단어가 높은 단 위의

옥산서원 뒤편 계곡을 마주 보고 있는 독락당.
자연과의 친화가 중요한 수수한 건물이지만 난간은 당연히 공들여 치장한 계자난간이다.

큰 집, 고대광실高臺廣室이다.

그런데 건물의 바닥이 높아지면 새로운 장치가 필요해지는 데 그건 난간이다. 건물은 아무나 높일 수 없다. 난간의 존재는 가문의 체통을 보여주는 건축적 장치였다. 그래서 난간은 소박한 여타 건축적 장치와 확연히 다르게 화려한 목조세공을 했다. 계자난간鷄子欄干이라 부르는 그것은 건물과 그 건물 소유자의 지위를 상징하는 과시재였다.

노비

왕후장상의 씨

〈고려사절요〉에 기록된 내용이다. 음력 5월이면 초여름이니 파종은 마친 시기였겠다. 지난봄의 지난했던 노동을 성토하는 우발적 모임에서 시작했을 것이다. 교과서에서는 '만적萬積의 난'이라고 부른다. 원문에는 만적·미조이味助伊·연복延福·성복成福·소삼小三·효삼孝三 등 6명이 주동자라고 쓰여 있다.

사전 발각되었으니 난은 아니고 모의, 혹은 책동이라고 표현해도 되겠다. 이들은 노비들에게 허용되지 않은 행동, 단결을 시도했다. 그러나 역시 이를 예방하려고 만들어 놓은 장치에 의해 모의는 실패했다. 장치는 내분과 고자질이었다. 역사상 가장 유효한 노예제 유지 방안은 노예 상호 간 불신 조장이었다. 그들에게 상호 신뢰는 허용되지 않는 가치였다.

성도 없이 소박한 이름은 노예의 뚜렷한 신분 증거다. 성은 사회적 신분이나 토지를 사후에 승계할 수 있는 근거였다. 여기서 종種과 성姓은 같은 의미의 글자였다. 그리고 그것은 씨앗과 맥이 닿는다. 노비들은 가문을 이을 종법 규범이 없으니 성이 없는 게 당연했다. 이름도 적당히 불렀고, 문서에는 음차해서 적었다. 이들은 자신의 이름을 종이에 쓸 수도 없었을 것이다. 문자의 공부가 노비에게 허용되지 않았기 때문이다. 그렇다 보니 좀 신기한 생각이 든다. 왕후장상이라는 어려운 단어가 들어 있는 저 멋진 문장을 그들이 구사했을 것 같지는 않다. 이들에게는 낫 놓고 기역 자도 모른다는 문장이 더 잘 맞았을 것이다. 아마도 사관이 적당히 짚어 그리 적었을 것으로 짐작하는 게 낫겠다.

이 문장의 원전은 여기서 1,400년 떨어져 있다. 배경에는 진시황의 무시무시한 철권통치가 깔려 있다. 기원전 209년 그는 일반적 역사 구도와 좀 다른 작전을 기획했다. 정착 농경 생활자들이 유목 채집 집단을 공격하게 하는 것이었다. 그런데 흉노족과 싸우기 위해 징발된 농민군이 기일 내 목적지에 도착하지 못할 상황이었다. 작전 수행의 실패에 따른 벌칙은 참수였다. 황제가 생살여탈권을 갖고 있었다. 그래서 어차피 죽을 목숨인 농민들이 봉기하면서 내건 구호가 저것이다. 왕후장상의 씨가 어찌 따로 있겠는가將相寧有種乎. 이건 사마천의 기록이다.[194]

이 문장은 질문이다. 반란자들이 하고 싶은 이야기는 씨가 따로 없다는 것이겠다. 그런데 막상 그 왕후장상들의 대꾸는 전혀 다를 것이다. 콩 심은 데 콩 나고, 팥 심은 데 팥 난다. 씨가 따로 있다. 조선은 반론이 없는 계급사회였다. 조선시대에서 세 개의 주요 차별 대상군은 여자, 서자, 노비였다. 대체로 전근대적 사회 어디에서나 볼 수 있는 차별이라고 할 수 있다. 남녀는 구분이 간단하고 명료했다. 여자에 대한 차별은 20세기에 이르기까지 이루어졌고 지금도 곳곳에서 진행형이다. 조선시대에는 그 정도가 압도적이었다는 점이 문제였다. 아무리 뛰어난 여자라도 이름도 알려주지 않았다. 그래서 성만 알려진 그들은 신사임당, 허난설헌 정도였다. 왕비도 비문과 실록에 성만 남겼다. 여자는 씨를 운반하는 매체에 지나지 않던 시대다.

서자 차별이 독특했다. 인간관계는 단어로는 간단하나 막상 현실에서는 셀 수 없이 복잡한 상황으로 전개된다. 조선은 서자 차별 규정은 있지만, 그 서자의 규정 테두리가 모호했다. 말하자면 법규는 있는데 시행령이나 시행규칙을 만들지 않았다. 규정이 모호하면 집행 일관성이 없어진다. 즉 예측 가능성이 작아지고 혼란이 커진다. 이 경우 피해를 보는 것은 법규 적용 대상자들이다. 조선시대 후반을 피로 장식했던 사화들은 이 규정 모호성이 사대부들의 예절지상론과 겹쳐진 것이 큰 단초였다. 서자는 왕실에 더 많았고, 당연히 더 큰 문제였기 때문이다.

조선의 노비가 노예였느냐는 질문이 있다. 이에 대한 일반적인 답은 그렇다는 것이다.[195] 발에 쇠고랑 차고 채찍질 당하는 노예의 모습은 영화에서 극적으로 표현한 모습들이다. 일반적으로 노비는 그 정도 학대 대상으로 알려져 있지는 않다. 그러나 자기 처분의 자유가 없고 신분이 세습된다는 점에서 조선의 노비는 정의상 노예였다.

조선시대에는 외거노비, 솔거노비가 있었고 그들은 주인에게 바쳐야 할 신공의 의무가 있었다. 이들 중 어떤 이들은 소작농과의 구분이 모호한 스펙트럼을 형성하기도 했다. 그럼에도 이들은 상속, 매매, 별급, 교환, 저당의 대상이었다. 자기처분권이 없는 계급이 존재했다면 노예제 사회였다. 아니면 노예적 성격이 강력한 신분사회였다.

조선시대 노비의 사회적인 가치 중 하나는 과시였다. 즉 사대부의 신분을 보여주는 과시재였다. 사대부들은 산천경개 좋은 곳에서 계회를 할 때 항상 하인들을 동반했다. 그것이 필수적인 체면 유지 방안이었을 것이다. 그래서 다리 여섯 개, 즉 육족六足이라는 단어는 양반이 행차할 때 동반해야 할 말과 노비를 지칭했다.[196]

호적대장의 기록에서는 노비들의 성姓이 아닌 성性만 중요했다. 신분 확인을 위해 부모의 정체성도 조사 대상이었다. 세는 단위는 인人이 아니고 구口였다. 사람보다 동물에 가까운 존재였나 보다.

이들의 인구 규모 역시 정확하지 않다. 고려시대부터 조선 초기까지 추정 노비의 비율을 30~37퍼센트로 보는 연구도 있다.[197] 17세기 서울 북부에서 양반 인구는 10퍼센트가 되지 않았지만 노비는 75퍼센트에 이르렀다는 추정도 있다.[198] 가문별 노비의 수를 보여주는 정확한 문서는 분재기였다. 상속 시의 재산 분할 상황을 기록한 문서다. 진성 이씨 퇴계의 손자 3명, 손녀 2명이 나눠 가진 노비는 총 367명이었다.[199] 문서 표현대로 하면 367구였다. 이 외에도 300명 정도 되는 노비 분재의 기록은 꽤 된다. 이 수를 일반화시킬 수는 없으나 유력 가문의 노비 규모를 파악하는 기준은 된다. 조선 후기가 되면서 노비의 수가 확연히 줄어들고 양반 인구가 대폭 늘었다는 건 교과서에서 설명하고 있다. 그 교과서의 다른 부분에 실린 목격담을 하나 읽어보자.

동창이 밝았느냐 노고지리 우지진다
소 치는 아이는 여태 아니 일었느냐
재 너머 사래 긴 밭을 언제 갈려 하나니

국민 시조라고 해도 좋을 정도로 널리 알려진 시조다. 숙종 때 발간된 〈청구영언〉에는 띄어쓰기 없이 종서로 기록되어 있다. 지은이는 문자 해득이 되는 사람, 남구만南九萬, 1629~1711 으로 알려져 있다. 그의 이력서에는 영의정, 우의정, 좌의정, 도승지, 병조판서, 형조판서, 관찰사 등의 직함이 즐비하다. 그는 조선 개국공신 가문이었다. 그는 장상의 씨였다.

소는 농경시대에 가축화된 대표적 동물이다. 소가 끄는 쟁기를 이용한 심경법이 도입된 상태인 것도 알 수 있다. 그러니 철기시대인 것도 틀림없다. 밭은 멀리 고개 너머에 있다. 그가 사는 곳은 촌락을 이루고 있었을 것인데 그래야 수확물과 정보의 교환이 쉽기 때문이었겠다.

시조의 저자는 본인이 밭에 나갈 생각은 전혀 없다. 소 치는 아이가 소도, 쟁기도 챙겨야 한다. 그런데 그 아이는 소와 쟁기의 소유자는 아니다. 단지 몸뚱이 하나만 갖고 있다. 이 아이는 요즘처럼 나이가 어린 존재만 지칭하지 않았을 것이다. 그는 아마 충분히 나이를 먹은 사람이었을 수도 있다. 그러나 그냥 하대해도 되는 대상이라 나이와 무관하게 그리 불렸을 수도 있다. 그에게는 호명의 정체성도 중요하지 않다. 그는 아마 굴뚝쇠, 마당쇠 정도로 불리는 수준이었겠다. 그의 부모, 혹은 부모 중의 누군가가 종이었을 것이다.

소 치는 아이는 감시하에 있다. 훤한 아침이 되었다. 그런데 감시망의 관찰에 의하면 노동은 커녕 노동의 준비도 시작하지 않고 있다. 아이는 왜 아직도 일어나지 않고 있을까. 동기가 주어지지 않은 노동이기 때문이다. 말하자면 굳이 열심히 일할 이유가 없었다. 노동의 대가를 빼앗기는데 열심히 일할 필요가 없다. 단 하나의 동기가 작동한다면 그건 폭력적 강요다. 처벌이라고 부른다. 이것이 역사에 즐비한 사례다. 시조에 지칭된 아이는 이제 경고에 이은 처벌 여부를 가늠해야 할 것이다. 그러나 그는 막상 밭에 가더라도 밭 가는 시늉 정도 하다가 풀피리 불며 돌아올 것이다. 이것이 전국적 구도인 사회였으니 조선 후기는 착취와 나태라는 단어로 규정해도 마땅하다. 문헌과 추

양동마을의 무첨당. 높은 단에 대청을 두어 멀리 아래의 전답을 굽어볼 수 있게 하였다.
건물 전체는 수수하지만 난간은 들인 공이 확연히 다르다.

측 통계들이 이 상황을 증언한다. 착취당하는데 나태하지 않을 이유가 없다.

조선시대의 반상 구분을 건축적으로 설명하는 현존 사례는 경주 양동마을이다. 이곳은 조선시대 마을의 모습이 남아있는 유네스코 지정 세계문화유산이다. 양동마을을 지탱하는 두 가문은 여강 이씨驪江李氏와 월성 손씨月城孫氏다. 이들이 외가, 친가로 얽혀 대대로 내려왔다. 여기서 가장 눈여겨볼 건물이 관가정, 무첨당, 서백당이다. 이들은 모두 구릉의 중부 이상 지대에 자리를 잡고 있다. 당연히 상수원의 상류다. 그리고 모두 마루가 높다.

그렇다면 노비들은 어떻게 살았을까. 몇몇 양반 종가를 제외하면 모두 가난하게 살던 시절이다. 평민의 집이나 노비의 집이나 초가 삼간으로 표현되는 것은 틀림이 없었다. 그럼에도 신분은 명확히 달랐다. 노비들은 대체로 능선 하부의 계곡에 자리를 잡았다. 하수가 모이는 곳이었고 이들은 주거지 선택의 후순위에 자리 잡았다.

그리고 이 신분 차이를 강조하는 시각적 장치가 건물에 사용되

양동마을의 노비 거처. 앞을 막는 담도 없고 문창살은 대각선으로 조립된 것이 확연히 드러난다.

었다. 양동마을에서는 문창살을 차별화했다. 평민들과 달리 노비들은 문에 대각선 창살을 써야 했다. 그들의 집은 차폐 장치 없이 길에 노출되었다. 그래서 문에 붙은 창살은 확연히 눈에 띄는 부분이고 이는 계급 표현을 강요하는 명료한 기제였다. 조선시대 노비의 거처로서 난간이 있는 곳은 단 한 곳도 없다. 양동마을도 예외가 아니다. 건물로 번역된 낙인이었다.

조선의 노비제도는 갑오개혁으로 공식적으로 사라졌다. 그러나 그들은 여전히 소작농으로 살아가야 했고 경제적 상황은 나아지지 않았을 것이다. 소작제는 그 후 약 50년이 더 지나서야 농지개혁으로 사라졌다. 토지에 기반한 계급이 드디어 소멸된 것이다. 모두가 오래 같은 방식으로 생활하면 일상이 된다. 그 생활이 도대체 왜 문제인지 알 길이 없어진다. 밖에서 객관적으로 보는 눈이 필요하다. 아침이 되어도 아무도 일어나지 않는 상황을 놀란 눈으로 보고 문서로 남긴 사람들이 등장하는 시기에 이르렀다.

아침

조용한 아침의 나라

조선^{朝鮮}을 표현했다는 문장이다. 아련한 시적 이미지의 문장이라 국내 항공사가 차용하기도 했다. 이런 표현을 쓴 사람들은 홀연히 역사에 등장한 프로테스탄트 선교사들이었다.

이 땅에 도착한 최초의 프로테스탄트 선교사는 과연 누구인가. 1832년 충청남도 보령시의 섬 고대도에 한 달 정도 체류했다는 독일의 루터교 목사 칼 귀츨라프^{Karl Friedrich August Gützlaff, 1803~1851} 다. 그는 조선인들에게 주기도문을 한자로 써주고 한자로 번역된 성서를 나눠줬다고 한다. 체류 기간으로 볼 때 방문 정도로 생각해도 될 듯하다. 다음은 영국의 로버트 토마스^{Robert Jermain Thomas, 1840~1866} 목사였다. 그는 제너럴셔먼호를 타고 평양에 도착한 통역관이었는데 사실은 선교사였다. 교과서에 서술된 것처럼 배는 격침되고 그는 다른 수병들과 함께 조선인들에게 죽었다. 그는 선교가 아니고 순교를 이룬 셈이다.

존 로스^{John Ross, 1842~1915}는 중국에 있던 프로테스탄트 선교사였다. 1879년 그는 조선이라는 나라를 소개하는 첫 책을 냈다〈조선의 역사^{History of Corea}〉는 앞부분이 거의 중국 이야기고 서술방식도〈삼국지〉를 연상시킨다. 그래서 우리가 알고 있는 일반적 역사서와는 체계가 많이 다르다. 게다가 책의 후반은 박물지로 바뀐다.

곧 훨씬 방대한 책이 등장하는 데 그건 윌리엄 그리피스William Elliot Griffis, 1843~1928가 1882년에 쓴 〈은둔의 나라, 조선Corea, the Hermit Nation〉이었다. 그가 책을 썼을 때 조선을 방문했다는 기록은 없다. 그러나 그는 좀처럼 믿기 어려운 능력으로 조선이라는 나라를 연구하여 두툼한 책에 담았다. 출전은 대체로 일본 자료였다.

이 책은 서울을 지금의 표기인 'Seoul'로 알린 책이다. 참고로 존 로스의 〈조선의 역사〉에서 서울은 'Seool'이나 'Sheoul'로 표기되었다.²⁰⁰ 그리피스는 조선이라는 국호의 의미가 '조용한 아침의 나라Land of Morning Calm'라고 설명했다. 그리고 1886년 퍼시벌 로웰Percival Lowell, 1855~1916은 아예 책 제목을 〈조용한 아침의 나라 조선Choson: The Land of the Morning Calm〉이라고 붙였다.

누가 시키지 않아도 새벽부터 일어나 근면하게 일하는 것이 프로테스탄트의 직업 윤리였다. 그런데 그 선교사들이 만난 이 나라의 새벽은 국호처럼 과연 조용했다. 아무도 일어나지 않고 그냥 조용하기만 했다. 시적 표현과 달리 그들이 목도한 것은 착취와 나태가 끈적하게 눌어붙은 나라였을 것이다. 그들은 도시 전체에 악취가 진동하더라고 썼다. 비유가 아니라 실제 상황의 목격담이었다.

이후에 이 땅에 도착한 선교사들에게 조용한 아침은 평화의 찬탄이 아니고 게으름의 개탄이었다. 그리피스는 1889년에 출간한 3판 서문에서 입장을 명확히 추가하고 있다. 이 은둔의 나라가 언젠가는 문명화되고, 외부 친화적이고, 그리고 그리스도교가 되기를 바란다고. 이 선교사들에게도 문명화는 그리스도교화와 등가의 의미였기 때문이다.

당시 조선은 궁벽하다는 단어로도 설명하기 어려운 환경이었다.

양화진의 선교사 묘역.
이들은 적당히 선교하다 돌아갈 생각하지 않고 아예 이 땅에 묻혔다. 그게 신의 뜻이라고 믿었다.

그런데 도대체 왜 선교사들은 아무 정보도 없는 조선에 왔을까. 이유는 당연히 선교다. 그런데 그 선교는 적당한 기간, 신의 뜻을 전파하다 돌아가는 수준이 아니었다. 그들은 돌아가지 않았다. 그들은 가족과 함께 오거나, 와서 가족을 이루었다. 아펜젤러Henry Gerhard Appenzeller, 1858~1902 선교사의 부인은 한국에 도착할 때 이미 임신 중이었다. 그래서 1885년 첫 딸 앨리스Alice Rebecca Appenzeller, 1885~1950 는 조선에서 태어난 첫 서양인이었다. 그들은 과연 조선에서 뼈를 묻었다. 이런 상상 초월의 결심을 하게 된 계기에 대해 그들이 남긴 이야기는 다 똑같다. 하나님의 뜻이었다. 하나님이 부르셨다. 소명 의식이었다.

선교사들은 이 나라의 엘리트들이 중국 문자에 집착하는 것에 의아해했다. 조선인들은 중국인과 다른 언어를 쓰면서도 자신들의 중국 문자 구사 능력을 대단히 자랑스럽게 생각하더라는 것이다. 그

조선에 등장한 시계 광고. 보신각 종소리를
한 점, 두 점 세며 시간을 맞추던 시기였다.
이제 최소한 육십 배는 더 정교한 시간관념
을 요구하는 시대가 온 것이다.

러나 선교사들은 이 국가의 독자적 문자에 다 놀라워했다. 존 로스는
이건 반나절이면 배울 수 있는 문자라고 표현했다.[201] 과연 훈민정음은
소 치는 아이도 배울 수 있는 문자였다. 가톨릭 서적에서 한글은 꽤 보
급되어 있었다. 1839년의 천주교 박해 서적인 〈척사윤음〉도 한문과
한글이 병기되어 반포되었다.

한글의 재발견과 전파에서 선교사들, 특히 존 로스의 역할은 각
별하다. 가장 뚜렷한 것이 띄어쓰기다. 그는 영어의 단어별 공간 배치
처럼 한글 문장에도 공간을 넣기 시작했다. 이건 훈민정음이 창제 이
래로 가장 큰 변화를 겪는 순간이었다고 해도 될 것이다.

그리고 왼쪽에서 오른쪽으로 진행되는, 우향 가로쓰기를 시작했
다. 로스의 1877년 〈조선어 기초Corean Primer〉가 바로 이 띄어쓰기와
가로쓰기를 선보인 첫 책이다. 이 책의 예문 몇 개는 이렇다.

조선말 배우기 쉽다Corean speech learn easy

대국말 배우기 어렵다Chinese learn difficult

조선은 여인까지 언어 안다Corean women even Corean letters know [202]

한글에 맞춰 영어 단어를 배열해서 영문의 문장 순서가 영문법과 다르다. 존 로스는 이후 문법과 단어집까지 정리해서 1882년 〈조선어 회화Corean Speech〉를 출간했다. 여기에 체계적 문법 설명까지 들어있다. 당연히 띄어쓰기와 가로쓰기가 유지되고 있다. 이후 한글은 가독성에서 중국어, 일본어와 전혀 다른 길을 걷기 시작했다. 동아시아는 세로쓰기 문명권이었다. 중국어, 일본어, 몽골어, 만주어가 포함된다. 훈민정음도 원래 세로쓰기를 기준으로 편찬되었다. 일본은 난학을 들여오는 과정에서 19세기 초반에 가로쓰기가 시작되었다. 이후 점점 서양 서적이 많아지면서 가로쓰기의 사례도 늘어갔다.[203]

여기서 왜 문자의 가로쓰기와 세로쓰기가 다른 방식으로 필요했는지 추론해 보자. 전제는 어느 문화권이나 오른손잡이가 압도적으로 많다는 것이다. 글을 쓰는 매체는 둘둘 말린 두루마리scroll 와 낱장의 지면으로 나뉘겠다. 낱장의 종이나 진흙판에 글자를 쓰거나 새기려면 왼쪽에서 오른쪽으로 써나가는 것이 쉽다. 이건 가로쓰기이고 우향 표기라고 하면 될 것이다. 이 사례는 많다. 가톨릭의 〈불가타성서〉가 가로쓰기이고 루터 번역의 〈독일어 성서〉도 가로쓰기였다. 좌향 가로쓰기는 히브리어, 아랍어와 같은 셈족어 문화권의 특징이다.

문제는 위에서 아래로 쓰는 세로쓰기다. 이 경우 오른쪽부터 채우는 좌향 표기가 많은데 이건 당연히 두루마리의 영향이다. 한자가 죽간에 글을 썼다고 하면 세로쓰기의 표기 방향은 큰 문제가 아니었

한국

을 것이다. 그런데 두루마리에 글을 쓰려면 좀 복잡하다. 손은 둘인데 그중 하나, 즉 오른손은 붓을 쥐고 있어야 한다. 그렇다면 나머지 왼손으로 두루마리를 펴나가야 한다. 그러면 두루마리의 오른쪽 끝을 문진으로 눌러놓고 왼손으로 두루마리를 펴나가며 왼쪽으로 글을 써나가게 된다. 한자문화권의 좌향 세로쓰기는 이 두루마리에 글을 쓰는 방법의 결과물이었다.

그런데 세로쓰기가 가로쓰기로 바뀌면서 좀 혼선을 겪었다. 좌향 세로쓰기 때문에 좌향 가로쓰기의 사례가 있었다. 오래된 가로쓰기의 사례로 건물 당호를 쓴 편액이 많이 보이는데 이들은 좌향 전개가 규범이었다. 그래서 20세기 초반의 신문 제목과 같은 상황에서는 한글 좌향 가로쓰기가 좀 보인다.

1896년 발행의 독립신문. 제목과 출간연도는 좌향 가로쓰기다.
이건 아마 건물에 붙었던 현판의 영향일 것이다.

번역

하느님 맙소사!

놀랐을 때의 영탄 문장이다. 그런데 이렇게 감탄하는 것도 역사가 있다. 적어도 하느님이라는 단어의 등장 이후 문장이기 때문이다. 그런데 여기서 '맙소사'는 '마시옵소서'가 줄어든 것은 아닐지.

선교가 시작되었다. 부처님, 산신님과 전혀 다른 개념의 존재가 등장했다. 그리스도교의 신God 은 우리에게 존재하지 않던 개념이었다. 이럴 때는 선행 작업을 참조해야 한다. 이미 들어와 있던 가톨릭에서는 천주天主가 번역어로 사용되었다. 중국에서는 상제上帝였다. 이 상제 중 우리에게 가장 익숙한 존재는 옥황상제일 것이다. 불교는 제석천帝釋天이라는 단어도 있다. 사서와 삼경에도 신이 아니고 상제, 제가 등장한다.

그러나 선교사들은 새로운 단어를 선택했다. 한글 '하나님'이었다. 혁신적 선택이었다. 존 로스의 〈조선어 회화〉에서 '하나님Hananim'이라는 표기가 등장한다.[204] 이 표기 문제는 선교사들에게도 혼선이 있었다. 천주교와 개신교 사이에 적지 않은 이견들이 있다가 정착한 단어였다.[205] 천주교와 성공회는 '하느님'을 선택했다. 그리고 우리는 동해물과 백두산이 마르고 닳을 때까지 하느님이 보우하시는 나라에 살게 되었다.

드디어 존 로스는 매킨타이어John Mcintyre, 1837~1905 , 이응찬, 서

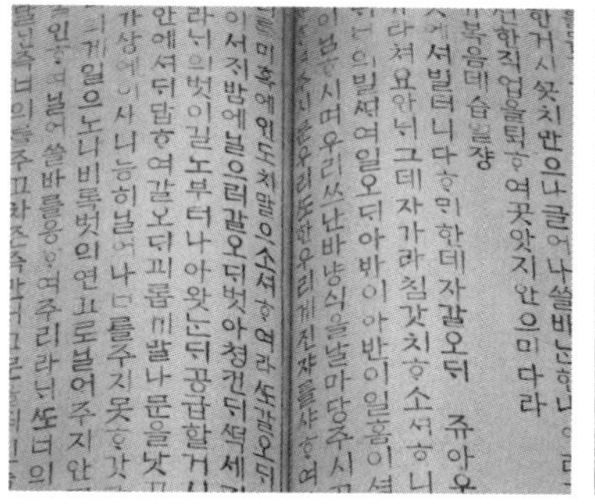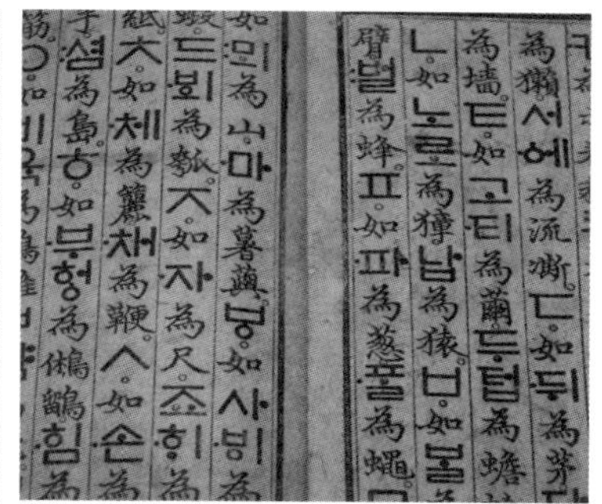

상류 등과 1882년에 〈누가복음〉 번역을 완성했다. 그리고 1887년 신약성서 전체의 첫 한글 번역본인 〈예수성교젼셔〉를 출간했다. 여기서도 모두 하나님이다. 이 성서는 띄어쓰기가 거의 없는 세로쓰기 편집이다. 그런데 눈에 들어오는 것은 본문을 채우고 있는 그 정갈한 글자체다.

한자의 기본 서체는 해서다. 거기에는 장식적 필법이 반드시 포함되어야 한다. 그런데 이 성서 서체는 세리프 없이 몇 개의 강직한 선과 점으로 구성되어 있다. 자신이 누구를 위한 글인지 명확하게 선언하고 있다. 자음 중심의 그 꽉 찬 글자체는 요즘으로 치면 명랑체나 귀염체라는 이름으로 유통해도 좋을 글자체다. 장식 없는 이 서체는 훈민정음의 창제 정신에 가까운 것이었다. 예외는 있지만 조선 초기 훈민정음으로 간행된 문서들은 대개 장식이 없는 서체였다. 〈해례본〉이 대표적이다. 그것은 백성들을 위한 글자였기 때문이다. 그 문자와 정신을 선교사들이 다시 발견했고 전파에 기여했다.

비슷한 시기에 일본에서도 성서 번역본이 등장했다. 통리교섭통상사무아문의 관리로 일본에 체류하던 이수정李樹廷, 1843?~1886 이 번역한 것이다. 국한문혼용체였으므로 존 로스의 번역만큼 전복적이지는 않았다. 글자체도 한자와 유사했다. 그는 자신의 직급에 충실한 번역을 했던 것이다. 그는 미국에 선교사를 보내달라는 편지를 써서 언더우드Horace Grant Underwood, 1859~1916 와 아펜젤러 두 선교사가 조선에 도착하는 동기를 마련한 주인공이다.

1911년 드디어 미국성서공회American Bible Society 에서 한글 신구약 전체를 간행했다. 그런데 지구 반대쪽 언어의 번역이 순조로웠다면 그것이 더 이상했을 것이다. 번역 문제는 대응 개념의 단어가 없으면 더 두드러진다. 여기서도 저 두툼한 문서의 번역은 가시밭길이었을 것이다.

흥미로운 사례를 살펴보자. 이스라엘에 기근이 계속 들었다. 그래서 야곱이 아들들에게 이집트로 가서 식량을 사 오라고 시켰다. 그는 이집트 관리가 된 요셉에게 잘 보이기 위한 물건을 싸서 보냈다. 예물이라고 적혀 있으나 뇌물이라고 해도 될 것이다. 그 목록이 유향, 꿀, 향품, 몰약, 유향나무열매, 감복숭아다.[206] 이 중 몰약의 영어 단어는 'myrrh'다. 지금도 사전을 봐야 알 수 있는 쓴 맛 나는 허브인 모양이다. 이건 번역자들이 알 길이 없으므로 그냥 읽어 몰약이라고 음차했을 것이다. 예수 탄생기에 동방박사가 황금, 유향과 함께 갖고 왔다는 선물이기도 하다. 마지막 물건은 감복숭아인데 원문에서 지칭하는 것은 아몬드다. 추정하면 이렇다. 아마 이 견과를 모르던 한국인들은 이게 어떤 것이냐고 물었을 것이다. 그래서 선교사들은 한반도의 과일을 비교해 설명했을 것이다. 생긴 건 복숭아씨 같은데 크기는 감

씨와 같다고. 그래서 만든 조어가 감복숭아가 아니었을까.

이들은 원문에 없는 존대법으로도 애를 먹었을 것이다. 그래서 예수는 제자들에게 근엄하게 반말이고 명령조다. 예수를 재판한 빌라도의 직책은 헤게몬*ἡγεμών, hegemon* 이다. 지도자, 권력자 정도로 번역될 단어다. 우리에게 헤게모니라는 단어로 익숙하다. 이것은 1887년 번역에는 방백, 1904년, 1911년 번역에는 감사였다. 그러다 1938년 번역부터 총독이 되었다. 딱 맞는 번역어가 등장한 것이다. 이 번역에는 일본의 제국주의 직책이 반영되어 있다.

흥미롭게 이 첫 번역의 시대는 일본 메이지시대 학자들이 서양의 개념어 번역에 골머리를 앓던 때였다. 당연히 아직 그 한자 번역어들이 널리 통용되지 않았다. 그렇다면 저 '자유'는 어찌 되었을까. 'The truth will set you free'는 지금은 '진리가 너희를 자유롭게 하리라'로 번역한다. 그런데 1887년의 번역에서는 '진니가녀희랄놋게ᄒ리라'고 되어 있다. 당시 번역의 고민이 그대로 읽히는 듯하다.

그런데 이런 번역의 어려움보다 훨씬 큰 현실적 문제가 있었을 것이다. 루터가 라틴어 성서를 독일어로 번역하겠다고 했을 때 그가 독자층을 걱정할 필요는 없었다. 주변은 이미 그리스도교도들로 빼곡했기 때문이다. 그런데 조선은 성서, 예수, 이스라엘, 부활이 뭔지를 아는 사람도 거의 없는 상황이었다. 먼저 들어온 가톨릭은 집중 탄압의 대상이었다. 더구나 가톨릭에서는 성서보다 기도서나 전례서가 중요했다. 그러니 성서를 읽히겠다고 번역을 하고 인쇄를 하겠다는 건, 사업으로 치면 투자 거절 상황에 해당할 일이었다. 이건 신앙 하나로 진행한 사안이었다. 그들은 이를 나중에 설명했다. 다 하나님의 뜻이었다.

그런데 이 신념이 통했다. 이후 이 새로운 그리스도교는 상상을 초월하는 속도로 한반도 전체에 뻗어나갔다. 간단히 서술하면 이렇다. 공식적 입국과 거주 허락을 받은 것은 의사 자격으로 1884년 입국한 알렌Horace Newton Allen, 1858~1932이었다. 그가 조선에 도착한 지 석 달도 되지 않아 갑신정변이 발생했다. 거기서 자상을 입은 민영익을 알렌이 서양 의술로 치료해 준 사건이 돌파구가 되었다.

그 덕에 그는 고종의 뜻을 얻어 1885년에 서양식 병원 광혜원廣惠院을 설립하게 되었다. 이 병원의 이름은 12일 뒤 바로 제중원濟衆院으로 바뀌었다. 왕이 내린 이름을 바꿀 수 있는 사람은 왕밖에 없었다. 그리고 꼭 20년이 지나 〈제중원 반환에 관한 약정서〉를 통해 제중원 건물과 대지는 대한제국이 구매하여 반환하였다.[207] 운영자들이 더는 제중원을 유지할 필요가 없는 대안이 생겼기 때문이다. 미국 회사 스탠다드오일의 창업자 중 1명인 루이스 세브란스Louis Henry Severance, 1838~1913가 거액을 기부했다. 그래서 지금의 서울역 앞에 대체 병원이 건립되었다. 기부자는 독실한 장로교도였다.

알렌의 활약 덕에 1885년의 부활절에 무난하게 언더우드와 아펜젤러 선교사가 제물포에 도착했다. 그 이후의 상황 전개는 잘 알려져 있다. 이들은 병원, 교회 그리고 학교를 세웠다. 치료, 선교, 교육의 대상에 계급과 신분이 고려되지 않았다는 점이 중요한 의미였다. 그리하여 많은 조선 백성이 글자를 깨치고 새로운 종교를 얻게 되었다. 가장 가난하고 핍박받는 자들을 위한 것으로 알려졌던 종교를 이 사회도 받아들였다.

유럽의 중세 도시에 가면 단연 눈에 띄는 것이 거대한 성당들이다. 한양에 가톨릭 성당이 들어설 때도 그런 방식을 선택했다. 이들은

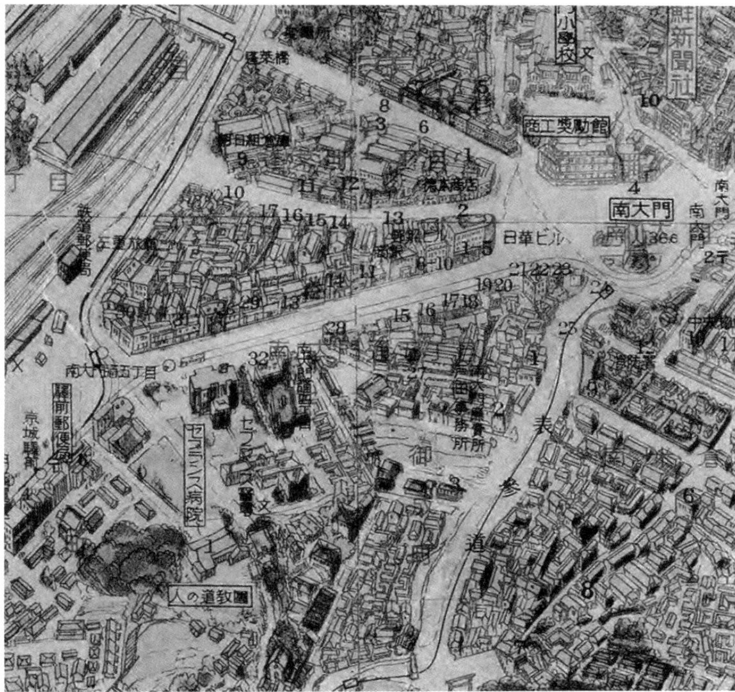

▲　1905년 촬영의 서울 풍경. 한복판의 건물이 지금 명동성당인 종현성당이다.

▼　1936년에 제작된 지도인 〈대경성부대관〉 중 서울역 부근 모습. 수직 네모칸 안에 세브란스 병원이라는 글자가 보인다. 지금은 연세재단빌딩 자리다.

대지 구입이 용이하고 도시 내에 눈에 잘 띄는 구릉을 입지로 잡았다. 그 결과가 종현鐘峴성당과 약현藥峴성당이었다. 이름에 이미 고개가 들어가 있다. 19세기 말부터 촬영된 한양의 사진을 보면 유럽 중세 도시와 비슷하게 성당이 솟은 풍경을 볼 수 있다. 특히 납작한 도시 경관을 배경으로 큼지막하게 솟은 종현성당을 우리는 지금 명동성당이라고 부른다.

프로테스탄트 선교사들은 가톨릭을 싸잡아 고집스럽고 교훈도 얻지 못하는 부류들이라고 경멸했다.[208] 신선한 상수원 확보가 지리적으로 계급 구분 요소라고 앞서 설명했다. 결국 이 변수는 교회 입지에도 영향을 미쳤다. 선교사들은 선교 대상 가까운 곳에 교회 자리를 잡았다. 그들의 교인은 성서에 쓰인 대로 헐벗고 가난한 자들이었다. 도배장이, 목수, 가게 점원, 농부, 순검, 역관, 군인, 서기, 가마꾼, 행상들이었다.[209] 그래서 교회도 그들 사는 곳 근처에 자리를 잡았는데 그건 성문이나 시장 주변이었다.[210] 도성을 동서로 연결하는 청계천 주변을 의미했다. 정동교회를 필두로, 새문안교회, 승동교회, 연동교회, 동대문교회 등이 세워졌다. 건물 자체가 눈에 띄지 않을 수는 없었다. 당시 보기 어려운 서양 재료가 건물에 이용되었기 때문이다. 기와집 군락 사이에 벽돌조 건물들이 들어섰다.

선교사들이 들여온 것 중에 당연하면서 신기한 것이 있었다. 유럽 중간계급의 상징재, 피아노였다. 제중원에 근무하기로 한 캐나다인 의사이자 선교사인 에비슨Oliver R. Avison, 1860~1956의 가족 이사 물품이 1893년에 도착했다. 거기 피아노가 끼어 있었다고 기록이 남아 있다.[211] 이것이 피아노로 명기되어 도착한 첫 사례다. 당연히 선교사의 부인과 딸이 연주할 악기였다. 경인 철도 부설 전이었다. 제물포항에 도착한 이 거대한 물건은 황소 달구지에 실려 한양에 이르는 먼길을 지났다. 이후 피아노가 보급되기 시작했고 이 역시 지위재가 되었다. 1915년에는 피아노 반주가 명시된 음악회가 개최될 정도에 이르렀다.[212]

현진건의 1922년 소설 〈피아노〉가 있다. 신식 생활을 하며 신식 결혼을 한 주인공은 부모덕에 넉넉한 재원까지 지녔다. 그와 아내는 이상적 가정을 이룬 듯했다. 그런데 딱 하나 부족한 것이며 꼭 필요한 물건으로 지목된 것이 피아노였다. 두 사람 다 피아노 연주의 교육을 받은 적도 없었다, 당연히 이 악기를 칠 줄 몰랐다. 하지만 그들은 피아노를 구매했다. 그들의 집에서 피아노는 여왕이었고 기쁨, 서기瑞氣, 행복의 물질적 구현이었다. 피아노는 연주의 도구가 아니라 이미 관상 대상이었고, 지위재였다. 이미 확립된 피아노의 사회적 지위를 설명하는 증언이다.

어둠의 시대였는지 희망의 시대였는지 목격자에 따라 서술이 다르다. 빼앗긴 봄의 시대라면 피곤한 인생이 더 많았을 것이다. 빼앗은 주체가 탐관오리나 지주에서 총독부, 순사, 관변 자본가로 바뀌었을 따름이겠다. 이승은 여전히 힘든 체험이었을 것이다. 이승에서의 삶이 회의스러울수록 종교는 더 절실하다. 지금이 이렇게 고단하다면 나중에는 그만큼 보상이 되는 세상이 올 것이라고 설명해 줘야 종교다. 그런 세상이 온다는 신념이 있다면 폭탄을 몸에 두르고 적의 건물로 뛰어드는 종교 근본주의도 있다. 그리스도교는 당시 조선인에게 꼭 맞는 종교였을 것이다. 선교사들의 프로테스탄티즘 전파 이후 평양은 동양의 예루살렘이라고도 표현되었다. 전설적인 장대현 교회가 그 중심에 있었다. 부흥회가 열을 뿜어 믿어지지 않을 정도의 속도로 교세가 확장되었다. 부흥회는 원래 미국의 복음주의 이벤트였다.

이제 잠시 용어 정리를 해야 한다. 지금까지 종교혁명으로 발생한 그리스도교를 프로테스탄티즘이라고 표현해 왔다. 한국 이야기를 계속하려면 다른 단어로 이를 지칭해야 한다. 이유는 한국의 이 종교는 루터교나 칼뱅교와 다른 독자성을 확보했기 때문이다. 당연히 민족주의가 개입되어 있고, 다른 신학 체계를 갖게 되었고, 예배 방식도 달라졌다. 그 자체의 별도 정체성을 지닌 종교가 되었다는 판단이다. 그래서 선교사들의 선교 시점까지는 프로테스탄티즘이라고 하되, 이후 독자성을 확보한 시기 이후에는 개신교라는 단어를 사용할 것이다. 한국의 가톨릭도 이제 천주교라고 호칭할 것이다.

한국 개신교의 독특한 발명품이 생겼다. 이 발명, 혹은 제도는 통일된 영어 단어가 없다. 조용한 아침의 나라에서 발명했다고 정말 믿기 어려운 것이다. 새벽기도다. 단어와 달리 새벽에 일어나 개인적인 기도를 하는 게 아니고 교회에서 새벽에 진행하는 예배다. 시작점은 여전히 정확하지 않다. 그러나 집단적 의식으로 자리를 잡은 것은 1909년경 평양 장대현 교회였다고 알려져 있다.[213] 환기하면 언더우드, 아펜젤러 목사가 제물포항에 도착한 해가 1885년이다. 놀라운 전파속도와 자생력이다. 게다가 이건 선교사의 전파가 아니라 자생적 이벤트였다. 20세기 후반 한국에서 외국으로 선교사들을 파송하기 시작했다. 그들이 빼지 않고 시행하는 독특한 제도가 이 새벽기도다.

공원

계회 契會

요즘은 소풍이나 야외 파티라고 쓸 일이다. 그러나 계회라고 하면 참석자들이 느껴진다. 이건 사대부들의 놀이였다. 선비들은 육족 六足을 데리고 산천경개 좋은 곳에 갔다. 거기서 먹고 마시고 시를 쓰며 놀았다. 사진기도 핸드폰도 없던 시대였다. 그래서 그 풍경을 서화로 남겼다. 계회도는 박물관에 가면 숱하게 만나는 서화다. 그 옆에 화조도도 있다. 그런데 박물관에 가보면 꽃을 꺾어 화병에 꽂은 그림은 19세기 전에는 잘 보이지 않는다. 그전까지 식물 그림은 뿌리까지 온전한 모습이었다. 자연은 음미하는 것이지 가공할 대상이 아니었다. 사실 자연 自然이라는 단어도 메이지시대의 번역이다.

가공된 꽃이 방으로 들어오지 않았다면 가공된 자연이 도성 내에 들어온다는 사고도 없었다. 조선시대 내내 한양 도성 내에는 민가가 빼곡했다. 공공 公共이라는 개념도 수입된 것이었다. 개념이 없었으므로 그런 공간이 있다면 이상했을 것이다. 당연히 공공공간이라고 부를 곳은 없었다. 공원은 우리에게 존재하지 않던 자연관의 산물이다. 공원의 개념도 단어도 없었다.

공원이라는 실체는 어떻게 들어왔을까. 조선인이 최초로 공원을 관찰한 기록은 1895년에 간행된 유길준의 〈서유견문〉이다.[214] 공원 公園이라는 단어가 처음 등장하는 문헌이다. 그는 뉴욕의 센트럴파크

Central Park 를 방문했다. 생소한 이 공간의 개념과 필요성은 당연히 외부에서 이식될 수밖에 없었다.

그에 앞서 개항이 되었다. 제물포는 개항장이었고 개항은 외국인들이 체류하는 조계지 형성을 의미했다. 1888년에 수립된 제물포의 〈각국조계지계획도〉에는 공원Public Garden 이 명기되어 있다.[215] 이름은 각국공원이었다. 조계지 관할의 다국적 거류민을 위한 공간이었기 때문이다. 지금 맥아더 장군 동상으로 유명한 자유공원이다. 비슷한 시기 일본인들은 제물포 일본거류지에 별도의 공원을 조성했다. 신사 조성을 위한 공간이었다. 일본공원으로 불리다가 일제강점기에 동공원이라고 불렸다. 한반도의 신사들은 광복 후 우선 철거 대상들이었다. 이 공원도 당연히 철거되었다.

한양에도 공원이 생겼다. 그러려면 토지가 확보되어야 했다. 마침 있었다. 흥복사 자리에 세조 때 세워진 원각사는 연산군 대에 폐사가 되었다. 이어 중종 시대에 건물 훼철이 시작되었다. 건물 부재를 아무나 뜯어가도 된다는 것이다. 이들은 다른 건물의 어딘가에 전용되었다. 동서양 역사에서 쉽게 발견되는 일이다.

그런데 탑은 남았다. 흰 탑이다. 이 땅에서 드물게 대리석계 석재를 사용했다. 원각사가 폐사되었으므로 공식 명칭이 원각사지 10층석탑이다. 그런데 이름이 너무 길다. 그래서 백탑白塔. 근처 동네 이름은 탑이 있어서 탑골. 여기서 탁지부 고문인 영국인 맥리비 브라운John McLeavy Brown, 1835~1926 이 등장한다. 그는 주변의 점거 주택 철거 후 공원 조성을 제안했다. 유상 철거였고 1902년에 공원이 개장됐다. 이 시기의 문서에 '탑동공원塔洞公園'이라는 단어가 명기되어 있다.[216] 서울 최초의 도시공원이다. 탑이 있어서 나중에는 '파고다공원'이라

1907년의 탑골공원. 인사동 입구에서 찍은 사진으로 보인다.

고도 불렀다.

　흥미롭게 탑골공원 팔각정에서 양악군악대 연주가 열렸다. 바로 제안자가 살던 나라, 영국의 음악연주단bandstand에서 벌어지던 공연이다. 그들에게는 이 구조물이 없으면 공원으로 인식되지도 않았다.[217] 상하이의 항푸공원黃浦公園에도 있던 바로 그 구조물이다. 특이하게 연주는 목요일 오후에 열렸다. 영국에서 일요일은 교회에 가야 하므로 주말 이벤트는 억제되었다. 영국 공원에서 일반적인 공연일이 목요일이었다. 탑골공원은 요즘 기준으로 공원이라고 부를 만큼 공공적이지는 않았다. 담장으로 둘러싸인 폐쇄 공간이었다. 제한된 인원에게만 참관이 허용된 집회장으로 가끔 쓰였다.[218]

　일제강점기에 총독부가 '파고다공원'의 관리 주체가 되었다. 1911년부터는 일반인에게 개방이 되었으나 이번에는 일요일에 한해서였다. 그리고 1913년에 드디어 평일 개방을 시행했다. 다만 야간에는 폐쇄했다.[219] 그런데 평일 개방 덕에 이 공간이 조금 뒤 심각한 사건의 배경이 되었다. 바로 3·1운동이다. 공원으로서의 진정한 공공성을 획득한 사건이었다.

이 공원의 공공성은 대한민국 시대에 다시 달라졌다. 1967년 파고다아케이드 설치 후 공원 입장료를 징수했다. 지불 능력자만 입장 가능한 공간이 된 것이다. 계급적 차별이 공원에서 노골적으로 이루어졌다. 반발과 민원 끝에 1980년부터 65세 이상 노인 무료입장이 시행되었다. 1988년에 전면 무료입장이 시행되었으나 여전히 담장과 대문을 갖춘 이상한 공원이었다. 이후 이 공원은 나이와 소득으로 구분되는 공간의 상징이 되어 버렸다. 공원의 담장은 통제 공간이라는 물리적 자술서다.

오래된 공원의 상징으로 장충단공원도 있다. 장충단은 1900년 국가 유공 사망자의 충성을 기리기 위해 조성되었다. 중요도에 비해 남은 기록은 실망스럽게 부실하다. 을미사변의 사망자 추모 목적이었다는 것이 일반적인 설명이다.[220] 그런데 1909년 이토 히로부미伊藤博文, 1841~1909의 장례 추도식이 장충단에서 거행되었다. 공원이라는 이름이 붙게 된 사연은 아직 명확히 밝혀지지 않았다. 공원답게 장충단에서 음악회가 개최되었다는 기록은 있다. 그리고 남아있는 엽서 사진을 보면 모임지붕 형식의 음악 연주단도 확인할 수 있다. 1932년에는 인근에 박문사博文社가 건립되었다. 누구를 위한 절인지 절 이름이 설명했다. 지금의 신라호텔 영빈관이 딱 그 자리다. 모두 정치적인 권력 부침의 설명들이다. 여기 한 시대를 풍미하던 가수 배호 1942~1971의 〈안개 낀 장충단공원〉이 얹혀 있다.

일제강점기에 건립된 공원은 대개 신사 배경 공간이었다. 신사가 산지에 세워지므로 공원은 대개 산능선을 끼고 있었다. 1897년 일본영사관이 대한제국으로부터 공원 조성 명분의 남산 왜성대의 영구 임차권을 받았다. 을미사변, 아관파천, 대한제국 수립 직후의 일이다.

1930년대의 조선신궁 올라가는 길.
신사와 계단은 다 사라졌지만, 도리에 이르는 표참도表參道의 난간 지지석이 아직 남아 있다.

이 과정은 당시 정부가 제대로 작동하지 않고 있었다는 설명일 것이다. 시간이 지나 결국 공원이 조성되었다. 당연히 음악연주단이 있었는데 탑골공원과 같은 규모였다. 조선식 기와 구조물이 아니라는 점이 달랐다.

이후 남산의 다른 위치에 한양공원이 세워졌는데 이곳은 나중에 조선신궁이 들어섰다. 총독부에서 직접 세웠고 그래서 조선의 신사 중에서 가장 중요했다. 위치 선정부터 심혈을 기울여야 하는 사업이었다. 그래서 당시 일본 건축계 최고 권위자였던 이토 추타伊東忠太, 1867~1954의 의견이 필요했다. 그는 저 멋지고 범상치 않아 보이는 'architecture'의 번역어로 '건축建築'이 적당하다고 제시한 그 사람이다. 이토는 서울에서 몇 곳을 둘러보고 남산을 최종 적합지로 선정했다. 여기 풍수지리가 고려되었다는 문헌 증거는 없다. 조선신궁 이후에도 조선의 경향 각지에 신사가 건립되었다. 신사가 건립되면 거기 맞춰 참배가 이뤄졌다. 아니 이뤄져야 했다.

일본의 신사에서 참배 대상은 다양하고 복잡하다. 신들이 수도 없이 많다. 산도 신이고 나무도 신이다. 큰 공을 세운 자도 신격을 갖기 시작했다. 그 공은 순직, 전사였다. 메이지유신의 대업을 이루는 보신전쟁戊辰戰爭에서 천황을 위해 목숨을 바친 자들을 '호국영령護國英靈'이라고 규정했다. 나라를 평안하게 만든 신을 모신다는 야스쿠니 신사靖國神社도 세워졌다. 만주사변 이후에는 '순국선열'과 '호국영령'을 모시는 호국 신사가 1943년 용산에 세워졌다.[221]

처음에 조선의 신사는 일본인들을 위해 일본인들의 자원으로 건립되었다. 여기까지는 큰 문제가 아닐 수가 있었다. 식민모국과 식민지의 집단 신념과 가치관이 동일할 수 없다. 그러나 가치관, 신념을 공유하지 않는다면 식민지가 의도대로 작동할 수가 없다. 그래서 물리적 조건보다 신념 체계가 먼저 일체화되어야 한다. 같은 것을 믿고, 같은 것이라고 믿어야 했다. 그런데 거기에는 방향성이 있으니 조선이 일본을 따라가 믿어야 하는 것이었다. 이 시기에 가장 널리 알려진 구호가 내선일체였다. 그러나 피해국 입장에서 신사에 포함된 호국영령과 순국선열은 잡신이고 전범이었다.

그런데 기독교의 믿음은 이러했다. 가장 가난한 자들 가운데 살다가 죽어 부활하신 분이 잠시 어디로 가셨다. 그가 다시 돌아오면 모두를 심판하고 알곡과 쭉정이, 양과 염소를 구분해낼 것이다. 알곡과 양이 되려면 다른 신을 기웃거리는 건 금기다. 그런데 이런 신념을 가진 사람들 앞에 괴상한 신을 믿는 자들이 등장했다. 등장한 이들에게 조선은 식민지였다. 정면충돌은 당연했다.

지배자들은 신념 통일을 요구했다. 그 증거로 참배를 요구했다. 1930년대 후반이 되면서 전국의 기독학교에 신사 참배 지침이 내려졌다. 이미 강력한 신념으로 무장한 사람들은 이걸 종교적 도전으로 받아들였다. 외적 강요는 내적 갈등을 초래했다. 미국의 남북 장로교와 호주 장로교는 이걸 우상숭배로 인식했다. 받아들일 수 없는 사건이었다. 그런데 캐나다 장로회와 감리교는 국민의례로 규정했다. 타협했다. 한국 개신교 교단도 분열되었다. 조선예수교장로회도 신사 참배가 국민의례라고 규정했다. 신사 참배를 거부한 학교들은 폐쇄되었다. 숭실전문, 평양신학교, 연희전문이 줄줄이 폐쇄되었다.

총독부는 좀 더 적극적으로 사상, 종교 관여를 시작했다. 1942년부터는 〈모세오경〉, 〈다니엘서〉, 〈요한계시록〉은 열람을 금지했다. 헛된 해방의 믿음을 주는 문서에 대해 의심이 컸다. 규제가 더 심해졌다. 설교에는 4대 복음서의 인용만 허용하기에 이르렀다. 일본의 사상 통제는 그들이 벌인 전쟁으로 더 절박성이 커졌다.

일본은 새롭게 무장해 나갔고 그래서 총과 포, 그리고 이를 실은 배를 만들어 조선 너머의 세상까지 복속시켜 나갔다. 그리고 동아시아를 일본이 주도하는 단일 체제로 만들 야심에 전쟁을 키워나갔다. 그들은 '대동아전쟁'이라고 호칭했다. 그런데 그 마지막에 어떤 합리적 계산으로도 이겨낼 수 없는 대상, 미국이 있었다. 그러나 전범들에게 전쟁은 멈출 길이 없었다. 미국의 원자폭탄 응수로 전쟁이 종료되었다. 전후의 전범 재판에서 독일의 전쟁 주체와 역할은 비교적 명료했다. 히틀러를 정점으로 하는 몇 명의 조직이었다. 그러나 일본은 개전과 전범의 규명이 모호했다. 일본 천황과 전쟁 주체들의 역할 규명이 전혀 달랐다. 전후 일본 처리의 가장 뜨거운 문제는 천황이었다. 미군정이 보기에 일본 왕실은 불필요했다. 그러나 천황제 폐지의 문화적 역풍에 대한 여러 조언이 있었다고 한다. 그래서 왕실 체제의 유지가 결정되었다. 대신 천황은 자신이 하늘의 아들이 아니고 그냥 자연인이라고 선언했다.

한국에는 천황天皇이라는 단어에 거부감을 느끼는 사람들이 많다. 저 단어에 하늘이 담겨있기 때문이다. 쉽게 말하자면 건방지다는 것이다. 그래서 대안은 일본의 발음대로 덴노라고 하거나 일왕日王으로 하자는 것도 있다. 황제는 진시황이 사용하기 시작한 단어라는 것은 이미 설명했다. 그러니 자신이 하느님이라는 황제보다는 하늘로부터 권위를 받았다는 천황은 오히려 겸손한 단어일 수도 있다. 역사적으로 왕들은 다 하늘로부터 권위를 받았다고 스스로 주장해 왔으니 천황이라는 단어가 특별한 것도 아니다.

일본 천황은 장식 복장을 하지 않는 것이 원칙이다. 유럽 왕실 구성원들이 의전 상황에서 훈장이 주렁주렁한 예복을 입는 데 비교하면 대단히 독특하다. 이유는 천황이 종전 후 인간 선언을 해버렸기 때문이다. 이들은 신사를 참배할 때도 장식 없는 일상 정장을 하게 되었다. 훈장이 붙은 장식 복장을 하는 순간 이들은 전범이었다는 자백을 하는 것이다.

일본 패전으로 한반도가 정치적 권력의 진공 지대가 되었다. 당연히 승전국들이 가만히 지켜보지 않았다. 북위 38도선이라는 임의의 선을 기준으로 북쪽에 소련이, 남쪽에 미군이 들어와서 정부 역할을 시작했다. 대한민국이라는 이름으로 건립된 남쪽의 국가에 미국이 미친 영향은 심대했다. 그건 조선 위에, 일본 위에 새로 씌워진 영향이었다.

성탄

서시 序詩

서곡은 음악의 보통명사지만, 한국인들에게 서시는 고유명사에 가깝다. 광복을 몇 달 앞두고 후쿠오카 감옥에서 사망한 젊은 시인은 그 인생만으로도 한국인의 정서에 사무친다. 게다가 그의 시는 이전에 체험하지 못한 서정성으로 가득하다.

죽는 날까지 하늘을 우러러
한 점 부끄럼이 없기를,
잎새에 이는 바람에도
나는 괴로워했다.
별을 노래하는 마음으로
모든 죽어 가는 것을 사랑해야지
그리고 나한테 주어진 길을
걸어가야겠다.
오늘 밤에도 별이 바람에 스치운다.

시인은 숙연하게 독백한다. 나한테 주어진 길을 걸어가야겠다. 이런 소명 의식을 지닌 시인, 윤동주의 교육 배경을 잠시 살펴보자. 그의 집안 일가는 모두 프로테스탄트들이었다. 그리고 그는 선교사가

교토 도시샤대학 캠퍼스 내의 윤동주 시비.
정지용 시비도 있어 한국인 참배객들이 꼭 뭔가 놓고 간다.

설립한 연희전문학교에서 공부했다. 지금도 이 학교 재학생들은 본인의 종교와 무관하게 채플 수업을 들어야 한다. 시인이 이후 일본에서 다닌 학교는 교토의 도시샤대학同志社大学이다. 프로테스탄트 니지마 조新島襄, 1843~1890가 설립한 대학이다. 그의 시에 들어있는 소명의식의 출처를 얼핏 짐작할 수 있다.

일제강점기 최대의 사회적, 역사적 사건은 3·1운동일 것이다. 그래서 대한민국 헌법 전문에도 들어있다. 3·1운동의 도화선은 민족 대표 33명의 독립선언이라고 알려져 있다. 그들의 종교 분포가 좀 독특하다. 개신교인이 16명이었다. 15명은 천도교인들이고 나머지 2명은 불교의 한용운, 백용성이었다. 개신교 선교사들이 제물포에 도착한 지 얼마 안 된 시기인데 놀라운 일이었다.

독립 만세운동은 고종 인산을 맞아 계획되었다는 건 널리 알려져 있다. 인산일은 3월 3일 월요일이었다. 그런데 인산일 당일 거사는 불경스럽다는 게 천도교 의견이었다. 하루 당긴 3월 2일이 대안으로 제시되었다. 그런데 이날은 일요일이었다. 안식일 거사는 곤란하다

는 게 개신교 입장이었다. 거사일은 토요일인 3월 1일로 정해졌다.[222]

시인이 그리던 광복이 왔다. 광복 후 남쪽에 미 군정이 들어섰다. 군정은 즉시 휴교령을 내려 모든 학교 교사를 군사 시설로 전용했다. 이들은 한국에 대한 사전 정보가 없었다. 믿을만한 정보원은 당연히 선교사 또는 그 가족들이었다.[223] 아니면 미국과 관련이 있는 누군가였다. 군정은 미국인들답게 교육 연속을 급선무로 이해하고 있었고 한국교육위원회를 구성했다. 자격은 학력과 영어였는데 그 교집합은 기독교였다. 이 위원회 구성원 11명 중 기독교인이 6명이었다.[224] 이후의 한국인 군정 관료들도 기독교와 미국 유학의 두 축으로 이루어졌고 인원 분포로 이들은 대체로 60퍼센트가 넘었다.[225]

대한민국의 첫 선거는 제헌의회 국회의원 선출이었다. 선출된 의원들이 국회를 구성하려면 의장을 추대해야 했다. 이럴 경우 한국은 유서 깊은 유교 사회이므로 자연스럽게 최연장자가 임시의장으로 추대되었다. 첫 국회 본회의에서 이승만 임시의장의 인사말이 이렇게 시작했다.

대한민국 독립민주국 제1차 회의를 여기서
열게 된 것을 우리가 하나님에게 감사해야 할 것입니다.
종교 사상 무엇을 가지고 있든지 누구나 오늘을 당해 가지고
사람의 힘으로만 된 것이라고 우리가 자랑할 수 없을 것입니다.
그러므로 하나님에게 감사를 드리지 않을 수 없습니다.
나는 먼저 우리가 다 성심으로 일어서서 하나님에게 우리가
감사를 드릴 터인데 이윤영 의원 나오셔서 간단한 말씀으로
하나님에게 기도를 올려 주시기를 바랍니다.[226]

종교가 무엇이든 기독교의 신에게 감사해야 한다는 이야기다. 그래서 놀랍게 세속국가인 대한민국의 제헌의회는 특정 종교의 기립 기도로 시작했다. 기록을 보면, 이 신실한 기도는 결국 '아멘'으로 마무리되었다.

군정은 영어가 가능한 사람들이 대거 필요했고 미국에서 생활한 경험이 있는 사람이라면 특히 더 가치가 부각되었다. 대한민국의 첫 대통령으로는 그 가치에 꼭 맞는 사람이 선출되어야 했고 선출되었다. 그는 미국인 선교사가 세운 배재학당에서 공부했고, 미국 프린스턴대학교에서 박사학위를 받았고, 미국인 선교사가 세운 정동교회 장로였다. 대통령이 조각한 초대 국무위원 12명 중 핵심 직책인 국무총리 포함 내무부, 외무부, 국방부, 문교부, 상공부, 교통부 장관이 개신교도였다.

정부 수립 직후의 행정 문서를 하나 보자. 1949년 6월 4일 대통령령 124호가 공고되었다. 제목은 〈관공서의 공휴일에 관한 건〉이다. 이 대통령령은 일요일 외에 추가로 관공서가 휴무에 들어가는 날을 정한 것인데 그 목록이 흥미롭다.

1월 1일, 2일, 3일

4월 5일 植木日

추석 秋收節

10월 9일 한글날

12월 25일 基督誕生日

기타 정부에서 수시로 정하는 날

글자가 제정된 날이 기념일을 넘어 공휴일이 된 국가는 지구상에 대한민국 외에는 없다. 한글은 반포일과 반포 주체가 명기된 유일한 문자이기에 가능하다. 민둥산에 나무를 심어야 하는 절박함에 식목일 휴일 제정도 이해가 된다. 공무원들에게 나가서 나무를 심으라는 요구는 이미 이 시기부터 시행되었나 보다. 1950년 9월 18일에는 10월 24일이 국제연합일國際聯合日이라는 이름으로 공휴일에 포함되었다. 당시에는 이걸 '유엔데이'라고 부르기도 했다. 한국전쟁인 상황이라는 점을 고려하면 이것도 이해가 되는 일이다.

흥미로운 건 엉뚱한 기독탄생일이다. 미국에서 그리스도 탄생일, 크리스마스는 최대 휴일이라서 당연히 이 신생국가가 영향받았다. 이 공휴일 명단에 불교는 없다. 1,000년을 훨씬 넘게 한국의 신앙 구조를 장악했던 게 불교다. 그럼에도 부처님은 1975년에 이르러야 석가탄신일이라는 이름으로 정부로부터 존재를 인정받았다. 그리고 부처님 오신 날로 이름이 바뀌었다. 사실 기독탄생일이 아니었으면 부처님의 탄생일도 공휴일이 될 근거는 없었을 것이다.

미국의 영향은 기독탄생일을 공휴일로 지정되는 데에 끝나지 않았다. 풍습도 수입되었다. 기독탄생일은 미국처럼 어린이들을 위한 날이 되었고 어린이용품 판매가 급증하는 시기가 되었다. 보도 듣도 못하던 산타클로스가 전국 가정을 방문하기 시작했다. 벽난로는 없고 아궁이만 있는 사회인데 할아버지는 굴뚝으로 들어왔다. 아직 양말보다 버선이 익숙한데 이상한 곳에 선물을 놓고 홀연히 떠난다고 했다. 한국은 빠르게 미국식 사회로 바뀌어 갔다. 개신교도가 아니면 미국이 행사하는 권력의 매개가 되기 어려웠다. 한국인들에게는 예수가 아니라 미국이 구세주였다.

한국에 주둔한 미군 사단이 만든 도시 동두천의 시장.
군부대 하나가 도시를 만들 정도로 미국의 상대적 경제 영향력이 컸다.

대소사의 풍습이 영향을 받았다. 그간 생일 풍습은 아침에 미역국을 먹는 것이었다. 그런데 케이크와 촛불로 표현되는 저녁 풍습이 수입되었다. 노래도 함께 수입되었는데 부정교합이 있었다. 'Happy birthday to you'가 '생일 축하합니다'로 번역된 것까지는 무난했다. 그런데 한국은 이름이 아니라 사회적 관계로 상대방을 호칭하는 사회라는 점이 문제였다. 가사 후반에 축하받을 대상의 호칭이 등장한다. 영어로 부르면 이름이 등장하는 자리다. 그런데 한국에서는 사랑하는 엄마, 이모, 누나, 삼촌의 친족 호칭이 쏟아져 얽히는 진풍경이 펼쳐진다.

1960년대의 영화를 보면 이미 직장의 상대방 호칭이 미스터김, 미스리 정도였다. 놀라운 변화였다. 1970년대까지만 해도 '코리안 타임'이라는 단어가 존재했다. 이게 영어 단어라는 사실이 중요하다. 이 단어의 발화자들은 분명 미국인들이었을 것이다. 시간 약속에 충실하던 프로테스탄트들에게는 이처럼 시간관념이 희박한 문화를 도저히 이해하기 어려웠을 것이다.

미국이 한국에 밀가루를 원조해 식생활을 바꿨고, 드럼통을 남겨놓아 그 위에 불판 놓고 삼겹살 구이도 시작했다. 주둔 미군을 흥겹게 해주는 가운데 팝송이 도입되고 포크송이 발전했다. 커피도 병사용 인스턴트용이 먼저 도입되었다. 그래서 커피를 만드는 동사는 내리거나 끓이는 게 아니고 타는 것이다. 미군 부대 하나가 도시를 새로 만들어낼 정도였으니 가장 큰 곳이 동두천이다. 유학하면 모두 미국으로 가야 했고 돌아와서 배운 대로 정치, 경제, 사회, 문화를 이식했다. 도시를 새로 만들어도 미국에서 배운 방식으로 만들었다. 미국은 역사적으로 특이하고 전례가 없는 국가였다. 미 군정 이후의 시기가 대한민국의 기회였고 과연 대한민국은 성장했다. 가장 큰 힘은 교육과 계몽의 힘이라고 봐야겠다.

우리는 민족중흥의 역사적 사명을 띠고 이 땅에 태어났다. 이 문장은 1970년대에는 누구나 인지하고 외워야 할 육중한 표현이다. 전체 문서 명칭은 〈국민교육헌장〉이라고 불렸다. 요즘 세대라면 되물을 문장이다. 제가요? 왜요? 그러나 당시 국민은 교육해야 할 대상이었고 이를 위한 선언서가 작성된 것이다.

저 문장은 전체주의적 냄새가 물씬하다. 우리는 지금은 별 볼 일 없지만, 빛나는 조상의 얼을 되살려야 할 주체들이었다. 여기서 진정 주목할 부분은 사명을 띠고 이 땅에 태어났다는 선언이다. 이전 시대까지는 우리가 왜 태어났는지 한 번도 물어본 적이 없었다. 저 문장은 확연하게 소명 의식의 표현이다.

국민교육헌장의 마지막 문장은 이렇게 끝난다. 줄기찬 노력으로 새 역사를 창조하자. 창조를 완성할 시점도 지정되었다. 그것은 대개 '대망의 팔십 년대'라고 그려졌다. 그 시대가 오면 모든 집이 컬러텔레비전을 갖고 자동차를 구비할 수 있다고 목표점이 설정되었다. 특히 국민이 타고 자유롭게 돌아다니는 그 자동차는 '마이카'라고 했다. 군인 정권답게 계량적 목표치도 있었는데 천 불 소득, 백억 불 수출 달성이었다. 그런데 컬러텔레비전은 집안에 둘 수 있는데 자동차는 도시에 나와서 돌아다녀야 하는 물건이었다. 존재 가치가 좀 달랐다.

대망의 팔십 년대를 성취한 한국의 힘이 무엇이었는지에 대한 평가가 다양하다. 지도자의 탁월한 영도라고 생각하는 사람들도 많다. 공과功過의 평가 구분이 모호한 이에 대한 평가가 정치 분열의 동기가 되고는 한다. 그러나 유럽 보불전쟁에서 지적한 것처럼 가장 중요한 것은 교육이었다. 호모 사피엔스로 태어난 자연인들을 특정한 사회인으로 바꾸는 데 필요한 것이 교육이다. 한국을 이룬 힘도 틀림없이 교육이었다. 그 교육을 가능하게 한 교육열이었다. 그렇다면 한국에는 왜 그런 교육열이 불타올랐을까.

대학

가다마이

어머니들은 대학에 입학하는 아들에게 왜 이걸 사 입히셨을까. 그건 어떤 사실의 확인이고 시각적 선언이었을 것이다. 정장은 한국에서도 중간계급의 복장이라는 인식이 있다. 대학 입학은 중간계급에 무사히 안착할 수 있는 안전망의 확보였다. 사주신 복장은 그 안도의 시각적 확인이라고 해야 할 것이다.

한국에서 가장 풀기 어려운 사회 문제 두 개가 주거와 교육이다. 아파트와 대학 입학이라는 단어로 표기된다. 둘은 독립변수는 아니되 완전한 상호 종속변수도 아니라는 점에서 좀 신기하다. 아파트가 건축 문제를 넘어 사회 문제인 것은 그것이 새로운 계급을 형성했기 때문이다. 그런데 그 아파트의 가격을 규정하는 요소에 대학 입학이 빠지지 않는다. 그것은 학군, 혹은 학원가라는 단어로 표현된다. 대학 입학과 무관한 사람들까지 대학 진학률에 따라 형성되는 아파트 가격의 영향을 받지 않을 수 없다.

한국에서 대학 입학은 단순히 중간계급 진입의 도구가 아니다. 거기 매겨진 서열은 더 안전한 진입의 열쇠다. 그 결과에 따라 학벌이라는 새로운 세분 계급이 형성된다. 그 계급에 의해 개인의 이해관계가 복잡한 갈등 관계를 이룬다. 이 문제가 풀기 어려운 이유는 대다수 국민이 결국 영향을 받는 문제기 때문이다. 즉 이해 집단의 규모가 엄청나게 크다. 사실 전 국민이 이해 집단이다.

개념상 대학은 능력 있는 재원을 교육하고 지식을 생산해 사회의 갈 길을 제시하는 기관이다. 이건 교과서에 쓰인 원칙적 내용이다. 현실도 그렇다면 대학이 알아서 그 입학 절차를 진행하면 된다. 그런데 한국에서의 대학은 전혀 다른 의미도 지니고 있다. 대학의 이름은 그간 노력한 수험생들이 받아야 할 성취 보상이다. 그 보상의 크기는 서열화된 대학의 이름으로 증명된다. 대학 명성이 노력의 보상으로 이해되는 순간 이건 전혀 다른 가치의 재화가 된다. 국적은 바꿔도 학적은 바꿀 수 없다. 이 속설은 그 보상을 희석, 무마, 교환할 수 없다는 이야기다. 대개의 사회에서 대학 명성은 졸업생의 주요 자산이다. 그러나 한국에서 그 자산의 영향은 절대적이다. 그렇다면 도대체 한국의 대학은 왜 이런 특수 가치를 갖게 되었을까.

일본에서는 1886년 〈제국대학령〉이 선포되었다. 독일의 대학 제도를 목격한 이토 히로부미가 앞장선 일이었다. 그는 국가의 발전에서 대학이 갖는 힘을 확신하게 되었다. 그래서 법령의 제목에 '제국'이 당당히 들어갔다. 〈제국대학령〉 1조에 목적이 명료하게 표현되어 있다. '국가의 수요에 부응하여 학술 기예를 교수하고 그 온오蘊娛를 공구攻究함을 목적'으로 한다는 것이다. 온오와 공구라는 단어가 생소하다. 중요한 건 시작 단어가 '개인이 아니고 국가'라는 점이다. 개인이 아니라 국가의 발전이 대학의 목적이었다. 이를 위해서는 학생의 배경을 고려하는 것이 아니고 학생이 겪을 미래를 가늠해야 했다. 학생의 신분이 아니고 학생의 능력이 판단되어야 했다.

1877년 가장 먼저 도쿄대학이 설립되었다. 이 학교는 〈제국대학령〉에 의해 도쿄제국대학이 되었다. 다른 대학을 설립하려면 교수가 필요하므로 이 학교는 교수 양성의 교두보가 되어야 했다. 다음에 세워진 교토제국대학은 교원 양성이 아니고 학문 자체가 더 중요한 가치를 갖는 기관이 되었다. 그래서 명성으로 교토대학은 2위지만, 노벨상 수상에서 도쿄대학과 맞먹는 성과를 내게 되었다는 것이 일반적 진단이다. 1918년 일본 정부는 〈대학령〉을 제정하여 대학을 확대했다. 사립대학의 설립이 허용되면서 전문학교들이 대거 대학으로 바뀌었다. 그래서 와세다, 게이오, 메이지, 니혼, 호세이 등의 이름이 사립대학으로 등장했다.

조선에도 경성제국대학이 설립되었다. 프로테스탄트 선교사들의 전문학교 설립과 민립대학 설립 움직임이 촉매였다는 것이 일반적 이해다. 예과 2년에 본과 3년 혹은 4년의 과정이었다. 하급 학교 졸업 후 바로 대학 교육을 받을 수준이 되지 못한다고 판단하여 예과 과정을 추가한 것이다. 1924년 예과가 먼저 설립되었다. 1924년의 예과 개교 직전에는 경찰서에서 지원서 제출 학생의 신원을 조사하는 사건이 있었다.[227] 그러나 이 조사가 발각되면서 문제로 지적되었다.

경성제국대학 예과 건물. 청량리역 앞에 있었고 지금은 그 위치에 아파트 단지가 들어서 있다.

총독부는 입학 비율만 유지된다면 조선인의 입학 기준에 신분을 확인할 아무런 이유가 없었다. 시험으로 합격생을 선발했고 이때 중요한 구분이 시행되었다. 문과와 이과를 나눠 선발하기 시작했다. 수학을 잘하느냐는 변수로 학생을 구분했다. 한번 선택하면 구분선을 넘어갈 수 없다. 학생 개인의 미래 선택 다양성과 행복추구권보다 그들이 능력을 발휘해 나갈 국가 건립이 중요했다. 학생은 도구였다. 명확한 도구적 교육관이었다.

지난 100년 한국 교육을 규정한 문·이과 구분이 시작된 것이다. 인문계와 자연계로 표현하기도 하지만 내용은 같다. 문·이과 구분은 대학 캠퍼스 계획에서도 강력한 영향을 미쳐왔다. 일단 캠퍼스 영역을 문·이과로 구분한다. 그건 인문계, 자연계 캠퍼스라고도 한다. 공간 부족 문제에 직면한 수도권의 대학이 일반적으로 선택한 전략은 서울 내에는 인문계를 남겨두고 외곽에 자연계 캠퍼스를 두는 것이다. 자연계는 실험 실습을 해야 해서 넓은 공간이 필요하다는 것이 기본적인 논리였다. 캠퍼스가 분리되지 않은 대학들도 공간 정리의 가장 큰 기준이 문·이과 구분이었다.

1926년에 법문학부와 의학부로 이루어진 경성제국대학의 신입생이 선발되었다. '식민지에서 문화를 연구하는 동시에, 식민지 사람들로 하여금 문화의 혜택을 입도록 융화를 도모'하는 목적을 명시했다. 제국대학에 입학하면 인생의 나머지는 걱정할 일이 없었다. 대학은 보상이었다. 제국대학에 입학하기 위해서 거치는 과정은 아주 간단했다. 시험이었다. 인생을 건 시험의 한판 승부가 시작되었다. 제국대학이니 일본어로 시험과 수업이 진행되었다.

경성제국대학의 예과에 입학하면 본과 진입은 문제가 없었다.

한국

그래서 예과 입학 시험이 가장 중요했다. 일제강점기 동안 경성제국 대학 예과 합격률 2위는 해마다 바뀌었다. 그러나 부동의 1위는 총독부에서 설립한 경성중학교였다. 합격자 수에서 2위와 1.5배에서 2배 정도의 차이를 보였다. 2위를 가장 많이 한 학교는 역시 일본인 학교였던 용산중학교였다. 경성제국대학의 조선인 입학생 비율은 평균 38퍼센트 정도였고 졸업생은 1942년까지 합계 624명이었다. 조선에 거주하는 일본인 입학생의 수는 46퍼센트 정도였다.[228] 그 틈은 일본에서 바로 유학한 일본인이 채웠다.

일제강점기에 일본의 제국대학을 입학하고 졸업한 조선인 유학생은 총 784명이었다.[229] 이들의 사회적 배경은 다양했다. 거부의 아들부터 닭 장사, 인력거꾼, 변소청소부를 거치며 고학해야 했던 사람도 있었다.[230] 오로지 시험으로 신입생을 선발한 결과였다. 선교사들의 학교는 평등주의를, 총독부의 학교는 능력주의 교육을 시행했다.

이들에게 조선시대의 과거에 해당하는 시험이 딱 하나 남아 있었다. 그것은 바로 관료를 선발하는 고등문관시험이었다. 일본에서는 1894년 처음 시행한 제도였다. 예비시험과 본시험 순으로 시행되었고 본 시험은 행정, 외교, 사법으로 나뉘어 시행되었다. 우리에게 고시라는 이름으로 익숙한 제도의 근원이다. 수직계열화된 시험들을 통해 가장 시험을 잘 친 사람이 사회적 보상을 받는 구조였다. 시험 결과는 자격을 넘어 보상이 되었다.

한낱 물장수, 마부여도 그의 아들이 고등고시에 합격하면 아버지의 인생도 성공한 것이었다. 그런데 성공을 위해서는 시험을 잘 봐야 했다. 그 기회가 극단적으로 희귀한 것이라는 점이 문제였다.

보상으로서 대학의 가치에 대한 갈등은 미 군정기에 불거졌다.

화장실에서 받는 은밀한 연애 제안.
진입한 후에는 폐쇄사회를 이루겠다는 의지 표현이기도 하다.

1946년 〈국립서울대학 설립에 관한 법령〉이 공포되었다. 경성제국대학을 포함한 몇 대학을 묶어 미국식 대학교를 만든다는 것이었다. 맹렬했던 국대안 반대의 내용은 복합적이었다. 그러나 경성제국대학이 함께 묶일 전문학교들과 등가 평가 단위로 묶인다는 데에 대한 반발이 당연히 포함되었다. 학령 인구 감소로 대학 위기라는 지금도 대학 통폐합의 반대 근거로 무시할 수 없는 것이 확보 학벌에 대한 가치 희석이다.[231] 그 반대 근거에는 입학 점수라는 계량된 근거가 있어서 설득이 대단히 어렵다.

조선의 사대부들은 문자를 근거로 벼슬을 하고 토지를 점유한 양반 지주가 되었다. 1949년에 농지개혁이 시작되었다. 지주들이 세습할 토지가 없어지니 실질적으로 계급이 철폐되었다. 남은 것은 교육이고 그건 대학을 의미했다. 이전의 지주와 소작농의 자녀들에게 공평하게 입학 기회가 주어졌다. 대학은 대안이 없는 기회고 보상이 되었다.

그렇다면 다음 질문은 그 보상이 공정하냐는 것이다. 거기 고리를 걸고 있는 것이 입학 시험이다. 시험 자체는 공정할 수 있어도 시험에 이르는 과정은 공정하지 않다. 경성제국대학 예과 입시에 가장 중요한 과목은 국어였다. 즉 일본어였기 때문에 조선인에게 압도적으로 불리한 경쟁이었다. 어느 사회에서나 경제적 여유가 있다면 경쟁에 상대적으로 쉽게 대처할 수 있다. 시험도 마찬가지다. 그러나 이건 사회 전체의 구조적 문제여서 수정하기가 쉽지 않다.

한국은 공정성의 가치를 확보하지 못했던 사회였다는 것이 그간 학습한 자조적 비관이다. 숨은 거래와 반칙과 불공정이 일상화되어 있다고 자조해 왔다. 그건 선교사들의 객관적 관찰 목격담에서 빼곡하다. 그런데 단 하나의 공정성 신화가 형성된 것이다. 바로 시험을 통한 대학입시 공정성의 신화다. 그것은 구성원이 모두 인정하는 이 사회의 절대적 가치가 되었다. 대학은 교육열로 불태운 노력에 대한 공정한 보상과 미래의 특권적 기회 보장이 되었다.

교육

항공기 이착륙 제한

단호하다. 공습경보가 아니다. 수능시험 듣기평가가 시행되는 시간이다. 그런데 전 국민이 이런 불편이 감수해야 하는 이유는 대학 입학 시험이기 때문이다. 공항 근처 수험생들이 소음에 의한 불이익을 받지 않아야 한다. 한국의 대학 입학 과정에서 공정성은 가장 중요한 화두다. 모든 능력은 공정한 잣대로 재단, 평가되어야 한다. 그 공정한 순간을 위해 초등학교, 혹은 유치원 시절부터 전 국민이 달린다.

한국의 학생들은 치열하게 공부한다. 필요하지 않은 내용까지 모두 감수하며 공부하고 체험하고 봉사한다. 그 공부는 어떤 능력을 배양하기 위한 것이 아니다. 대학 입학 조건에 포함된 변수들이기 때문이다. 입시는 하고 싶은 것들을 모두 억제하고 참아내는 인고의 과정이다. 당연히 교육의 시작 시기부터 벌어진 일은 아니었다.

1886년 육영공원育英公院이라는 근대적 공립학교가 설립되었다. 교명에서 알 수 있듯이 영어를 가르치는 공립 교육기관이었다. 조미조약에 의해 미국에 다녀온 보빙사 민영익의 건의로 설립한 학교였다. 그런데 보빙사들은 학교의 필요성은 인식했지만, 학교의 철학까지 파악하지는 못했던 모양이다. 이 학교는 선교사들이 세운 학교와 근본적인 가치관의 차이를 갖고 있었다. 왕족, 상층 양반 아들들을 입학시켰다. 육영공원은 졸업생 1명 때문에 좀 심각한 오명도 얻고 있

다. 독립문의 글자를 썼다고도 추정되는 그의 이름이 이완용이다.[232]

선교사들이 세운 학교는 신분 제한이 없었다. 원하는 이들에게 교육의 기회를 부여했다. 배재학당은 부설기관으로 삼문출판사를 설립했다. 한글, 영어, 한문을 다루는 출판사였다. 과연 첫 출판물은 종교적 냄새가 물씬 나는 〈천로역정〉이었다. 이 번역 소설은 한글로 표기된 '긔독교'가 등장하는 첫 문서일 것이다. 배재학당에서는 가정이 어려운 학생들을 삼문출판사의 근로장학생으로 선발했다. 가장 널리 알려진 이름이 주시경이다. 선교사들은 장학금도 근로의 결과여야 한다고 믿고 있었다. 1890년에 제정된 배재학당 규칙 중 일부를 옮기면 이렇다.

제2. 학자금이 없는 이는 일자리를 주고
　　　제 힘으로 벌어서 쓰게 한다.
제19. 매 일요일에는 반드시 무슨 일이나 정지한다.

일제강점기에 하급 학교가 규정되었다. 1911년에 공표한 것을 시작으로 모두 네 번의 〈조선교육령〉이 시행되었다. 최초의 〈조선교육령〉을 통해 보통학교 4년, 고등보통학교 4년의 학제가 만들어졌다. 〈사립학교규칙〉도 제정되었는데 학교 설치에 총독부의 인가를 받아야 한다는 내용이었다. 이건 지배자 입장에서 보면 이해가 될 만한 사안이었다. 흥미로운 것은 교과목으로 성경 과목을 가르치면 안 된다고 명시가 된 점이었다. 종교와 교육이 분리되어야 한다는 것이 근거였다. 참고로 일본에서는 소학교 6년, 중학교 5년 과정이 시행되고 있었다.

1915년 〈전문학교 규칙〉이 마련되어 전문학교가 건립되었다. 학력으로 기존의 신분 질서가 대체되는 계기가 마련된 것이다. 관립 전문학교로 경성의학전문학교, 경성공업전문학교, 수원농림전문학교가 설립되었다. 선교사들은 연희전문학교와 세브란스의학전문학교를 설립했다. 선교사들의 고등교육 선점은 총독부를 긴장시킬 사안이었다. 특히 총독부에서는 3·1운동의 배후에 기독교가 있다고 분석했다.[233] 과연 기독교 선교부 연합회는 교육 과목에 성서 허용의 진정서를 제출하기에 이르렀다.[234]

1922년에는 〈조선교육령〉이 개정되었는데 보통학교는 6년, 고등보통학교는 5년으로 학제를 연장했다. 민족차별 철폐 요구에 대한 내선융화의 대안 제시였다. 1938년의 세 번째 〈조선교육령〉은 전쟁의 영향이 확연해졌다. 황국신민화 교육을 본격화했다. 교육체제를 일본과 맞춰 보통학교는 심상소학교, 고등보통학교는 중학교로 명칭을 바꿨다. 그리고 1941년에 소학교는 국민학교가 되었다. 학교는 전시 체제에 맞춰 교육 과정을 바꿨다. 조선어, 조선사는 수의과목이라는 선택과목이 되어 거의 폐지되었다. 내선융화의 지향점은 내선일체로 바뀌었다. 1943년의 〈조선교육령〉은 학교가 군사 시설로 바뀌는 근거를 마련했다. 조선에도 징병제가 시작되었다는 것을 의미했다. 중학교 수업 연한은 4년으로 축소되었고 조선어, 조선사는 교과목에서 폐지되었다. 1945년에는 다시 〈조선교육령〉이 개정되었으나 이건 학도병 동원을 위한 조치였다.

광복 후 미 군정은 일제강점기의 교육 내용에 미국식 형식을 씌웠다. 국민학교에서 대학교에 이르는 6-3-3-4 학령 체제가 도입되었다. 상급학교 입학 시험으로 학생들을 골라내는 내용은 유지되었다. 중학교 입학부터 재수를 하는 상황들이 발생했다. 결국 1971년 중학교 무시험 입학 제도가 시행되었다. 1974년에는 서울부터 고등학교 평준화 정책이 시행되었다. 고등학교를 평준화시키자 지역이 비평준화되었다. 새로 개발된 강남 지역 학생들의 대학 입학 결과가 좋은 것으로 드러나면서 지역 과열이 생겼다. 이 지역은 당시 호칭으로 8학군이었다. 원래 공부 잘하는 학생들이 많았다는 것이 진단인데 거기 가야 대학 입학 성적이 좋아진다는 처방이 내려졌다. 아파트 가격이 연동되어 상승했다. 이곳의 아파트 가격이 타 지역 아파트 가격의 기준이나 목적지가 되었다. 학군 표시 방식을 바꾸면서 8학군이라는 단어가 사라졌지만, 해결책은 다른 데 있거나 없었다.

1980년 〈교육 정상화 및 과열 과외 해소방안〉이 발표되면서 사교육이 금지되었다. 이건 정말 군사작전 수행하듯 하루에 벌어진 일이었고 〈7·30 교육개혁 조치〉라고 불렸다. 그전에는 대학 입학을 꿈꾸는 학생들은 방과 후에 사설학원을 다니고 개인과외 교습을 받았다. 그런데 이걸 한순간에 금지해 버린 것이다.

요즘이라면 국민 의견 수렴이 부족했다고 민원이 빗발칠 사안이었다. 그러나 당시 대통령은 이런 사안을 간단히 결정하고 시행할 수 있는 주체였다. 그에 따라 1981년부터 대학별 본고사가 폐지되고 대학 입학 학력고사라는 전국 단위 객관식 단일 시험이 실시되었다. 전국 수험생을 객관적으로 일렬종대로 세워놓을 수 있었다.

시험장에 펜 하나만 들고 들어가서 동그란 칸을 새카맣게 칠했다. 우리에게 객관식 시험이라고 불렀으니 공정한 시험이라는 의미였다. 이런 객관식 시험 방식도 미국의 발명품이었다. 처음에는 중학교 입시만 객관식 시험이었다. 그러다 점점 확장되어 대학 입학의 자

격을 규정하는 예비고사에도 도입되었고 결국 학력고사라는 절대권
력을 장악한 시험방법이 된 것이다.

　미국의 대학은 입학보다 졸업이 어렵다는 소문도 들렸을 것이
다. 우리는 대학 입학 후 공부는 하지 않고 시위만 일삼는 대학생이 너
무 많아 골치라는 현실 자탄도 있었다고 한다. 그래서 대학 졸업정원
제가 시행되었다. 공부 안 하면 퇴학시킨다는 구도였다. 퇴학 예정만
큼 대학의 입학 정원이 늘어난 것이다. 그러나 한국에서 대학생을 퇴
출시키는 건 그 인생을 위협하는 조치였다. 대학 졸업정원제는 제대
로 시행되지는 않았다. 대학 정원만 늘었다.

　대입이 공정하다는 신화는 2000년대 초기에 위협받기 시작했
다. 역시 모범답안은 미국에서 빌려왔다. 그 나라의 대학에서는 입학
사정관들이 다양한 방법으로 신입생들을 선발하더라는 것이었다. 교
과서 달달 외워 시험 보고, 네 문항 중 하나 골라 맞춰 대학에 입학하
는 학생들이 어떻게 미래 사회를 창조해 나가겠느냐는 것이 우려의
근거였다. 자사고, 자공고, 특목고 등 수험생과 학부모가 아니면 알 수
없는 고등학교가 등장하면서 지역 학군 절대권력도 희석되었다. 그
러나 사라지지는 않았다.

　2008년부터 입학사정관제가 시행되었다. 새로운 갈등이 등장했
다. 수시 과정으로 입학한 학생들은 수시가, 정시 과정으로 입학한 학
생들은 정시가 더 합리적이고 공정한 제도라고 믿는다. 어떤 것이 정
답인지 알 수 없기에 여전히 문제는 풀리지 않는 상태다. 변수가 더 다
양해졌기에 해답은 더 멀어졌다. 대입 공정성의 의심받기 시작하면
서 새로운 세대들은 점점 더 공정성에 대해 질문하게 되었다.

　미국에서 시행하는데 왜 한국에서는 안 되느냐는 제도가 대학

◀ 한국에서 대학 입시는 구청장까지 나서서 챙겨야 하는 국가 행사다.

▶ 이뤄지기를 원하는 네 개의 목록 중 세 개가 시험 결과다. 그중 대입 시험이 가장 앞에 있다.

기여입학제다. 동문 자녀, 고액 기부자에 대한 예우라고도 불렀다. 미국에서의 기여는 한순간에 큰 금액을 거래로 지급하는 것이 아니다. 꾸준히 학교에 관심 두고 기여하여 돈 이외의 명예를 축적해야 적용되는 제도다. 공정함이 사회의 근간이라면 시행해도 문제가 될 것이 없는 제도다. 그러나 한국은 공정성이 항상 의심받는 나라다. 그래서 한국에서는 논의도 어렵다.

여전히 한국의 교육은 미국에 기대고 있다. 어릴 때부터 보내야 할 교육 목적지에 영어유치원이 빠지지 않는다. 유학의 목적지는 일제강점기의 일본에서 미국으로 완전히 바뀌었다. 대학마다 인문계를 진학하는 학생이 선호하는 전공에 경제·경영이 빠지지 않는다. 직설하면 수능 성적에 근거한 대입 커트라인이 높다는 이야기다. 2025년 서울대학교 경제·경영 전공의 한국인 재직 교수 93명 중 84명이 미국 박사니 무려 90퍼센트다. 다른 전공들도 크게 다르지 않다.

교회

편의점

거리를 걸으며 눈을 돌리면 어디에나 등장하는 간판이다. 그런데 교회가 더 많다. 2018년에 문화체육관광부가 조사한 한국의 종교 현황 자료가 있다. 한국의 개신교 교단은 374개, 교회 수는 8만 3천 개 정도였다. 비교하면 2024년 통계청 자료로 미용실 13만 개. 카페 10만 개, 편의점 5만 4천 개 정도였다. 천주교 교단은 하나다. 로마 가톨릭.

한국 개신교회의 역사를 보자. 선교사들에 의해 교두보를 확보한 것이 첫 단계였다. 다음 단계는 해방과 남북 분단으로 북쪽의 교회가 대거 남쪽에 이주해 정착하고 군정에 의해 정치적 힘을 얻은 것이었다. 평안도 억양이 기독교 비공식 공용어가 되는 순간이었다. 사회주의를 피해 남쪽으로 내려온 이들이 철저히 반공 주체 세력이 되는 건 당연했다. 이 선구적 개신교 지도자들은 서울 을지로 주변에 목회를 시작하여 전설적인 교회를 일궜다. 영락교회, 경동교회, 성남교회와 같은 이름들이다. 그래서 무신론자들에게는 을지로 일대에 평양냉면 벨트를 선물했다. 이들은 주인이 사라진 공간, 신사도 접수했다, 남산의 호국 신사 부근에 모여든 이들의 동네는 해방촌으로 불렸다. 개신교는 북쪽의 종교 박해, 남쪽의 정치 권력이 결합하여 새로운 힘을 얻었다.

◀　　다세대 주택가에 자리 잡은 개척교회. 십자가를 잘 보면 네온등까지 붙어 있다.

▶　　아파트 현관 문에 붙이는 교회 정체성. 익명의 도시에서 자신의 정체성을 드러내는 지점이다.

　　세 번째 단계에 이르렀다. 그건 산업화에 의한 도시화의 결과물이었다. 동기는 도시화가 초래한 씨족 공동체의 해체였다. 씨족 공동체의 특징은 강력한 내적 결집에 길항하는 외적 배타성이다. 한국인의 씨족적 성격은 여전히 작동하는 기제다. 이들은 대도시라는 익명의 공간에 이주했다. 거기 딱 맞게 제시된 것이 밀폐형, 익명적, 동질성의 아파트다. 그 익명성의 군집 개체를 교회가 기명성 개인으로 모아주었다. 교회가 부흥했다.

　　한국인들의 씨족적 배타성과 교회의 연관성을 확인해주는 현상이 있다. 더 이국적 공간에 배치된 사람들이 더 극명히 보여주는 모습이다. 미국으로 간 이민자들이 많다. 이들이 언어가 다른 이국의 익명성 존재들과 공동체를 형성하기는 쉽지 않다. 여기서 공동체의 핵심적 대안으로 떠오른 곳이 개신교 교회다. 개인의 종교적 편향성과 무관하게 교회는 교민들의 핵심 공동체 공간이 되었다. 대도시인지 외국인지 이주 목적지가 다를 뿐 이들은 동일한 씨족적 정서 유전자를 가졌기 때문이다.

한국의 개신교는 도시에서 더 발전했다. 신도들의 관심 목록에 1세대의 구원, 2세대의 이데올로기 외에 3세대의 중산층 생활양식이 추가되었다. 이들에게 사회적 관심은 경제였다. 교회 출석이 부귀를 가져다준다는 교리의 종파까지 등장했다. 믿음의 보상이 내세의 구원이라는 것이 원래 프로테스탄티즘이었다. 그런데 한국의 어떤 개신교에서는 믿음의 보상에 현세의 재물과 부귀가 포함된다는 교리가 등장한 것이다.

어쨌든 신이 내려준 보상에는 감사해야 한다. 그래서 감사헌금이라는 항목도 발명되었다. 덩치가 커지면서 교회의 화두는 소명이 아니고 경영이 되었다. 이건 종교개혁 이전 가톨릭에서 줄줄이 보아온 내용이다. 그리고 미국 교회에서도 확연한 현상이다.

대형 교회의 위치는 새로 도시화가 이루어진 곳들이다. 교회는 대형화될수록 단위를 세분화해서 공동체를 제공해 주었다. 나이, 계급, 지역별로 다양하게 엮은 공동체였다. 친교, 복지, 교육, 선교, 봉사의 다양한 기능적 요구가 발생한다. 이들은 모두 공간을 요구한다. 결국 더 넓은 토지에 새 건물을 짓게 된다. 대형 교회가 되면 본당 인근 여기저기에 새로운 건물들이 추가된 교회 캠퍼스가 형성된다. 볼로냐대학의 모습이 교회에 구현되는 것이다.

반대쪽에는 개척교회가 있다. 통계로 보면 개신교인은 줄어드는데 교회 수는 꾸준히 증가하고 있다. 개척교회는 말하자면 도산 가능성이 높은 사업이다. 천주교 성당과 달리 교구 분할이 없고 적당한 곳에 임대해 들어가서 시장을 개척해야 하기 때문이다. 과연 교회는 아파트 주변 상가 최상층에 자리 잡은 개척교회부터 전 세계 최대 규모의 교회까지 분포한 엄청난 편차의 종교기관이다. 개신교 교회는 기업적 속성을 확연하게 띄기 시작했다. 개신교 교회도 경쟁이 중요하지 않던 시기에는 제목이 담담했다. 그런데 경쟁이 시작되면서 시선을 끄는 창의적 이름이 필요해졌다. 무엄하게 비교하면 상호에 해당했다. 서점에 가면 〈한국교회트렌드〉, 〈부흥하는 교회, 쇠퇴하는 교회〉 같은 도발적 책까지 찾을 수 있게 되었다. 대형 교회에 세습 문제가 불거지는 건 당연하다.

도시에 다양하게 자리 잡으면서 천주교와의 차별점이 극명하게 드러났다. 천주교는 교단이 단순명쾌하다. 정교회도, 성공회도 여기 속하지 않는다. 단호한 중앙집중체제다. 이에 비해 개신교는 정확한 교단의 수를 아무도 모른다. 언제 어떤 교단이 자생적으로 등장할지 모른다. 각 교단과 교회가 각기 다른 방식으로 설교하고 선교한다. 교단이 독립적이라는 것은 목회자 과정이 다양하다는 것을 의미한다. 그 교단 수만큼은 아니지만, 적지 않은 신학교가 존재한다. 어느 학교를 졸업했는지가 갑자기 중요해진다. 그래서 개신교 목사들의 소개 문서에는 졸업한 학교명이 빠지지 않는다. 그 신뢰는 세속의 기준과 동일하게 학력에 기대야 하기 때문이다.

이제 건물로 두 그리스도교를 비교해 보자. 성당은 건축가의 특이한 의지가 없으면 의전 중심의 바실리카 평면이다. 명동성당을 생각하면 된다. 이에 비해 개신교 교회 평면에서 중요한 것은 더 많은 신도의 수용이다. 설교 공간을 줄이고 교인석을 체육관처럼 배치하는 것이 합리적이다. 사각형 평면을 상정하고 비교해 보자. 신부는 벽의 중앙에 서고, 신도석은 그 앞에 평행 배치된다. 목사는 구석에 서고 교회 신도석은 동심원 배치가 된다.

주어진 공간을 이용해 신도석을 확보하는 방법으로는 입체적인 해결책이 있었다. 발코니를 만드는 것이다. 성당의 발코니 크기는 성가대가 노래하는 데 적당한 수준을 넘지 않는다. 성당은 미사 중 영성체를 받아야 하므로 발코니를 두기도 어렵다. 그런데 교회는 대형화할수록 음악당이나 체육관과 같은 거대한 발코니를 설치한다. 이 발코니 좌석은 한국 개신교의 발명품은 아니다. 이미 유럽의 루터교 교회에서 사용된 방안이었다.

천주교는 특수한 경우가 아니면 교구 성당으로 가서 미사에 참석하면 된다. 주차장은 의전용으로 제공하는 정도다. 의전이 많은 거점 성당은 좀 더 넓은 주차장을 제공할 따름이다. 그런데 신앙은 자신의 생명을 담보로 내세를 예측하는 것이다. 개신교에서 교회를 선정하는 것은 내세 설정에서 도박에 가까운 사안이 되었다. 그래서 교인들의 교우 방식과 설교가 중요한 판단 기준이다. 먼 거리의 교회라도 신념이 같으면 꼭 거기로 가야 한다.

개신교 교회는 주차장 공급이 큰 숙제다. 욕심내어 주차장을 확보하다 보니 지하 주차장이 도로를 침범한 상태로 건물을 지어 소송에 휘말린 교회의 사례도 있다. 주차장 확보에 따라 주말 예배의 진행 횟수가 달라진다. 교회 장로의 봉사에서 요구되는 것 중 가장 중요한 것이 주말 주차 안내다.

주차장 기준으로 성당과 교회를 편의점과 냉면집의 관계로 비교하면 이해가 쉽다. 편의점은 단골을 정해놓는 것이 아니고 그냥 집 가

부설 기계식 주차장을 설치한 교회. 세계적으로 유례가 드문 사안일 것이다.

까운 곳에 가면 된다. 따라서 편의점은 주차장을 따로 제공해야 할 아무런 이유가 없다. 이에 비해 냉면 식당은 종교적 신념을 갖는 숭배자들의 순례지다. 주차 시설이 부족하면 자동차가 주변 도시로 흘러넘치게 된다. 도시적 민폐다. 주말에 집중적으로 신도가 몰리고 우렁차게 찬송가도 부르니 교회는 주택가의 혐오 시설이 되었다. 그래서 교회는 교회라는 간판을 내리고 다른 가면을 쓰기도 한다. 정체가 모호한 문화시설이 되는 것이다. 그래서 예배 공간이 문화시설의 부수 기관이 된 교회도 존재한다.

그래서 도시도 바뀐다. 신도시 예정지에 교회나 절이 있으면 이 땅은 수용 대상에서 대개 제외한다. 사업 시행이 어려운 극단 저항이

대형 교회 앞 일요일의 주차 안내.

이어질 가능성이 크기 때문이다. 교회 입장에서 사업 기간 중 예배 중단과 그에 따른 신도 이산은 대단히 위험한 도산 변수다. 도시계획의 시작점은 토지이용계획을 짜는 것이다. 토지이용계획도를 작성할 때도 종교시설 용지는 주거 용지로부터 멀리 떨어진 한적한 곳에 배치한다는 것이 원칙이다. 사업 시행 후 민원 빈발에 따른 학습 효과 때문이다.

그리스도교는 소외된 자들의 신념 공동체였다. 이 신념은 조선에 도착한 선교사들에 의해 계급적으로 소외된 자들에게 전파되었다. 광복과 군정을 거치면서는 지역적으로 소외된 월남인들에게 집중 전파되었다. 이후 산업화와 도시화를 거치며 씨족적으로 소외된 가족들의 구심점이 되었다. 그러나 도시화 이후의 한국 기독교는 더는 소외된 자들의 공동체는 아닌 것이 확연해졌다. 다만 어떤 공고한 신념 공동체일 뿐이다.

문화

노래방

일본에서 수입해 왔다. 노래방에서는 아무도 박수를 안 쳐도 누구나 절창할 수 있다. 절창해야만 한다. 중요한 건 분위기를 살려가는 일이다. 그러므로 여기서 가곡을 부르면 곤란하다. 분위기 망친다고 비난받는다. 노래방에서는 가요를 불러야 한다.

가곡과 가요. 대개 4분 안팎의 시간 동안 반주 맞춰 부르는 노래들이다. 이건 어떻게 구분하는가. 간단하게 답할 수 있다. 가곡은 무대에서 부르고 가요는 노래방에서 부른다. 그래서 세종문화회관에서는 가곡만 부를 수 있던 시대가 있었다. 가요를 부르는 가수에게는 대관이 되지 않던 시대다. 이유는 가요는 고귀한 문화, 순수음악이 아니기 때문이다. 가요는 대중문화, 대중예술이다.

라디오를 틀면 가요 방송은 수십 개인데 가곡 방송은 특정 채널에 국한되어 있고 방송 시간도 제한적이다. 공영방송의 책임 의식이 없으면 그나마 포기했을지 모를 일이다. 가곡의 가사는 대개 우아하기는 하나 뜬구름 잡는 분위기다. 그런데 가요 가사들은 죄 가슴에 절절히 와닿는다. 친일파와 뽕짝의 비아냥 속에서도 노래방에서는 가요를 불러야 한다. 요즘은 랩도 하고 춤도 춰야 한다.

이처럼 가곡과 가요에도 계급 구분선이 존재한다. 계급이 인간에게 적용되는 단어이므로 이 노래에 관련된 사람들 구분이다. 어쩌면 차별이라고 해야 할지도 모르겠다. 작곡가, 작사가, 가수일 것이다. 가곡의 역사는 홍난파, 채동선, 현제명, 나운영, 김성태와 같은 작곡가 이름으로 출발한다. 이들의 공통적 배경이 흥미롭다. 홍난파는 새문안교회 성가대 출신이고 미국의 음악학교를 다녔다. 채동선은 와세다대학 영문과와 독일 음악학교 출신이다. 현제명은 미국 성경학교와 음악학교를 다녔다. 나운영은 일본 동경음악학교에 다녔고 특히 많은 찬송가를 남긴 기독교 장로였다. 김성태 역시 개신교 집안에서 태어났는데 특히 이력서의 학벌이 복잡하다. 연희전문, 도쿄 고등음악학원, 호세이대학교, 미국 인디애나주립대학교 등에서 공부한 것으로 나와 있다.

이들의 공통점을 추려내면 대학교와 개신교가 확연히 드러난다. 가곡을 부르는 가수들도 테너나 소프라노로 지칭되는 사람들이다. 대학에서 성악을 전공했다는 걸 의미한다. 한국에서 서양식 다성 합창은 개신교와 밀접하게 연결되어 있다. 어느 문화권이나 함께 부르는 노래를 통해 공동체 결속이 다져진다. 그런데 우리는 함께 노래를 부르는 경우가 그리 많지 않았다. 노동요들도 잘 관찰하면 논밭에서 혼자 김매며 부르는 것이 많고 여럿이 불러도 대개 후렴 수준이다. 그런데 시종일관 함께 부르는 찬송가가 도입되었다. 악보를 보고 함께 부르는 합창은 기독교를 엔진으로 장착했고 지금도 전문 합창단은 기독교와의 관계가 두드러진다.

노래방에서 만나는 가요 관계자들의 배경은 매우 다르다. 가곡 작곡가들과 비슷한 시기 가요 작곡가들은 박시춘, 손목인, 전수린, 이재호, 김준영 등으로 이어진다. 가수들의 이름은 훨씬 친근한데 남인수, 고복수, 현인, 이난영, 황금심 등이 줄줄이 등장한다. 수백 곡의 노래를 매개로 민족의 애환을 보듬어 준 사람들이다. 이들은 배경 상 공통점으로 묶을 것이 없다. 학력으로 보면 일본 유학에서 고등보통학교 중퇴에 이른다. 아예 기록이 없는 사람들도 많다. 좋게 말하면 학벌이나 배경이 아니라 오직 실력으로 경쟁했다는 이야기기도 하다. 그럼에도 음악대학에서는 가요 아닌 가곡을 작곡하고 부른다. 여기 해당하지 않는 음악은 상업, 혹은 산업에 연관되었다고 하여 실용음악이라는 단어로 표현한다.

가곡과 가요의 모순상황 이해를 위해 이번에는 미술계를 살펴보자. 흥미로운 특정 인물이 개입된 어떤 사건으로 시작해 보자. 서울 대치동 포스코센터 앞 광장의 미술품 〈아마벨〉에 관련된 이야기다. 이건 조각작품이 아니라 흉물이라고 판단한 경영진이 치워버리겠다고 나섰다.

포스코 센터 앞의 조각 〈아마벨〉. 단언할 수 있는데 한국의 환경 조각 중 최고다.

가수 조영남 씨와 아주대 이성락 의무부총장이
최근 철거 이전 논란이 일고 있는 포스코센터 앞 프랭크
스텔라의 조각품 '피어오르는 꽃(일명 아마벨)' 지지 공개
설명회를 갖겠다고 나섰다. 설명회는 20일 낮 12시 30분 서울
강남구 대치동 포스코센터의 '아마벨' 조각품 앞에서 갖는다.
질문 응답도 받을 예정이다. 조 씨는 국내외에서 수차례
작품전을 가진 바 있고, 이 부총장은 알려진 미술 애호가다.[235]

여기까지는 문제가 없었다. 미술계에서 나서는 사람도 없는 사안이었다. 그런데 지명도 높은 사람들이 나서서 기꺼이 조각을 옹호해 주는 고마운 구도였다. 그런데 '수차례 작품전을 열어 본 바' 있는 이 가수에게 나중에 탈이 붙었다. 그가 그림을 그려 팔았는데 실상은 조수가 그린 것이었고 이를 은폐했다고 소송이 걸렸다. '조영남을 화가로 인정하면 대한민국 예술계 대혼란'[236]이라는 것이 바로 시비의 근거였다.

그런데 미술계의 조수는 하나도 이상하지 않은 사안이었다. 미술은 길드의 작업이었기 때문이다. 레오나르도 다빈치, 미켈란젤로, 라파엘로, 루벤스, 렘브란트, 로댕은 최고의 미술가들이며 대놓고 조수들에게 일을 시킨 사람들이었다. 앤디 워홀Andrew Warhola Jr., 1928~1987 은 실크스크린과 석판화로 유명한데 그 판화작업은 모조리 조수들이 했다. 다 알려져 있다. 제프 쿤스Jeffrey Lynn Koons, 1955~ 는 자신이 미술가가 아니라 사업가라고 공언하는 사람이다. 작업복 차림의 후줄근한 다른 미술작가들과 달리 항상 정장 차림이다. 무려 150명 정도를 조수로 고용하고 있다는 사람이다.

지하철역에서 만난 문화예술작품.
이렇게 호칭될 때 저 물건은 손대면 곤란한 대상이 된다. 앉으면 더욱 안 된다.

사기, 명예훼손, 팝아트의 개념이 복잡하게 얽혔던 이 사건에서 대법원 판결은 피고 무죄였다. 이 사건이 흥미로운 것은 이 역시 업역 투쟁이면서 계급 투쟁의 성격을 띠고 있었기 때문이다. 혼란이나 우려를 주장한 사람들은 그가 가곡이 아니고 가요를 부르는 사람이었기에 특별히 치열하게 다툴 수밖에 없었다. 그의 지위 인정은 순수예술가의 지위 위협이라고 판단했을 것이다.

가수가 춤도 추고, 영화 출연도 하는데 유독 그림 전시에서 시비가 발생했던 이유는 무엇인가. 미술계의 생존 근거는 자본가의 구매다. 소액으로 연주회장 참석이 가능한 음악과 달리 미술품은 판매를 위해 훨씬 더 큰 단위의 자본이 필요하다. 미술작품의 구매층은 자본가를 전제로 할 수밖에 없고, 미술시장이 자본가의 손에서 벗어나는 것은 존재 근거를 위협받는 것이다. 미술은 자본가의 고상한 가치 세계에 포함되어 있어야 한다. 자격 미달자의 침입도 막아야 한다. 그것이 저 소송의 근간이었을 것이다.

예술은 예술가의 사회적 존재가치를 상승시키는 데 필요했던 개

넘이었다. 그래서 예술을 구성하는 음악가, 미술가, 건축가 등은 본인들의 업역 가치를 유지하기 위해 치열하게 제도적 장치를 만들어 왔다. 그 장치의 근본은 대학을 포함한 고등교육기관이어야 했다. 이것들을 묶어 부르는 이름이 문화였다. 이때 문화는 생활양식이 아니고 고상한 가치를 지칭했다. 독일의 부르주아지가 개척한 가치였다.

문화는 독일에서 일본으로 향유하고 추구할 가치를 가진 채 수입되었고 다시 조선에 도입되었다. 일본은 음악도 독일에서 수입했다. 음악 유학생의 목적지는 독일이었고 독일 연주자들이 일본을 방문해서 연주회를 개최했다. 그래서 일본에서도 기악 음악이 더 고상한 것으로 이해되었다.

음악회는 다목적 공간에서 열렸다. 일제강점기에 연주회장으로 가장 많이 등장하는 이름은 기독교청년회관이었다. 원래대로 쓰면 YMCA라는 미국식 기관이었다. 미국에서 농구와 야구의 전파에 큰 역할을 한 기관이다. 한국 프로야구의 전파 뿌리에도 이 기독교청년회관이 있다. 그 외에 경성상공회의소 강당, 부민회관과 같은 곳이 음악회장으로 사용되었다.

한국인은 가만히 앉아 있지 못하는 사람들의 집합체다. 한국에서는 마당극, 창극, 판소리에서 청중도 추임새를 넣고 간섭하면서 공연의 일부가 되었다. 프로야구장에서도 경기 자체보다 노래하고 춤추는 응원이 더 중요하다. 서양음악이 도입된 일제강점기에도 연주자의 금욕적 입장과 청중의 간섭으로 인한 갈등이 발생하곤 했다. 청중석에서 재촉하고 야유를 하다가 피아니스트가 퇴장했고 급기야 청중이 환불을 요구하는 사태도 있었다.[237] 그런 청중들을 음악회장답게 숙연하게 붙잡아 놓기까지 오랜 교육이 필요했겠다. 이 다혈질적 청중은 연주가 끝날 때까지 간신히 참았다가 연주가 종료되면 어느 나라의 청중들보다 크고 격렬한 환호의 박수를 보낸다. 방한한 외국 연주자들이 그 열기에 당황하는 예도 꽤 있었다. 한국인들의 공연장에서의 인내는 교육의 결과일 것이다.

광복 후 제대로 된 첫 문화관은 이름 그대로 세종문화회관이었다. 북한의 인민문화궁전이 건축적 경쟁 상대였다고 알려져 있다. 지방 곳곳에도 문화회관이 건립되었다. 모두 이것저것 문화라는 단어가 붙은 이벤트는 다 할 수 있는 공연장이었다. 단, 대중문화는 빼고. 전문화된 문화 공간이 필요한 시기가 되었다. 그런 건물이 지어진 시기는 전혀 문화적이지 않은 정치의 시대였다.

본인은 오늘 대통령에 취임하면서...
교육혁신과 문화창달로 국민정신을 개조하는 것입니다.

1980년 9월 1일 전두환 11대 대통령 취임사에 들어있는 문장이다. 서술어가 무시무시하다. 국민은 선출권을 가진 권력 주체가 아니라 정신 개조의 대상이다. 본인이 군인 출신임을 확연하게 드러내는 문장이었다. 그런데 그 방식으로 지목한 것이 좀 특이했다. 교육혁신과 문화창달.

문화창달이라는 단어는 실체가 모호했다. 저때 문화는 생활의 양식이 아니고 이루고 도달해야 할 우아한 그 무엇을 지칭하는 게 확실한 단어였다. 그것은 사단장 출신 대통령과 잘 어울리지 않는 목표기도 했다. 그래서 그가 반대쪽에 필요한 균형추에 집착하는 것이 당연했다. 그는 유독 재임기에 소탈한 분위기의 문화적 행사 참여를 방송과 매체에 집중 노출했다. 그리고 그에게 문화시설 건설사업이 필요했다.

과연 초대형 문화시설들이 건립되었다. 모든 건설사업이 권력 피해의식의 소산은 아니다. 그러나 집권 과정이 의심받고 있다고 의심하게 되면 반대급부로 과시적 초대형의 건설사업을 벌인다. 고대 이집트 때부터 검증된 사실이다. 그는 유독 문화시설을 크게 지었다. 여기서 중요한 것은 저 단어 문화, 예술이 갖는 만병통치적 효능 덕분이었다. 드디어 잔향시간을 고려하고 무대 장치를 완비한 전문 공연장이 건립되었다. 부르주아지의 엄숙한 문화 공간이었다. 그래서 이름은 거창하게 예술의전당이었다.

그의 시기는 경제적으로 융성기였다. 경제성장률이 심지어 두 자릿수를 기록하기도 했다. 한국이 유례없는 경제성장을 이룬 것은 누구도 부인할 수 없는 사실이다. 그런데 그 성장이 어떤 동인으로, 어떤 경로를 거친 것인지 궁금하다.

이런 사회적 변화를 이해하기 위해 가장 좋은 방법은 시뮬레이션을 해보는 것이다. 다른 동인과 경로를 변수로 넣었을 때 어떤 결과가 나오느냐. 그런데 한국에는 이런 시뮬레이션이 필요 없다. 바로 옆에 비교할 수 있는 체제가 있기 때문이다. 출발점의 차이는 사소했다. 북쪽에 소련이, 남쪽에 미국이 주둔했을 뿐이다.

한국

왕조

공비 일당 침입

일간지들의 보도 문장들이 이러했다. 1937년 6월 4일 밤에 벌어진 사건이다. 발생지는 압록강변의 보천보, 경찰관주재소였다. 사망 피해자는 2명인데 1명은 순사부장의 두 살 배기 딸이었다.[238] 이들이 탈취해 간 것은 주로 식량이었다. 호외까지 발행되었던 이 사건은 김일성이라는 이름이 조선 방방곡곡에 알려지게 해주었다. 기사 자료마다 숫자는 다르나 150명 정도의 공비가 소총 네 자루를 들고 벌인 사건이었다.

그런데 이건 일제강점기 동안 조선 영토 내에서 벌어진 드물게 집단적인 무장 공격이었다. 우리가 알고 있는 사건들은 대체로 3·1운동처럼 평화적이거나 강우규, 나석주 의사 건처럼 개인적 거사였다. 사건 이후 일본의 대대적 토벌 작전이 벌어졌다. 추격전에서 일본 순사 7명이 죽었다.[239] 신문에 공비로 표현된 무리는 더 죽었다.

이 사건은 20세기에 새로 등장한 왕조의 성립에서 단초를 제공했다. 이 왕조는 사회주의 표방 국가로는 인류 역사상 최초의 사례라는 점에서 독보적이다. 그럼에도 이 왕조는 이 책에서 내내 설명한 왕조 유지 전략을 고스란히 보여준다는 점에서 상투적이다.

침입 사건에 이어진 집중 소탕 작전으로 김일성은 소련으로 피신했다. 그는 1945년 광복과 동시에 소련과 함께 다시 등장했다. 8년

전의 사건은 잊히지 않았고 그는 항일 무장투쟁의 주역 인물로 부각되었다. 그리고 근 40년에 걸친 신화화를 통해 결국 신의 지위에 올랐다. 수령이라는 새로운 이름의 신이었다. 그는 절대 자연인의 이름만으로 호칭되지 않았다. '위대한 수령 김일성 동지'가 그의 이름이었다. 우리는 이를 우상화, 세뇌화라고 호칭해 왔다. 백성들은 '조국 해방의 대업을 이룩하신 김일성 동지의 불멸의 업적'을 기리기 위해 '백두산지구 혁명전적지'를 답사해야 한다. 이것은 그리스도교의 성지 순례에 해당하는 일이다.

그런 그도 죽었다. 1994년에 장례식이 거행되었다. 조선중앙텔레비죤에서 방영한 다큐멘터리에 비친 평양 거리에는 절규하는 주민들이 즐비했다. 카메라는 그에 앞서 잠시 하늘을 비췄다. 천천히 부유하는 두루미들이 보이는 화면이었다. 해설자는 하늘에서 새들이 몇 마리 내려왔고, 이들은 수령님의 영혼을 거두러 내려온 것이었고, 그럼에도 그들은 차마 하늘로 다시 올라갈 수 없었고, 이유는 인민들의 애절한 슬픔을 이들도 저버릴 수 없었기 때문이라고 설명했다.

막상 이 새들이 영혼 수거의 신묘한 사명을 갖고 등장한 것인지, 그냥 좁쌀 몇 알 찾으러 다니다 카메라에 잡혔는지 알 길은 없다. 그러나 이 장면을 촬영해 다큐멘터리에 넣은 의도는 선명했다. 하늘도 이 죽음을 슬퍼한다는 메시지 전달이었다. 결국 죽은 그는 하늘과 연결이 되거나, 하늘과 비슷하거나, 하늘로부터 무언가를 받은 존재였다. 5,000년 전의 메소포타미아 부족장들이 그러했듯.

그는 살아서도 신이고 죽어서도 신이었다. 전 세계가 예수의 일대기를 근거한 연호를 사용한다. 그런데 이곳은 주체 연호를 별도로 사용한다. 그건 그가 태어난 서력의 1912년에서 시작한다. 그의 탄생일은 태양절이라는 최고 국경일이다. 죽은 그는 고대 이집트의 태양신이거나 그리스도교의 예수와 같은 존재다. 왕조 세습이 정당화되기 위해서는 시조가 신적 존재이며 가족이 모두 신성해야 한다. 그렇다면 세습한 그의 아들도 손자도 대를 이어 신적 존재여야 한다. 예수가 신의 아들이라면 예수도 신이어야 했다는 이야기를 상기하자.

평양 만수대언덕에는 초대형 김일성, 김정일의 동상이 건립되어 있다. 평양의 방송은 이들을 항상 '만수대언덕에 높이 모신' 분들로 표현한다. 워낙 거대해서 금칠할 수는 없고 대체 금속, 구리로 만든 것이다. 녹이 슬면 곤란하니 계속 유지 관리해서 광채가 나야 한다. 그리스도교에서 십자가가 신성하게 인식되는 것보다 그들의 구리 동상 이미지는 훨씬 신성하다. 동상 모습이 잘린 상태로 촬영하는 건 신성모독에 해당한다.

그런데 아들도 죽었다. 죽은 그들을 잘 모셔야 한다. 김일성 관저였던 금수산의사당이 시신 안치소가 되면서 거창하게 금수산태양궁전으로 명칭이 바뀌었다. 거기에는 비물질적 흰색의 알 수 없는 재료로 조성된 김일성, 김정일의 입상이 있다. 배경의 깊이도 알 수 없는 방식으로 조성되어 있다. 그들이 존재하는 곳은 인간이 이해할 수 없는 초월적 장소다. 왜냐하면 이들이 신이기 때문이다.

북한 학생들의 학습 교과목 중 가장 높은 지위에 있는 것이 김일성, 김정일의 저작과 어록이다. 그 안에 담긴 주체사상과 인민대중 제일주의를 학습해야 한다. 비교하자면 이 서적들은 그리스도교의 성서와 동등한 위치에 있다. 현대 신약성서에는 친절하게 예수의 발언들을 굵은 글자나 다른 색깔로 인쇄한 것들도 있다. 이는 북한에서 김일성, 김정일 발언에도 적용된다.

열심히 공부해야 한다는 포스터. 그런데 배경의 책장을 보면 가장 상단에 꽂힌 것이 김일성 저작집이다.

3대에 이르렀다. 이제 이 왕조를 세계사의 발전 틀에 맞춰 해석할 시간이다. 그런데 당연히 세습을 명문화할 수 없는 곳이 북한이다. 사회주의 국가 어디에서도 자신들이 지탄하던 봉건주의 잔재 세습을 시행한 적이 없기 때문이다. 문제는 정통성이다. 없는 정통성을 만들어 권위를 과시해야 한다. 우선 혈통이 합리화되어야 한다. 이를 위해서 백두산이라는 과시적 공간이 동원되었다. 김일성이 항일투쟁을 한 곳이 백두산인데 그의 아들이 백두산에서 태어났다고 선전했다. 이를 한 단어로 줄여 부르면 백두혈통이다. 백성들은 여전히 백두산 전적지에 가서 백두혈통의 정통성을 체험해야 한다.

정권 세습 초기는 불안정하다. 김정은도 집권 10년 정도는 정권의 정당성이 확실하지 않은 시기였다. 여기서 사회주의 국가 최고지도자가 자본가들의 복장인 넥타이 차림일 수 없었다. 스탈린, 모택동, 가다피, 카스트로 등을 생각해 보면 된다. 과연 김정은은 집권 초기 내

한국

눈 덮인 백두산 어딘가를 장식 덮인 백마를 타고 자세를 취한 '조선 민주주의 인민공화국 국무원장이며
조선 노동당 총비서이며 조선인민군 최고 사령관'. 조선중앙텔레비죤 방영 사진.

내 인민복 차림으로 텔레비전에 등장했다. 그가 넥타이 차림을 일상
화하기 시작한 것은 권력 안정을 확인했다는 증거였다. 2021년 신년
사가 분기점이었다. 참고로 김정일은 정장 차림의 흔적이 없다. 심지
어 김일성을 뛰어넘는 권력 자신감은 연호 사용에서도 보인다. 조선
중앙텔레비죤의 뉴스에서도 더 이상 주체 연호를 사용하지 않는다.

지속적인 정통성 강조가 필요했다. 김정은은 눈 덮인 백두산 어
딘가를 흰말을 타고 달리는 모습을 연출해서 보여주었다. 비일상적
인 흰색 배경에 금색 장식이 붙은 모습이었다. 카메라는 태양을 역광
으로 놓아 그는 태양임을 설명했다. 여전히 그가 관련된 보도에는 앞
서 항상 백두산이 배경에 깔린다.

김정은이 등장하며 왕조 형성을 부인할 길이 없게 되었다. 어느
세습 정권이나 즉위 초기는 왕조 국가라면 계급사회일 가능성이 높
다. 과연 북한은 계급사회다. 그 계급을 구분하는 현지 용어는 출신 성

왕조　　　　533

분이다. 최상위 계급은 개국공신에 해당하는 혁명 열사의 후손들이다. 반대로 '조국 해방전쟁' 시 남쪽에 우호적 태도를 보인 이들의 가족과 후손이 최하층에 깔린다. 성분에 따라 교육의 기회가 달라지고 취업의 방식이 결정된다. 2005년 4월 25일 5천 톤급의 구축함이 남포조선소에서 진수되었다. 이름은 최현호다. 최현은 '보천보전투' 공비들의 지휘관 이름이다. 그는 당연히 개국공신이었다. 그의 아들 최룡해는 공화국의 최고인민회의 상임위원회 위원장이었다. 성분이라고 표현되는 계급이 가장 중요한 사회라는 걸 가감 없이 보여준다.

왕족 지위 유지를 위해 귀족 계급을 설득하고 신뢰를 얻어야 했다. 이들이 무력 담지자擔持者들이었기 때문이다. 귀족이 사라진 상황에서 무력행사 주체는 군부다. 권력 구조가 불안정한 국가에서 상시 발생하는 것이 군부의 권력 행사다. 이걸 쿠데타라고 부른다. 권력 정당성이 취약하면 군부를 체제 이익집단의 최우선 순위에 통합해야 한다.

북한에서 선택한 왕가 유지 방책은 '선군'이다. 국가정책의 우선순위가 군사 문제라는 것이다. 군부가 이를 부인할 필요가 없다. 귀족의 계급적 존재 가치가 무력을 통한 방어에 있었다면 김씨 왕조가 무력기관을 추슬러 놓는 건 최우선의 안전장치다. 선군 정책을 유지해도 전쟁 수행 능력의 한계가 보인다면 수위가 다른 무기가 필요하다. 핵 무력 개발의 전력투구가 대안이다. 무력은 왕조 보전의 수단이기 때문이다. 이들에게 핵무기 포기는 왕조 포기와 동의어다. 그러면서 그 핵무기는 오히려 백성을 보호하기 위한 것이라고 설명해야 한다. 역사책에서 왕족과 귀족이 항상 해오던 이야기다.

권위 유지를 위해서는 혈통을 넘는 능력을 계속 증명해야 한다.

북한은 극장 국가의 길을 택할 수밖에 없다. 가장 거대하고 눈에 띄는 것은 건설사업이고 거기서 벌이는 서커스다. 그래서 조선중앙텔레비죤에서 김정은은 지속적으로 건설사업에 직접 관여, 계획하는 모습을 과시한다. 물고기 양어장부터 온실종합농장까지 착공과 준공을 꼬박꼬박 챙겨 방송 매체에 실어 보낸다. 그리고 여기 열광하는 신도들의 모습을 함께 보내야 한다. 그런데 이 도시는 멀리서 화면으로 보아야 화려하다는 점에서 영화 세트장과 가치가 맞닿아 있다. 초고층의 괴상한 모양 아파트들은 단열도 되지 않고 마감은 싸구려 타일을 어수룩하게 붙여놓았기 때문이다.

이 종교는 사후세계를 설명하지 않는다는 점에서 독특하다. 그럼에도 신념 체계로서는 확실한 종교다. 주변 모두가 광신도라면 본인도 광신하는 게 오히려 마음 편하다. 주변 사람들이 다 믿는데 본인만 믿지 않으려면 자신이 선지자나 예언자가 되어야 한다. 대단히 위험한 일이다.

루터는 신성로마제국에 살던 사람이었다. 그런데 이 제국이 신성하지도 않고, 로마도 아니며, 제국도 아니라고 비꼰 사람은 프랑스의 볼테르Voltaire, 1694~1778 였다. 사회주의 지상낙원 조선민주주의인민공화국. 이것이 북쪽에서 자신을 표현하는 긴 문장이다. 그런데 이 나라는 사회주의를 실행하지도 못하고, 민주주의가 작동하지도 않으며, 인민의 공화국은 더욱 아니다. 지상낙원은 주관적 단어이므로 내부에 그렇다고 믿는 주민들이 있을 수도 있으나 밖에서 동의하기는 어렵겠다. 그런데 남쪽도 처음에는 왕조의 흔적을 지우지 못하고 출발했다. 여전히 그런 흔적이 남아 있기도 하다.

봉황

청와대

건물 호칭이면서 여러 건물로 이루어진 단지 통칭이기도 하다. 거대한 면적의 청와대 남서쪽 외부에 분수대가 하나 있다. 그 봉황 모양 분수대에 붙은 안내문에 한자가 즐비하다.

이 噴水台 분수대 는 周辺景觀 주변경관 과 調和 조화 되게 韓國固有 한국고유 의 傳統美 전통미 를 살리면서 雄壯 웅장함보다 알차고 秀麗 수려 하게 動 동 보다 靜 정 을 擇 택 하여 조용하고 安定 안정 된 雰圍氣 분위기 를 느끼게 하였다. 온누리를 象徵 상징 하는 12個 개 의 기둥을 塔身 탑신 으로 하고 그 內部壁面 내부벽면 에 十長生圖 십장생도 를 彫刻 조각 하였고, 世界 세계 속에 韓國 한국 의 榮光 영광 을 나타내는 無窮花 무궁화 로 粧飾 장식 된 地球儀 지구의 위에 指導者 지도자 의 象徵 상징 인 鳳凰 봉황 을 彫刻 조각 하여 이곳의 뜻을 새겼고, 平和 평화 와 自由 자유, 繁榮 번영 을 謳歌 구가 하는 團欒 단락 한 國民像 국민상 을 네 귀에 세워 本体 본체 와 調和 조화 되게 하였으며 1985年 년 11月 월 18日 일 設置 설치 하였다.

안내문 아래의 부연 설명에는 봉황이 국가 원수의 상징이라고 거듭 확인해준다. 그런데 왜 대통령은 봉황으로 상징되어야 할까. 이

청와대 남쪽의 봉황 분수. 봉황을 본 사람은 없다.

질문은 우리나라의 대통령이 어떤 가치의 존재냐고 묻는 것이다. 이 봉황은 우리의 민주주의가 엉뚱하게 왕조 국가에 연결되어 있다는 증언이다.

조선의 왕은 용과 봉황으로 상징되었다. 모두 상상의 동물이다. 용은 기후 조절 능력을 갖춘 동물로 여겨졌으니 농경시대에 중요했다. 조선 개국 초기의 〈용비어천가〉가 상황을 충분히 설명한다. 용은 동아시아에서는 어느 정도 고착된 형상을 하고 있다. 이에 비해 봉황은 새라는 점 외에는 형태적 규범이 없다. 봉황은 태평성대를 상징하는 동물인데 그걸 이룬 성군의 가치를 부각하는 구도가 깔려 있다.[240] 그런데 1948년 대한민국 정부 수립 후 대통령의 상징으로 봉황이 다시 선택되었다. 당황스럽게 대통령이 엉뚱하게 왕을 계승한 것이다.

한국의 정치체계는 미국의 것을 상당히 수입해 왔다. 가장 선명한 것이 대통령president 이라는 제도다. 영어의 저 단어는 회의 총주재자 정도의 의미다. 호명하려면 미스터나 마담이 붙는 수준이다. 그런데 이게 한국에서는 앞에 '대'가 붙은 특별한 단어가 되었다. 실체가 확연히 달라졌고 왕에 가까워졌다. 대통령은 국가 원수이며 군 통수권자로서 최고의 권력 기관이다.

한국의 왕정은 그 단절과 폐지 과정이 선명하지 않다. 국가 구성원들의 힘으로 이룩되지 않았다는 건 명확하다. 그 폐지 과정에 식민지 역사가 끼어있어 더 가치가 혼란스럽다. 식민 역사를 극복하려면 이전 역사와 연결해야 하는데 그건 전제 왕권이다. 모순 상황이다. 그래도 연결해야 한다. 그래서 민주공화국 대한민국에는 왕조의 관성과 흔적이 여기저기 남아 있다. 대통령 상징 휘장에 저 상상의 국왕 상징물이 당당히 자리 잡은 상황이 그 사례다.

헌법의 선언은 이렇다. 모든 권력은 국민에게서 나온다. 그러므로 선출 과정이 명확하면 위임받은 자신의 권력을 굳이 가시화할 필요가 없다. 그런데 그 위임 과정이 투명하지도 공정하지 않은 경우가 있어서 문제였다. 1952년 직선제 이후 군사 정권을 겪으면서 정치사는 요동쳤다. 그 사이에 그 봉황들은 조금씩 모습을 바꿨다. 저 분수를 세웠던 대통령은 특히 그 정통성 의심이 두드러졌다. 그는 이전에 무력행사의 주체인 장군이었고 그의 집권 과정을 외국 언론에서 표현하는 단어는 쿠데타였다. 그는 거수기였다고 추후에 호칭되는 사람들에 의해 체육관에서 간선으로 선출되었다.

쿠데타 이후 군부가 정부를 형성하면 이를 훈타junta 라고 호칭한다. 그는 바로 이 훈타의 대통령이었다. 그래서 그 취임식 복장에 장식이 필요했다. 정장이기는 하되 몸을 대각선으로 가로지르는 제국주의 시대 지도자 휘장을 덧붙였다. 그에게는 선전도 필요했다. 그의 대통령 취임식 어느 중계방송은 이렇게 감격스러워했다.

우리의 새 대통령으로 전두환 장군이 당선되셨습니다.

... 우리나라에 전두환 대통령을 내려주신 하늘에

감사드리는 것입니다.[241]

그의 후임은 1987년 국민 직선으로 선출되었다. 그 역시 군인 출
신이기는 했지만 국민이 직접 선출했다는 데 누구도 시비를 걸 수는
없었다. 그의 취임식 복장에서는 장식이 소거되었다. 그는 가장 단순
한 정장 차림으로 대통령 취임 선서를 했다, 아니 할 수 있었다. 선거
를 거쳐 권력을 위임받는 국회의원도 대통령과 같은 복장이다.

모든 권력을 선거로 위임할 수 없다. 그래서 선출되지 않은 권력
행사 주체들이 있다. 판사들은 선출되지 않은 권력을 법적 전문성이
라는 이름으로 행사한다. 이들은 선출직 공무원들에 의한 재위임으
로 권력 근거를 얻는다. 재위임이기에 이들은 자신들의 권력 정당성
결여를 선출직과 다른 방식으로 설명해야 한다. 그래서 법복을 입는
다. 이들이 일상 집무에서 법복을 입을 필요는 없다. 그러나 변론과 선
고 기일에는 법복과 의례를 통해 자신의 권력이 법적 장치로 위임받
은 것이라고 설명해야 한다.

◀　1980년 대통령 취임식. 가슴에 대각선으로 두른 휘장은
민주주의 국가에서 보기 드문 것이다. 대한민국 정부 기록사진집.

▶　1988년 대통령 취임식. 직선제로 선출된 대통령이 명확하므로 장식이 필요 없다.
대한민국 정부 기록사진집.

그런데 위임받은 권력임에도 유니폼을 입는 경우가 있다. 현대사에 얼룩을 남긴 사건의 사례들이 있다. 2014년 세월호 침몰은 여전히 선명한 사건이다. 이 사건을 상징적으로 보여주는 이미지는 사건 당일 기자회견장의 대통령이었다. 배석한 국무위원들과 함께 나와 어리둥절해하는 모습이었다. 궁금한 것은 이들이 모두 입고 나온 노란 유니폼이었다. 이들은 왜 모조리 저 유니폼을 입고 나왔을까.

여전히 가끔 대통령을 포함한 국무위원들, 지자체장들이 유니폼을 입고 카메라 앞에 등장할 때가 있다. 비일상 사태 시 보이는 풍경이다. 특정한 메시지를 시각적으로 전달하려는 것이다. 다시 강조하거니와 유니폼은 복장으로 구현된 규정집이다. 이들의 유니폼 착용은 비상 상황에 정부가 규정대로 작동하고 있다는 사실의 과시 장치다. 유니폼은 세월호 침몰 당일에도 정부가 잘 작동하고 있다고 표현하려는 장치였다. 그러나 규정은 복장 규정까지만 작동하고 있었다는 것이 그날 대한민국의 비극이었다.

해상 인명 안전조약은 재난 시 선장이 최후, 최고 결정권자라고 명시하고 있다. 최후 결정을 내리려면 선장은 가장 늦게까지 침몰하는 배를 지켜야 한다. 그건 타이태닉호의 침몰을 다룬 영화에서 익히 접하던 모습이고 원칙이다. 비행기 사고에서도 승무원이 모두 끝까지 남아서 승객의 안전을 챙겨야 하는 걸로 알려져 있다. 그런데 선장이건 승무원이건 의무 이행의 상징적 동의는 유니폼 착용이다. 세월호 선장은 승객들을 두고 앞서 탈출했다고 계속 비난의 대상이 되었는데 그는 마침 속옷 차림이었다.

같은 관점에서 볼 수 있되 비극보다는 희극이라고 해야 할 사건도 있다. 역시 2014년 뉴욕 케네디공항을 이륙하려던 조용한 아침의 나라 여객기가 활주로 앞에서 게이트로 되돌아갔다. 나중에 알려진 이유는 어처구니없게 마카다미아 때문이었다. 일등석에 제공하는 마카다미아를 봉지째 제공해야 하는지 뜯어서 제공해야 하는지에 대한 이견이었다. 이 분쟁의 쟁점은 규정집에 뭐라고 쓰여있느냐는 것이었다. 등장인물은 일상복을 입은 고용주와 유니폼을 입은 승무원이었다.

유니폼을 입고 근무 중이던 승무원은 규정대로 집행했다는 사실이 그의 변론 무기였다. 그러나 그가 상대할 대상은 고용주였다. 고용주는 그 규정을 초월해 자신이 규정을 제정하고 해석하고 강제할 권력을 갖고 있었다고 믿었다. 그래서 비행기는 돌아갔고 땅콩 유턴, 땅콩 항공 등의 단어가 잠시 유행하였다. 덩달아 세습 경영의 폐해도 도마 위에 올랐다.

세습의 근거는 혈연이다. 한국은 혈연 외에는 대상을 신뢰할 근거가 드물다. 유사한 것으로 학연과 지연이 꼽힌다. 그래서 저신뢰 사회라고 호칭되고 또 그래서 강조된 대학 입학의 공정성 신화는 설명하였다. 혈연, 학연, 지연 이외에 마땅한 신뢰가 없는 사회에서 가장 안전한 보신 방법은 익명 뒤에 숨는 것이다. 그러려면 공간적 장치가 필요하다.

자동차

도중하차전도무효

어릴 때 기차를 타려면 손가락 두 개만한 차표를 샀다. 거기 쓰인 한글 문장이 저리 어려웠다. 인터넷 검색이 없던 시대라서 어디서 떼어 읽는 건지, 무슨 의미인지 알 길이 없었다. 뜻이 풀린 것은 엉뚱하게 일본에서였다. 똑같이 생긴 차표에, 똑같은 위치에, 똑같은 글자가 한자로 쓰여 있었다. 도중하차전도무효途中下車前道無效. 중간에 내리면 나머지 구간의 금액을 거슬러주지 않는다는 선언이었다.

철도용어의 괴이성은 거기서 끝나지 않는다. 어려운 단어들을 풀어 설명해 주겠다는 철도용어 사전[242]의 해설은 여전히 괴상하다. 최적전호위치最適傳號位置, 가요접수可搖接手, 누설자속漏洩磁束, 도상전압道床轉壓, 무화기관차無火機關車, 반송교차搬送交叉, 사령선司令線, 사현시四現示… 도대체 이런 한자형 외계어들의 정체는 무엇인가. 간단했다. 한국 철도는 일본을 통해 들어왔다는 문화적 증언이었다. 철도가 좌측통행인 이유를 문자가 다시 설명하고 있었다.

비슷한 시대에 건축 전문용어들이 도입되었다. 공구리, 세멘, 가꾸목. 이들은 일본인 건축 기능공들이 구사하던 전문용어였다. 여기에 하리, 도끼다시, 시야게와 같은 단어들도 포함되었다. 잡부에 지나지 않던 조선의 일꾼들에게 이 용어들은 라틴어 성서의 단어들처럼 신성했을 것이다. 그런 단어를 사용할 수 있어야 그 집단에 진입할 수

선교사들이 보고 놀랐을 도시의 풍경, 지붕의 바다.

있었다. 그래서 1990년대까지 저런 단어를 모르면 학력 높은 관리자라도 현장 인력들의 조롱을 받았다. 일본 건축 관련 용어는 20세기 후반까지 시공 현장을 지배했고 사실 21세기에도 꽤 살아남았다.

한양에 처음 도착한 선교사들은 2층 건물이 보이지 않는 도시에 놀랐다. 전 도시가 지붕을 깔아놓은 양탄자 같되 그 틈을 오물 냄새가 빼곡히 채운 풍경이었다. 그 배경을 헐벗은 산이 둘러싸고 있었고. 전국의 주거가 단층 건물이던 이유는 온돌 난방 때문이었다. 하층민의 난방 방식이던 온돌은 임진왜란을 지나며 상류층에게 전파되고 심지어 왕실에 이른다. 드물게라도 있던 2층 누각 건물은 점점 사라졌다.[243] 주택으로 보면 국토 전체가 납작한 단층 평면의 공간이 되었다.

온돌은 석재가 필요하다. 판형 석재의 가공 능력이 없으니 적당히 두툼한 돌로 구들을 만들어야 한다. 이런 무거운 하중 조건으로

2층을 올릴 길은 없었다. 대들보를 걸 목재도 희귀하니 건물은 작은 방을 일렬로 늘어놓은 평면을 가져야 했다. 그래서 도시에서는 평면이 'ㄷ'자나 'ㅁ'자인 건물이 채워졌다. 도시 경관이 지붕의 바다가 되었다. 돌은 가열에 시간이 걸린다. 목재 소모가 많다. 온돌 난방 보급으로 목재가 품귀 상황에 이르렀다. 도시 주변 산의 나무들이 땔감으로 앞다투어 소진되었다. 그래서 나무꾼은 겨우 열 번 찍어 안 넘어가는 나무 없는 비루한 민둥산을 목격하게 되었다.

2층 건물이 등장하려면 바닥 난방 요구가 사라져야 했다. 그런 건물에 사는 사람들은 조선인이 아니었다. 그래서 일본공사관, 영국공사관, 독일영사관, 프랑스공사관, 벨기에공사관, 이탈리아영사관이 2층 건물이었다.[244] 일제강점기가 되면서 일본인들의 2층 주택이 좀 더 등장했다. 전혀 새로운 방식의 시공이 필요했다. 이들은 규격이 일정한 '가꾸모꾸かくもく, 角木'로 '아시바あしば, 足場'를 걸고 '공구리コンクリ, concrete'를 쳐서 '다이루タイル, tile'로 마감한 집을 지었다. '세멘보루꾸cement block'라고 불리는 재료도 있다. 이름을 보면 일본을 거친 서양 출생이 확연하다.

이에 비해 벽돌은 일제강점기 이전에 도입된 재료라는 흔적이 이름에 명징하다. 단어에 일본 냄새가 없다. 벽돌은 무령왕릉부터 숭례문, 수원화성에 이르기까지 곳곳에 보인다. 한자 역사문서에는 전磚, 甋, 塼이나 벽甓으로 표기되었다. 그러다가 1895년에 편찬된 국어사전인 〈국한회어國漢會語〉에서 'brick'의 번역어로 등장했다. 표기는 벽석甓石이고 발음은 '벽돌'인 것이다.[245] 일본은 연와煉瓦로 표기했다. 연와는 건축물대장과 같은 행정문서에 여전히 남아 있는 단어다. 행정문서가 일제강점기에 들어왔기 때문이다.

몇 곳을 좀 더 살펴보자. 에무 뿌라쓰 에누 이꼬루 삼. 교복 입은 고등학교 수학 시간에 선생님이 방정식을 이렇게 읽었다. 원문은 'm+n=3'이었다. 요즘이면 '엠 플러스 엔 이콜'이라고 할 것이 저리 발음되었던 이유는 명확하다. 일본인들이 유성음 받침 발음을 할 수 없기 때문이다. 그리고 저 방정식 발음은 일본을 통한 수학 교육 도입을 가감 없이 증언했다. 그들에게 배운 한국인들이 대를 이어 발음을 계승했다. 교실 밖으로 나서보자.

쇼바, 미숑, 데루, 추레라. 원래는 각기 쇽업쇼바shock absorber, 트랜스미션transmisison, 테일tail, 트레일러trailer 정도로 불렀어야 할 것들이다. 이 중 난이도가 좀 높은 것은 부란자다. 원 단어는 플런저펌프plunzer pump다. 모두 자동차용어다. 이 단어들이 보여주는 것은 전파 경로다. 영어로 출발한 귤들이 일본을 거쳐 탱자로 바뀐 후 조선에 안착해 여전히 반복 재배되는 상황이다. 이 출생과 전파 배경은 중요한 문화적 현상을 하나 설명한다.

자동차가 한반도에 도입되었을 때 그건 최고위급 귀족 관료들이

무슨 의미인지 상세 업종을 알기 어려운 자동차 수리 업체.

이용하는 기계였다. 첫 자동차는 임금님이 탔다. 자동차는 당연히 권력이었고 도시에 군림하는 주체가 되었다. 보행자 위협이 아무 문제가 되지 않았을 것이다. 그 문화적 관성은 지금도 유지되고 있다. 횡단보도에서 먼저 지나가야 할 것은 보행자가 아니고 자동차로 인식되고 있다.

경찰 제도도 일제강점기에 도입되었다. 순사는 무서운 말이었다. 당시 그들은 부르주아지의 개가 아니고 총독부의 개였을 것이다. 시대가 바뀌었다. 자동차 교통 체계는 여전히 경찰청 소관이다. 보행자 중심 도시를 만든다는 도로 개선 계획안은 경찰청 동의를 얻어야 한다. 그런데 이들의 관심사는 보행자가 아니고 자동차다. 태생의 질곡이 여전히 세습되는 것이 아닐지 의심이 된다.

미국형 도시계획이 수입되었다. 이들은 도로를 단순하게 차도와 보도로 양분 구획한다. 필요하다고 생각하면 여기 점점이 가로수와 가로등을 심었다. 지금 한국의 도시 내 도로는 모두 보도와 차도의 이분법으로만 이루어져 있다. 사거리에서 회전교차로보다 신호등 체계를 선호하는 것도 미국 풍습이다. 그 신호등이 사거리 중심점 한복판에 매달려 있는 것도 자동차 중심의 미국식이다. 신호등은 직교좌표의 도로 교차에서 가치가 높아서 도로 교통계획에 영향을 미치기도 한다. 모든 도로를 최대한 직각으로 만나게 계획하려는 것이다.

비교할 것은 유럽이다. 자동차 이전에 보행과 마차를 거쳐 진화해 온 도시 구성체다. 유럽의 도로는 미국 도시보다 훨씬 복잡하게 구성되어 있고 보도도 훨씬 넓다. 도로에는 자동차 주행로 외에 트램, 자전거 주행로와 완충녹지가 충실하다. 한국과 달리 북한은 동유럽 유학생들이 도시를 설계했다. 그래서 북한의 도시들은 중앙의 차로 외

도로 통행 구분이 세밀한 비엔나의 상황. 북한 도시들은 이와 유사한 동유럽의 영향을 받았다.

에 넓은 녹지와 보도를 도로 주변에 조성하고 있다.

개발의 60년대와 약진의 70년대, 그리고 대망의 80년대. 1978년 12월 27일 제9대 박정희 대통령이 취임사에서 제시한 한국의 단계적 발전 구호였다. 이 시기에 자동차가 중요한 의미를 갖게 되었다. 승용차는 지위재로 상정되었다. 승용차는 우리도 잘살게 되었다는 성취를 보여주는 목적지 이름이 된 것이다. 그래서 한국의 승용차는 이동을 위한 도구를 넘어 소유자의 성취를 증명하는 이력서 의미를 갖게 되었다. 계급욕망이 표현되어야 했다. 지위와 계급의 상징이므로 그 것은 크고 비싼 것이어야 했다. 외국차 수입이 허용되었을 때 실용적 소형차가 들어오지 않았다. 유럽의 덩치 큰 자동차들이 우선 수입되었다. 그것들은 이력서였기 때문이다.

한국 승용차에서 가장 중요한 덕목의 하나가 크기다. 더해지는

방의 재현이라고 해야 할 자동차 풍경.

중요한 가치가 트렁크 크기였다. 기준점은 골프백 네 개가 들어갈 수 있느냐는 것이었다. 타인에게 자동차 관련 서비스를 맡기는 상황이 생기면서 골프백과 차키에 고급 자동차 브랜드가 새겨졌다. 외관의 전면 그릴의 허우대가 커지면서 실제보다 훨씬 더 우람해 보이는 자동차가 세단의 기준이 되었다. 엔진으로 보면 중형차가 아닌데 겉보기에는 중형차에 해당하는 준중형이라는 독특한 자동차 분류가 존재하는 곳이 한국이다.

승용차의 내부는 거실로 치환되었다. 성능 판단의 항목에 승차감이라는 독창적 기준이 등장했다. 거실 소파에 앉은 것 같은 안락한 느낌이다. 자동차인데 건물 실내를 연상시키는 장식을 사용자들이 추가했다. 인체 구조에 최적화하여 인체공학적으로 만들었다는 시트인데 추가로 방석이 깔렸다. 거기에 본인의 종교적 지향점을 드러내는 장식들이 걸렸다. 대표적인 것이 십자가와 염주다. 그리고 전 세계에서 보기 드물게 자동차 내부에 곽휴지가 비치되었다.

트렁크가 큼지막하고 실용적인 해치백형 자동차가 있다. 물건 신고 다니기 좋은 기계인지라 유럽에서는 대중적 모델이다. 그러나 한국에서 그건 짐차일 뿐 승용차로 인식되지 않았다. 자동차가 지위재인 한국에 실용성은 크게 의미가 없었다. 지위재라면 승용차임이 명료한 세단이어야 했다. 그래서 SUV라고 하는 덩치 큰 차가 여유 있는 계급의 레저형 생활양식이라는 표상을 개척하기 전까지 해치백 자동차는 한국 시장에서 발을 붙일 수 없었다. 이런 자동차와 진화 유전자를 공유하는 것이 아파트다.

주택

불란서 佛蘭西

프랑스를 한자로 음차한 것이다. 그들의 문화적 자부심과 한국의 선망이 비벼진 호칭이기도 하다. 한국의 화가들에게 불란서 체류 증명은 군대로 치면 훈장과 같은 가치를 갖고 있었다. 이 가치가 주택에 반영되었다.

일제강점기 문화 만능의 단어 용처에 문화주택이 있었다. 이 단어가 지칭하는 가치는 모호하지만, 배제하는 가치는 명료했다. 그것은 조선식 주택이었다. 한옥이라고 불렀다. 장독이 나와 있고 부엌은 어둡되 변소는 냄새가 고약한 그런 주택이었다. 이걸 벗어난 주택을 포괄적으로 문화주택이라고 불렀으니 저 단어의 권력은 또한 포괄적이었다. 당연히 문화의 기준은 서양에 있는 것이었다. 문화주택 내부에는 당연히 피아노가 필요했다. 아니면 유성기나 라디오가 있고. 문화주택의 생활은 문화생활이어야 하는데 그건 서양요리를 해먹는 것이었다. 그렇게 문화주택이 모이면 문화촌이 되었다.

1970년대 전후로 좀 이상한 주택 유형이 등장했다. 부르는 이름이 불란서주택이었다. 프랑스와 아무 연관이 없는 이 주택은 호칭부터 실체까지 좀 흥미롭다. 법적으로 규정된 용어가 아니므로 유형을 정확히 규정하기는 어려우나 대략적 모양을 설명하면 이렇다. 콘크리트의 완만한 경사지붕을 얹고 화려한 난간을 두른 2층 주택.

우선 왜 이런 이름이 붙었는지부터 설명되어야 한다. 당시 미국은 양면적 가치의 존재였다. 압도적 영향력을 행사하지만, 대면하는 미국인들은 군인이거나 군속이었다. 그래서 한국인들이 미국을 통칭하는 단어가 '양키'였다. 미국 동북부의 일부 미국인을 지칭하는 이 단어는 한국인에게 선망과 비하의 양면적 의미가 있었다. 양키들이 갖고 온 것은 대체로 물질적인 것들이었다. 양키 군복, 양키 음악, 양키족. 군부대에서 흘러나왔을 것들은 양키 물건이라고 통칭하였다.

그에 비해 문화적 절대 선망지는 프랑스였다. 직접 가본 사람도 별로 없던 시절이었다. 파리는 미술이라는 멋진 예술의 수도고 고상한 문학 작가들의 고향이었다. 동숭동 서울대 문리대 앞을 흐르던 개천, 홍덕천은 센강이고 정문 연결 다리는 미라보다리로 불렸다. 프랑스 문학과 철학이 선망을 넘어 경배 대상이 되던 시기였다. 그런 상황에서 전통과 연결점이 없는 모습의 주택에 불란서라는 호칭이 붙는 건 자연스럽기도 했을 일이다. 이 집은 일단 외관에서 유구한 전통과 완전히 결별하였음을 치열하게 표현하고 있다. 이 주택은 어떤 과시 전략을 사용했는지 살펴보자.

서울 동쪽의 센강과 미라보다리. 지금 센강은 복개되어 아래로 지하철이 지나고 강 건너편은 마로니에공원이 되었다.

점점 사라지는 불란서주택. 대문, 지붕, 난간 모두 이전 시대에는 한국에 없던 방식이다.

한옥도 경사지붕을 갖고 있다. 그런데 진입 방향이 다르다. 동아시아 건축에서는 긴 변 방향으로 진입한다. 이건 왕궁이나 민가나 다를 바가 없다. 그러나 그리스의 신전과 그리스도교 바실리카가 보여주는 것처럼 유럽의 건물은 'ㅅ'자 모양이 보이는 박공 쪽에 입구가 있는 경우가 많다. 불란서주택은 서양식으로 박공 쪽 진입이고 그래서 거기가 얼굴이고 입구다. 전면의 배치부터 차별화된다.

한옥 지붕은 목재를 조립해 만들었다. 처마가 벽 밖으로 뻗어 나와야 하는 건 목재 구조체가 비를 맞으면 곤란하기 때문이다. 벽체나 기둥이 석재면 처마가 필요 없다. 그런데 불란서주택은 한옥과 재료부터 달랐다. 주요 재료는 콘크리트였다. 서양에서는 계급욕망 표현을 위해 기피되었던 재료가 우리에게는 서양에서 도입된 선호 재료였다. 불란서주택은 외부에 타일이나 돌 마감을 했음에도 굳이 처마

한국

내부에 주차장이 있다고 선언하는 대문. 문설주의 재료는 콘크리트지만 화강석으로 오해해달라고 이야기하고 있다. 상부 콘크리트 구성은 불란서주택의 처마와 유전자가 같다.

를 만들어 밖으로 길게 빼냈다. 공사는 확연히 복잡하고 어려워진다. 불란서주택은 지붕이 콘크리트 슬래브라는 것을 과시해서 보여주려는 의도가 확연하다.

불란서주택은 기본적으로 2층 구조다. 건물이 2층이 되기 위해서 꼭 필요한 장치가 계단이다. 그런데 이 계단은 단어부터 이상하다. 이 단어는 중국에서도 사용된 단어이기는 하나 일본을 통해 도입된 것이다. 그러나 가꾸목이나 하루끼와 달리 일본 발음이 느껴지지 않는다. 현장 시공 용어가 아닌 도면 용어였기 때문이다. 도면에 한자로 표기된 것은 우리 발음으로 읽는 데 문제가 없었다. 당시에 도면으로 도입되어 완벽히 내재화한 단어는 현관, 거실, 주방도 있다. 참고로 수직으로 이동해야 하는 단은 산지가 많은 우리나라의 외부공간에 많았는데 그건 계단이 아니고 층층대였다.

그렇다면 2층으로 올라가야 하는 공간, 그리고 2층이어서 생기는 공간이 공통으로 요구하는 장치는 무엇일까. 그건 난간이다. 추락을 막기 위해 만드는 것이다. 전통 건축에서도 툇마루에 존재하던 것이 계자난간이다. 이 새로운 장치 역시 저 비루한 단층 건물에 비해 2층 건물이라는 멋진 사실을 과시해야 할 필요가 있었다. 실내 난간은 목재, 실외 난간은 콘크리트로 만들었는데 재료와 무관하게 화려하게 조각되었다. 여기서 조각이라는 것은 추락 방지라는 기능적 요구를 훨씬 넘는 과시적 장식이 더해졌다는 의미다. 불란서주택의 전면에 드러난 난간은 필사적으로 화려하게 보이겠다는 의지를 표명하고 있다.

모든 건물은 길에 접해야 한다. 건물이 길과 만나는 얼굴은 그 건물의 소유자를 설명한다. 확실한 정체성의 과시 방법은 개인이 아니라 그의 계급을 표현하는 것이다. 대문이 중요하다. 불란서주택 유행 당시 대문은 양분 구조였다. 문짝 두 개가 붙은 큰 문과 한 짝이 붙은 작은 문이다. 여기서 작은 문은 당연히 일상 통행을 위해 사용한다. 특이한 것은 두 짝의 큰 문이다. 이것은 이삿짐 운반을 위한 것이 아니다. 자동차 통행을 위한 문이 양식화된 것이다. 이 문은 권력과 경제적 여유의 상징이고, 자동차 소유 계급을 과시하는 장치다.

이 대문 위를 묵직한 콘크리트 구조물이 가로지른다. 이삿짐 운반을 위한 문이라면 이 구조물은 장애물이다. 문짝을 빗물로부터 막기 위한 장치로 이해할 수도 있다. 그러나 그러기에는 과중하게 크고 넓다. 비를 막는 장치에서 출발한 것은 맞다. 이 문에서 비 가림 공간이 외부에 존재하는 점에 주목해야 한다. 즉 문짝이 길이 아니라 마당 쪽에 설치된 것이다. 길에서 주차장에 진입할 때 운전자가 차에서 내려 문을 열기 위해서는 비막이 공간이 외부에 조성되어야 한다. 이 대문은 승용차 소유 암시를 통한 과시재다.

이런 대문의 문설주들이 특이하다. 콘크리트로 제작되었으되 석재 가공의 흔적을 표현하고자 한다는 것이다. 석재는 콘크리트보다 훨씬 비싸게 인식되는 재료다. 실제로 비싸다. 석재가 콘크리트를 모방하는 경우는 없다. 콘크리트가 석재를 모방했다. 그 모방은 건물을 사용하는, 소유한 사람의 계급욕망을 성실히 표현했다.

불란서주택에 들어와 있어야 할 것이 있었다. 미국에서 그런 것처럼 피아노도 들어왔고, 물론 딸들에게 교습을 시켰다. 그것은 피아니스트 양성에 목적이 있는 것이 아니고 중산층이라는 과시였고 거기 맞는 방식으로 위치를 잡았다. 피아노는 딸의 방에 있는 것이 아니고 마루나 거실에 배치되어야 했다. 자녀 개인에게 방을 줄 수 있는 상태도 물론 아직 아니었다. 한국에서는 입시 직전까지만 진행되는 교습이었다. 피아노는 금욕적 가치관 그대로 검은색이 주류였다. 그러나 한국의 중산층은 프로테스탄티즘과 무관한 사람들이므로 장식이 필요했다. 한국 주거의 피아노 위에는 레이스가 수놓인 흰 덮개가 씌워지곤 했다. 그것은 피아노에 입힌 드레스였을 것이다.

아파트

발코니 확장

원래 불법행위였다. 그런데 모든 아파트의 발코니가 확장되었다. 법이 바뀌어야 했다. 그래서 외부라던 공간이 내부가 되었다. 그런데 여전히 면적 계산에서는 제외된다. 당연히 법적, 행정적 데이터에 잡히지 않는다. 사람으로 치면 눈앞에 보이는 투명 인간이다. 눈에 보이나 존재하지 않는 면적이다. 그런데 도대체 한국인들은 왜 저리 치열하게 발코니를 확장했을까.

주택에 자동차를 입히면 아파트가 나온다. 불란서주택의 지위를 엉뚱하게 아파트가 이어받았다. 아파트는 원래 '대망의 80년대'라는 구호에는 들어있지 않던 목적지다. 이건 그래서 부산물로 얻게 된 것이라고 해야 옳을 것이다. 문제는 이 아파트가 승용차보다 더 중요한 지위재가 되었다는 점이다. 어느 사회나 주거가 계급적 지위재의 역할을 하는 것은 틀림없다. 그러나 외국의 서민 주거 양식이 독특하게 한국에서 지위재가 되었다는 점이 좀 특이하다.

원래 서울의 아파트는 전쟁 이후 서울에 빼곡해진 무허가 판자촌의 대체 방안이었다. 영세 서민 주거 대체 목적이었고 그래서 시민아파트라고 불렀다. 그런데 1970년 와우아파트 붕괴와 1971년에 여의도 시범아파트 건립이 건립 방향의 선회에 신호탄이 되었다. 여의도 시범아파트는 엘리베이터가 있는 고층아파트였다. 입주 대상은 중산층 이상의 계층이었다. 아파트가 나갈 방향으로 선택되었다.

1970년대에 아파트가 대체해야 했던 판자촌의 특징 중 하나가 공동변소다. 공동변소는 전 세계 하층 주거의 일상이다. 그러나 아파트는 전 가구에 완벽하게 독립된 화장실을 제공했다. 그러다가 아파트 중에서도 중산층 아파트라고 하려면 화장실이 두 개가 배치되어야 했다. 심지어 1990년대가 되면 국민주택 규모라는 아파트도 화장실을 두 개씩 갖게 되었다. 아파트는 입주자가 중산층에 진입했다는 사실의 증언이 되었다.

1990년대 중반까지의 이들을 일단 1세대 아파트라고 지칭할 수 있겠다. 전 인구의 수도권 집중화 시기였다. 한국에서도 농경의 시대가 저물었다는 이야기였다. 노동력을 씨족과 공유하는 시대가 지나고 익명에 판매하는 시대가 온 것이다. 누대의 씨족 공동체가 해체되어 대도시에 모였고 이들이 선호한 것은 남과 이야기를 섞을 필요가 없는 익명성의 주거였다.

아파트의 익명성은 외관과 내용의 등질성으로 구현되었다. 동일 면적이면 거의 비슷한 평면으로 수렴했다. 덕분에 아파트는 경제적 가치로 비교 판단의 변수가 줄어든 주거 양식이 되었다. 차별화 조건은 지역 가치가 남았다. 이 구도는 매매 가격 비교와 설정에 용이했다. 아파트는 특이하게 완벽히 시장이 형성된 건축 유형이 되었다.

그래서 남는 1세대 아파트의 신분 표현 방식은 지역이었다. 강남 중심으로 발전한 주거 형식이므로 그 아파트의 행정동이 신분을 표시했다. 그래서 위치 호명과 확인은 중요한 가치였다. 학교 이름도 구정에서 압구정으로 바뀌어 소재 위치를 재확인시켰다. 성내역은 잠실나루역으로, 신천역은 잠실새내역으로 개명했다. 주소를 길이름

지역 호칭에서 지하철역이 차지하는 바가 크다.
그간 잘 쓰던 역명을 바꿔야 하는 배경에는 지역 호명을 통한 지역 아파트 가격 상승 기대가 있다.

체계로 바꾼다고 했을 때 가장 반대가 심한 곳이 바로 지역적 가치를 확보한 곳이었다. 그래서 주소의 압구정동은 사라졌으나 압구정로로 부활했다.

1세대 아파트는 영어에서 온 명칭, 아파트답게 주거 양식도 지속적으로 외국을 그리워하며 발전했다. 테니스장, 수영장이 실험되었다. 사진을 통해 본 외국의 풍경이 구현된 것들이다. 불란서주택에서 새마을 보일러 난방을 실험하고 있던 시기에 아파트는 외국에서 본 라디에이터 난방을 실험했다. 아파트는 전통이라는 단어에 부채 의식이 없었다. 오히려 전통에서 멀어져야 했다. 따라가야 할 지점은 양키국이 아니라 유럽 어딘가에 있었다. 현실은 어찌 되었든 우아하거나 화려한 이미지를 기대했다. 우아한 곳은 북유럽이고 화려한 곳은 남유럽이었다. 말하자면 우아한 곳은 프로테스탄트 국가이고 화려한 곳은 가톨릭 국가였다. 이것은 공급자가 구사하는 광고전략이기도 했다. 펠리스, 노블, 캐슬과 같은 단어가 발명되고 조합되어 시장에 뿌려졌다.

1세대 아파트 단지의 문. 내외부 경계 이외의 특별한 의미는 찾기 어렵다.

아파트는 1990년대 중반이 되면서 중요한 변화를 맞는다. 1세대 아파트의 재건축 개발 압력이 생기기 시작했다. 저밀도와 주차난이 큰 문제였다. 2세대 아파트들이 등장했다. 이들은 밀도가 높고 경관의 가치를 높게 파악하고 주차장이 지하로 들어간 특징을 갖고 있다. 이들은 이미 지위재로서 확보한 자신들의 사회적 위치를 시각적으로 과시하기 시작했다. 아파트 단지의 정문이 화려해졌다. 아파트는 정문이 필요 없지만 굳이 만들었다. 불란서주택에서 선도되었던 과시적 형태의 정문이 아파트 단지에 확대 재현되었다. 기둥 위에 수평의 가로 부재가 거대한 크기로 얹혔다. 그 복판은 보행자가 아닌 자동차 통행로다. 거기로 나다니는 승용차도 더욱 과시적으로 진화했다. 바뀐 아파트 단지의 출입구는 이제 아파트가 지위재가 되었음을 널리 재확인해 주고 있다.

승용차가 거실과 같아지기를 원한 것처럼 거실도 승용차와 가치

재건축으로 등장한 2세대 아파트 단지의 문. 입성의 자부심을 가지라고 물리적으로 강조하는 듯하다.

를 공유했다. 한국인의 거대 승용차 선호는 아파트에서도 재확인된다. 한국 아파트의 특징과 가치가 광대한 거실이다. 유사 면적 평면과 대비하여 거실이 작으면 아파트 설계가 잘못된 것이다. 그리고 아무리 넓은 아파트 거실이어도 필사적으로, 그리고 무리수를 무릅쓰고 발코니 확장을 당연시한다.

주택 건설에서 최고의 해결 난제가 이웃집 민원이다. 온갖 이유로 공사를 방해하고, 중지·변경의 민원을 구청에 접수한다. 그 민원 중 가장 많은 것이 신축 건물에서 자신의 집 마당이 보인다는 것이다. 거실이 보인다면 더 큰 민원이다. 한국의 도시는 절대적인 익명의 공간이 되어야 했다. 이런 시선의 기피를 절대적으로 실현하는 것도 동반 진화하는 자동차다. 승용차도 법규 위반 경고를 무시하고 예외없이 짙은 '선팅'을 했다. 그 누구도 내 승용차 내부를 들여다볼 수 없게 하였다.

'부엌데기'라는 단어가 증언하듯 부엌은 집에서 그 중요도에 비해 놀랍게 차별적 공간이었다.
이제는 부엌이 집의 중심으로 들어왔고 필요에 따라 벽체를 바꾸는 수준에 이르렀다.

불란서주택과 1세대 초기 아파트의 가사 노동은 식모의 몫이었다. 하녀와 등가였다. 2세대 대형 아파트에서 가사 노동은 파출부가 담당했다. 아파트에 파출부 전용 출입구도 배치되었다. 파출부가 희귀해지면서 배치상 부엌의 중요성이 부각되었다. 아파트 내에서도 계급의 분화가 평면으로 표현되어 온 사례다.

아파트 생활에서 승용차가 필수품이 되고 일상용품의 구매 방법도 바뀌었다. 두 변수는 상호 보완적으로 영향을 주고받으며 변화했다. 주말에 대형마트에 가서 일주일 식료품을 산 후 트렁크에 싣고 오는 생활이 일상화되었다. 그렇게 단속적으로 구매가 이어지려면 냉장고가 커져야 했다. 그래서 냉장고 문이 두 개가 되었다가 아예 냉장고가 두 개가 되는 지경에 이르렀다. 냉장고는 농경시대 이후 등장한 잉여 저장소의 종착지가 되었다.

세계의 냉장고가 대체로 공유하는 풍경은 그 문에 자석 기념품이 즐비하게 붙는다는 점이다. 대개 먼 여행에서 사 온 기념품이다. 여행은 자본가 중산층 시대에 등장한 새로운 시간 잉여의 소비 방식이라고 설명했다. 잉여 소비로는 가장 높은 수준의 것이다. 돈과 시간이 함께 있어야 가능한 소비다. 그 잉여 소비의 흔적이 집 안에 있는 잉여 확인의 공간에 자석을 매개로 결합하는 것은 당연할 것이다. 그것은 자유의 증가로 얻게 된 가치를 스스로 확인하는 소소한 증거다.

아파트가 지위재가 되기 위해서는 비싸져야 한다. 과연 아파트 가격은 이전 시대에 상상하기 어려운 수준으로 올랐다. 다른 재화의 가격이 하찮게 느껴질 정도의 수준이 되었고 그래서 확연한 지위재가 되었다. 임금 축적으로는 서울 지역의 아파트 구매가 거의 불가능해졌다. 유일한 방법은 상속이다. 이건 한국이 아파트를 통한 계급사회에 진입했다는 것을 의미한다. 자력으로는 이 계급에 들어설 수 없다는 것이다. 상속받을 수 있는 아파트의 존재는 결혼 시장에서도 무시할 수 없는 변수가 되었다. 그래서 아파트는 건물의 한 형식을 지칭하는 것을 넘어 한국 사회의 복잡한 현상을 총체적으로 지칭하는 의미론적 다면체가 되었다. 결혼이 시장 구조에 진입했다는 사실은 새로운 산업이 증명한다.

예식

결정사

결혼정보회사라는 신기한 직종을 줄여 부르는 단어다. 한 세기 전에는 부모들이 정보를 공유하여 결심하면 신랑·신부는 결혼식에 등장만 하게 되는 구도였다. 당사자의 의견은 전혀 중요하지 않았고 부모와 가족의 조건이 중요했다. 그 정보에서 가장 중요한 항목은 집안의 계급이었다. 지금은 결정사가 배경 정보를 받아 정리하고 적당한 대상을 만나게 해준다. 조건은 다 정리해 놨으므로 본인들은 만나서 호감 여부만 확인하면 된다. 그런데 그 조건 정보에서 절대 빠지지 않는 것이 개인이 성취한 보상이다. 그게 앞서 설명한 학벌이다.

관혼상제라는 단어는 성리학 기반의 조선시대의 의례를 일목요연하게 설명한다. 관은 사라졌다. 제사는 집에서 지내는 것이니 대외적 행사는 혼과 상이 남는다. 대외적이라는 것은 개인적 의례가 아니라는 의미다. 혼과 상에서 보이는 현상은 다르고도 같다. 가족의 계급 과시라는 단어의 틀로 보면 대단히 유사하다.

이전 시대에는 결혼식이 신부의 집에서 치러졌다. 그런데 선교사들이 서양 문물을 들여왔다. 기와집 마당에서 서양식 결혼식을 올릴 수는 없었다. 여러 사람이 모일 수 있는 장소가 마침 있었는데 그건 예배당이었다.[246] 최초의 서양식 결혼식이 거행된 것은 정동교회였다. 신랑·신부의 예배당 결혼은 자유결혼의 상징으로 이해되었다. 기독교인이 아니어도 서양식 결혼이 늘었다. 기민한 자본주의 사회는 예배당 외에 필요한 공간을 제공했다. 예식장이라고 불렀다. 그런데 신식 결혼식이 제3의 장소에서 거행하면서 노골적인 양가 비교의 장이 열렸다. 이것은 가족의 계급성 확인장이라는 퇴로 부재의 공간으로 결혼식을 규정지었다.

예식장에서 가장 중요한 질문은 하나로 수렴되었다. 우리 집안이 어떤 계급, 계층, 집단으로 보이는가. 비교가 문제다. 이때 관찰과 판단의 주체는 상대 가문을 포함하여 참석한 하객들이다. 대단히 민감하고 조심스러운 디테일들이 모두 조정되고 과시되어야 한다.

결혼의 첫 단계는 청첩이다. 고풍스러운 냄새가 여전한 단어다. 저 행위의 주체는 전통적으로 신랑과 신부가 아니었다. 바로 이 결혼을 통해 계급 과시 비용을 지불해야 하는 혼주다. 과시 수단으로 작동하는 첫 변수가 공간이다. 이건 예식장을 의미한다. 정점에 있는 것은 별의 개수로 설명되는 특급 호텔들이다. 그리고 그 아래로 빼곡하게 서열이 매겨진 예식장들이 줄을 서 있다.

그런데 돈으로 살 수 없는 것이 한국에서는 학벌이다. 청첩장에 인쇄되는 결혼식장의 명칭을 통해 전달하려는 메시지가 존재한다. 그래서 대학교 동문회관들이 결혼식장으로 사업을 할 수 있다. 당황스럽게 사법연수원, 변호사회관을 포함한 법조 건물에서도 결혼식이 벌어지기도 했다. 모두 청첩장에 쓰인 그 예식 공간의 이름을 통한 메시지 전달 의도를 읽어야 한다.

다음 단계는 이 공간을 채울 수 있는 하객 동원을 통한 능력 과시다. 한국 결혼식은 대개 개방형 초대이므로 하객이 참석 여부를 사전에 회신하지 않는다. 혼주로서는 많은 하객의 내방이 사회적 관계망

사법시험이 있던 시절 사법연수원에는 폐백실이 있었다.
결혼식이 있다는 이야기고 굳이 사법연수원에서 결혼식을 해야 하는 이유는 기능적 설명 범위를 넘는다.

과 영향력의 증언이다. 참석할 하객의 숫자 제한은 가문의 영향력 과시의 기회 포기이므로 선택하기 어렵다. 이 영향력이 검증된 가문이면 오히려 소규모 결혼식을 선택할 수 있다.

예식장 로비는 전통 예식으로 치환하면 마당에 해당하는 공간이다. 이곳을 하객과 화환이 채워줘야 한다. 그 화환의 댕기에 쓰인 인물들의 사회적 지명도가 혼주의 사회적 지위를 증언하기 때문이다. 혼주, 신랑은 결혼식장 로비에서 하객을 맞아야 한다. 빼곡하고도 통일된 남자들의 정장은 신랑, 혼주, 하객과의 구분을 모호하게 한다. 이 복장 군집 상황에서 이들을 가시적으로 차별화하는 방법이 필요하다. 그래서 이들은 가슴에 꽃을 꽂는다. 그리고 흰 장갑을 낀다. 여자의 결혼식 정장은 한복이다. 한복은 예복이면서 혼주 가문의 구성원임을 식별하는 장치다. 여기서도 신랑·신부 어머니는 꽃을 꼽고 장갑을 껴서 한복 입은 다른 친족과 자신을 차별화한다.

결혼식이 시작된다. 신랑·신부 맞절은 전통 혼례에서 넘어온 것임이 틀림없다. 그런데 그 순간의 복장이 대비된다. 신랑은 검은색 정장을 입는다. 가장 대표적인 중간계급 자본가의 복장이다. 신부의 복장은 극명하게 다르다. 혼자서 옆으로 돌아서지도 못하는 길이의 흰 드레스를 입고 있다. 신부는 드레스 위에 베일을 쓰고, 뒤로 트레인이라고 부르는 길게 늘어뜨리는 장식을 덧댔다. 이 복장에서 신부가 혼자서 할 수 있는 것은 미소 짓고 손을 좀 흔드는 것 외에는 없다. 당연히 결혼식장에 드레스 끝단을 챙겨주는 도우미가 있어야 한다. 여기서 도우미를 이전 단어로 표현하면 하녀다. 신부의 흰 드레스는 영국 빅토리아 여왕의 결혼식에서 시작되었고, 이후 영국 중간계급에도 퍼진 유행이 되었다. 신부 드레스의 흰색은 순결의 의미라고 설명되어 왔다. 그러나 사실은 그런 상징은 아니었을 테고 가장 관리가 어려운 색이라 선택되었을 것이다. 그래서 더욱 신분과시의 상징이었다. 유럽에서 중간계급이 차용하던 금욕과 계급욕망의 대비가 확연하게 수입, 재현되는 순간이다.

혼주와 결혼 당사자들의 계급과 지위는 여러 방법으로 재확인, 검증되어야 한다. 시각적 방법으로 표현되지 않는 사안도 있다. 이때 역할을 해주는 것이 주례다. 그는 아무도 청취하지 않는 지당한 말씀을 이어가야 하는 주체다. 중요한 것은 그가 늘어놓는 문장이 아니고 그가 지닌 사회적 명예다. 그래서 유명 정치인들의 평시 선거운동의 하나가 주례였다. 그리고 결혼식 주체들의 학력을 넌지시 과시할 수 있는 대학교수들이 호출되고는 했다.

어찌 되었든 결혼식은 잔치다. 잔치가 축제와 다른 것은 주최자가 개인이나 가족이라는 점이다. 그 잔치는 출생, 백일, 돌에서 시작하여 결혼, 회갑 등과 같은 이유로 벌어진다. 잔치에는 가족 외의 친족

이 책 내용의 절반이 보이는 결혼식. 장식 없는 방사형 좌석 교회와 피아노, 샤우베를 입은 주례 목사,
부르주아지 복장 신랑과 계급욕망 표현의 신부, 그리고 가족 혹은 씨족.

어떤 최고급 호텔에서 진행되는 결혼식.
테이블 복판의 떡으로 결혼식이라는 잔치가 완성된다.

구성원, 혹은 지역적 지인들을 초대하는 것이다. 잔치는 이를 개최할 정도의 여유 과시의 의미가 있다는 건 인류학자들이 다 설명하는 내용이다. 그런데 그 과시 방식이 사회마다 다 다르다. 그건 베푸는 식품의 내용에서 치장의 방법까지 다양하게 구사된다.

한국의 전통 농경사회를 관통하는 대표적 식품 잉여는 떡이었다. 그 떡을 심지어 여러 겹으로 포개놓으면 충분한 잉여가 과시된다. 사회가 변모하면서 더 이상 떡이 일상의 잉여 상징은 아니다. 그럼에도 결혼식장에서 떡은 여전히 빠지지 않고 갖춰져 그 유서 깊은 존재 의미를 설명한다. 떡의 잉여 과시 가치가 여전히 드러나는 곳이 북한이다. 탈북자들 증언에 의하면 북한에서 가장 중요한 결혼식 음식은 여전히 떡이다. 잉여 과시로서의 떡은 우리에게도 추석의 송편과 설의 떡국으로 남아 있다. 송편에 비해 가래떡이 상대적으로 소박한 것은 시기상 추석이 지난 지 오래되어 비교적 더 궁핍한 배경의 잉여 과시였기 때문일 것이다. 가족 외 구성원과 나눠먹는 송편에 비해 떡국은 가족 내 구성원과 나누는 음식이기 때문일 수도 있다.

한국

폐기물 처리장에 나앉은 자개장. 저 장은 어떤 신부의 꿈이었겠고,
그간 도도히 안방에서 그 신부의 일생을 지켜봤을 것이다.

　가문을 과시하는 방식에는 혼수가 빠질 수 없다. 놀랍게 조선시
대의 결혼 풍습에 관한 자료는 아주 부실하다. 그래서 신붓집에서 혼
례를 올린 후 신랑이 얼마나 거기 머물렀느냐에 대한 이견도 많다. 어
찌 되었든 결국 신랑 집에 가서 생활했고 이 흔적은 요즘도 결혼 시 신
랑이 집을 마련해 간다는 전통으로 남았다. 수직 계열화된 주거 형식
에서 아파트가 가장 상위에 배치된다. 신혼부부의 주거 목록에서도
이 가치가 유지된다. 이걸 채워야 하는 게 신부 집안의 몫이다. 혼수라
고 한다.

　장은 조선시대부터 가장 중요한 혼수였다.[247] 딸 시집갈 때 오동나
무 장을 짜주는 것은 일반적으로 알려진 문장이었다. 이것은 수납의
목적이기 때문에 창고와 같은 의미였다. 즉 수납을 통한 잉여의 상징
이었을 것이다. 이 장을 다 채우고 살라는 이야기거나 이걸 다 채우고
살았다는 이야기거나. 혼수로서의 이 장은 목재의 흔적을 감춘 시커
먼 자개장으로 변모하게 되었다. 자개장 없이는 제대로 된 혼수를 챙
겨준 가문이라는 평가받을 수 없었다. 검은 자개장은 혼수를 통한 신

예식　　　　　569

부 가족의 계급을 상징하는 도구기도 했다. 이 검은색은 피아노와 같은 가치관 표현은 아니었을 것이다. 반짝이는 외관은 금욕이 아닌 과시의 표현 도구였을 것이다.

서양에서 도입된 정장은 자개장에 좀 의외의 변화를 요구했다. 이 옷은 기존의 어떤 옷과도 다른 보관 방식이 필요했다. 양복은 펴둔 상태로 걸어 보관해야 했고 접힌 부분은 다리미로 펴야 했다. 걸어 보관하려면 보관장소가 바뀌어야 했다. 그렇게 자개장의 수납 구획이 바뀌었다.

자개장이 사라지기 위해서는 생활양식의 변화가 필요했다. 그걸 가능하게 했던 것이 아파트였다. 매매시장의 높아지는 교환가치를 좇아 계속 아파트를 옮겨 다녀야 했던 것, 이사 요구라고 해야 하겠다. 자개장은 수납공간으로 문제는 없었으나 이삿짐의 한 부분이라기에는 지나치게 거대한 물건이었다. 여기서 진정 중요한 것은 아파트의 가치 변화다. 1960년대의 영화를 보면 주택에서 손님을 맞는 공간은 안방이다. 그 배경에 검은 자개장이 포진하고 있었다. 그러나 아파트라는 익명, 밀봉 주거는 외부 손님의 접대를 거부한다. 손님이 초대되어도 접대 공간은 거실이지 침대가 놓인 안방이 아니다. 이 부담스러운 과시용 물체의 계급적 가치도 소멸되었다.

장례

임진왜란

조선사는 그 이전과 이후로 확연하게 나눌 수 있다. 그런데 이 전쟁이 끝난 이유에 대한 설명이 좀 다양하다. 일본의 역사서들은 도요토미 히데요시의 죽음이라고 서술한다. 이러면 대개 한국인들은 발끈해야 한다. 무장의 장렬한 전사가 종전의 이유다. 그의 유언으로 전쟁이 끝났다. 나의 죽음을 적에게 알리지 말라. 이순신 장군이 왜적을 무찔러 임진왜란을 끝냈다.

무력으로 유지되는 사회에서 가장 중요한 가치는 전장의 장렬한 전사다. 전시가 아니라도 무장이면 죽는 순간이 장렬하게 부각되어야 한다. 역사적으로 가장 극단적인 사례는 일본의 할복일 것이다. 죽는 방법에 따라 그의 인생 가치가 매겨지는 방법이다. 이런 사회라면 그 이후에 치러지는 장례가 대단히 중요하다.

이순신 장군의 유언은 조선사를 다 털어서 무장의 전사 유언으로 유일하고 극적이다. 동서양 역사책에는 장렬한 전사의 목격담이 빼곡하다. 그런데 조선의 600년에는 이런 죽음의 순간 목격담은 희귀하다. 이런 점에서도 조선은 독특한 사회였다. 조선사 내내 실록에 등장하는 죽음의 목격담들은 좀 당황스럽다. 뒤주에서 죽거나, 방에 갇혀 온돌에 지핀 뜨거운 불기운에 죽었다는 이야기다. 아니면 사약을 받았다는 이야기고. 전혀 의례로 받들 사안들이 아니다. 오히려 가문에서 감춰야 할 사안들이었다. 이런 사고사가 아니면 병사나 자연사였다. 굳이 장례가 화려하게 부각될 필요가 없었을 것이다. 삼년상이 있었지만 그건 장례라는 사회적 절차와는 다른 것이었다.

장례도 혼례처럼 집에서 치렀다. 교과서에서 설명하는 장례식은 고인을 추모하는 의식이다. 그런데 현실의 한국 장례식에서 고인은 문상객을 불러주는 역할까지만 한다. 결국 고인 덕에 장례에서 모인 그들은 여전한 공동체 의식을 재확인했다. 장례식은 고인의 씨족 후손을 만나는 의식이다. 조문은 중요한 사회적 행사다.

아파트는 살기에 편해도 죽기에 적당한 공간이 아니었다. 운구가 문제였다. 엘리베이터는 관을 눕혀 옮기기 적당한 크기가 아니다. 그렇다고 일상에서 쓰는 엘리베이터를 덥석 크게 설치할 수 없다. 고인을 모신 관을 엘리베이터 안에 세워놓을 수도 없다. 초기에는 곤돌라로 관을 옮겼다. 짐짝과 다를 바 없었다. 고인에 대한 예가 아니라는 생각이 들면서 새로운 엘리베이터가 고안되었다. 엘리베이터 후면에 작은 문을 추가로 내서 관 눕힐 공간을 확보했다. 그런 엘리베이터가

◀ 한국식 아파트의 선도 주자인 여의도 시범아파트. 외부에 붙은 수직 철부재는 곤돌라 가이드였고, 관도 이 곤돌라로 운구했다. 지금은 곤돌라는 철거되고 가이드만 남았다.

▶ 운구를 위한 엘리베이터의 발명. 하단의 나사를 풀면 엘리베이터를 눕히고 운구할 수 있는 공간이 확보된다. ⓒ 김영우

사라지려면 모두 객사해야 했다. 살던 집이 아니라 병원으로 사망지가 바뀌어야 했다.

한국의 장례식 풍경은 외국인에게 설명하기 대단히 어렵다. 일단 조문실과 접객실이 필요하다. 이 조문실 풍경은 살아남은 조선시대의 흔적을 증명한다. 당시 시신 안치는 안방, 조문은 대청, 접객은 차일을 친 마당에서 이뤄졌다. 조문객은 대청에서 위패를 대상으로 조문했다. 지금도 장례식장 조문실에는 고인의 시신이 없다. 고인의 물리적 흔적도 없다. 조문의 대상은 고인의 시신이 아니고 이름이 쓰인 위패다. 제사에 쓰는 그것이다. 위패의 문자가 직관적인 것이 아니니 형상을 추가해 놓았다. 우리는 영정사진이라고 부른다. 장례식장 위패 배경의 흰 국화는 일본의 영향이다.

장례식장은 결혼식장과 달리 비교, 경쟁할 가문이 없다. 그래서 상주 가족의 긴장도가 훨씬 낮다. 그럼에도 가문의 사회적 관계와 영향력을 증명하는 댕기 달린 조화가 빼곡해야 한다. 보낸 이들의 사회적 직함이 고인과 그 가족의 계급에 대한 증언이기 때문이다. 어차피 그 조화의 꽃보다 댕기의 이름이 중요하므로 깃발이 그 자리를 대신하여 존재 영역을 넓혀가고 있다. 대통령과 무관한 대통령 깃발도 아무렇지 않게 등장한다.

허례와 허식이라는 지탄은 많았다. 이 의전의 진화가 지체되는 것은 여기 가문의 명예가 걸려있기 때문이다. 진화보다 혁신이 필요하다고 믿는 사람들도 있었다. 드디어 장례식장의 선도적 실험이 시작되었다. 프로테스탄트 선교사들이 세운 기관이 앞장섰다. 1996년 세브란스병원은 병원 건물을 개보수하면서 장례식장도 바꿔버렸다. 운영 방식도 혁신했다. 빈소에서 문상객의 음주, 철야, 도박을 불허한

이 책 내용의 나머지 절반이 보이는 장례식.
복장과 훈장으로 설명하려는 정체성, 남은 가족 혹은 씨족이 표현하는 과시적 풍요,
알 수 없는 사후세계를 안내하는 종교. 그리고 대통령실이 보냈을 리 없는 근조기.

다는 정책이었다. 자정이 넘으면 상주와 친척을 제외하고 모두 내보
낸다는 방침을 포함했다. 그래서 개별적 식사의 접대 공간도 모두 없
앴다. 150석 규모 공용 식당 한 곳만 설치했다. 이 식당은 술은 없고 청
량음료만 판매했다. 의자에 앉아서 밥만 먹고 가라고 요구했다. 조문
마쳤으면 그냥 귀가하든지.

그런데 세상은 계몽대로 바뀌지 않았다. 여전히 장례는 고인을
추모하기 위한 것이 아니었다. 조문을 위해 모인 이들은 사회적 교류
를 기대했다. 익명의 도시에서 아쉬웠던 것은 밥이 아니라 정이었고,
만나서 사업 인연을 만들어야 했다. 방바닥에 엉덩이를 대고 앉아야
했다. 조문객들은 장례식장 로비에서라도 필사적으로 좌판을 벌였
다.[248] 덕분에 좀 엉뚱한 사건이 벌어졌다. 먼 길 불사하고 온 조문객들
에게 설렁탕 한 그릇만 먹고 가라는 건 상주의 도리가 아니었다. 병원
주변의 식당에서 제대로 된 식사하고 가라고 식권을 배부했다. 조문

한국

객들은 어차피 고인이나 상주만큼 다른 조문객들을 만나는 것도 중요했다. 거기 만나서 소주를 놓고 명함을 교환했다. 주변 식당가가 활황을 맞았다.

　　장례식장 운영은 수익이 높은 사업임이 드러났다. 결국 세브란스 장례식장도 접객을 허용했다. 그런데 타협한 수준이었다. 음식만 제공하라고 개별 접객실에 식탁과 의자를 배치했다. 그러나 한국의 접객은 여전히 식사만 하는 자리가 아니었다. 이들은 방바닥에 앉기를 고집했다. 결국 세브란스 장례식장은 다시 바뀌어야 했다. 접객실 절반을 방으로 바꿨다. 그러나 결국 사회가 세브란스 장례식장의 방식으로 바뀌었다. 아파트의 소파에 앉아 지내던 사람들은 방바닥이 불편해지기 시작했다. 이들은 더는 방바닥에 앉기를 거부했다. 전국의 식당이 순식간에 바뀌었다. 장례식장의 접객장에도 의자와 식탁이 깔려 나갔다. 2010년대 후반에 벌어진 사건이다. 세브란스는 방향은 옳았으나 시기가 좀 빨랐다.

입식 접객실 초기의 세브란스 장례식장. 바닥에 카펫이 깔려 있다는 점에서
좌식에서 입식으로 변한 공간이 아니고 원래 입식이었다는 점이 확연히 보인다.

장례식장은 대한민국의 종교적 다양성의 현주소를 설명하는 건물이기도 하다. 칸칸이 이어진 방마다 고인과 그 가족의 다양한 종교에 따라 서로 다른 의식이 진행된다. 가장 강력한 통제를 시작한 곳은 개신교다. 절하지 마라. 절하는 건 우상숭배다. 그래서 요즘은 절하지 말고 묵념만 하라고 아예 써놓은 곳도 있다.

장례 이후의 목적지도 변했다. 국토가 좁은데 매장만 하는 바람에 문제가 많다는 자성의 논의는 충분했다. 실천은 다른 문제였다. 불교의 시대에는 화장이 원칙이었을 것이다. 절에 가면 도열한 부도탑이 그걸 설명한다. 그리고 우리가 접하는 묘지들은 일부 왕릉이 아니라면 조선 이후의 것이라고 석비들이 증언한다. 성리학은 비석 놓인 매장을 요구했다. 장례가 매장에서 화장으로 바뀐 데는 기업의 선도가 있었다. 1998년 SK그룹 최종현 회장의 장례가 유언대로 화장으로 진행되었다. 대통령 사돈의 화장은 대대적으로 보도되었다. 다음 해에는 같은 기업의 손길승 회장이 모친을 화장했다. 기독교인의 화장이라고 또한 언론에 보도되었다. 매장이 화장으로 순식간에 바뀌어 갔다.[249]

장례식의 마지막은 화장장으로 향하는 것이다. 발인이라 부르는 이것은 장례가 가족 이벤트로 바뀌는 순간이다. 그래서 여기부터는 사회적 조문도, 방명록도, 조화 배달도 없다. 화장장의 전광판에는 고인의 가족 관계가 아니라 고인이 두고 떠난 육신이 화장되는 과정만 문자로 표시해 준다. 그는 결국 하얀 무기물로 변하고 그가 남긴 후손들이 준비한 작은 용기에 담긴다.

남은 자들은 여전히 자신의 종교적 방식으로 고인을 보낸다. 그 종교는 죽음이 두려워 만들어진 것이다. 구속력은 여전하다. 인간의 커진 머리로 어떤 경험을 해도 여전히 지속되는 구속력이다. 인간이 모두 죽는다는 것을 알기 때문이다. 그래서 이 책은 처음으로 돌아왔다. 고대 이집트의 파라오부터 한반도의 범부에게 모두 적용되는 이야기다. 모두 죽는다. 피라미드에 담기든, 유골함에 담기든, 생애를 규정하던 계급욕망이 모두 무심하게 결국 무기물이 된다.

8

신념

자유

진리가 너희를 자유롭게 하리라

단호하고 힘 있는 문장이다. 이때 저 진리라는 것의 정체가 궁금하다. 그런데 많은 사람이 세상에 절대 진리는 없다고 하고 진리가 존재하는 것이냐고 묻는다. 진리가 변화하는 가치라면 그것도 상대적인 판단을 할 수 있을 것이다. 어느 명제, 어느 문장이 더 진리에 가깝냐는 것이다. 나는 대상을 더 간단히 설명하는 것이 진리에 가까운 명제, 혹은 진리라고 생각한다.

지구가 태양 주변을 도는지, 태양이 지구를 도는지 판단이 과학 논쟁의 중심에 있던 시절이 있었나 보다. 천동설의 프톨레마이오스 천체관은 간단히 무시할 수준이 아니다. 태양을 포함한 천체가 몇 개의 천각을 이루면서 지구를 돌고 있고, 그 운동은 이심률이라는 개념으로 설명되었다. 이 설명이 1,000년 넘게 군림했던 이유는 현상과 잘 맞았기 때문이다.

그런데 지금 프톨레마이오스의 설명은 기각되었다. 고등학교 교과서에서는 지구가 태양 주위를 돈다고 가르치고 있다. 그런데 태양도 우주의 고정된 좌표에 존재하지 않는다는 게 문제다. 거대한 은하의 중심이 있는데, 거기서 별의 군집이 뻗어 나온 팔을 이루고, 그 외곽에 태양이 속해있다고 하더라. 그런데 그 은하는 우주의 중심으로부터 빠른 속도로 멀어지고 있더라는 것이 교과서의 설명이다. 그러니 고정된 것은 아무것도 없고 운동을 설명하기 위한 절대좌표는 존재하지도 않는다.

태양을 기준으로 보면 달은 이상한 나선형 궤적을 그리며 움직이는 중이다. 그런데 우리가 태양을 중심으로 지구가 돌고 있고, 달이 그 지구를 중심으로 돌고 있다고 설명하는 이유는 무엇인가. 그 모형이 반대의 경우보다 더 간단하기 때문이다. 설명에 필요한 군더더기나 예외 조항이 적기 때문이다. 예외가 많고 긴 설명은 진리가 아닐 가능성이 크다. 교과서에서 배제된 창조론이 여전히 막강한 이유는 그것이 대상을 대단히도 간단히 설명하기 때문이다. 창조자가 세상을 다 창조하셨다, 끝.

그렇다면 그렇게 대상을 간단하게 설명해야 할 이유는 무엇인가. 그것은 미래 예측 가능성이 크기 때문이다. 예외 조항에 따른 불확실한 요소를 벗겨내고 확연하게 미래를 예측하게 되면 우리가 더 자유로워지기 때문이다. 인간이 허공에 대고 로켓을 쏠 수 있는 근거는 그 운동을 예측, 계산할 수 있기 때문이다. 저 막강한 창조론이 갑자기 힘을 잃는 것은 미래 예측의 능력이 없기 때문이다. 즉 우리를 전혀 자유롭게 하지 않기 때문이다.

그래서 저 문장이 힘을 얻는다. 진리가 너희를 자유롭게 하리라. 폴모리아 악단의 연주회에 갔던 시절 수학 시간에 진릿값이라는 걸 배웠다. 어떤 명제와 대우對偶 관계인 명제는 진릿값이 같다는 것이다. 저 문장의 대우명제는 이렇다. 너희를 자유롭게 하지 못하면 진리가 아니다.

이제 긴 이야기를 정리해 보자. 정리하도록 노력해 보자. 인간은 걸었다. 비틀비틀 무게중심을 옮기며 걸었다. 긴 시간 먼 거리를 걸었다. 어떤 인간들은 대륙의 동쪽 끝까지 이르렀다. 더 갈 곳이 없었다. 그곳은 반도였고 앞은 바다였다. 좁은 길을 따라 좀 더 동쪽으로 간 무리도 있었을 것이다. 그곳은 이제 섬이 되었다. 역시 절대 더 걸어 나갈 수 없었다. 오랫동안 걸으면서 결국 흩어졌다. 사용하는 언어들이 달라졌다. 얼굴 생김도 달라졌다.

발목을 잡은 것은 농경이었다. 더 걷지 않고 정착했다. 그 덕에 일시적 수확이라는 구조적 잉여를 얻게 되었다. 잉여를 교환하는 과정에서 도시가, 분배하는 과정에서 계급이 생겨났다. 그 분배 구조는 힘에 근거해 유지되었고 약탈을 포함했다. 계급적 분배 구조는 일정한 질서를 형성했고 그 질서 유지를 위해서 사회 구성원들이 공유하는 신념이 필요했다. 그 신념이 초월적인 힘에 의해 규정되는 것이라면 종교라고 불렀다.

계급과 종교는 상호 종속변수였다. 그리고 계급과 종교에 의해 신념 체계가 재형성되곤 했다. 그 신념 체계는 때로는 권력으로, 때로는 권위로 전파되었다. 세뇌로 전파되는 때도 있었다. 아주 드물게 어떤 이는 개인적인 자각을 통해 새로운 신념을 얻게 되었고 이를 전파해 나갔다. 종교라는 새로운 신념의 전파에는 문서와 형상이라는 두 도구가 필요했다. 대개의 종교는 신비적 서사에 근거한 것이므로 그를 해석해 줄 사제가 필요했다. 그런데 사제의 자리를 문자가 대체한 새로운 종교가 등장했다. 그건 독특한 신념 체계다.

인간에게 신념 체계가 필요했던 것은 인간의 조직과 사고에 특정한 질서를 부여하기 때문이었다. 이 책에서 가장 많이 등장한 단어는 계급이다. 그것은 불평등과 동의어다. 그런데 이 불평등은 이미 사회적 동물의 세계에서도 보이는 현상이다. 그리고 인간의 세계에서 당연히 확인된다. 그런데 이 불평등이 갖는 의미는 무엇일까. 계급을 표현하는 가장 널리 알려진 도형은 피라미드 모양이다. 맨 위에 왕으로 설명되는 최고 권력자가 있고 그 아래로 내려갈수록 낮은 계급이되 구성원이 더 많아진다는 것이다. 높은 계급에 있을수록 누릴 수 있는 자유도가 높다. 낮은 계급은 높은 계급에 의해 줄어든 자유를 나눠 가져야 한다.

어떤 계급은 더 많은 자유를 얻게 되었다. 자유로워진 계급은 그 질서를 고착하려고 폭력이나 설득의 전략을 구사했다. 대상은 자신의 자유를 헌납해야 했던 계급이었다. 헌납의 대가는 구속이지만, 헌납은 당연하고 그 헌납의 너머 내세의 자유가 있으리라고 세뇌되었다. 그 결과 질서가 유지되었다.

그렇다면 자유도는 어떻게 되었을까. 자유도의 총량은 증가했다. 그것이 가능하게 된 배경에는 테크놀로지 발전이 있었다. 현대의 중산층은 왕조 시대의 제왕이 누리지 못한 호사를 누린다. 여름에 아이스크림을 먹으면서 승용차로 고속도로를 질주한다. 여기 진리가 큰 역할을 했다.

달라진 자유도의 배경에 여전히 신념이 깔려 있다. 인간의 신념 체계 중 가장 독특하고 그래서 지금의 우리에게 영향을 많이 미친 것으로 내가 판단한 것은 프로테스탄티즘이다. 이 독특한 신념은 신의 매개자라는 계급을 없앴고 그래서 그에 기대었던 계급을 없애거나 줄여 나가는 데 앞장섰다. 그런데 시간이 흐르면서 프로테스탄티즘 자체도 변화하고 있다. 그것은 지역별로 소통이 되지 않을 만큼 독특한 체계를 갖게 되었다. 에티오피아의 호미니드가 지구의 여러 지역으로 걸어 나간 후 서로 의사소통이 되지 않는 종으로 변화한 것과 같다. 과연 변하지 않은 것은 변한다는 사실뿐이다.

계급이 사라지거나 희석되어도 인간의 계급욕망은 여전히 남아 있다. 때로는 노골적으로, 때로는 은밀하게 작동하는 그것을 가장 간명하게 설명하려는 의도의 결과가 바로 이 긴 원고의 책이다.

문자

98년생 김진례

요즘 누가 저런 이름을 지으랴. 1898년생 김진례 할머니 이야기다. 출생지는 모르나 그녀는 전라남도 무안에 살았다. 그녀는 무학이었다. 그래서 문맹이었다. 〈소학교령〉이 반포된 시기는 1911년이었으니 공간과 시간이 모두 벽촌의 그녀에게 교육을 허락하지 않았을 것이다. 더구나 여자였다.

그녀는 나이 80대에 글자 공부를 시작했다. 성경책 옮겨쓰기였다. 어떤 설명으로도 신기한 일이었다. 어쩌다 시골 할머니는 기독교인이 되었으며 뒤늦게 성경의 글자에 집착하게 되었을까. 그 뿌리를 찾아 나서면 조선에 도착한 선교사가 나오고, 루터와 칼뱅이 나오고, 훨씬 이전의 어떤 사형수가 나온다. 더 거슬러 오르면 고대 문명과 에티오피아 지역의 호모 사피엔스가 나올 것이다.

일찍 남편과 사별하고 삼남 일녀를 둔 할머니에게는 진로도 퇴로도 없었다. 그런 그녀에게 유일한 구휼처가 교회였다. 선교사 도착 이후 기독교는 맹렬한 속도로 전국에 전파되었던 모양이다. 그녀에게 기독교는 신앙이 아니라 생존 방편이었을 것이다. 그럼에도 그녀는 문자의 집착이라는 점에서 결국 틀림없는 기독교인이 되었다.

그녀의 아들이 겪은 이야기도 이 책의 설명 구도에서 벗어나지 않는다. 산업화 시기에 서울로 이주한 그에게 대도시는 학연, 혈연, 지연이 없는 익명의 공간이었다. 그는 주변에서 가장 먼저 피아노를 장만했다는 자부심이 있었고 과연 어린 딸에게 피아노 교습을 시켰다. 혈연을 묻지 않는 제도와 객관식 시험 덕에 김진례 할머니의 손자는 대학에 진학했다. 이 책은 그 손자가 쓴 것이다. 손자는 도대체 어떤 힘이 할머니에게 저런 문자 집착을 요구했는지 신기했다. 그래서 경전이 아니라 신문 읽듯 성서도 읽게 되었다.

그간 본 세상은 경이로운 곳이었다. 특히 인간이 경이로웠다. 인간이 두 발로 서 있다는 것부터 대단히 놀라운 일이다. 인간과 등신대의 고형 물체를 만들면 세워놓기도 어렵다. 그런데 인간은 시키지 않아도 아기 때 끙끙거리고 일어선다. 그리고 결국 아무렇지도 않게 다들 걷는다. 심지어는 달리기도 한다. 그걸 거의 모든 인간이 수행해낸다. 놀라운 자유도다. 그리고 남는 두 손의 동작도 경이롭기만 하다. 많은 관절을 돌리고 접어서 엄청난 자유도를 성취해냈다. 지금 이 책을 읽는 독자가 책을 든 손을 잠시 들여다본다면 그 경이가 새삼스러울 것이다.

그런 인간이 모여서 만들어내는 세계가 경이롭지 않다면 그게 더 이상할 것이다. 그들은 지표면 곳곳을 걸어서 퍼져 사회를 만들었고 그걸 문자로 기록했다. 그 과거가 알려주는 현재의 모습이 경이롭지 않을 수 없다. 일상이 모두 신기하기만 할 따름이다.

그러나 가장 경이로운 것은 눈이었다. 이동하는 거의 모든 생물에게 존재한다는 이 기관은 어떤 유전자의 발현이었는지 참으로 궁금하다. 이 놀라운 기관이 인간에게 더욱 중요한 것은 이것이 직립보행으로 커진 두뇌와 직접 연결되어 있기 때문이다. 그래서 눈으로 보는 세계가 특히 더욱 신기하고 궁금한 대상이었다.

이 책의 처음에 고대 이집트가 소환되었다. 유리 상자 안에서 눈동자 없는 눈으로 멍하게 앞을 바라보는 이집트의 그를 만났다. 미동도 없었다. 감전되는 듯한 순간이었다. 지구가 태양의 주위를 삼천 번 넘게 돌아 제자리에 올 시간이 한 팔 남짓 거리에 포개져 있었다. 끔찍하게 무거운 시간이 티끌처럼 가벼웠다. 영혼은 날아갔을 것이되 누구나 우러러보던 파라오의 육신은 이제는 유리 상자에 포박되어 있었다. 이 시간, 죽은 자 투탕카멘은 산 자들의 구경거리일 뿐이다. 파라오의 영화로도 깃털 한 장 무게의 시간을 바꿔 가질 길은 없었다.

지구가 태양을 돌고 있다는 이야기도 이제 그에게는 부질없을 수 있겠다. 어쩌면 간구했던 것처럼 그의 영혼은 버렸던 자신의 육신을 찾아 이 마스크에 돌아올 수도 있겠다. 마스크의 그는 모래바람 속에 잊었던 언어를 막 살려낼 듯싶었다. 그렇다면 아마 저 텅 빈 눈으로 그간 보아왔던 것도 이야기할 것이었다. 저 눈은 그 어둠과 이 밝음 사이의 어떤 것들을 보아 왔을까. 저 눈은 나의 눈과 뭐가 다른가.

이 책은 내가 본 것들을 조립해서 만든 이야기다. 나는 내가 목격하고 확인한 것들을 쓰기 위해 노력했다. 보이는 그것들은 허공에서 나온 것들이 아니었다. 내가 겪지 못한 까마득한 과거를 설명하려면 다른 목격과 증언이 필요했다. 가장 신뢰할 것들은 문서였다. 어떤 것은 쐐기문자 담은 진흙 조각이고 어떤 것은 고대 벽화의 설명이었다. 의도 섞인 문장들이었겠고 이것도 번역을 거치면 신뢰도가 떨어졌다. 전수 조사, 원본 확인이 내가 논문 쓰는 학생들에게 강요하는 원칙이었지만 여기서는 가능하지도 않았다. 나는 그 빈 자리를 적당한 추론으로 메웠다.

모두 죽는다. 처음에 인용한 길가메시의 한탄이었다. 고대 이집

신념

트 파라오가 두고 간 육신에서 출발한 이 책은 우리가 두고 떠나는 육신이 맞는 사회의 모습까지 설명했다. 살아서의 영광이 무엇이든 육신이 남기고 가는 것이 한 줌 무기물에 지나지 않는다는 것이 무신론자의 입장이겠다. 무기물은 흩어져도 어떤 이가 써 놓은 몇 문자는 메소포타미아 사막에, 이집트 신전 벽에 남아 있다. 그중 어떤 몇 글자는 후대의 어떤 이에게 소중한 이야기를 전달하기도 한다.

조금이라도 더 나은 세상을 만들려고 했던 이들의 신념과 노력이 있었다. 그런 신념을 나는 소명이라고 불렀다. 그건 개인의 종교와 무관하게 이 땅 전체를 강력하게 포박한 프로테스탄티즘의 힘이라고 믿는다. 더는 궁벽한 곳은 아니라지만 여전히 지도의 구석이라고 할 곳에서 한글이라는 제한된 전파력의 글자로 쓴 책이다. 이 책을 쓰는 데 도움을 주신 이들의 이름을 굳이 여기 새기지는 않으려 한다. 참으로 많은 그 이름에 묵언의 진정한 감사를 드린다.

〈건축, 음악처럼 듣고 미술처럼 보다〉. 이 첫 책을 낸 건 1998년이었다. 그때 나는 저자로서 내가 낼 책으로 두 권을 가늠하고 있었다. 그런데 이건 열한 번째 책이다. 나는 그간 내게 허락된 양보다 주제넘게 많은 문자를 세상에 남겼다는 이야기겠다.

누구도 이 책을 요구하지 않았다. 누군가를 위해 이런 책을 쓴다는 것도 소명 의식일 수 있다. 나는 프로테스탄티즘을 종교가 아닌 신념 체계로 호명해 왔다. 내세의 구원 여부가 이 책의 주제가 아니기 때문이다. 나는 다만 프로테스탄티즘이 해체한 계급과 그래서 재구성된 사회의 모습에 관심이 있었다. 나는 무신론자이지만, 그런 점에서 신념 상 프로테스탄트일 수도 있다. 그 뿌리를 거슬러 오르면 김진례 할머니가 등장할 것이다. 80대에 이르러 책상에 흰 공책을 펴던.

미주

001 헤로도토스, 천병희 옮김, 역사, II-25

002 찰스 다윈, 김관선 옮김, 안간의 유래 I, p.113

003 서현, 도시논객, p.15

004 허탁훈, 이인호옮김, 중국문화사 상, p.112

005 조진선, 다뉴경으로 본 동북아세아 청동기문화의 발전, 청동거울과 고대사회, 복천박물관, pp.51-54

006 국립경주박물관, 鏡鑑, p.242

007 국립경주박물관, 鏡鑑, pp.17-41

008 시미즈 야스지, 거울의 계층성, 청동거울과 고대사회, 복천박물관, p.105

009 모우디 알라시드, 이재황 옮김, 두 강 사이의 땅 메소포타미아, (e) p.24

010 모우디 알라시드, 이재황 옮김, 두 강 사이의 땅 메소포타미아, (e) p.10

011 《史記》卷九十七〈酈生陸賈列傳·陸賈〉

012 모우디 알라시드, 이재황 옮김, 두 강 사이의 땅 메소포타미아, (e) p.18

013 피터 왓슨, 남경태 옮김, 생각의 역사 I, p.157

014 Bruce Vawter, THe Conscience of Israel, p, 165-166, Norman Podhoretz, The Prophets, p.183

015 https://www.britishmuseum.org/collection/object/W_1880-0617-1941

016 톰 홀랜드, 이종인 옮김, 도미니언, p.41

017 정수일, 고대문명교류사, p.356

018 허탁운, 이인호 옮김, 중국문화사 상, p.142

019 케빈 잭슨, 조서선 스탬프, 정주헌 옮김, 피라미드, 상상 그 너머의 세계, p.16

020   Mark Lehner, The Complete Pyramids, p.34

021   Mark Lehner, The Complete Pyramids, pp.10,11

022   벤 윌슨, 박수철 옮김, 메트로폴리스, pp.145,146

023   정수일, 고대문명교류사, p.331

024   카렌 암스트롱, 정영목 옮김, 축의 시대, p.168

025   카렌 암스트롱, 정영목 옮김, 축의 시대, p.53

026   Diodorus Siculus, Bibliotheca Historica, Books I, 31

027   출애굽기 1:14

028   출애굽기 5:6-18

029   출애굽기 12:37

030   이사야 7:14

031   출애굽기 34:29, 30

032   창세기 12:16

033   마카베오기 하권 2:4,5

034   이사야, 45:1

035   카렌 라드너, 서경의 옮김, 바빌론의 역사, p.224

036   Don Nardo, Slavery Through the Ages, Gale, 2013, p.27

037   헤로도토스, 천병희 옮김, 역사, III-134

038   W.O. Blank, The History of Slavery and the Slave Trade, Ancient and
Modern, p.19

039   창세기 9:18-29

040   마태복음 21:33-42

041   올랜도 패터슨, 김혁, 류상윤 옮김, 노예제와 사회적 죽음, p.100

042   올랜도 패터슨, 김혁, 류상윤 옮김, 노예제와 사회적 죽음, p.123

043   Don Nardo, Slavery Through the Ages, Gale, 2013, p.51

044 W.O. Blank, The History of Slavery and the Slave Trade, Ancient and Modern, p.50

045 W.O. Blank, The History of Slavery and the Slave Trade, Ancient and Modern, p.24

046 올랜도 패터슨, 김혁, 류상윤 옮김, 노예제와 사회적 죽음, p.555

047 국립경주박물관, 鏡鑑, p.242

048 하마모토 다카시, 문장으로 보는 유럽사, p.22

049 후나야마 도룩, 이향철, 번역으로서의 동아시아, p.63

050 안드레아 C. 한저트, 조한일 옮김, 아주 짧은 합스부르크사, (e) p.59

051 마태복음 3:16-17 / 누가복음 1:9-11 / 누가복음 3:21,22

052 요한복음 1:32-34

053 마태복음 11:2,3

054 누가복음 22:44

055 서현, 도시논객, p.311

056 Alexander Coburn Soper, Literary Evidence for Early Buddhist Art in China, xiv

057 Alexander Coburn Soper, Literary Evidence for Early Buddhist Art in China, p.2

058 후나야마 도루, 이향철 옮김, 번역으로서의 동아시아, p.048

059 후나야마 도루, 이향철 옮김, 번역으로서의 동아시아, p.179

060 마태복음, 27:24

061 사이먼 록슬리, 송성재 옮김, 타이포그래피의 역사, p.18

062 Michael von Cotta-Schönberg, Collectred Letters of Enea Silvio Piccolomini, Vol.8, p.133

063 스콧 헨드릭스, 손성현 옮김, 마르틴 루터, p.73

064 Gutjar, Mirko etc. Luther! 95 Treasures – 95 People, p.91

065 스콧 헨드릭스, 손성현 옮김, 마르틴 루터, p.127

066　스콧 헨드릭스, 손성현 옮김, 마르틴 루터, p.187

067　Thea Dorn, The Gospel of Work, Luther! 95 Treasures-95 People, p.436,437

068　막스 폰 뵌, 이재원 옮김, 패션의 역사1, p.231

069　Karl Weinmann, History of Church Music, p.65

070　마태복음 20:1-16

071　마태복음 24;14-30 / 누가복음 19:11-27

072　피터 왓슨, 남경태 옮김, 생각의 역사 I, p.670

073　조지프 헨리, 유강은 옮김, 위어드, p.575

074　조지프 헨리, 유강은 옮김, 위어드, p.529

075　마크 기로워드, 민유기 옮김, 도시와 인간, p.258

076　피터 왓슨, 남경태 옮김, 생각의 역사 I, p.667

077　피터 왓슨, 남경태 옮김, 생각의 역사 I, p.674

078　안드레아 C. 한저트, 조한일 옮김, 아주 짧은 합스부르크사, (e) p.57

079　John Ordronaux, Manual of Instructions for Military Surgens on the Examination of Recruits and Discharge of Soldiers, p.112, 113

080　John M. Hyson, Joseph W.A. Whitehorne, John T. Greenwood, A History of Dentistry in the US Army to World War II, p. 30

081　이경림, 주경철, 최갑수, 근대유럽의 형성, p.350

082　Michael Grant, The World of Rome, p.96

083　홉스봄, 혁명의 시대, p.106

084　https://theenglishmanner.com/insights/a-short-history-of-etiquette/

085　설혜심, 매너의 역사, 휴머니스트, p.323

086　A.L.Kroeber, Clyde Kluckhohn, Culture: A Critical Review of Concept and Definitions, p.11

087　A.L.Kroeber, Clyde Kluckhohn, Culture: A Critical Review of Concept and Definitions, p.28

088 Immanuel Kant, Critique of Judgment, SS29

089 A.L.Kroeber, Clyde Kluckhohn, Culture: A Critical Review of Concept and Definitions, p.9

090 야마모토 다카미쓰, 지비원, 그 많은 개념어는 누가 만들었을까, p.421

091 야마모토 다카미쓰, 지비원, 그 많은 개념어는 누가 만들었을까, p.247

092 스테판 츠바이크, 곽복록 옮김, 어제의 세계, p.14

093 스테판 츠바이크, 곽복록 옮김, 어제의 세계, p.46

094 스테판 츠바이크, 곽복록 옮김, 어제의 세계, p.39

095 Charles Batteux, trans, James O. Young, The Fine Arts Reduced to a Single Principle, p. xxx

096 Charles Batteux, trans, James O. Young, The Fine Arts Reduced to a Single Principle, p. xxix

097 Charles Batteux, trans, James O. Young, The Fine Arts Reduced to a Single Principle, p. xxviii

098 Immanuel Kant, Critique of Judgement, SS46

099 Immanuel Kant, Critique of Judgement, SS23

100 Immanuel Kant, Critique of Judgement, SS16

101 Vitruvius, The Ten Books on Architecture, Book VII, Introduction, 14

102 피터 왓슨, 남경태 옮김, 생각의 역사 I, p.597

103 야나부 아키라, 김옥희 옮김, 번역어의 성립, p.180

104 야나부 아키라, 김옥희 옮김, 번역어의 성립, p.184

105 야나부 아키라, 김옥희 옮김, 번역어의 성립, p.153

106 앤드루 델반코, 이재희 옮김, 왜 대학에 가는가, p.67

107 https://germanhistorydocs.org/de/das-heilige-roemische-reich-1648-1815/friedrich-der-grosse-koeniglich-preussisches-general-land-schul-reglement-1763

108 Ian Wood, The Modern Origins of the Early Middle Ages, p.94

109 서현, 건축을 묻다, p.245

110 Chaney, Edward. Egypt in England and America: The Cultural Memorials of Religion, Royalty and Revolution. Ascari, Maurizio; Corrado, Adriana (eds.). Sites of Exchange: European Crossroads and Faultlines. p.62

111 Sven Olive Muller, The Invention of Silence, Sounds of Modern History, p.158

112 도널드 서순, 정명숙, 오숙은, 한경희, 이은진 옮김, 유럽문화사1, p.464

113 스테판 츠바이크, 곽복록 옮김, 어제의 세계, pp. 100, 101

114 사드 카하트, 파리 좌안의 피아노 공방, p.157

115 도널드 서순, 정명숙, 노숙은, 한경희, 이은진 옮김, 유럽문화사 1, p.416

116 Arthur Loesser, 김경임 옮김, 피아노와 사회, p.477

117 The Steinway and Their Pianos in the Nineteenth Century by Cynthia Adams Hoover, Journal of the American Musical instrument Society, 1981 VII p.63

118 도널드 서순, 정명숙, 오숙은, 한경희, 이은진 옮김, 유럽문화사 III, p.288

119 막스 폰 뵌, 천미수 옮김, 패션의 역사 2, p.397

120 홉스봄, 자본의 시대, p.398

121 Lynn Spigel, Make Room for TV, p38

122 Anne Hollander, Sex and Suits, (e) p.46

123 홉스봄, 혁명의 시대, p.160

124 안드레아 C. 한저트, 조한일 옮김, 아주 짧은 합스부르크사, (e) p.61

125 Alex Potts, The impossible ideal: Romantic conceptions of the Parthenon sculptures in early nineteenth-century Britain and Germany, Art in bourgeois Society, 1790-1850, p.113

126 Anne Hollander, Sex and Suits, (e) p.67

127 Anne Hollander, Sex and Suits, (e) p.76

128 막스 폰 뵌, 천미수 옮김, 패션의 역사 2, p.97

129 필리프 페로, 이재한 옮김, 부르주아사회와 패션, p.131

130 https://icocoffee.org/documents/cy2023-24/Coffee_Report_and_Out-look_December_2023_ICO.pdf

131 막스 폰 뵌, 이재원 옮김, 패션의 역사 1, p.273

132 Blakeslee, Fred Gilbert, Uniforms of the World, p.17

133 막스 폰 뵌, 천미수 옮김, 패션의 역사 2, p.96

134 Blakeslee, Fred Gilbert, Uniforms of the World, p.133

135 Blakeslee, Fred Gilbert, Uniforms of the World, p.81

136 마크 기로워드, 민유기 옮김, 도시와 인간, p.235

137 올랜도 패터슨, 김혁, 류상윤 옮김, 노예제와 사회적 죽음, p.520

138 Don Nardo, Slavery Through the Ages, Gale, 2013, p.57

139 니얼 퍼거슨, 시빌라이제이션, p.232

140 Vitruvius Pollio, De Architectura, Book I, Ch. 1-5

141 질리언 달리, 김보현 옮김, 공장, p.20

142 Stanley D. Chapman, Fixed Capital Formation in the British Cotton Indus-try, 1770-1815, The Economic History Review, Vol. 23-2, 1970, p.249

143 https://www.nationaltrust.org.uk/visit/cheshire-greater-manchester/quarry-bank

144 Charles Dickens, American Notes for General Circulation and Puctures from Italy, Ch.4

145 Nikolaus Pevsner, A History of Building Types, p.70

146

147 Peter Hall, Cities in Civilization, p.162

148 Peter Hall, Cities in Civilization, p.181

149 막스 폰 뵌, 천미수 옮김, 패션의 역사 2, p.115

150 Nikolaus Pevsner, A History of Building Types, p.87

151 Arthur Loesser, 김경임 옮김, 피아노와 사회, p.121

152 Nikolas Pevsner, A History of Building Types, p.111

153 Nikolas Pevsner, A History of Building Types, p.113

154 Immanuel Kant, Critique of Judgement, SS43

155 Nikolas Pevsner, A History of Building Types, p.128

156 Richard Wigley, The Class of 89? Cultural aspects of bourgeois identity in France in the aftermath of the French Revolution, Art in bourgeois Society, 1790-1850, p.136

157 Greg Smith, The Watercolour as commodity: the exhibitions of the Society of Painters in Water Colours, Art in bourgeois Society, 1790-1850, pp.50-51

158 Peter Hall, Cities in Civilization, p.209

159 Andrew C. Shelton, 'Les marchands sont plus que jamais dans le temle', Art in bourgeois Society, 1790-1850, p.179

160 Peter Hall, Cities in Civilization, p.217

161 Nikolaus Pevsner, A History of Building Types, p.96

162 Nikolaus Pevsner, A History of Building Types, p.97

163 John Gloag, A Social History of Furniture Design, p.148

164 Karen R. Jones, John Wills, The Invention of the Park, p.18

165 Karen R. Jones, John Wills, The Invention of the Park, p.21

166 Karen R. Jones, John Wills, The Invention of the Park, p.45

167 Alexander Garvin, Public Parks, p.17

168 마크 기로워드, 민유기 옮김, 도시와 인간, p.455

169 Karen R. Jones, John Wills, The Invention of the Park, p.50

170 Project for Public Spaces, Inc., Public Parks, Private Partners

171 Robert A. Bickers, Jeffrey N. Wasserstrom, Shanghai's "Dogs and Chinese Not Admitted" Sign: Legend, History and Contemporary Symbol, The China Quarterly, 1996, p.453

172 Robert A. Bickers, Jeffrey N. Wasserstrom, Shanghai's "Dogs and Chinese Not Admitted" Sign: Legend, History and Contemporary Symbol, The China Quarterly, 1996, p.445

173 Alexander Garvin, Public Parks, p.28

174 Peter Hall, Cities in Civilization, p.737

175 https://www.statista.com/statistics/1365173/tourist-arrivals-paris-ile-de-france/

176 Brian Chapman and J.M. Chapman, The Life and Times of Baron Haussmann, p.235

177 로버트 피시만, 구동회, 박영한 옮김, 부르주아 유토피아, p.190

178 Wilken Engelbrecht, On Modernus and modernitas in Medieval Latin, Mittellateinishes Jahrbuch, Band 50, p.244

179 Wilken Engelbrecht, On Modernus and modernitas in Medieval Latin, Mittellateinishes Jahrbuch, Band 50, p.247

180 야나부 아키라, 김옥희 옮김, 번역어의 성립, p.66

181 야나부 아키라, 김옥희 옮김, 번역어의 성립, p.67

182 J.K. Birksted, Le Corbusier and the Occult, p.72

183 서현, 건축을 묻다, pp.204-214

184 고려사, 세가 권 제45 공양왕 원년 12월 18일

185 릴리어스 호톤 언더우드, 김철 옮김, 언더우드 부인의 조선 견문록, pp.69,70

186 조선왕조실록, 태조1년 7월 17일

187 조선왕조실록, 태조5년 2월 22일

188 조선왕조실록, 정종2년 4월 18일

189 김용국, 서울 定都 初期의 佛寺創建, 서울과 역사, No.5, p.64

190 조선왕조실록, 세종1년 9월 1일

191 조선왕조실록, 세조10년 5월 2일

192 마르티나 도이힐러, 김우영, 문옥표역, 조상의 눈 아래에서, p.431

193 장재천, 朝鮮後期 成均館의 泮村과 泮村人, 향토서울 No.77, p.99

194 《史記》卷四十八〈陳涉世家〉

195 올랜도 패터슨, 김혁, 류상윤 올김, 노예제와 사회적 죽음, p.107

196 김현숙, 19세기 중반 호구단자에 기재된 노비명의 검토, 향토서울,
     2015, No.91, p.74

197 올랜도 패터슨, 김혁, 류상윤 옮김, 노예제와 사회적 죽음, p.560

198 조성윤, 한성부의 사회 구조와 신분의 변화, 서울과 역사, 2008 No.72,
     p.264

199 마르티나 도이힐러, 김우영, 문옥표 옮김, 조상의 눈 아래에서, p.267

200 John Ross, History of Corea, pp.269, 395

201 John Ross, History of Corea, p.375

202 John Ross, Corean Primer, p.6,7

203 屋名池誠, 橫書き登場: 日本語表記の近代, 岩波新書, p.23

204 John Ross, Corean Speech, pp.72, 75

205 릴리어스 호톤 언더우드, 김철 옮김, 언더우드 부인의 조선 견문록,
     p.136

206 창세기 43: 11

207 여인석 외, 구리개 제중원 건물과 대지의 반환과정, 의사학, 1998, 제7권
     제1호, p.26

208 릴리어스 호톤 언더우드, 김철 옮김, 언더우드 부인의 조선 견문록, p.32

209 릴리어스 호톤 언더우드, 김철 옮김, 언더우드 부인의 조선 견문록,
     P.170

210 최준호, 근대기 서울의 개신교 교회의 건축 실험과 변화, 서울대학교 대
     학원, 2015, p.19

211 올리버 R. 에비슨, 박형우 편역, 근대 한국 42년, p.171

212 매일신보, 1915년 10월 17일

213 이말테, 한국개신교회의 새벽기도의 초기에 대한 연구, 신학과 실천, 2012, No.31, p.186

214 강신용, 한국근대도시공원사, p.9

215 강신용, 한국근대도시공원사, p.26

216 서울역사박물관, 탑골공원, p.28

217 Hazel Conway, Public Parks, p.49

218 한성순보, 1905년 11월 6일

219 매일신보, 1913년 8월 28일

220 박희용, 대한제국기 奬忠壇의 조성배경과 공간구성, 서울과 역사, 2016, No.93, p.135

221 문혜진, 김현석, 근현대 용산기지를 둘러싼 神社의 변천사, 서울과 역사, 2024 No.117, p.78

222 서울역사박물관, 탑골공원, p.53

223 김수자, 미 군정의 군정기구 운영과 관료임용 정책, 鄕土서울, No.71, p.16

224 김용일, 미 군정의 교육정책과 서울교육, 서울과 역사, 2008, No.71, p.146

225 김수자, 미 군정의 군정기구 운영과 관료임용 정책, 鄕土서울, No.71, p.27

226 대한민국 국회속기록 제1회 제1호, 단기 4281년 5월 31일

227 동아일보, 2024년 3월 13일

228 정근식 외, 식민권력과 근대지식, p.557

229 정종현, 제국대학의 조센징, p.60

230 정종현, 제국대학의 조센징, p.80

231 서울대학교, 서울대학교 역사, p.30

232 이상찬, 朝鮮最初의 民間政黨 獨立協會의 秘史, 별건곤, 제6호, 2027년 4
월 1일

233 이명화, 조선총독부 학무국 운영과 식민지 교육의 성격, 鄕土서울,
No.69, p.158

234 이명화, 조선총독부 학무국 운영과 식민지 교육의 성격, 鄕土서울,
No.69, p.159

235 조선일보, 1999년 7월 17일

236 시사저널, 2020년 6월 15일

237 이혜구, 만당음악편력, p.25

238 동앙일보, 1937년 6월 7일

239 동아일보, 1937년 6월 7일

240 정재훈, 조선 국왕의 상징, p.95

241 1980년 8월 31일 TBC

242 http://www.krtca.or.kr/index.html

243 송기호, 한국온돌의 역사, p.484-494

244 서울특별시, 서울建築史, p.644

245 조홍석, 근대 적벽돌 생산사에 관한 연구, 건축역사연구, 제19권 6호,
2010.12

246 별건곤, 자유결혼식장순례기, 제1호, 1926년 11월 1일

247 조숙경, 한국가구의 역사, p.262

248 조선일보, 1996년 5월 30일

249 경향신문, 1999년 5월 13일

참고문헌

국내서

강신용, 한국근대도시공원사, 조경, 1995

구중회, 무령왕 관련 구리거울 연구, 백제문화, No.35

국립경주박물관, 鏡鑑, 국립경주박물관, 2007

김덕호 외, 근대 엔지니어의 탄생, 에코리브르, 2013

김동구, 미 군정기의 교육, 문음사, 1995

김동하, 조선총독부의 경복궁 청사 건립 과정, 서울과 역사, 2022, No.111

김명구, 한국 기독교사 1, 예영커뮤니케이션, 2018

김상훈, 미 군정의 학교 재개 정책과 서울의 중등학교 재개, 서울과 역사, 2023, No.113

김수자, 미 군정의 군정기구 운영과 관료임용 정책, 鄕土서울, No.71

김용국, 서울 定都 初期의 佛寺創建, 서울과 역사, 1959, No.5

김용일, 미 군정의 교육정책과 서울교육, 서울과 역사, 2008, No.71

김원동 편저, 제국의 탄생과 몰락, 퍼플카우, 2013

김인호, 고려말 공양왕대 한양 천도의 배경과 정치운영, 서울과 역사, 2020, No.106

김정인, 대학과 권력, 휴머니스트, 2018

김진홍, 마르틴루터의 95개 논제와 하이델베르크 명제, 성약, 2017

김현숙, 19세기 중반 호구단자에 기재된 노비명의 검토, 鄕土서울, No.91

남기원, 대학의 역사, 위즈덤하우스, 2021

문혜진, 김현석, 근현대 용산기지를 둘러싼 神社의 변천사, 서울과 역사, 2024. No.117

문혜진, 한일병합(1910년) 이전 남산대신궁의 종교적 성격에 관한 연구, 鄕土서울, No.83

박경렬, 1960년대 서울시 시민아파트 건립사업의 원형과 굴절, 서울과 역사, 2022, No.111

박은숙, 개항 후(1876-1894) 서울의 자본주의 도시화와 공간 재편, 鄕土서울, No.74

박정해, 경복궁의 입지환경에 대한 풍수적 논의와 해석, 鄕土서울, No.83

박희용, 대한제국기 奬忠壇의 조성배경과 공간구성, 서울과 역사, 2016, No.93

백승종, 상속의 역사, 사우, 2018

서울대학교 동양사학연구실, 강좌중국사, 지식산업사, 1989

서울생활사박물관, 서울시민의 주생활, 2021

서울역사박물관, 탑골공원, 공평도시유적전시관, 2022

서울특별시, 서울建築史, 서울역사총서, 1999

설혜심, 매너의 역사, 휴머니스트, 2024

송기호, 한국 온돌의 역사, 서울대학교출판문화원, 2019

서현, 건축을 묻다, 효형출판, 2009

서현, 도시논객, 효형출판, 2024

어영석, 공장의 역사, 푸른역사, 2012

오제연, 1980~1990년대 강남 8학군을 둘러싼 사회적 논란과 귀결, 서울과 역사, 2024, No.116

유슬기, 김경민, 일제강점기 한양 도성 안 동북부 지역의 중상류층 지역화 과정, 서울과 역사, 2017, No.97

유희수, 낯선 중세, 문학과지성사, 2018

이경림, 주경철, 최갑수, 근대유럽의 형성, 까치, 2011

이경숙, 시험국민의 탄생, 푸른역사, 2017

이광주, 담론의 탄생, 한길사, 2015

이말테, 한국개신교회의 새벽기도의 초기에 대한 연구, 신학과 실천, 2012, No.31

이명화, 조선총독부 학무국 운영과 식민지 교육의 성격, 鄕土서울, No.69

이상희, 인류의 진화, 동아시아, 2023

이승원, 학교의 탄생, 휴머니스트, 2005

이장직, 악장 사이의 박수에 관한 연구, 서울대학교 대학원, 2011

이정연, 서울, 자본의 도시와 교회의 비대화, 서울과 역사, 2019, No.101

이지은, 귀족의 시대 탐미의 발견, 모요사, 2019

이지은, 부르주아의 유쾌한 사생활, 지안출판사, 2011

이혜구, 만당음악편력, 민속원, 2007

장세윤, 경성제국대학의 한국인 졸업생과 고등문관 시험. 鄕土서울, No.69

장재천, 朝鮮後期 成均館의 泮村과 泮村人, 鄕土서울, No.77

장재천, 朝鮮後期 成均館의 泮村과 泮村人, 鄕土서울, No.77

정수일, 고대문명교류사, 사계절, 2001

정재훈, 조선 국왕의 상징, 현암사, 2018

정종현, 제국대학의 조센징, 휴머니스트, 2019

조성윤, 한성부의 사회구조와 신분의 변화, 서울과 역사, 2008, No.72

조숙경, 한국가구의 역사, 미진사, 2019

조홍석, 근대 적벽돌 생산사에 관한 연구, 건축역사연구, 제19권 6호, 2010, 12

주원준, 구약성경과 신들, 한님성서연구소, 2018

최경욱, 번역과 일본의 근대, 살림, 2005

최준호, 근대기 서울의 개신교 교회의 건축 실험과 변화, 서울대학교 대학원, 2015

최지혜, 경성 주택 탐구생활, 혜화1117, 2025

최진옥, 조선전기 서울의 신분구성과 분포, 鄕土서울, No.70

황인규, 태고 보우와 한양천도, 서울과 역사, 2020, No.106

홍익희, 세 종교 이야기, 행성:B잎새, 2014

번역서

A.J. 러너, 안정모 옮김, 뮤지컬의 역사, 다라, 2004

Arthur Loesser, 김경임 옮김, 피아노와 사회, 계명대학교 출판부, 1998

노버트 엘리아스, 유희수 옮김, 매너의 역사, 신서원, 1999

노버트 엘리아스, 유희수 옮김, 신서원, 1999

노베르트 엘리아스, 유희수 옮김, 매너의 역사, 신서원, 2001

댄 존스, 이재황 옮김, 책과 함께, 2023

도널드 서순, 정영목·오숙은·한경희·이은진 옮김, 유럽문화사, 뿌리와이파리, 2012

도미니크 폴로, 김한결 옮김, 박물관의 탄생, 돌베개, 2014

디트릭 올로, 문수현 옮김, 독일 현대사, 미지북스, 2019

라이오넬 카슨, 김양진, 이희영 옮김, 고대 도서관의 역사, 르네상스, 2003

레슬리 오레이, 류연희 옮김, 오페라의 역사, 동문선, 1990

레자 아슬란, 민경식 옮김, 젤롯, 와이즈베리, 2014

로버트 피시만, 구동회, 박영한 옮김, 부르주아 유토피아, 한울, 2000

루시 프래트· 린다 울리, 김희상 옮김, 구두, 그 취향과 우아함의 역사, 작가정신, 2005

루이스 다트넬, 이충호 옮김, 오리진, 흐름출판, 2020

뤼시앵 페브르, 앙리 장마르탱, 강주헌, 배영란 옮김, 책의 탄생, 돌베개, 2014

릴리어스 호톤 언더우드, 김철 옮김, 이숲, 2008

마르티나 도이힐러, 김우영·문옥표 옮김, 조상의 눈 아래에서, 너머북스, 2018

마크 기로워드, 민유기 옮김, 도시와 인간, 책과함께, 2009

막스 폰 뵌, 이재원 옮김, 패션의 역사, 한길사, 2000

막스 베버, 박성수 옮김, 프로테스탄티즘 윤리와 자본주의 정신, 문예출판사, 1988

메튜 배틀스, 강미경 옮김, 도서관, 그 소란스러운 역사, 넥서스북스, 2004

모우디 알라시드, 이재황 옮김, 두 강 사이의 땅 메소포타미아, 책과함께, 2025

미셸 페로, 이영림, 이은주 옮김, 방의 역사, 글항아리, 2013

바트 어만, 강창헌 옮김, 예수는 어떻게 신이 되었나, 갈라파고스, 2015

바트 어만, 민경식 옮김, 성경 왜곡의 역사, 청림출판, 2006

바트 어만, 허형은 옮김, 두렵고 황홀한 역사, 갈라파고스, 2020

발레리 한센, 이순호 옮김, 1000년, 민음사, 2022

발터 샤이델, 조미현 옮김, 불평등의 역사, 에코리브르, 2017

벤 윌슨, 박수철 옮김, 메트로폴리스, 매일경제신문사, 2021

볼프상 쉬벨부쉬, 박진희 옮김, 궁리, 1999

사드 카하트, 정영목 옮김, 파리 좌안의 피아노 공방, 뿌리와 이파리, 2008

사이먼 록슬리, 송성재 옮김, 타이포그래피의 역사, 생각의나무, 2005

샤롯 & 피터 피엘, 이경창·조순익 옮김, 디자인의 역사, 시공문화사, 2015

스콧 헨드릭스, 손성현 옮김, 마르틴 루터, IVP, 2017

스튜어트 A.P. 머레이, 윤영애 옮김, 도서관의 탄생, 예경, 2012

스튜어트 아이자코프, 임선근 옮김, 피아노의 역사, 포노, 2015

스티븐 그린블랫, 이혜원 옮김, 까치, 2013

아돌프 로스, 이미선 옮김, 장식과 범죄, 민음사, 2021

아마노 이쿠오, 박광현, 정종현 옮김, 제국대학, 산처럼, 2017

아리 트루넨, 마르쿠수 파르타넨, 이지윤 옮김, 매너의 문화사, 지식너머, 2019

안드레아 C. 한저트, 조한일 옮김, 아주 짧은 합스부르크사(e), 책과함께, 2025

앙드레 슈라키, 박종구 옮김, 성서시대 사람들, 부키, 1999

앤드루 델반코, 이재희 옮김, 왜 대학에 가는가, 문학동네, 2016

앤드루 램, 정영목 옮김, 150년 뮤지컬의 역사, 풀빛, 2004

앤드루 페티그리, 박선진 옮김, 뉴스의 탄생, 태학사, 2022

앤드류 로빈슨, 박재욱 옮김, 문자 이야기, 사계절, 2003

야나부 아키라, 김옥희 옮김, 마음산책, 2011

야마모토 다카미쓰, 지비원 옮김, 그 많은 개념어는 누가 만들었을까, 메멘토, 2023

에릭 홉스봄, 차명수, 김동택, 정도영 옮김, 에릭 홉스봄 시대3부작, 한길사, 2018

에이드리안 포티, 허보윤 옮김, 욕망의 사물, 디자인의 사회사, 일빛, 2004

올랜도 패터슨, 김혁·류상윤 옮김, 노예제와 사회적 죽음, 이학사, 2005

요시미 순야, 서재길 옮김, 대학이란 무엇인가, 글항아리, 2014

우베 요쿰, 박희라 옮김, 모든 책의 역사, 마인드큐브, 2017

우야마 다쿠에이, 신은주 옮김, 부의 역사, 더퀘스트, 2021

위르겐 오스터함멜, 박종일 옮김, 대변혁, 한길사, 2021

위르겐 카우베, 안인희 옮김, 모든 시작의 역사, 김영사, 2019

윌리엄 A. 펠츠, 장석준 옮김, 서해문집, 2018

윌리엄 슈니더윈드, 박정연 옮김, 성경은 어떻게 책이 되었을까, 에코리브르, 2006

이언 게이틀리, 박중서 옮김, 책세상, 2016

이언 게이틀리, 박중서 옮김, 출퇴근의 역사, 책세상, 2016

이언 모리스, 이재경 옮김, 가치관의 탄생, 반니, 2016

자크 브누아 메샹, 이봉재 옮김, 정원의 역사, 르네상스, 2005

장 칼뱅, 박건택 옮김, 기독교강요, 부흥과개혁사, 2018

제임스 W.P. 캠벨, 이순희 옮김, 세계의 도서관, 사회평론, 2015

제임스 헨리 브레스테드, 김태경 옮김, 고대이집트의 역사, 한국문화사, 2020

조르주 루, 김유기 옮김, 메소포타미아의 역사, 한국문화사, 2013

조지프 헨릭, 유강은 옮김, 위어드, 21세기북스, 2022

존 드레인, 서희연 옮김, 성경의 탄생, 옥당, 2011

존 바턴, 박규태 옮김, 성서의 역사, 비아토르, 2023

질리언 달리, 김보현 옮김, 공장, 홍디자인, 2007

찰스 다윈, 김관선 옮김, 인간의 유래, I, II, 한길사, 2025

카렌 라드너, 서경의 옮김, 바빌론의 역사, 더숲, 2021

카렌 암스트롱, 정영목 옮김, 축의 시대, 교양인, 2010

카렌 암스트롱, 정영목 옮김, 신의 전쟁, 교양인, 2021

카렌 암스트롱, 배국원, 유지황 옮김, 교양인, 2023

카렐 판스하이크, 카이 미헬, 추선영 옮김, 신은 성서를 쓰지 않았다, 시공사, 2023

케네스 E. 베일리, 박규태 옮김, 중동의 눈으로 본 예수, 새물결플러스, 2016

케빈 잭슨, 조서선 스탬프, 정주헌 옮김, 피라미드, 상상 그 너머의 세계, 샘터, 2006

쿠르트 뫼저, 김태희, 추금환 옮김, 자동차의 역사, 앨피, 2021

테틀레프 볼룸, 정일주 옮김, 책의 문화사, 생각비행, 2015

톰 홀랜드, 이종인 옮김, 도미니언, 책과함께, 2020

폴 존슨. 김주한 옮김, 기독교의 역사, 포이에마, 2013

프랭크 모리슨, 황영철 옮김, 누가 돌을 옮겼는가, 생명의말씀사, 1997

피터 버크, 박광식 옮김, 지식의 사회사, 민음사, 2017

피터 왓슨, 남경태 옮김, 생각의 역사 1, 들녘, 2009

필리프 페로, 이재한 옮김, 부르주아사회와 패션, 현실문화연구, 2007

하마모토 다카시, 박재현 옮김, 문장으로 보는 유럽사, 달과소, 1998

허탁운, 이인호 옮김, 중국문화사, 천지인, 2013

헤로도토스, 천병희 옮김, 역사. 숲, 2009

헤르만 파르칭거, 나유신 옮김, 인류는 어떻게 역사가 되었나, 글항아리, 2014

헨리 페트로스키, 정영목 옮김. 서가에 꽂힌 책, 지호, 2001

후나야마 도루, 이향철 옮김, 번역으로서의 동아시아, 푸른역사, 2018

T.S. 애슈턴, 김택현 옮김, 산업혁명, 삼천리, 2020

도널드 R. 프로세로, 류운 옮김, 화석은 말한다, 바다출판사, 2019

브라이언 페이건, 김수민 옮김, 크로마뇽, 더숲, 2012

폴 에얼릭, 앤 에얼릭, 하윤숙 옮김, 진화의 종말, 부키, 2011

이언 태터솔, 전성수 옮김, 인간되기, 해나무, 2007

칼 짐머, 이창희 옮김, 진화, 세종서적, 2004

르네 데카르트, 이현복 옮김, 방법서설, 문예출판사, 1997

해외 자료

Atiya, Farid, Ancient Egypt, Farid Atiya Press, 2006

Batteux, Charles, trans, James O. Young, The Fine Arts Reduced to a Single Principle, Oxford University Press, 2015

Baumgartner, M.P., The Moral Order of a Suburb, Oxford University, 1988

Bickers, Robert A., Jeffrey N. Wasserstrom, Shanghai's "Dogs and Chinese Not Admitted" Sign: Legend, History and Contemporary Symbol, The China Quarterly, 1996

Birksted, J.K.; Le Corbusier and the Occult, MIT Press, 2009

Blakeslee, Fred Gilbert, Police Uniforms of the World, Plimpton Press, 1868

Blakeslee, Fred Gilbert, Uniforms of the World, E. P. Dutton & Company, Inc., 1929

Blank, W.O., The History of Slavery and the Slave Trade, Ancient and Modern, 1862

Bruce, F.F., New Testament History, A Doubleday-Galilee Book, 1969

Carrier, David, Museum Skepticism: A History of the Display of Art in Public Galleries, Duke University Press, 2006

Chaney, Edward. "Egypt in England and America: The Cultural Memorials of Religion, Royalty and Revolution". In Ascari, M.; Corrado, A. (eds.). Sites of Exchange European Crossroads and Faultlines. Amsterdam and New York: Rodopi. 2006

Conway, Hazel, Public Parks, Shire Publication, 1996

Cotta-Schönberg, Michael von, Collected Letters of Enea Silvio Piccolomini, Vol. 8

Cranz, Galen, The Politics of Park Design, MIT Press, 1982

Dickens, Charles. American Notes for General Circulation and Pictures from Italy, Chapman & Hall, 1913

Ferrey, Benjamin, Recollections of A.N. Welby Pugin, and His Father Augustus Pugin, Edward Stanford, 1861

Girouard, Mark, Cities & People, Yale University, 1985

Gloag, John, A Social History of Furniture Design, Bonanza Books, 1966

Gutjar, Mirko etc. Luther! 95 Treasures — 95 People, Stiftung Luthergedenkstätten in Sachsen_Anhalt 2017

Haas, N., Anthropological Observation on the Skeletal Remains from Giv☒at ha‑Mivtar, Israel Exploration Journal, 1970, Vol.20, No.1/2

Hall, Peter, Cities in Civilization, Phoenix, 1999

Hemingway, Andrew, Vaughan, William, ed, Art in bourgeois Society, 1790‑1850, Cambridge University Press, 1998

Hollander, Anne. Sex and Suits, Bloomsbury Academic, 2016

Hoover, Cynthia Adams, The Steinways and Their Pianos in the Nineteenth Century, Journal of the American Musical Instrument Society, Vol VII, 1981

Hyson, John M..Whitehorne, Joseph W.A. Greenwood, John. A History of Dentistry in the US Army to World War II, Borden Institute, 2008

Jones, Karel R. & Wills, John, The Invention of the Park, Polity, 2005

Kant, Immanuel, Critique of Judgement, Virginia Tech, 1790

Kostof, Spiro, The City Shaped, A Bulfinch Press, 1991

Kroeber, A.L., Kluckhohn, Clyde, Culture: A Critical Review of Concepts and Definitions, Harvard University, 1952

Lehner, Mark, The Complete Pyramids, Thames and Hudson, 1997

Markus, Thomas A., Building & Power, Routledge, 1993

Moore, John C., A Brief History of Universities, Palgrave Macmillan, 2019

Morat, Daniel; Birdsall, Carolyn, ed., Sounds of Modern History, Berghahn Books, 2014

Nardo, Don, Slavery Through the Ages, Gale, 2013

Ordronaux, John, Manual of Instructions for Military Surgens on the Examination of Recruits and Discharge of Soldiers, D. Van Nostrand, 1863

Pevsner, Nikolas, A History of Building Types, Princeton University Press,1976

Project for Public Spaces, Inc., Public Parks, Private Partners, Project for Public Spaces, Inc., Public Parks, 2000

Ross, John, Corean Primer, American Presbyterian Mission Press, 1877

Ross, John, Corean Speech, Kelly & Walsh, 1882

Ross, John, History of Corea, Elliot Stock, 1891

Rubinstein, Ruth P., Dress Codes, Westview Press, 1995

Ruth, Greg, Tennis: A History from American Amateurs to Global Professionals,, Univesity of Illinois Press, 2021

Saint, Andrew, Architect and Engineer, Yale University, 2007

Soper, Alexander Coburn, Literary Evidence for Early Buddhist Art in China, Artibus Asiae Publishers, 1959

Stielin, Henry, The Pharaohs, Terrail, 1995

Spigel, Lynn, Make Room for TV, The University of Chicago Press, 1992

Tzaferis, JV., Jewish Tombs at and near Givat ha-Mivtar, Jerusalem, Israel Exploration Journal, 1970, Vol.20, No1/2

Veblen, Thorstein, The Theory of the Leisure Class, Oxford University Press, 2007

Verner, Miroslav. The Pyramids: Their Archaelogy and History, Grove Press, 2001

Weinmann, Karl, History of Church Music, McLaughllin & Reilly Co., 1906

Wood, Ian. The Modern Origins of the Early Middle Ages, Oxford University Press, 2013

Working, Randal Carter, The Visual Theology of the Huguenots, Pickwick, 2016

Zias, Joseph, Eliezer Sekeles, The Crucified Man from Givat ha-Mivtar: A Reappraisal, Israel Exploration Journal, 1985, Vol.35, No.1

屋名池誠, 横書き登場: 日本語表記の近代, 岩波新書, 2003

계급욕망의 유전자

직립에서 정장까지, 건축으로 읽은 문화의 계보

1판 1쇄 인쇄 | 2026년 3월 15일
1판 1쇄 발행 | 2026년 3월 30일

지은이   서현
펴낸이   송영만
책임편집   송형근
디자인   오정원

펴낸곳   효형출판
출판등록   1994년 9월 16일 제406-2003-031호
주소   10881 경기도 파주시 회동길 125-11
전자우편   editor@hyohyung.co.kr
홈페이지   www.hyohyung.co.kr
전화   031 955 7600

© 서현, 2026

ISBN 978-89-5872-249-6 (03300)
이 책에 실린 글과 사진은 효형출판의 허락 없이 옮겨 쓸 수 없습니다.

값 29,000원